कुछ अलग करें, अमीर बनें

कुछ अलग करें, अमीर बनें

शून्य से शिखर तक पहुँचने वाली
हस्तियों के रहस्य

डॉ. राइनर ज़िटेलमन

अनुवाद : डॉ. सुधीर दीक्षित

मंजुल पब्लिशिंग हाउस

First published in India by

Manjul Publishing House

Corporate and Editorial Office
• 2ⁿᵈ Floor, Usha Preet Complex, 42 Malviya Nagar, Bhopal 462 003 - India
Sales and Marketing Office
• C-16, Sector 3, Noida, Uttar Pradesh 201301 - India
Website: www.manjulindia.com

Distribution Centres
Ahmedabad, Bengaluru, Bhopal, Kolkata, Chennai,
Hyderabad, Mumbai, New Delhi, Pune

Hindi translation of
Dare to Be Different and Grow Rich by *Dr. Rainer Zitelmann*

This edition first published in 2015
Second impression 2017

ISBN   978-81-8322-534-2

Translation by Dr. Sudhir Dixit

अनुक्रमणिका

प्रस्तावना

हॉवर्ड शुल्ट्ज़ का जन्म 1953 में ब्रुकलिन में एक अकुशल श्रमिक के घर हुआ था और उनकी परवरिश एक ग़रीब इलाक़े में हुई थी। यह पुस्तक बताती है कि उन्होंने आगे चलकर अपनी कंपनी स्टारबक्स को एक अग्रणी ब्रांड कैसे बनाया, जिसकी संसार भर में 17,000 शाखाएँ हैं। 1997 में उन्होंने अपनी आत्मकथा की प्रस्तावना में पाठकों को सलाह दी थी : "दूसरे जिसे व्यावहारिक मानते हैं, उससे ज़्यादा के सपने देखें। दूसरे जिसे संभव मानते हैं, उससे ज़्यादा की अपेक्षा रखें।" गूगल की सह-स्थापना करने वाले लैरी पेज "असंभव की स्वस्थ अवहेलना" की प्रबल हिमायत करते हुए कहते हैं : "आपको ऐसे काम करने की कोशिश करनी चाहिए, जिन्हें ज़्यादातर लोग नहीं करना चाहते।" वॉल्मार्ट के संस्थापक सैम वॉल्टन की कंपनी एक वक़्त विश्व की सबसे बड़ा कॉर्पोरेशन थी और उन्होंने अपनी सफलता का राज़ इन शब्दों में बयां किया था : "मैंने हमेशा अपने लिए छड़ ऊँची रखी है : मैंने बहुत ऊँचे निजी लक्ष्य तय किए हैं।"

एक अन्य दिग्गज उद्यमी और अरबपति रिचर्ड ब्रैन्सन ने सार रूप में कहा था : "मैंने इस सबसे यह सबक़ सीखा है कि कोई भी लक्ष्य हमारी पहुँच से परे नहीं है और सपने तथा आत्मविश्वास रखने वाले लोगों के लिए असंभव भी संभव बन सकता है।"

यही इस पुस्तक का विषय है। मैंने असाधारण सफलता पाने वाले बहुत से स्त्री-पुरुषों के करियर का अध्ययन किया है - जिनमें से ज़्यादातर उद्यमी हैं, लेकिन इसमें ऐसे शीर्ष मैनेजर, खिलाड़ी तथा ऐसे अन्य लोग भी शामिल हैं, जिन्होंने दूसरे क्षेत्रों में सफलता का डंका बजाया। उनकी जीवनगाथा का विश्लेषण करने पर मैंने उनमें और बाक़ी लोगों में सबसे बड़ा फ़र्क़ यह पाया कि उनमें अपने आस-पास के बहुसंख्यक लोगों से अलग होने और पारंपरिक विचारों पर सवाल करने का साहस होता है। उनके लक्ष्य और महत्त्वाकांक्षाएँ

ज़्यादातर लोगों से बहुत ऊँची होती है। सफलता के महत्त्वपूर्ण गुर जानने के लिए यह पुस्तक आरनॉल्ड श्वॉज़नेगर और मैडोना, स्टीव जॉब्स और बिल गेट्स, जॉर्ज सोरोस और वॉरेन बफ़े जैसे लोगों की मिसाल पर नज़र डालती है। उनकी कहानियाँ मार्गदर्शक बन जाती हैं, जो आपको यह सिखा सकती हैं कि कैसे अपनी कल्पना से ज़्यादा का लक्ष्य बनाएँ और उसे हासिल करें।

मैं शायद ही किसी ऐसे व्यक्ति से मिला हूँ, जिसने ज़रूरत से ज़्यादा ऊँचे लक्ष्य तय किए हों। अधिकतर लोग तो बिना किसी असल लक्ष्य के ही पूरी ज़िंदगी गुज़ार देते हैं या फिर उनके लक्ष्य बहुत छोटे होते हैं। मेरे हिसाब से यही वह प्रमुख कारण है, जिसकी वजह से अपनी ज़िंदगी में ज़्यादा हासिल करने में नाकाम रहते हैं और अपनी क्षमता से कमतर प्रदर्शन कर पाते हैं।

कुछ लोग बाक़ी लोगों से ज़्यादा सफल होते हैं। सवाल यह उठता है कि इसका कारण क्या है। देखिए, विजेताओं और पराजितों के बीच का फ़र्क़ उनकी शिक्षा या सामाजिक हैसियत के आधार पर स्पष्ट नहीं किया जा सकता। इस पुस्तक में शामिल कई सफल लोगों ने बचपन में बहुत मुसीबतें झेली थीं : फ़ैशन डिज़ाइनर कोको शनेल, ऑरेकल के संस्थापक लैरी एलिसन, ऐपल के संस्थापक स्टीव जॉब्स आदि। इन तीनों में से कोई भी अपने माता-पिता से कभी नहीं मिल पाया। इसके अलावा, स्व-निर्मित अरबपतियों में से हाई स्कूल या कॉलेज की पढ़ाई छोड़ने वाले लोगों की संख्या समाज के बाक़ी लोगों की तुलना में ज़्यादा ऊँची हो सकती है।

कहा जाता है, और यह ज़्यादातर वही कहते हैं जो जीवन में नाकाम हो चुके हैं, कि सफलता "सौभाग्य" का मामला है। देखिए, इस दृष्टि से सोचा जाए, तो बड़े कॉर्पोरेशनों को तो प्रबंधन के पद भरने के लिए लॉटरी डाल लेना चाहिए। लॉटरी के ख़ुशक़िस्मत विजेता का प्रमोशन सीईओ के पद पर कर दिया जाएगा, जबकि पराजित लोग छुटपुट काम ही करते रहेंगे।

हो सकता है कि "भाग्य" का तत्व शामिल हो, लेकिन हमें इसके महत्त्व को ज़्यादा मानने की ग़लती नहीं करनी चाहिए। कोई भी हमेशा ख़ुशक़िस्मत या हमेशा बदक़िस्मत नहीं होता है। कई वर्षों या दशकों में सारा हिसाब बराबर हो जाता है, क्योंकि इस अवधि में भाग्यशाली और दुर्भाग्यशाली "संयोगों" की संख्या कमोबेश समान होती है। सिर्फ़ संयोग से मिलियनेअर बनने वाले अधिकतर लोग बाद में अपनी सारी दौलत गँवा देते हैं। अध्ययनों से पता चला है कि कोई बड़ी लॉटरी जीतने के बाद 80 फ़ीसदी लोगों की आर्थिक स्थिति

तो उससे भी ख़राब हो जाती है, जितनी कि लॉटरी जीतने से पहले थी। क्यों? क्योंकि उनमें दौलत बनाने और क़ायम रखने का आवश्यक मानसिक लचीलापन नहीं होता। दूसरी ओर, ऐसे लोगों के भी असंख्य उदाहरण हैं, जिन्होंने अपनी सारी दौलत गँवा दी – जिसके लिए उन्होंने कड़ी मेहनत की थी – लेकिन कुछ साल बाद ही उसे दोबारा हासिल कर लिया।

सफल होने का अर्थ है किसी क्षेत्र में औसत प्रतिस्पर्धा से कहीं बेहतर परिणाम हासिल करना। इसका मतलब है अपने लक्ष्यों तक पहुँचना। यह पुस्तक उन नज़रियों और सोचने के तरीक़ों के बारे में है जो सभी सफल लोगों में समान होते हैं। हमारी संस्कृति में दूसरों की या उनके कामों की "नक़ल" को पसंद नहीं किया जाता, लेकिन ग़ौर करें कि बच्चे मुख्यतः अपने आस-पास के लोगों की नक़ल करके ही सीखते हैं। और बच्चे आम तौर पर वयस्कों की तुलना में ज़्यादा तेज़ी से और ज़्यादा सफलता से सीखते हैं। अपनी आत्मकथा में वॉल्मार्ट के संस्थापक सैम वॉल्टन ने स्वीकार किया है : "मैंने जो भी किया है, लगभग हर काम किसी दूसरे की नक़ल करके किया है।"

अगर आप जीवन में ऊँचा लक्ष्य बनाना चाहते हैं, तो उन लोगों से सलाह कभी न लें जिन्होंने ख़ुद कोई भारी सफलता हासिल नहीं की है। यह सुनिश्चित करें कि आप सिर्फ़ विजेताओं से ही मार्गदर्शन लें और उन नज़रियों तथा कार्यों का अध्ययन करें, जिनकी बदौलत उन्होंने अपने लक्ष्य हासिल किए थे।

यह पुस्तक पचास से ज़्यादा सफल लोगों या उनके द्वारा लिखी जीवनियों और आत्मकथाओं के सुनियोजित अध्ययन पर आधारित है। इन सभी ने सामान्य रूप से संभव मानी जाने वाली कामयाबी से पार जाकर सफलता हासिल करने की इच्छाशक्ति और साहस दिखाया है। पुस्तक में मेरे कुछ अपने अनुभव भी शामिल हैं – इसलिए नहीं, क्योंकि मैं ख़ुद को इन महान व्यक्तियों की श्रेणी में गिनता हूँ। इसके बजाय, सफलता की स्व-सहायता मार्गदर्शिकाओं को पढ़ते वक़्त मैंने ख़ुद से बहुत बार पूछा है कि क्या इन पुस्तकों के लेखकों ने अपने नुस्ख़े ख़ुद सफलतापूर्वक आज़माए और जाँचे-परखे हैं। मेरी राय में जिन लोगों ने विभिन्न क्षेत्रों में कामयाबी हासिल की है, उनका स्थान ज़्यादा ऊँचा है। वे विश्वसनीय सलाह देने के लिए उन लोगों से कहीं बेहतर स्थिति में हैं, जिन्होंने ख़ुद कभी कोई महत्त्वपूर्ण चीज़ हासिल नहीं की।

प्रायः बाहर से तो ऐसा नज़र आता है, जैसे सफल करियर में एक ज़बर्दस्त सफलता से अगली ज़बर्दस्त सफलता तक अबाध प्रगति हुई हो। उन

विकट समस्याओं और अजेय लगने वाली बाधाओं की तरफ़ ध्यान ही नहीं दिया जाता है, जो कामयाबी से पहले सफल लोगों को झेलनी और जीतनी पड़ीं। हम अक्सर उनके द्वारा सफलता की राह में झेली असफलताओं और विपत्तियों को भी नज़रअंदाज़ करते हैं, जिनसे हताश होने के बजाय वे अपने लक्ष्यों को और ऊँचा करने के लिए प्रेरित हुए। इस पुस्तक में शामिल सफल लोगों में अपारंपरिक तरीक़ों से समस्याओं को देखने और सुलझाने का साहस था। इन लोगों में बहुमत के ख़िलाफ़ जाकर अलोकप्रिय दृष्टिकोण अपनाने का भी जोखिम था। यही नहीं, इन लोगों ने उसकी परंपराओं का अनुसरण नहीं किया, जिसे "सही" तरीक़ा माना जाता था। इसके बजाय उन्होंने चीज़ों को अलग तरीक़े से, नए तरीक़े से किया। उन्हें अपने प्रतिस्पर्धियों से अलग हटकर दिखने में भारी ख़ुशी मिलती थी। यदि आपके सामने समस्याएँ और विपत्तियाँ हों, तो ज़रा भी घबराने की ज़रूरत नहीं है; ये कहानियाँ आपको प्रोत्साहित कर देंगी। और वे उस इच्छाशक्ति को समझने में आपकी मदद करेंगी, जो इन कामयाब लोगों की सफलता का रहस्य है और जिसकी बदौलत वे असंभव नज़र आने वाली समस्याओं को भी सुलझा लेते हैं।

यह पुस्तक सफल उद्यमियों, निवेशकों, खिलाड़ियों और कलाकारों की कहानियाँ बताती है। इनमें से ज़्यादातर ने भारी दौलत भी कमाई है। लेकिन चाहे आपका लक्ष्य अमीर बनना हो या सफल संगीतकार, खिलाड़ी बनना हो या लेखक यह दरअसल महत्त्वहीन है। चाहे जो हो, व्यक्तिगत सफलता की राह उस बिंदु से शुरू होती है, जब आप अपने लिए बहुत ऊँचे लक्ष्य तय करते हैं - उससे भी ऊँचे, जिसे आप और आपके आस-पास के लोग "समझदारीपूर्ण" मानते हैं। इस पुस्तक का इरादा आपको प्रोत्साहित करना है कि आप ज़्यादा ऊँचे लक्ष्य बनाएँ और अपने सपनों को साकार करना शुरू करें। गैरी कास्परोव चेतावनी देते हैं। "यदि आप दीर्घकालीन लक्ष्यों के बिना खेलने लगते हैं, तो आप प्रतिक्रियाशील अंदाज़ में निर्णय लेंगे और आप अपना ख़ुद का नहीं, अपने विरोधी का खेल ही खेल रहे होंगे। जब आप एक चीज़ से अगली पर कूदते हैं, तो आपको दिशा से दूर खींचा जाएगा। जो आपके ठीक सामने है, उसके चक्कर में उलझकर आप उसे भूल जाएँगे, जो आपको करना चाहिए।"

यदि आप इस पुस्तक में बताए नियमों का अनुसरण करते हैं और विश्लेषण के आधार पर स्थापित सफलता के नियमों पर अमल करते हैं, तो

आप यक़ीनन सफलता हासिल करेंगे। क्या आप जानते हैं कि अत्यधिक सफल लोगों में से ज़्यादातर की पढ़ने में गहरी रुचि रही है? इतिहास के सबसे सफल निवेशक वॉरेन बफ़े से उनकी सफलता का रहस्य बार-बार पूछा गया है। उनका जवाब है : "जितना पढ़ सकते हो, हर चीज़ पढ़ो।" अपनी ओमहा स्थित कंपनी बर्कशयर हैथवे की मशहूर मीटिंगों में वे यही सलाह बरसों से देते आ रहे हैं। बफ़े को विश्वास है "कि उन्होंने अपने शुरुआती वर्षों में जो पढ़ा था, उसी ने उनकी निवेश नीति को आकार दिया और अगले 50 अभूतपूर्व सफल वर्षों के लिए ज़मीन तैयार की।" वे ख़ुद कहते हैं, "10 साल की उम्र तक मैंने ओमहा पब्लिक लाइब्रेरी की हर वह पुस्तक पढ़ ली थी, जिसके शीर्षक में वित्त शब्द था, कुछ तो दो बार।" एक बार पुस्तकों पर हस्ताक्षर करने के दौरान उन्होंने ज़िक्र किया था कि उनके घर पर 50 पुस्तकें पढ़े जाने का इंतज़ार कर रही हैं।

बफ़े का अध्ययन वित्त की पुस्तकों तक ही सीमित नहीं था – उन्होंने डेल कारनेगी की *हाउ टु मेक फ्रेंड्स ऐंड इंफ्लुएंस पीपल* जैसी स्व-सहायता पुस्तकें भी पढ़ीं और इसकी सलाह पर अमल करने के लिए अपनी ख़ुद की योजना बनाई। बहुत से लोगों ने डेल कारनेगी की लिखी पुस्तक जैसी पुस्तकें पढ़ी हैं – हो सकता है कि आपने भी पढ़ी हो। लेकिन सिर्फ़ "पढ़ना" ही किसी की सफलता की गारंटी नहीं है। कारनेगी की विधियों का अध्ययन करने के बाद बफ़े ने एक सांख्यिकी विश्लेषण करने का निर्णय लिया, ताकि इस बात की जाँच की जा सके कि इन विधियों को अपने जीवन में उतारने पर क्या होगा। "उनके आस-पास के लोगों को पता नहीं था कि वे चुपचाप उन पर प्रयोग कर रहे थे, लेकिन बफ़े दूसरों की प्रतिक्रिया को देखते रहे। उन्होंने परिणामों पर नज़र रखी। बढ़ती ख़ुशी के साथ उन्होंने देखा कि संख्याओं ने निर्विवाद रूप से यह साबित कर दिया : नियम कारगर थे।"

चार्ली मंगर को बफ़े का सबसे क़रीबी व्यावसायिक सहयोगी माना जाता है। बफ़े ने उनके साथ अरब-डॉलर का साम्राज्य बनाने में दशकों समय बिताया है। मंगर को उनके बच्चे "पैर वाली पुस्तक" कहते थे, क्योंकि वे हमेशा अन्य सफल लोगों की उपलब्धियों के बारे में पुस्तकें पढ़ते रहते थे। कहा जाता है कि मंगर हर दिन एक पुस्तक पढ़ते हैं।

यह पुस्तक असाधारण व्यक्तियों और उनकी सफलता के रहस्यों के बारे में है। ये रहस्य उनके जीवन के अनुकरणीय प्रसंगों में प्रकट और रेखांकित होते हैं। ये प्रसंग बताते हैं कि ऊपर चढ़ते समय इनके सामने कैसी मुश्किलें

आईं और उन्होंने उन पर कैसे विजय पाई। जैसे ही – बफ़े के उदाहरण के अनुसार – आप इन जीवनगाथाओं में निहित नियमों और प्रक्रियाओं के अध्ययन से आगे बढ़ेंगे और उन्हें अपने खुद के जीवन में लागू करना शुरू करेंगे, उनकी सफलता का रहस्य आपके सामने खुद-ब-खुद ही प्रकट हो जाएगा। इस सलाह पर अमल करने का सही पल यही है – अभी।

डॉ. राइना ज़िटेलमन

अध्याय 1

ज़्यादा ऊँचा लक्ष्य बनाएँ

1966 में जब आरनॉल्ड श्वॉज़नेगर सिर्फ़ 19 साल के थे, तब लंदन में मिस्टर युनिवर्स चैंपियनशिप के दौरान रिक वेन नामक पत्रकार से उनकी बातचीत हुई। पत्रकार भी बॉडीबिल्डर थे और उनके अनुसार श्वॉज़नेगर ने उनसे पूछा था : "क्या आप सोचते हैं कि इंसान जो चाहे, वह पा सकता है?" यह सुनकर रिक वेन ने कुतूहल के साथ जवाब दिया : "इंसान को अपनी सीमाएँ पता होनी चाहिए।" श्वॉज़नेगर उनकी बात से सहमत नहीं थे : "आप ग़लत हैं।" वेन ज़्यादा बड़े और ज़्यादा अनुभवी थे। उन्होंने काफ़ी दुनिया देखी थी और यह सुनकर उन्हें ऑस्ट्रिया के इस मग़रूर नौजवान से चिढ़ होने लगी : "आपका क्या मतलब है, मैं ग़लत हूँ।" इस पर श्वॉज़नेगर ने प्रतिक्रिया की : "इंसान जो चाहे, वह पा सकता है – बशर्ते वह उसकी क़ीमत चुकाने को तैयार हो।"

यह प्रसंग लॉरेंस लीमर की जीवनी *फ़ैंटास्टिक : द लाइफ़ ऑफ़ आरनॉल्ड श्वॉज़नेगर* से लिया गया है। लीमर की पुस्तक 2005 में प्रकाशित हुई थी और उस वक़्त श्वॉज़नेगर कैलिफ़ोर्निया के गवर्नर थे, जो तब संसार की सबसे बड़ी 10 शीर्षस्थ अर्थव्यवस्थाओं में आठवें नंबर पर था। राजनीति में आने से पहले वे हॉलीवुड स्टार थे और हर फ़िल्म के 2 करोड़ डॉलर से ज़्यादा कमा रहे थे। दरअसल, वे संसार के सबसे महँगे अभिनेताओं में से एक थे। इससे भी पहले, 21 साल की उम्र में अमेरिका आकर बसने वाले श्वॉज़नेगर रियल एस्टेट में निवेश करके मल्टीमिलियनेअर बने थे और सैकड़ों मिलियन डॉलर कमा चुके हैं।

श्वॉज़नेगर की सफलता का रहस्य क्या है? वे ख़ुद अपनी सफलता का श्रेय काफ़ी हद तक उस संकल्प तथा समर्पण को देते हैं, जिससे वे अपने लक्ष्यों का पीछा करते हैं। "मैं एक लक्ष्य तय करता हूँ, इसका बहुत स्पष्ट चित्र देखता

हूँ और इसे हक़ीक़त में बदलने के लिए प्रबल प्रेरणा, भूख पैदा करता हूँ।”
वे यह नहीं कहते : “अच्छा, अगर मैं इसे कारगर बना सकूँ, तो ठीक रहेगा।
शायद मुझे इसकी कोशिश करनी चाहिए।” इस तरह का नज़रिया आपको कहीं
नहीं ले जाएगा। वे कहते हैं कि ज़्यादातर लोग “इसे शर्त वाले तरीक़े से करते
हैं... अगर यह हो जाए, तो कितना अच्छा रहेगा। यह काफ़ी नहीं है। आपको
प्रबल भावनात्मक समर्पण करना होता है, आपको इसे बहुत ज़्यादा चाहना होगा,
ताकि आप प्रक्रिया से प्रेम करें और अपने लक्ष्य को हासिल करने के लिए सारे
क़दम उठाएँ।”

हो सकता है कि हर इंसान को आरनॉल्ड श्वॉर्ज़नेगर, उनकी मांसपेशियाँ,
उनकी फ़िल्में या उनकी राजनीतिक निष्ठाएँ पसंद न हों। लेकिन मुख्य मुद्दा यह
नहीं है। मुद्दा तो यह है : ऑस्ट्रिया के एक छोटे कस्बे में रहने वाले पुलिसकर्मी
के लड़के के लिए, जिसका बचपन काफ़ी मुश्किल रहा था, यह कैसे संभव था
कि उसने इतने सारे अलग-अलग क्षेत्रों में इतना ज़्यादा हासिल किया – खेल
जगत में, व्यवसाय में, सिनेमा के पर्दे पर और राजनीति में?

आइए श्वॉर्ज़नेगर के अद्भुत करियर पर ज़्यादा क़रीबी नज़र डालते हैं।
उनके उत्थान से यह सीख ली जा सकती है कि सफल लोग किन तरीक़ों से
सोचते और काम करते हैं – सबसे बढ़कर, ये सबक़ महत्त्वाकांक्षी और सुस्पष्ट
लक्ष्यों के महत्त्व के बारे में हैं।

ऑस्ट्रिया में किशोरावस्था में भी आरनॉल्ड शून्य-से-शिखर-तक की
अमेरिकी सपने की अवधारणा में प्रबल विश्वास करते थे। श्वॉर्ज़नेगर कहते
हैं, “मेरे मित्र सरकारी नौकरी करना चाहते थे, ताकि उन्हें पेंशन मिल जाए।
मैं हमेशा महानता और शक्ति संबंधी कहानियों से प्रभावित होता था।” उन्होंने
पत्रिकाएँ ख़रीदने पर पैसा ख़र्च किया और अमेरिका संबंधी हर लेख को चाट
डाला। पूर्व सहपाठी याद करते हैं कि वे हरदम अमेरिका के बारे में बात करते
रहते थे। उनके जीवनी लेखक मार्क हूयर लिखते हैं : “वे अपने करियर को
हमेशा एक क़दम आगे ले गए हैं, बॉडीबिल्डर से हॉलीवुड स्टार से राजनेता
तक, हमेशा एक नया लक्ष्य था, एक नया आश्चर्य था। वे हमेशा आगे सोचते
रहते थे, वे सिर्फ़ तभी पीछे चले हैं जब उन्हें अगली छलाँग के लिए अच्छी तरह
दौड़ने की ज़रूरत रही है।”

श्वॉर्ज़नेगर सफलता के अपने नुस्ख़े का वर्णन इस तरह करते हैं : “मैं एक
लक्ष्य तय करता था, उसका बहुत स्पष्ट चित्र देखता था और उसे हक़ीक़त में

बदलने के लिए प्रबल प्रेरणा, भूख पैदा करता था। इस तरह की महत्त्वाकांक्षा में, सपने को सामने रखने में एक तरह की खुशी मिलती है। ऐसी खुशी हो, तो अनुशासन उतना मुश्किल नहीं होता, न ही नकारात्मक या बुरा लगता है। इसके बजाय आप तो उस चीज़ से प्रेम करते हैं, जो आपको सफल होने के लिए करनी चाहिए – जिम जाना, सेट पर कड़ी मेहनत करना। जब लक्ष्य तक पहुँचने की राह में दर्द मिलता है – और यह आम तौर पर मिलता ही है – तो आप उसे भी स्वीकार कर सकते हैं।" उन्होंने दर्द सहने की भारी सहनशक्ति भी विकसित की, क्योंकि वे मानते थे कि अगर आप सफल होना चाहते हैं, तो आपको दर्द सहने के लिए तैयार रहना चाहिए।

30 वर्ष की उम्र में उन्होंने यह कहकर अपनी सफलता व्यक्त की थी : "मैं सबसे ज़्यादा खुश इस बारे में हूँ कि इस सपने पर एकाग्र हो सकता हूँ कि मैं भविष्य में कहाँ रहना चाहता हूँ। जब मैं दिवास्वप्न देखता हूँ, तो इसे अपने सामने बहुत स्पष्टता से देख सकता हूँ, मानो यह सचमुच सामने ही हो। फिर मुझे यह आसान लगता है और वहाँ तक पहुँचने का तनाव भी नहीं रहता है, क्योंकि मुझे पहले से ही ऐसा महसूस होता है कि मैं वहाँ पर हूँ। मुझे लगता है कि यह बस वक़्त की बात है।"

कम उम्र में ही श्वॉज़नेगर ने संसार का सबसे अच्छे बॉडीबिल्डर बनने का लक्ष्य तय कर लिया था। उनके पूर्व कोच बताते हैं, "आरनॉल्ड ने जिस पहले दिन प्रशिक्षण लिया, उसी दिन उन्होंने कहा था, "मैं मिस्टर यूनिवर्स बनूँगा।" वे सप्ताह में छह, कई बार तो सात दिन भी, प्रशिक्षण लेते थे। हर दिन लगभग तीन घंटे। तीन-चार साल में उन्होंने बीस किलो की मांसपेशियाँ बना ली थीं।"

आरनॉल्ड पर तो मानो कसरत का जुनून सवार था। कई मौक़े ऐसे रहते थे, जब उनके हाथ इतने दर्द करते थे कि वे अपने बाल भी ठीक से नहीं सँवार पाते थे। वीकेंड पर उनका प्रशिक्षण जिम बंद रहता था, लेकिन उस दिन वे किसी चोर की तरह चोरी से खिड़की खोलकर चुपके से अंदर चले जाते थे। जब भी उनके दोस्त उनसे स्कूल के बाद फुटबॉल खेलने को कहते थे, तो वे मना कर देते थे। वे मानते थे कि तेज़ दौड़ने से उनकी मांसपेशियों का विकास अवरुद्ध हो सकता है।

उनके हीरो थे रेग पार्क, जो उस ज़माने के सबसे सफल बॉडीबिल्डरों में से एक थे। कुछ साल बाद श्वॉज़नेगर ने उन्हें प्रतिस्पर्धा में हरा दिया, लेकिन किशोरावस्था में वे पार्क को हीरो मानते थे, जो कई फ़िल्मों में हक्युलीज़ की

भूमिका निभा चुके थे। श्वॉज़नेगर ने बाद में कहा, "अगर वे यह कर सकते हैं, तो मैं भी कर सकता हूँ। मैं मिस्टर यूनिवर्स बनूँगा। मैं फ़िल्म स्टार बनूँगा। मैं अमीर बनूँगा। मुझे अपना जोश मिल गया था। मेरे पास एक लक्ष्य था।"

उस वक़्त बॉडीबिल्डिंग को खेल के रूप में गंभीरता से नहीं लिया जाता था। संसार के हर शहर में बड़े-बड़े फ़िटनेस स्टूडियो नहीं होते थे। इसके बजाय, पीछे की तरफ़ धूल भरे कमरे होते थे, जिनमें संदिग्ध लोग प्रतिस्पर्धाओं से पहले अपने शरीर पर तेल मलते थे। श्वॉज़नेगर को परवाह नहीं थी कि ज़्यादातर लोगों की नज़रों में बॉडीबिल्डिंग एक अजीब मनोरंजन था। वे तो अपने चुने हुए खेल में उत्कृष्ट बनने की ठान चुके थे।

आरनॉल्ड के माता-पिता को बेटे का यह शौक पसंद नहीं था। माँ पूछती थीं : "क्यों आरनॉल्ड, तुम अपने शरीर के साथ यह क्यों करना चाहते हो?" दूसरी ओर, उनके पिता ने उन्हें चुनौती दी : "जब तुम ये सारी मांसपेशियाँ बना लोगे, तो फिर उनका क्या करोगे?" आरनॉल्ड उनकी आपत्तियों से ज़रा भी नहीं डगमगाए : "मैं संसार में सबसे अच्छे शरीर का मालिक बनना चाहता हूँ। फिर मैं अमेरिका जाकर फ़िल्मों में काम करना चाहता हूँ।" उनके पिता के हिसाब से यह शेखचिल्ली जैसी बात थी : "मैं सोचता हूँ कि हमें उसे किसी डॉक्टर के पास ले जाना चाहिए, उसके दिमाग़ में कोई बीमारी है।"

जब श्वॉज़नेगर सितंबर 1968 में एक बॉडीबिल्डिंग प्रतिस्पर्धा के लिए अमेरिका पहुँचे, तो वे आत्मविश्वास से भरे हुए थे। और इसके पीछे अच्छा कारण था; उन्होंने उसी समय लंदन में अपना दूसरा मिस्टर यूनिवर्स टाइटल जीता था। लेकिन नतीजा उनकी उम्मीद के विपरीत निकला। हालाँकि श्वॉज़नेगर की मांसपेशियाँ उनके प्रतिद्वंद्वी फ्रैंक ज़ेन से ज़्यादा बड़ी थीं और उनका वज़न भी उनसे 50 पाउंड ज़्यादा था, लेकिन इसके बावजूद वे हार गए। ज़ेन के शरीर का अनुपात बेहतर था और उनकी मांसपेशियों के उभार ज़्यादा अच्छे दिखते थे। इस पराजय से श्वॉज़नेगर का दिल टूट गया। वे इतने दुखी हो गए कि सारी रात रोते रहे। वे इस भयंकर एहसास को दूर नहीं कर पाए : "मैं घर से इतनी दूर अमेरिका के इस अजीब शहर में हूँ, और मैं पराजित हूँ।"

उसके बाद वे यूरोप नहीं लौटना चाहते थे। उन्होंने अपना सबक़ सीख लिया और यह समझ लिया कि वे किन कारणों से हारे थे। उन्होंने अपनी कमज़ोरियों से निबटने की योजना बनाई और उस पर अमल करने लगे। चूंकि वे पिंडली की मांसपेशियों को अपनी सबसे बड़ी कमज़ोरी मानते थे, इसलिए

उन्होंने ट्रैकसूट पहनकर अपनी सारी "अच्छी" मांसपेशियों को ढँक लिया और उसका निचला हिस्सा काट लिया, ताकि जिम में दूसरे खिलाड़ियों को सिर्फ़ उनकी पिंडली की कमज़ोर मांसपेशियाँ ही नज़र आएँ। इससे चेहरे पर जो भाव आते थे, उन्होंने श्वॉज़नेगर को प्रेरित किया कि वे उन मांसपेशियों पर तब तक काम करें, जब तक कि वे मज़बूत न बन जाएँ।

श्वॉज़नेगर ने आगे चलकर संसार का हर अहम बॉडीबिल्डिंग ख़िताब जीता। वे तेरह बार विश्व चैंपियन बने। उन्होंने बॉडीबिल्डिंग के संसार में सबसे प्रतिष्ठित पुरस्कार "मिस्टर ओलंपिया" प्रतिस्पर्धा को आठ बार जीता, जिसमें सिर्फ़ विश्व चैंपियन ही हिस्सा ले सकते हैं। कुल मिलाकर, बॉडीबिल्डिंग के क्षेत्र में उन्होंने अपने बेहद ऊँचे पैमानों से भी ज़्यादा असाधारण सफलता हासिल की।

लेकिन उनकी महत्त्वाकांक्षाएँ बॉडीबिल्डिंग तक ही सीमित नहीं थीं; वे इससे आगे तक गईं। वे अमीर भी बनना चाहते थे। जब वे अमेरिका आए, तो अँग्रेजी भी बमुश्किल बोल पाते थे। उन्होंने अँग्रेजी सीखी और बाद में अर्थशास्त्र में उपाधि ली। उन्हें लग रहा था कि अर्थशास्त्र उन्हें दौलत कमाने की आवश्यक योग्यताएँ सिखा देगा। अब पैसे कमाना उनका जुनून बन गया। जब उनके पास बहुत कम पैसा था, तब भी वे निवेश के लिए बचत करते थे। उन्होंने विकसित करने के लिए सैंटा मोनिका में रियल एस्टेट संपत्ति ख़रीदी और इसके बाद ऑफ़िस की इमारतों तथा शॉपिंग मॉलों में निवेश किया। 30 साल की उम्र तक वे मिलियनेअर बन गए। 1986 में *कैलिफ़ोर्निया बिज़नेस* में एक लेख प्रकाशित हुआ, जिसमें लिखा था : "श्वॉज़नेगर ने पिछले दो दशकों में एक तीक्ष्ण उद्यमी की छवि बना ली है और वे दक्षिणी कैलिफ़ोर्निया के सबसे समृद्ध रियल एस्टेट डेवेलपरों में से एक हैं।"

लेकिन श्वॉज़नेगर थे कि इसके बावजूद संतुष्ट नहीं थे। अब उन्होंने यह संकल्प लिया कि वे हॉलीवुड के सबसे महँगे अभिनेताओं में से एक बनना चाहते हैं। यह पता चलने पर लोग उन पर हँसे। लोग सोच रहे थे कि श्वॉज़नेगर एक्शन फ़िल्मों में छोटी भूमिका निभाने से आगे नहीं जा पाएँगे, जिनमें ज़्यादा बोलने की ज़रूरत नहीं होगी। उनकी शुरुआती फ़िल्मों को देखकर लग रहा था कि लोगों की सोच सही थी।

"इसे भूल जाएँ," श्वॉज़नेगर को बार-बार बताया गया था। "आपका शरीर अजीब है और आपका लहज़ा भी अजीब है, इसलिए आप कभी फ़िल्म

उद्योग में कामयाब नहीं हो पाएँगे।" लोगों ने उन्हें बताया कि उनके पास ज़रा-सा भी मौक़ा नहीं है – मांसपेशियों वाले बॉडीबिल्डर की बात तो रहने ही दें, तब तक यूरोप का कोई भी पुरुष अभिनेता हॉलीवुड में झंडे नहीं गाड़ पाया था।

श्वॉज़नेगर अभिनय का प्रशिक्षण लेने लगे। शुरुआत में तो यह उनके लिए आसान नहीं था। उनके टीचर उनके दिल की बात समझते थे और उन्होंने पूरी क्लास के सामने कहा : "खड़े हो जाओ, आरनॉल्ड।" श्वॉज़नेगर धीरे-धीरे खड़े हुए। "ठीक है, साफ़ दिख रहा है कि तुम नाराज़ हो। क्या बात है?" शिक्षक ने पूछा। "मैं बहुत नाराज़ हूँ! यह बहुत अनुचित व्यवहार है! उन्हें मेरा नाम पसंद नहीं है, उन्हें मेरा लहज़ा पसंद नहीं है, उन्हें मेरा शरीर पसंद नहीं है, लेकिन वे सब भाड़ में जाएँ! मैं सुपरस्टार बनने वाला हूँ!" बाद में उन्होंने कहा : "मैं जानता हूँ कि स्टार कैसे बनना है। हो सकता है कि मुझमें अभिनेता बनने की क़ाबिलियत न हो, लेकिन मैं स्टार बनकर दिखाऊँगा।"

अपनी सफलता का रहस्य स्पष्ट करते हुए वे टिप्पणी करते हैं : "आपको अपनी सोच को सकारात्मक रखना होता है। आपको विजेता बनने के लिए अपनी प्रोग्रामिंग करनी होती है। मेरी प्रोग्रामिंग बुरे विचार सोचने के लिए है ही नहीं। आस-पास के लोग चाहे जो कहते रहें, सफल लोगों में जोख़िम लेने और मुश्किल निर्णय लेने की क़ाबिलियत होती है।"

उनकी पहली भूमिकाएँ *कॉनन* या *टर्मिनेटर* जैसी एक्शन फ़िल्मों में थीं, जो बॉक्स ऑफ़िस पर सफल तो रहीं, मगर इनसे श्वॉज़नेगर की छवि मांसपेशियों वाले आदमी की बन गई। लेकिन श्वॉज़नेगर चाहते थे कि उन्हें "असली" अभिनेता की तरह गंभीरता से लिया जाए, साथ ही उन्हें मिलियनों डॉलर का मेहनताना मिले – निश्चित रूप से वे यह नहीं चाहते थे कि उनका फ़िल्मी करियर एक्शन हीरो की भूमिकाओं तक सीमित रहे।

1988 में उन्होंने *ट्विन्स* में अभिनय किया। यह एक कॉमेडी थी, जो आश्चर्यजनक रूप से सफल हो गई। इस फ़िल्म ने उन्हें सुपरस्टार बनने के पायदान पर ऊपर उठाया। फ़िल्म ने सिर्फ़ अमेरिका और कैनेडा में 112 मिलियन डॉलर कमाए; विदेशी बाज़ार में 105 मिलियन डॉलर कमाए सो अलग। कुल मिलाकर इससे श्वॉज़नेगर को 20 मिलियन डॉलर से ज़्यादा की आमदनी हुई। उनके जीवनी लेखक मार्क हूयर टिप्पणी करते हैं : "श्वॉज़नेगर ने ख़ुद को अपनी पुरानी, एक-आयामी भूमिकाओं से दूर

करके बहुत कुछ हासिल किया है। अब दर्शक उनके मज़ेदार, पसंद आने वाले पहलू को देख सकते हैं। उन्होंने अपना रूपांतरण मशीन से इंसान में कर लिया है।" कूटनीतिक शब्दावली में कहा जाए, तो अब श्वॉज़नेगर के पास बहुमत-आकर्षण था।

फ़िल्म उद्योग में उन्होंने जो हासिल करने का लक्ष्य तय किया, उस सबको हासिल करने के बाद श्वॉज़नेगर ने प्रेरित होने के लिए एक नए लक्ष्य की तलाश की। अपने करियर की शुरुआत में वे पहले ही राजनीति में दाख़िल होने पर विचार कर चुके थे। जैसा उन्होंने 1977 में जर्मन पत्रिका *स्टर्न* को दिए इंटरव्यू में कहा था : "जब आप फ़िल्मों में भी सर्वश्रेष्ठ बन जाते हैं, तो और बचता ही क्या है जो रोचक हो सकता है? शायद शक्ति। इसलिए आप राजनीति की ओर मुड़ते हैं और गवर्नर या प्रेज़िडेंट या कुछ और बन जाते हैं।"

लेकिन बॉडीबिल्डर तथा हॉलीवुड अभिनेता के रूप में उनकी लोकप्रियता और सफलता जितनी लाभप्रद थी, उतनी ही बोझ साबित हुई। कुछ लोग उनकी मर्दाना छवि से चिढ़ने लगे और महिलाओं ने उन पर यौन उत्पीड़न के आरोप लगाए। जब उन्होंने अगस्त 2003 में कैलिफ़ोर्निया के गवर्नर का चुनाव लड़ने की घोषणा की, तो अमेरिका के सभी प्रमुख अख़बारों ने इन कहानियों पर ध्यान केंद्रित किया। कहा जाता था कि वे अपनी युवावस्था में नाज़ी रहे थे। उन्होंने जवानी में जो बातें कही थीं, उन्हें पृष्ठभूमि से बाहर ले जाया गया था और *द न्यू यॉर्क* टाइम्स ने उनकी कुछ टिप्पणियाँ उद्धृत करके यह निष्कर्ष निकाला कि वे एडॉल्फ़ हिटलर के बहुत बड़े प्रशंसक थे। लिबरल मीडिया ने रिपब्लिकन उम्मीदवार के ख़िलाफ़ मोर्चा खोल दिया - लेकिन उससे कोई फ़र्क नहीं पड़ा। तमाम विरोध और शत्रुता के बावजूद श्वॉज़नेगर ने आसान विजय हासिल की तथा कुल मतों के 48.6 प्रतिशत हासिल किए, जबकि उनके विरोधियों को सिर्फ़ 31.5 और 13.5 प्रतिशत मत ही मिले।

श्वॉज़नेगर ने एक बहुत ही मुश्किल काम हाथ में लिया था, क्योंकि कैलिफ़ोर्निया का कर्ज़ बहुत ज़्यादा था - और आज भी है। बजट को संतुलित करने के लिए जो सुधार ज़रूरी थे, उन्हें बहुत सारे विशेष स्वार्थ समूहों और यूनियनों द्वारा रोक दिया जाता था। कुछ शुरुआती सफलताओं के बाद श्वॉज़नेगर इन समूहों के ख़िलाफ़ अपनी लड़ाई हारने लगे। नवंबर 2005 में एक महत्त्वपूर्ण जनमत-संग्रह में उन्हें मुँह की खानी पड़ी। उनके बजट सुधार को 38 के मुकाबले 62 के भारी अंतर से ठुकरा दिया गया। शिक्षकों के कार्यकाल तंत्र

में सुधार का उनका प्रस्ताव 45 के मुकाबले 55 प्रतिशत से अस्वीकार कर दिया गया। राजनीतिक असफलता आसन्न दिख रही थी और उनके दोबारा चुने जाने के अवसर बहुत कमज़ोर नज़र आ रहे थे।

एक बार फिर श्वॉज़नेगर सीखने में बहुत तेज़ साबित हुए। हमेशा व्यावहारिक श्वॉज़नेगर ने पर्यावरण और पारिस्थतिकी तंत्र से जुड़े मुद्दों को खोजा, जिनकी बदौलत उन्हें कई डेमोक्रैटों का भी समर्थन हासिल हुआ। उन्होंने 1986 में केनेडी खानदान की मारिया से शादी की थी, इस तथ्य से भी मदद मिली। दूसरी बार इस पद पर रहते समय श्वॉज़नेगर ने एक प्रबुद्ध रूढ़िवादी की छवि बना ली, जो दोनों दलों के बीच की खाई को पाटने में समर्थ था और जिसने पर्यावरण की ख़ातिर किसी अन्य गवर्नर से ज़्यादा किया था।

लेकिन श्वॉज़नेगर भी भीमकाय बजट को संतुलित करने में समर्थ नहीं थे। उनके मित्र वॉरेन बफ़े का कथन था : "उनके पास युक्ति दिखाने की ज़्यादा जगह नहीं है। वॉशिंगटन में नेता पैसे छाप सकते हैं, कैलिफ़ोर्निया के नेता ऐसा नहीं कर सकते। इसके अलावा, बजट दो तिहाई बहुमत से पारित करना होता है। उन्हें जिन लोगों से निबटना पड़ता है, उनमें से कुछ तो किसी भी तरह के टैक्स के पूरी तरह ख़िलाफ़ होते हैं, कुछ नए टैक्स के ख़िलाफ़ होते हैं और कुछ किसी भी तरह की कटौती के विरोध में होते हैं। दो तिहाई बहुमत हासिल करना बहुत मुश्किल होता है।" जनवरी 2011 में श्वॉज़नेगर ने अधिकतम दो कार्यकाल पूरे करने के बाद पद छोड़ दिया। उनके उत्तराधिकारी जेरी ब्राउन एक डेमोक्रैट हैं।

अब श्वॉज़नेगर आगे क्या करने वाले हैं? ऐसी अफ़वाहें हैं कि वे राष्ट्रपति पद का चुनाव लड़ सकते हैं। संविधान के अनुसार इस पद पर सिर्फ़ वही स्त्री-पुरुष पहुँच सकते हैं, जो पैदाइशी अमेरिकी नागरिक हों, इसलिए श्वॉज़नेगर का अमेरिकी राष्ट्रपति बनना सिर्फ़ फ़िल्मों तक ही सीमित रहना संभव है : *डिमॉलिशन मैन* में श्वॉज़नेगर के प्रतिद्वंद्वी सिल्वेस्टर स्टेलॉन फ़िल्म के हीरो जॉन स्पार्टन की भूमिका में रहते हैं। स्टेलोन समय की यात्रा करके 21वीं सदी में पहुँच जाते हैं। सांड्रा बुलक द्वारा अभिनीत उनकी ड्राइवर उन्हें बताती देती है : "मैंने दरअसल श्वॉज़नेगर लाइब्रेरी में कुछ न्यूज़रीलों का अध्ययन किया है..." उसकी बात बीच में काटते हुए स्टेलोन सदमे में कहते हैं : "ज़रा रुको। श्वॉज़नेगर लाइब्रेरी?" "हाँ। श्वॉज़नेगर प्रेज़िडेंशियल लाइब्रेरी? क्या वे अभिनेता नहीं थे, जब आप...?" "रुको! क्या वे राष्ट्रपति थे?" "हाँ! हालाँकि उनका जन्म इस देश में

नहीं हुआ था, लेकिन उस वक़्त उनकी लोकप्रियता इतनी ज़्यादा थी कि अमेरिकी संविधान में 61वाँ संशोधन हुआ, जिसके अनुसार...” स्टलोन उसकी बात पर यक़ीन करने से इंकार कर देते हैं। “मैं नहीं जानना चाहता। राष्ट्रपति...”

हम यह नहीं जानते कि अब श्वॉज़नेगर का अगला लक्ष्य क्या है - हालाँकि वे खुद निश्चित रूप से जानते होंगे। हम तो बस इतना जानते हैं कि उन्होंने हमेशा अपने लिए महत्त्वाकांक्षी और बहुत मुश्किल लक्ष्य तय किए हैं। उनकी एक पूर्व गर्लफ्रेंड बताती है कि हर साल के शुरू में वे पाँच नए लक्ष्य लिखते थे और फिर वे उन्हें हासिल करने के लिए दीवानों की तरह जुट जाते थे। उनके जीवनी लेखक नाइजेल ऐंड्रूज़ लिखते हैं, श्वॉज़नेगर “साधारण जीवन के विचार से ही नफ़रत करते थे।” उन्होंने एंड्रूज़ से कहा था : “जीवन का अर्थ सिर्फ़ साँस लेना, ज़िंदा रहना ही नहीं है, इसका अर्थ है आगे बढ़ना, ऊपर पहुँचना, हासिल करना, जीतना।”

आप जीवन में कितनी सफलता हासिल करते हैं, यह काफ़ी हद तक इस बात पर निर्भर करता है कि आप कितने ऊँचे लक्ष्य बनाते हैं। आरनॉल्ड श्वॉज़नेगर का करियर इस कथन की सच्चाई का प्रमाण है। यह प्रमाण कई बड़े अंतरराष्ट्रीय कॉर्पोरेशनों के इतिहास में भी देखा जा सकता है।

प्रायः कंपनी जिस व्यक्ति की बदौलत सफलता और विस्तार हासिल करती है, वह संस्थापक नहीं होता। ज़्यादातर देखने में आता है कि कंपनी की असाधारण कारोबारी सफलता के पीछे की प्रेरक शक्ति कोई ऐसा व्यक्ति है, जिसने कंपनी के संस्थापक से ज़्यादा बड़ी सोच प्रदर्शित की थी।

अध्याय 3 में स्टारबक्स चेन की कहानी बताई गई है। इसके मूल संस्थापक सिऐटल की अपनी पाँच दुकानों से ही खुश थे। वे कारोबारी विचार की संभावना को नहीं पहचान पाए। वे राष्ट्रीय स्तर पर इसके विस्तार की तस्वीर नहीं देख पाए। इसके लिए तो हॉवर्ड शुल्ट्ज़ की उद्यमी प्रतिभा की ज़रूरत थी। आज शुल्ट्ज़ को स्टारबक्स का जनक कहा जाता है, जो सही भी है, जबकि लोग मूल संस्थापकों को काफ़ी पहले ही भूल चुके हैं।

कुछ ऐसा ही मैकडॉनल्ड्स के साथ भी हुआ। इसकी स्थापना दो भाइयों ने की, जिन्होंने फ़ास्ट-फ़ूड उद्योग में बहुत से नवाचार किए। सैन बरनार्डिनो में उन्होंने 1948 में जो रेस्तराँ खोला था, वह बहुत अच्छा चला, लेकिन मैकडॉनल्ड्स के असली संस्थापक होने का सम्मान रे क्रॉक को दिया जाता है, और यह सही भी है। वही तो थे, जिन्होंने किसी दूसरे से पहले इस नए प्रकार

के रेस्तराँ की विराट संभावना को देखा। वही थे, जो अपने इस नए विचार को एक विकासशील उद्योग में बदलने के लिए हर संभव चीज़ करने को तैयार थे।

लेकिन आइए मैकडॉनल्ड्स की कहानी शुरू से शुरू करते हैं। 1937 की बात है। मैकडॉनल्ड भाइयों ने पूर्वी पैसेडीना में एक छोटा–सा ड्राइव–इन रेस्तराँ खोला। इसके कुछ साल बाद उन्होंने सैन बरनार्डिनो में एक ज़्यादा बड़ा रेस्तराँ खोला। अष्टभुजी आकार का यह रेस्तराँ इतना चला कि दोनों भाई जल्द ही सैन बरनार्डिनो समाज के उच्च वर्ग में पहुँच गए। वे एक बहुत आलीशान मकान में रहने लगे, जिसमें 25 बेडरूम थे। उन्हें इस बात पर भी गहरा गर्व था कि वे कैडिलैक के नवीनतम मॉडल के स्वामी थे। 1948 तक वे अपने सपनों से भी ज़्यादा अमीर बन चुके थे।

लेकिन कई अन्य ड्राइव–इन रेस्तराँओं की तरह ही उनके रेस्तराँ को भी मुश्किल समय झेलने पड़े। उनके ज़्यादातर ग्राहक किशोरवय थे, यानि बहुत-सी टूट-फूट और स्टाफ़ का बार-बार नौकरी छोड़कर जाना। दोनों भाई बर्तनों की चोरी और कप-प्लेट की टूट-फूट के ख़र्च से बचना चाहते थे। सबसे बढ़कर, वे एक अलग तरह के ग्राहक आकर्षित करना चाहते थे – उस वक़्त ड्राइव–इन रेस्तराँओं की यह ख़राब छवि बन चुकी थी कि वे किशोरों के मिलने और हुड़दंग मचाने की प्रिय जगह हैं।

उन्होंने नई सोच पर अमल करने के लिए अपना रेस्तराँ तीन महीनों के लिए बंद कर दिया। इसके बाद उन्होंने मैकडॉनल्ड्स रेस्तराँ का वह नमूना बनाया, जो कमोबेश आज तक चला आ रहा है। नए किचन का उद्देश्य बड़े पैमाने पर उत्पादन और फटाफट सेवा था। भाइयों ने हर वह तकनीकी नवाचार अपनाया, जिससे उनके रेस्तराँओं की प्रक्रियाओं की गति बढ़ सकती थी। इसके अलावा, मेन्यू के व्यंजनों की गुणवत्ता अब शेफ़ की विशेषज्ञता पर निर्भर नहीं रह गई। इसके बजाय, उन्होंने बहुत ही सीमित व्यंजन परोसने के एक बिलकुल नए तरीक़े का मार्ग प्रशस्त किया। जिस तरह हेनरी फ़ोर्ड ने उत्पादन की प्रक्रिया को स्वचालित क़दमों की श्रृंखला में विभाजित करके कार उद्योग में क्रांति कर दी थी, उसी तरह मैकडॉनल्ड्स भाइयों ने व्यंजन तैयार करने की एक नई नीति विकसित की और पूरी प्रक्रिया को कई छोटे-छोटे कामों में बाँट दिया, जिनमें किचन के किसी पूर्व अनुभव की आवश्यकता नहीं थी। उन्होंने किचन के सभी उपकरणों को भी ख़ास तौर पर अपने उद्देश्यों से बनवाया।

उनका लक्ष्य था तीस सेकेंड या इससे कम में ग्राहकों के ऑर्डर पूरे

करना। इसके लिए व्यंजनों का पहले से तैयार होना ज़रूरी था। इस तरह एक नए तरह के रेस्तराँ का जन्म हुआ। यह स्व-सेवा, उपयोग करके फेंकने लायक़ प्लेट और गिलास, अति-तीव्र सेवा और "असेंबली-लाइन" फ़ूड प्रोडक्शन का दावा करता था। और सबसे अहम बात, यह एक नए क़िस्म के ग्राहक को आकर्षित करता था : अब किशोरों के बजाय बच्चों वाले परिवार मैकडॉनल्ड्स में आने लगे।

बहरहाल, परिवर्तन क्रमिक था और रातोरात नहीं हुआ। पहले तो यह लग रहा था कि भाइयों ने ग़लत अनुमान लगा लिया था। उन्हें रेस्तराँ के पुनर्निर्माण का ख़र्च निकालने में पूरे छह महीने लग गए। लेकिन भाइयों ने हिम्मत नहीं हारी – और अंततः उनका दाँव सफल हो गया। 1955 में उन्होंने 2,77,000 डॉलर कमाए, जो पुराने मैकडॉनल्ड्स की सालाना बिक्री से 40 प्रतिशत अधिक थे। फिर बढ़ते हुए स्वचालित तंत्रों के साथ उनकी बिक्री बढ़कर 3,00,000 डॉलर हो गई, जिससे उन्हें 1,00,000 डॉलर का मुनाफ़ा हुआ, जो उस वक़्त भारी रक़म थी।

उनके रेस्तराँ की सफलता की ख़बरें जंगल की आग की तरह फैलीं। मैकडॉनल्ड भाइयों की सफलता का राज़ जानने के लिए दूसरे रेस्तराँओं के मालिक और नए रेस्तराँ खोलने वाले लोग देश भर से आने लगे। अपनी उपलब्धि पर गर्व से भरे दोनों भाई आगंतुकों को रेस्तराँ घुमाकर बहुत ख़ुश होते थे और अपनी नवाचारी अवधारणा को विस्तार से बताते थे। उन्हें यह मज़ेदार लगता था कि लोग उनके रेस्तराँ के अंदरूनी हिस्से के स्केच बनाते थे और काम की प्रक्रिया का हर विवरण पूछते थे। ज़ाहिर है, उनकी सफलता ने काफ़ी नक़्क़ालों को भी आकर्षित किया, जिन्होंने मैकडॉनल्ड्स की नक़ल करने की सर्वश्रेष्ठ कोशिश की – कई मामलों में उनका सर्वश्रेष्ठ बहुत अच्छा नहीं था।

मैकडॉनल्ड भाई कुछ लाइसेंस बेचने लगे और जल्द ही मैकडॉनल्ड नाम के लगभग एक दर्जन रेस्तराँ चलने लगे। लेकिन जब शक्तिशाली कार्नेशन कॉर्पोरेशन ने एक राष्ट्रीय फ्रैंचाइज़ी सिस्टम में निवेश करने का प्रस्ताव रखा, तो भाइयों ने मना कर दिया। "हमें सारे समय यात्रा करनी होगी, मॉटेलों में रहना पड़ेगा, जगहों की तलाश करनी होगी, मैनेजर खोजने होंगे... इस तरह की चेन बनाना बहुत बड़ा सिर दर्द होगा और मैं इसकी कल्पना कर सकता हूँ।" जॉन एफ़. लव ने मैकडॉनल्ड्स : बिहाइंड द आर्चेस नामक 630 पेज का प्रभावशाली ग्रंथ लिखा है और उनका निष्कर्ष यह है कि "सैन बरनार्डिनो से परे

विस्तार करने में उनकी एकमात्र 'समस्या' यह थी कि वे यथास्थिति से संतुष्ट थे। मैकडॉनल्ड कहते हैं, "हम जितना पैसा बना रहे थे, वही पूरा ख़र्च नहीं कर पा रहे थे। हम बहुत आराम में थे और हम जो करना चाहते थे, उसे करने में हमें बहुत मज़ा आ रहा था। मैं हमेशा से वित्तीय स्वतंत्रता चाहता था और अब यह मुझे मिल गई थी।" उनका तर्क था कि अगर उन्हें ज़्यादा मुनाफ़ा हुआ, तो अगला टैक्स रिटर्न एक बड़ा सिर दर्द बन जाएगा।

संतुष्टि और आरामतलबी की अपनी जगह है, लेकिन कारोबारी साम्राज्य बनाने के लिए एक अलग तरह के नज़रिये की ज़रूरत होती है। मैकडॉनल्ड का साम्राज्य बनाने का सम्मान रे क्रॉक को मिलता है, जिन्हें आज मैकडॉनल्ड्स के संस्थापक के रूप में माना जाता है और जिनका अब भी कंपनी के भीतर आदर किया जाता है।

तब रे क्रॉक मिल्कशेक मिक्सर्स के सेल्समैन थे और इस व्यवसाय में उनका मुनाफ़ा कम होता जा रहा था। वे सोचने लगे कि उनके सबसे अच्छे ग्राहक मैकडॉनल्ड बंधु सबसे ज़्यादा मिल्कशेक मिक्सर क्यों ख़रीदते रहते हैं। वैसे यहाँ हमें मैकडॉनल्ड्स और स्टारबक्स के इतिहास में एक रोचक समानता मिलती है। स्टारबक्स पर भी एक सेल्समैन हॉवर्ड शुल्ट्ज़ का ध्यान इसी तरह गया था, जिन्होंने सोचा था कि सिऐटल का एक छोटा रीटेलर एक ख़ास प्रकार के कॉफ़ी मेकर के इतने ज़्यादा ऑर्डर क्यों दे रहा था। इसी तरह उन्होंने स्टारबक्स को खोजा और आगे चलकर उसे विश्वव्यापी अग्रणी कॉफ़ीहाउस चेन में बदल दिया। हम उनकी कहानी बाद में देखेंगे।

रे क्रॉक पर वापस लौटते हैं : वे सैन बरनार्डिनो गए और कई दूसरे लोगों की तरह इस नए प्रकार के फ़ास्ट-फ़ूड रेस्तराँ से तुरंत प्रभावित हो गए। उन्होंने इसके विस्तार की विशाल संभावना को मैकडॉनल्ड बंधुओं से ज़्यादा तेज़ी से पहचान लिया। रेस्तराँ उत्पादों के सेल्समैन के रूप में वे काफ़ी दूर-दूर तक घूम चुके थे और उन्होंने बाज़ार की प्रवृत्तियों तथा उपभोक्ता माँगों में परिवर्तनों की उत्कृष्ट सहज बुद्धि विकसित कर ली थी। जॉन एफ़. लव लिखते हैं, "क्रॉक ने मैकडॉनल्ड्स को देश भर में फैलाने की संभावना तुरंत देख ली। घरघुस्सू मैकडॉनल्ड भाइयों के विपरीत उन्होंने काफ़ी यात्राएँ की थीं, इसलिए वे उन सैकड़ों छोटे-बड़े बाज़ारों का चित्र देख सकते थे, जहाँ मैकडॉनल्ड्स को बनाया जा सकता था। उन्हें विद्यमान फ़ूड सर्विस कारोबारों की जानकारी थी, इसलिए वे समझ गए कि मैकडॉनल्ड्स का यूनिट किस प्रकार विकट प्रतिस्पर्धी बन सकता है।"

सैन बरनार्डिनो की यात्रा के कुछ दिनों बाद क्रॉक ने डिक मैकडॉनल्ड से फ़ोन पर पूछा कि क्या उन्हें अब तक कोई फ्रैंचाइज़िंग एजेंट मिला। मैकडॉनल्ड ने जवाब दिया, "नहीं, रे, अभी तक नहीं।" इस पर क्रॉक ने पलटकर कहा, "तो फिर, मेरे बारे में क्या ख़्याल है?"

अगले ही दिन क्रॉक दोनों भाइयों से मिलने के लिए सैन बरनार्डिनो पहुँच गए। वे उनके साथ एक अनुबंध पर बातचीत करना चाहते थे, जिससे उन्हें पूरे अमेरिका में रेस्तराँ को फ्रैंचाइज़ करने के पूरे अधिकार मिल जाएँ। इस अनुबंध ने क्रॉक को चेन के विस्तार का प्रभारी बना दिया, जबकि उत्पादन पर मैकडॉनल्ड बंधुओं का नियंत्रण बना रहा और उन्हें मुनाफ़े का एक प्रतिशत हिस्सा मिलता था। 1960 के दशक की शुरुआत में मैकडॉनल्ड बंधुओं ने मैकडॉनल्ड ब्रांड के अपने सारे अधिकार क्रॉक को 2.7 मिलियन डॉलर में बेच दिए। क्रॉक ने पैसा लगाने वाले निवेशक खोज लिए।

क्रॉक ने एक कार्यकुशल तंत्र ईजाद किया, जिसमें फ्रैंचाइज़ी महत्त्वपूर्ण रणनीतिक निर्णयों में भागीदारी करते थे, जैसे प्रचार की योजना बनाना और व्यक्तिगत रेस्तराँओं का प्रचार अभियान। उनका यह तंत्र आम फ्रैंचाइज़ी तंत्र से बहुत अलग था। ज़्यादा तेज़ मुनाफ़ा कमाने के लिए ज़्यादातर फ्रैंचाइज़ी देने वाले लोग या तो भारी लाइसेंसिंग फ़ी माँगते थे या फिर फ्रैंचाइज़ियों को महँगे उपकरण तथा उत्पाद ख़रीदने के लिए मजबूर करते थे। दूसरी ओर, क्रॉक दीर्घकालीन नज़रिये से काम कर रहे थे और उनका लक्ष्य ज़्यादा ऊँचा था। वे फ्रैंचाइज़ियों को अपना ग्राहक मानते थे और उनकी सफलता सुनिश्चित करने के लिए हरसंभव प्रयास करते थे। आख़िर, मैकडॉनल्ड्स ब्रांड की सफलता उन्हीं पर तो निर्भर थी।

निगरानी के क्षेत्र में क्रॉक ने दूसरे फ्रैंचाइज़ी देने वालों से ज़्यादा नियंत्रण अपने पास रखे, क्योंकि उन्हें एहसास हो गया था कि अलग-अलग रेस्तराँओं की गुणवत्ता में फ़र्क़ किसी ब्रांड को कितनी आसानी से नष्ट कर सकते हैं। वे जानते थे कि जो फ्रैंचाइज़ी भोजन की स्वच्छता या स्वास्थ्य विज्ञान को गंभीरता से नहीं लेंगे, या जो आज़माई हुई विधियों से अलग विधियों का इस्तेमाल करेंगे, वे इस ब्रांड की छवि को सचमुच नुक़सान पहुँचा सकते हैं।

क्रॉक बहुत ही प्रतिभाशाली सेल्समैन थे, इसलिए वे ज़्यादा से ज़्यादा लोगों को अपनी अवधारणा की ख़ूबियाँ बेचने में समर्थ थे। रोचक बात यह है कि उन्होंने अपनी सुस्पष्ट ईमानदारी से फ्रैंचाइज़ियों को जीता और असंभव वादे

नहीं किए, जैसी कि उस वक़्त आम परंपरा थी। इसके बजाय, उन्होंने संभावित फ्रैंचाइज़ियों को प्रासंगिक और सटीक जानकारी प्रदान की। क्रॉक ने कहा, "जब आप ऐसी कोई चीज़ बेचते हैं, तो कोई भी आपको धोखेबाज़ कह सकता है। लेकिन अगर वे आपको ईमानदार मानते हैं, तो अलग बात होती है।"

आज मैकडॉनल्ड्स 117 से ज़्यादा देशों में 32,000 रेस्तराँ चलाता है। 2010 में इसकी बिक्री 24 अरब डॉलर थी, जिस पर इसे 4.95 अरब डॉलर का शुद्ध मुनाफ़ा हुआ था। आने वाले दशकों में कंपनी की इतनी भारी अंतरराष्ट्रीय सफलता का गुमान तो क्रॉक को भी नहीं हो सकता था। लेकिन उनमें और कंपनी के मूल संस्थापक मैकडॉनल्ड बंधुओं में जो अंतर था, वह लक्ष्यों और महत्त्वाकांक्षाओं के स्तर का अंतर था। हमारे काम उन लक्ष्यों से तय होते हैं, जो हम अपने लिए बनाते हैं। रे क्रॉक का करियर इस सरल सच्चाई का प्रमाण है, जैसी कि मैकडॉनल्ड बंधुओं की तुलनात्मक रूप से साधारण कहानी भी है।

"सरल भाषा में कहा जाए, तो क्रॉक ने मैकडॉनल्ड्स में लोगों को लाने के लिए अपने आकर्षण का इस्तेमाल किया," लव ने *बिहाइंड द आर्चेस* में टिप्पणी की है, "और उस आकर्षण का चरम स्रोत फ़ास्ट-फूड अवधारणा के भविष्य में क्रॉक का अटल विश्वास था, जिसे उन्होंने मोहावी रेगिस्तान के कोने पर खोजा था... रे क्रॉक को किसी दूसरे से ज़्यादा जो प्रेरित कर रहा था, वह यह विश्वास था कि आख़िर उन्हें वह विचार मिल गया है, जो उस बड़े उद्यम की नींव बन सकता है, जिसे बनाने की वे उम्मीद कर रहे थे... 1930 के दशक से। अब 1954 चल रहा था और 52 साल के रे क्रॉक अब भी जादू की तलाश कर रहे थे – कोई ऐसी चीज़ जिसमें वे अपने तीन दशकों के सेल्स अनुभव का लाभ उठा सकें।"

हाँ, जब क्रॉक ने मैकडॉनल्ड्स फ्रैंचाइज़िंग सिस्टम बनाया, तब तक वे 52 साल के हो चुके थे। जिस उम्र में दूसरे लोग रिटायरमेंट के बारे में सोचने लगते हैं, या कम से कम कुछ नया शुरू करने के लिए ख़ुद को "बहुत बूढ़ा" मानने लगते हैं, क्रॉक सप्ताह में सत्तर घंटे या उससे ज़्यादा काम करने को तैयार थे, और वह भी ख़ुशी-ख़ुशी। सबसे अहम बात, उन्हें अपने काम में मज़ा आ रहा था। उनका उद्देश्य फटाफट पैसे कमाना नहीं था। लंबे समय तक उन्होंने अपनी बचत और मिल्कशेक बेचने से मिले पैसों से जीविका चलाई। दरअसल, उन्होंने 1961 तक यानि मैकडॉनल्ड बंधुओं से अनुबंध करने के सात साल बाद तक कंपनी से एक भी डॉलर नहीं लिया। अध्याय 10 में हम इस कहानी की

ओर लौटेंगे कि रे क्रॉक ने मैकडॉनल्ड को इतना असाधारण कैसे सफल बनाया।

1984 में 18 साल के माइकल डेल ने अपने लिए एक ऐसा लक्ष्य तय किया, जो ज़्यादातर लोगों को पूरी तरह "अयथार्थवादी" लगता। अपने विद्यार्थी जीवन में सिर्फ़ 1,000 डॉलर की पूँजी से उन्होंने पीसीज़ लिमिटेड का गठन किया (आज कंपनी का नाम डेल है) और अमेरिकी आईटी उद्योग में मार्केट लीडर बनने के इरादे की घोषणा की। यह एक ऐसी पदवी थी, जो 1924 में आईबीएम की स्थापना के बाद से इसके पास थी। अप्रैल 2001 में डेल कंप्यूटर ने इससे भी बेहतर काम किया और वे पीसी बाज़ार में पूरे संसार में नंबर वन बन गए। बाज़ार में उनकी हिस्सेदारी 12.8 प्रतिशत थी और उन्होंने अपने सबसे निकट प्रतिद्वंद्वी कॉम्पैक को 0.7 प्रतिशत से पछाड़ दिया, जबकि आईबीएम बाज़ार की 6.2 प्रतिशत हिस्सेदारी के साथ चौथे स्थान पर रही। माइकल डेल ने हमेशा ऊँचे लक्ष्य बनाने के महत्त्व पर ज़ोर दिया है : "अपनी नज़रें ऊँची रखें और अपने लक्ष्य हासिल करें और यह काम ईमानदारी, चरित्र और प्रेम के साथ करें। हर दिन आप अपने सपनों की ओर बढ़ते रहते हैं, हर दिन आप अपने मूल स्वरूप से कोई समझौता नहीं करते हैं और अंततः जीत आप ही की होती है।"

डेल स्कूल में भी सबसे अलग थे। अपने कुछ सहपाठियों की तरह वे डाक टिकट इकट्ठे करते थे – लेकिन यह दूसरों का सिर्फ़ शौक था, जबकि डेल ने एक नीलामी कैटेलॉग प्रकाशित करके इसे एक कारोबार में बदल दिया। सिर्फ़ बारह साल की उम्र में ही उन्होंने 2,000 डॉलर कमा लिए – यह कुछ साल बाद कमाए उस 18,000 डॉलर के मुनाफ़े की तुलना में मूँगफली जैसा था, जब उन्होंने विशेष लक्ष्य समूहों को पहचानकर अख़बार की सदस्यता बेची।

15 साल की उम्र में डेल कंप्यूटरों में रुचि लेने लगे। उनके द्वारा पहली ख़रीदी गई मशीन ऐपल 2 थी, जो उस वक़्त एक लोकप्रिय मॉडल था। इसके बाद उन्होंने इसके पुर्ज़े-पुर्ज़े अलग कर दिए और अपने निराश माता-पिता को बताया कि उन्होंने इसकी आंतरिक प्रक्रिया को समझने के लिए ऐसा किया था। कंप्यूटर की खोला-धरी करके उन्होंने पता लगा लिया कि इसे अपग्रेड कैसे किया जा सकता है और बेहतर कैसे बनाया जा सकता है। फिर उन्होंने अपने मित्रों और पड़ोसियों की मशीनों को अपग्रेड करने में उनकी मदद की।

1983 में अपने माता-पिता की संतुष्टि की ख़ातिर उन्होंने टेक्सास युनिवर्सिटी में नाम लिखा लिया। वहाँ वे चले तो गए, लेकिन पढ़ाई पर ज़्यादा

ध्यान नहीं दिया। इसके बजाय उन्होंने आईबीएम के कंप्यूटरों को अपग्रेड करने और उन्हें ज़्यादा ऊँचे दाम पर बेचने में समय लगाया। पहले ही साल वे हर महीने 50,000 से 80,000 डॉलर के बीच कमा रहे थे, जो उनके प्रोफ़ेसरों की तनख़्वाह से काफ़ी ज़्यादा था।

इसके बाद उन्होंने अपना ख़ुद का कंप्यूटर बनाया। उन्होंने इसका नाम "टर्बो पीसी" रखा। दूसरे कंप्यूटर निर्माता अपने उत्पाद बेचने के लिए रीटेल व्यापारियों का सहारा लेते थे, लेकिन डेल कमिशन बचाने के लिए अपने कंप्यूटर फ़ोन पर सीधे बेचते थे। ऐसा करके वे अपना टर्बो पीसी आईबीएम के मॉडलों से 40 प्रतिशत कम क़ीमत पर बेच सकते थे।

उनका कारोबार तुरंत सफल हो गया। थोड़े-थोड़े समय के बाद उन्हें अपनी कंपनी ज़्यादा बड़ी इमारत में ले जानी पड़ती थी और अपने उत्पादों की भारी माँग को पूरा करने के लिए ज़्यादा स्टाफ़ रखना पड़ता था। उन्हें विश्वास था कि कंप्यूटर ख़रीदने की इच्छा रखने वाले ग्राहक को रीटेलर के माध्यम से बेचने से कोई फ़ायदा नहीं होता है। रीटेल व्यापारी लागत को बढ़ा देते हैं, लेकिन उनके पास ग्राहकों को सलाह देने लायक़ ज्ञान और विशेषज्ञता नहीं होती है। इससे बेहतर तो यह है कि ग्राहक फ़ोन पर किसी सुयोग्य आईटी विशेषज्ञ से बात कर लें।

चूँकि कुछ ग्राहक फ़ोन पर कंप्यूटर ख़रीदने में झिझकते थे, इसलिए डेल ने यह अवसर प्रदान किया कि यदि वे संतुष्ट न हों, तो डिलिवरी के 30 दिन के भीतर मशीन लौटा सकते हैं। उन्होंने एक साल की वॉरंटी भी दी और सवालों के जवाब देने तथा मुश्किलों को हल करने के लिए 24 घंटे की एक हॉटलाइन सलाह सेवा शुरू की।

डेल की नज़रों में उनकी कम उम्र और अनुभवहीनता नुक़सान की बात नहीं थीं – इसके विपरीत, कई मायनों में ये उनके लिए लाभकारी साबित हुईं। वे कहते हैं, "मैं बहुत सारी बातें नहीं जानता था, लेकिन आगे चलकर वे शक्ति साबित हुईं... पारंपरिक बुद्धिमत्ता में न अटकना बहुत मददगार हो सकता है।" जिन कारोबारी मसलों को वे नहीं सँभाल पाते थे, उसके लिए वे दूसरे बड़े कॉर्पोरेशनों से अनुभवी एग्ज़ीक्यूटिवों को ले आते थे।

माइकल डेल ने सिर्फ़ अंतिम ग्राहकों को सीधे सामान ही नहीं बेचा। बिज़नेस-टु-बिज़नेस मॉडल के लाभ खोजने में उन्हें लंबा समय नहीं लगा। बोइंग, आर्थर एंडरसन या डाऊ केमिकल जैसी बड़ी कंपनियाँ भी कम भाव

और अच्छी ग्राहक सेवा की उतनी ही क़द्र करती थीं, जितनी कि व्यक्तिगत उपभोक्ता। पहले वर्षों में 250 प्रतिशत की अविश्वसनीय सालाना विकास दर के साथ डेल अमेरिकी इतिहास की सबसे तीव्र विकास कर रही कंपनियों में से एक बन गई – जिसने वॉलमार्ट, माइक्रोसॉफ्ट या जनरल इलेक्ट्रिक जैसी विश्वविख्यात कंपनियों को भी पछाड़ दिया। अपने कमरे में कंपनी के गठन के सिर्फ़ चार साल बाद ही जून 1988 में डेल ने इसे सार्वजनिक कर दिया, जिससे 3 करोड़ डॉलर मिल गए, जिसका उपयोग करके उन्होंने आगे विस्तार किया। उन्होंने अपने पास कंपनी की सिर्फ़ 35 प्रतिशत हिस्सेदारी ही रखी।

बहरहाल डेल के सामने अचानक ही एक अप्रत्याशित मुश्किल आ गई। उनके पास 256 किलोबाइट चिप्स का ढेर सारा स्टॉक था, तभी एक मेगाबाइट की चौगुनी क्षमता वाली चिप बाज़ार में आ गईं। नतीजा यह हुआ कि उनकी 256 किलोबाइट की चिपें लगभग बेकार हो गईं, जिससे डेल को भारी नुक़सान हुआ। यही नहीं, उनका नवीनतम उत्पाद भी बाज़ार में कामयाब नहीं हुआ, जिससे परिस्थितियाँ और भी बिगड़ गईं।

नए लैपटॉप बाज़ार में भी डेल के उत्पाद ज़्यादा अच्छे नहीं चल रहे थे और प्रतिस्पर्धियों को टक्कर नहीं दे पा रहे थे। विशुद्ध संयोग से डेल को पता चला कि सोनी के लैपटॉप कंप्यूटर में काफ़ी लंबे समय तक चलने वाली नए क़िस्म की बैटरी है। जब डेल ने अपने लैपटॉप में यह बैटरी लगा ली, तो वे दूसरे प्रतिस्पर्धियों से ज़्यादा अच्छी स्थिति में पहुँच गए। चूँकि लैपटॉप का इस्तेमाल ख़ास तौर पर यात्राओं में होता था, इसलिए लंबे समय तक चलने वाली बैटरी से बिक्री बढ़ गई।

यही नहीं, डेल ने जल्द ही अपने डायरेक्ट बिज़नेस मॉडल में इंटरनेट के अवसरों को भी पहचान लिया। "अगर आप टी-शर्ट का ऑनलाइन ऑर्डर दे सकते हैं, तो आप किसी भी चीज़ का ऑर्डर दे सकते हैं – कंप्यूटर का भी। और बेहतरीन बात यह है कि इसके लिए आपको एक कंप्यूटर की ज़रूरत होती है! हमारे कारोबार को फैलाने के लिए मैं इससे ज़्यादा शक्तिशाली सृजन की कल्पना नहीं कर सकता था।"

फ़ोन ऑर्डर के साथ ऑनलाइन बिक्री को जोड़ने से डेल का और भी ज़्यादा विस्तार हुआ। 1996 में कंपनी ने 170 से ज़्यादा देशों में ग्राहकों को एक अरब डॉलर मूल्य के कंप्यूटर बेचे। एक साल बाद कंपनी में डेल की ख़ुद की हिस्सेदारी, जो अब सिर्फ़ 16 प्रतिशत रह गई थी, 4.3 अरब डॉलर से अधिक

मूल्य की थी, जिससे वे अमेरिका के सबसे अमीर लोगों में से एक बन गए।

ऐसा नहीं था कि डेल कंपनी के सामने संकट नहीं आए। 1996 में दोषपूर्ण लैपटॉप बैटरियों की वजह से आग लगने की शिकायतें आईं, जिससे कंपनी को बड़े पैमाने पर लैपटॉप वापस बुलाने के लिए विवश होना पड़ा। इससे कंपनी की छवि को ख़ासा नुक़सान हुआ। 2006 में बैलेंस की धोखाधड़ी के शक पर वित्तीय प्रहरी संस्था एसईसी ने डेल की जाँच शुरू कर दी। तब तक माइकल डेल सीईओ पद से हटकर सुपरवाइज़री बोर्ड में जा चुके थे, लेकिन इस मुश्किल दौर में कंपनी को बचाने के लिए उन्होंने दोबारा बागडोर सँभाल ली।

आज डेल संसार की दूसरी सबसे बड़ी कंप्यूटर निर्माता है और 14 अरब डॉलर की निजी संपत्ति के साथ माइकल डेल का नाम संसार के सबसे अमीर लोगों में शुमार है। उनकी सफलताओं ने उन्हें यह अति महत्त्वपूर्ण सबक़ सिखाया है कि लोगों की नकारात्मक टिप्पणियों को नज़रअंदाज़ करना ही अच्छा रहता है। वे ज़ोर देकर कहते हैं, "आप जो कर रहे हैं, उसमें यक़ीन करें। अगर आपके पास सचमुच कोई शक्तिशाली विचार है, तो आपको उन लोगों को नज़रअंदाज़ करना होता है, जो आपको बताते हैं कि यह कारगर नहीं होगा।" ज़रा सोचें, 18 साल के उस भावी उद्यमी की बात को कौन गंभीरता से लेता, जो आईटी दिग्गज आईबीएम को उन्हीं के मैदान में पछाड़ने की बातें कर रहा था? उनके आस-पास के लोगों ने उन्हें बार-बार बताया था कि वे किसी ज़्यादा यथार्थवादी चीज़ का लक्ष्य बनाएँ। उनसे कहा गया कि वे अपने पिता के नक़्शेक़दम पर चलकर चिकित्सा का अध्ययन करें, लेकिन इसके बजाय पढ़ाई अधूरी छोड़कर उन्होंने अपने माता-पिता को विचलित कर दिया। माता-पिता चाहते थे कि उनका बेटा समझदारी का परिचय दे और कंप्यूटरों से छेड़छाड़ करने के बजाय पढ़ाई में मेहनत करे। जब डेल के मन में उपभोक्ताओं को सीधे कंप्यूटर बेचने का विचार पहली बार आया था, तो इस योजना को भी संदेह से देखा गया। क्या लोग फ़ोन पर महँगी मशीन ख़रीदने के लिए तैयार होंगे?

आरनॉल्ड श्वॉज़नेगर और रे क्रॉक की तरह ही डेल ने भी दूसरे लोगों से ज़्यादा ऊँचे और ज़्यादा चुनौतीपूर्ण लक्ष्य तय किए। उनकी सफलता ने आख़िरकार उन्हें सही साबित किया। अगर उन्होंने कम महत्त्वाकांक्षी लक्ष्य तय किए होते, तो शायद वे इतने सफल नहीं हो पाते।

आपके बारे में क्या है? क्या आपने ज़िंदगी भर उसी का लक्ष्य बनाया है, जो "संभव," "हासिल होने योग्य," या "यथार्थवादी" नज़र आता है? क्या

आपने दूसरों की "पैर ज़मीन पर रखने" की सलाह मानी है? क्या आपने इस राय पर अमल किया है कि जो आपके पास नहीं है उसके बजाय जो आपके पास है उससे संतुष्ट होना ज़्यादा फ़ायदेमंद है? क्या आपको हमेशा बताया गया है कि "सपने सिर्फ़ छाया हैं?" अगर ऐसा है, तो इसी समय जीवन के बारे में अपने नज़रिये को बदल लें : बड़े सपने देखने और ऊँचे लक्ष्य बनाने का साहस रखें, जैसा श्वॉज़नेगर और डेल ने किया था। यह पुस्तक आपको बताएगी कि उन सपनों को सच कैसे बनाया जाए – लेकिन पहला क़दम आप ही को उठाना है। आपको ख़ुद को प्रेरित करना होगा कि आप सपने देखने का साहस करें और सीमाओं के बजाय अपने लिए लक्ष्य तय करें। उन लोगों की सलाह पर कान न दें, जो चाहते हैं कि आप वही लक्ष्य बनाएँ, जिन्हें वे "यथार्थवादी" मानते हैं। उन लोगों की बातों को नज़रअंदाज़ कर दें, जो आपके "अतार्किक" और "असंभव" लक्ष्यों पर हँसते हैं। लेकिन यह बात हमेशा याद रखें : अपने लक्ष्य तक पहुँचने के लिए आपको दूसरों के समर्थन की ज़रूरत होती है। आप अपने दम पर ही सफल नहीं हो सकते। और दूसरों का समर्थन हासिल करने से पहले आपको एक और चीज़ जीतनी होती है – उनका विश्वास।

अध्याय 2

विश्वास कैसे जीतें

महत्त्वाकांक्षी लक्ष्य हासिल करने में विश्वास बड़ी अहम भूमिका निभाता है। यक़ीन न हो, तो इतिहास के सबसे अमीर व्यक्ति जॉन डी. रॉकेफ़ेलर के अद्भुत जीवन पर नज़र डाल लें। युवा रॉकेफ़ेलर ने जब अपना पहला व्यवसाय शुरू किया, तो उनके अनुसार उनकी भावी सफलता की कुंजी यह थी कि "बुज़ुर्ग लोगों ने मुझ पर तुरंत विश्वास कर लिया।" उन्होंने कहा है कि उनके ज़बरदस्त कारोबारी करियर में उनकी सबसे बड़ी समस्या हमेशा यह थी कि कैसे "उन सारे कारोबारों के लिए पर्याप्त पूँजी हासिल करूँ, जिन्हें मैं करना चाहता था और पर्याप्त पैसे होने पर कर भी सकता था।" बैंकों और दूसरे निवेशकों का विश्वास जीतने की उनकी योग्यता उनकी सबसे मूल्यवान संपत्तियों में थी। रॉकेफ़ेलर स्वीकार करते हैं, "लोगों में मेरा विश्वास और उनका विश्वास जीतने की मेरी योग्यता ही वह सबसे अहम चीज़ है, जिसे मैं अपनी सफलता का श्रेय देता हूँ।"

रॉकेफ़ेलर के जीवनी लेखक इस बात पर ज़ोर देते हैं : "जॉन डी. रॉकेफ़ेलर के कारोबारी करियर में उन पर कई पापों का आरोप लगाया जाता है, लेकिन उन्हें समय पर कर्ज़ चुकाने और अनुबंधों पर कठोरता से अमल करने में गर्व होता था।" चाहे मौखिक हो या लिखित, अगर आप हर अनुबंध को एक पवित्र गठबंधन मानते हैं, तो आप दूसरों का विश्वास जीत लेंगे। दूसरी ओर, अगर आप अपने अनुबंधों के शब्दों की व्याख्या अपने लाभ के लिए करेंगे, तो आपको एक अविश्वसनीय कारोबारी साझेदार माना जाएगा और आप अपनी सबसे महत्त्वपूर्ण पूँजी खो देंगे - दूसरों का विश्वास।

दूसरों का विश्वास कैसे जीतें? ऐसे काम करें - और इससे भी ज़्यादा महत्त्वपूर्ण है, ऐसे सोचें, जिससे विश्वास प्रेरित हो। कभी भी अपनी सोच और

इसके पीछे के मूल्य तंत्र के महत्त्व को कम न आँकें। दूसरे लोगों को आम तौर पर समझ में आ जाता है कि आप उनके साथ ईमानदार हैं या नहीं।

ज़ाहिर है, कारोबार जगत में ऐसे निपुण झूठे और धोखेबाज़ रहे हैं, जो अपने असली इरादे को छिपाने में कामयाब रहे हैं। इस तरह उन्होंने लोगों का विश्वास जीत लिया था, जिसके वे हक़दार नहीं थे। मिसाल के तौर पर, बरनार्ड मैडॉफ़ ने बरसों तक झूठ बोलकर और फ़रेब करके दौलतमंद निवेशकों, कॉर्पोरेशनों तथा फ़ाउंडेशनों से 65 अरब डॉलर हथियाने में कामयाबी पाई। सौभाग्य से, नाटक करने की मैडॉफ़ की प्रतिभा सामान्य नहीं, असाधारण थी। हमेशा ऐसे स्त्री-पुरुष रहेंगे, जो कम से कम कुछ समय तक दूसरों का विश्वास जीतने में कामयाब रहते हैं, भले ही वे उसके पात्र न हों, हालाँकि ऐसे लोग अल्पमत में होते हैं। वैसे बहुमत के लिए सरल सच्चाई यह है : आप इंसान के रूप में और दूसरों के प्रति अपने आंतरिक दृष्टिकोण में जितने ज़्यादा विश्वसनीय होते हैं, दूसरे लोग आप पर उतना ही ज़्यादा भरोसा करेंगे। ज़्यादातर लोगों के पास इतने अच्छे "ऐंटीना" होते हैं कि वे भाँप जाते हैं कि कोई इंसान सच्चा है या नहीं। हम सभी अलग-अलग प्रकार के बहुत से संकेत भेजते हैं – जिनमें से ज़्यादातर ग़ैर-शाब्दिक होते हैं – जिन्हें हमारे साथी इंसान पढ़ और समझ सकते हैं। कारोबार में भी और अपने निजी जीवन में भी, अचेतन रूप से हम लगातार दूसरों का आकलन कर रहे हैं और ख़ुद से पूछ रहे हैं : मैं इस इंसान पर कितना भरोसा कर सकता हूँ?

किसी महत्त्वपूर्ण सौदे पर मोहर लगाने से पहले व्यवसायी आम तौर पर घंटों तक निजी जीवन के बारे में बात करते हैं, जिसका संबंधित मुद्दे से कोई लेना-देना नहीं होता। इस तरह वे पता लगाते हैं कि वे एक दूसरे पर कितना भरोसा कर सकते हैं।

ईमानदारी के बिना कोई विश्वास नहीं होता और किसी इंसान की ईमानदारी आम तौर पर तब तक स्पष्ट नहीं होती, जब तक कि इसका इम्तिहान न हो। आप तब सच बोलकर अपनी ईमानदारी साबित करते हैं या विश्वास जीतते हैं, जब ऐसा करना मुश्किल या असुविधाजनक होता है : यथासंभव सबसे शुरुआती अवस्था में स्वेच्छा से ऐसी जानकारी देकर, जो आपके या आपकी कंपनी के लिए नुक़सानदेह साबित हो सकती है। स्टीफ़न एम.आर. कवी ठीक ऐसी ही ईमानदारी की एक घटना के बारे में बताते हैं : 2005 में रोम में मास्टर टेनिस टूर्नामेंट चल रहा था। जब मैच में फ़र्नैन्डो

वर्डेस्को ने ऐंडी रॉडिक के ख़िलाफ़ सेकंड सर्विस की, तो लाइन जज ने गेंद को "आउट" क़रार दिया। रॉडिक की विजय पर दर्शक तालियाँ बजाने लगे, लेकिन रॉडिक ने धूल में बने एक निशान की ओर संकेत किया, जिससे साबित हुआ कि वर्डेस्को की सर्विस लाइन के पार नहीं, बल्कि लाइन पर गिरी थी। कई दर्शक इस बात से दंग रह गए कि रॉडिक ने स्वेच्छा से ऐसी जानकारी दी, जिससे आगे चलकर उनका विरोधी मैच जीत गया। लेकिन ऐसा करके उन्होंने खुद को इस तरह का इंसान साबित किया, जो हमेशा दूसरों का विश्वास जीतेगा। इसके लिए उन्होंने बस विश्वास प्रेरित करने वाले तरीक़े से सोचा और काम किया था।

1997 में ख़ेरेज़ में फ़ॉर्मूला वन के फ़ाइनल में माइकल शुमाकर ने इसका ठीक विपरीत काम किया। यह एक असाधारण और मनमोहक करियर का निम्नतम बिंदु था। उन्होंने कैनेडा के ज़ॉक की गाड़ी को अपनी कार से टक्कर मार दी, जिसके लिए उन्हें फ़ॉर्मूला वन टाइटल से हाथ धोना पड़ा। इसके अलावा, उन्होंने बहुत से प्रशंसकों का समर्थन भी खो दिया। कुछ दिनों बाद शूमैकर फ़रारी के दबाव के सामने झुके और उन्होंने अपनी ग़लती स्वीकार की। "तब तक उन्होंने उस घटना का दोष गंभीरता से अपने प्रतिस्पर्धी पर मढ़ने की कोशिश की थी, जिससे कई अंदरूनी लोग सोचने लगे थे कि क्या 1994 में डैमन हिल की गाड़ी से भिड़ने के बाद शूमैकर की फ़ॉर्मूला वन विजय भी एक और इरादतन अनुचित आक्रमण का नतीजा थी।"

शूमैकर ने प्रशंसकों का विश्वास इसलिए नहीं खोया, क्योंकि उन्होंने रेस के मैदान पर अनुचित व्यवहार किया था, बल्कि इसलिए खोया, क्योंकि उन्होंने इसे स्वीकार करने के बजाय इसे ढँकने की कोशिश की। यहाँ तक कि उनके सबसे वफ़ादार जर्मन प्रशंसकों ने भी अपना विश्वास और समर्थन वापस ले लिया। 1997 के जाड़े में शूमैकर का सामान "कन्सेशन स्टॉलों पर बस यूँ ही" पड़ा रहता था, जिसे कोई नहीं चाहता था। "उनका चाँदी का टाइटल और उस सीज़न में जीते सारे पॉइंट छीनने का एफ़आईए का निर्णय करेला और नीम चढ़े वाली बात रही।"

दो पुरुषों का व्यवहार – रॉडिक, जिन्होंने स्वेच्छा से ऐसी जानकारी दी, जिसकी वजह से वे मैच हार गए और शूमैकर, जिन्होंने अपनी ग़लती मानने से इंकार किया और अपने विरोधी पर दोष मढ़ने की कोशिश की – और उस पर जनता की प्रतिक्रिया दिखाती है कि कैसे ईमानदारी से विश्वास जीता जाता है और बेईमानी से हारा जाता है। मुझे एक बार फिर इसे दोहराने दें : आप स्वेच्छा से

यथासंभव जल्दी से जल्दी ऐसी जानकारी देकर दूसरों का विश्वास हासिल करेंगे, जो आपके या आपकी कंपनी के लिए नुक़सानदेह साबित हो सकती है।

डेविड ओगिल्वी विज्ञापन की दुनिया के सबसे सफल व्यक्तियों में से एक हैं और वे इस सरल सच्चाई की पुष्टि करते हैं : "मैं हमेशा संभावित ग्राहकों को अपने कवच के कमज़ोर छिद्रों के बारे में बताता हूँ। मैंने पाया है कि जब प्राचीन अनोखी वस्तुओं का कोई डीलर मेरा ध्यान किसी फ़र्नीचर के दोषों की ओर आकर्षित करता है, तो वह मेरा विश्वास जीत लेता है।"

फ़्रैंक बेटगर कभी अमेरिका के सबसे सफल बीमा सेल्समैन थे। वे एक सहकर्मी की कहानी बताते हैं, जिनसे उन्होंने कारोबार के बारे में बहुत कुछ सीखा : बेटगर ने कहा कि कार्ल कॉलिंग्स में दूसरे लोगों का विश्वास जीतने की दुर्लभ प्रतिभा थी। "जैसे ही वे बोलना शुरू करते थे, आपको महसूस होने लगता था : 'यह एक इंसान है, जिस पर मैं भरोसा कर सकता हूँ; वह अपने व्यवसाय को जानता है और वह विश्वसनीय है।'"

नीचे दी गई घटना से बेटगर को समझ में आ गया कि ऐसा क्यों होता था : वे दोनों एक ग्राहक से मिलने गए, जो एक जीवन बीमा पॉलिसी लेना चाहता था। बेटगर को जो कमीशन मिलने वाला था, वे उसके आकार से खुश थे। बहरहाल, कुछ दिनों बाद बीमा कंपनी ने उन्हें बताया कि एक मेडिकल चेक-अप में एक पुरानी बीमारी का पता चला था, इसलिए ग्राहक की पॉलिसी कुछ प्रतिबंधों के साथ ही दी जा सकती है।

"क्या हमें इस ग्राहक को बताना चाहिए कि यह सामान्य पॉलिसी नहीं है?" बेटगर ने अपने मार्गदर्शक से पूछा। "जब तक आप उसे नहीं बताएँगे, उसे पता नहीं चलेगा, है ना?" कॉलिंग्स ने बस यह जवाब दिया : "नहीं, लेकिन मुझे तो पता है। और आपको भी तो पता है।"

फिर उन्होंने ग्राहक से कहा : "मैं आपसे कह सकता हूँ कि यह पॉलिसी सामान्य है और आपको शायद अंतर मालूम भी नहीं चलेगा, लेकिन यह सामान्य पॉलिसी नहीं है। (...) मैं मानता हूँ कि इस पॉलिसी से आपको ज़रूरी सुरक्षा मिल जाएगी और मैं चाहता हूँ कि आप इस बारे में बहुत गंभीरता से सोच लें।" एक पल के लिए भी झिझके बिना ग्राहक ने उस पॉलिसी पर हस्ताक्षर कर दिए। बेटगर को खुद पर शर्म आई कि उन्होंने ग्राहक से महत्त्वपूर्ण जानकारी छिपाने के बारे में सोचा भी क्यों। वे कभी कॉलिंग्स के आसान शब्दों को नहीं भूल पाएँगे : "हाँ, लेकिन मुझे तो पता है।" उन्होंने बेटगर को सिखाया कि दूसरों

का विश्वास जीतने के लिए उन्हें अपने उत्पाद के बारे में सीधी-सपाट सच्चाई बतानी होगी – चाहे वह सच्चाई कितनी भी असुविधाजनक क्यों न हो।

क्या इन नियमों पर अमल करना मुश्किल है? वाक़ई मुश्किल है, यदि आपमें बुनियादी मूल्य और सिद्धांतों का अभाव है। जब भी आपका सामना इस सवाल से होता है कि क्या पूरी सच्चाई बताएँ या उसका सिर्फ़ एक ही हिस्सा बताएँ, तो जवाब आपके सामने तुरंत स्पष्ट नहीं होता। दूसरी तरफ़, अगर आपके पास जीने के स्पष्ट रूप से परिभाषित सिद्धांत होते हैं, तो यह ज़रा भी मुश्किल नहीं होता। इससे भी बेहतर बात, आप जल्द ही दूसरों का विश्वास जीत लेंगे – इतनी जल्दी कि मेरा मन यह कहने को ललचा जाता है : सच्चाई पुस्तक की सबसे चतुराई भरी चाल है!

मैं एक विदेशी कंपनी के अग्रणी एग्ज़ीक्यूटिव से बहुत प्रभावित हूँ, जिनका परिचय मैं बड़े जर्मन बैंकों और वितरण एजेंसियों से करा रहा था। बैंक उनकी कंपनी के बारे में नहीं जानते थे और इन बातचीतों का लक्ष्य आपसी विश्वास पैदा करना था। हालाँकि कंपनी बहुत अच्छा प्रदर्शन कर रही थी और संख्याएँ प्रभावशाली दिख रही थीं, लेकिन फिर भी कुछ मुद्दे थे, जिन पर चिंताएँ संभावित थीं। विदेशी एग्ज़ीक्यूटिव ने मुझे इसलिए प्रभावित किया, क्योंकि पहली ही मुलाक़ात में उन्होंने उन चिंताजनक मुद्दों की ओर ध्यान खींचा, जबकि ऐसा करने का कोई आग्रह या प्रस्ताव नहीं था। दूसरे पक्ष के प्रतिनिधि भी उतने ही प्रभावित थे और मुझे एहसास हुआ कि उनकी ईमानदारी की वजह से उन्होंने उन पर बहुत जल्दी विश्वास कर लिया। बेहद स्पष्ट रूप से, यह ऐसा व्यक्ति था, जो अतिशयोक्तिपूर्ण प्रचार और आधी सच्चाइयों से उन्हें चकाचौंध करने की कोशिश नहीं कर रहा था, जैसा कि बहुत बार होता है।

मैं एक परामर्शदाता कंपनी चलाता हूँ, जो दूसरी कंपनियों को संचार और मीडिया संबंधों पर परामर्श देती है। हम जिन कंपनियों से सरोकार रखते हैं, उनमें से कई कंपनियाँ अप्रिय सच्चाइयों के मामले में पहाड़ को राई बनाकर दिखाना चाहती हैं या कठोर बातों के लिए मृदु शब्दों का सहारा लेती हैं। मुझे एक गरमागरम बहस याद है, जो मेरी एक मैनेजिंग डायरेक्टर के साथ एक प्रेस रिलीज़ के बारे में हुई थी। वह कुछ पहलुओं को छिपाने या फिर कम करके दिखाने पर आमादा था, जिनसे उसकी कंपनी की छवि पर नकारात्मक असर पड़ सकता था। “यदि पत्रकारों को पता चल गया कि आपने उन्हें सच्चाई नहीं बताई है, तो उन्हें अच्छा नहीं लगेगा। आपका विश्वास खोना तय है।” उनका

जवाब था : "ऐसी बात नहीं है कि हम झूठ बोल रहे हैं। हम तो सिर्फ़ एक मुद्दे को छोड़ रहे हैं, जो दरअसल उतना महत्त्वपूर्ण नहीं है।" मैंने आपत्ति की : "यह महत्त्वपूर्ण है या नहीं, इसका निर्णय आपको पत्रकारों पर छोड़ देना चाहिए। आप बहुत अच्छी तरह जानते हैं कि अगर उसे यह अतिरिक्त जानकारी उपलब्ध कराई गई, तो वह शायद किसी अलग निष्कर्ष पर पहुँचेगा। अगर उसने पूछा कि आपने यह बात उससे क्यों छिपाई, तो आप क्या कहेंगे?"

मैंने कंपनियों को मीडिया का विश्वास पूरी तरह गँवाते देखा है। यह सब बहुत ही छोटे और महत्त्वहीन झूठों से शुरू हुआ था, जो मालिक ने एक पत्रकार को बताए थे। सच्चाई मालूम चलने पर पत्रकार बुरा मान गया और उसने गहरी खुदाई शुरू कर दी। उसे कई अन्य विवरण मिले, जिनसे पूरी तस्वीर सही नहीं दिख रही थी। जैसे कुत्ते को हड्डी मिल जाती है, उसी तरह वह भी इस मुद्दे को छोड़ने के लिए तैयार नहीं था – इसके बजाय, वह नुक़सान पहुँचाने वाले लेखों की पूरी श्रंखला लिखने लगा। उसने अपने साथी पत्रकारों को भी बता दिया कि कंपनी के मालिक ने उससे झूठ बोला था। ख़बर तुरंत फैल गई। जल्द ही दूसरे मीडिया वाले भी उस कंपनी पर निशाना साधने लगे और अंततः नकारात्मक कवरेज से कंपनी की छवि और परिचालन संबंधी आधार नष्ट हो गया। पत्रकार स्पष्ट रूप से ऐल्बर्ट आइंस्टाइन के सूत्र पर चला था : "जो भी छोटे मामलों में सच्चाई के साथ लापरवाही दिखाता है, महत्त्वपूर्ण मसलों के मामले में उस पर भरोसा नहीं किया जा सकता।"

केवल पत्रकार ही इकलौते इंसान नहीं हैं, जिन्हें धोखा खाना बुरा लगता है। यह भी धोखा ही है कि आप सकारात्मक पहलुओं के बारे में लगातार बोलते रहें (चाहे वे कितने ही छोटे और महत्त्वहीन क्यों न हों), जबकि किसी भी नकारात्मक चीज़ को छिपाने की कोशिश करें, इस उम्मीद में कि आप कभी पकड़ में नहीं आएँगे। ज़ाहिर है, आप क़िस्मत वाले हो सकते हैं – जिस तरह कि आप तब भी हो सकते हैं, अगर आप आँख पर पट्टी बाँधकर सड़क पार करने की कोशिश करें। लेकिन इस मान्यता के आधार पर काम करना बेहतर होता है कि देर-सबेर आपकी सच्चाई का पता हमेशा चलेगा। और खुद से यह पूछना बेहतर होगा कि इससे आपकी छवि पर क्या असर होगा।

विश्वास आम तौर पर "ईमानदारी," "अखंडता," "सच्चाई," या "निष्कपटता" जैसी अवधारणाओं से जुड़ा होता है। लेकिन अपनी उल्लेखनीय पुस्तक द स्पीड ऑफ़ ट्रस्ट में स्टीफ़न एम.आर. कवी बताते हैं कि विश्वास केवल

चरित्र का प्रश्न नहीं है; यह तो दो अत्यावश्यक घटकों का परिणाम है, चरित्र और सक्षमता। अगर आपको लगता है कि कोई सच्चा और ईमानदार तो है, लेकिन सक्षम नहीं है, तो संभवतः आप उस पर विश्वास नहीं करेंगे। अपनी बात को रेखांकित करने के लिए कवी एक बड़ी अच्छी मिसाल देते हैं : "मेरी पत्नी जेरी ने हाल ही में ऑपरेशन कराया था। हमारे संबंध बेहतरीन हैं – वह मुझ पर विश्वास करती है और मैं उस पर विश्वास करता हूँ। लेकिन जब ऑपरेशन करने की बात आई, तो उसने मुझसे इसे करने के बारे में पूछा भी नहीं।" उनकी पत्नी को उन पर भरोसा था – लेकिन वे जानती थीं कि स्वास्थ्य के मामले में उन पर विश्वास नहीं किया जा सकता।

दूसरों का विश्वास जीतने के लिए उन्हें अपनी सच्चाई और ईमानदारी का विश्वास दिलाना ही काफ़ी नहीं है। इसे गणितज्ञ आवश्यक तो कहेंगे, लेकिन यह पर्याप्त शर्त नहीं है। इसके अलावा, दूसरों को यह विश्वास भी होना चाहिए कि वे आपसे जिन परिणामों की उम्मीद करते हैं, आपमें उन्हें हासिल करने की योग्यता भी है।

इस तरह का विश्वास कैसे जीतें? ऐसा करने के लिए आपको तथ्यों की ज़रूरत है और आपको संदर्भों की ज़रूरत है। यह बहुत साधारण लग सकता है, लेकिन इस सरल सच्चाई को कंपनियाँ नज़रअंदाज़ करती हैं और अक्सर नुक़सान उठाती हैं। जब अतीत की उपलब्धियों के प्रमाण देने होते हैं या भावी प्रदर्शन की बात होती है, तो कंपनियाँ तथ्य और संदर्भ पेश करने के बजाय अपने मार्केटिंग विभाग से रंग-बिरंगे भड़कीले विज्ञापन और भाषा के बुलबुले तैयार कराती हैं। कंपनियाँ अपने खुद के गुणगान के लिए विज्ञापन के ब्रोशरों और वेबसाइटों का इस्तेमाल करती हैं, लेकिन इनका परिणाम ठीक उल्टा होता है। इनसे उनके उत्पादों तथा सेवाओं की असाधारण गुणवत्ता, ग्राहक सेवा की उत्कृष्टता या सक्षमता साबित नहीं होती है, बल्कि इसका विपरीत असर होता है।

मान लें कि कोई उम्मीदवार आपकी कंपनी में नौकरी के लिए इंटरव्यू देने आता है। यदि वह अपने खुद के प्रदर्शन और उपलब्धियों की भूरि-भूरि प्रशंसा करे, लेकिन समर्थन में कोई संदर्भ या तथ्य न दे, तो आप उसके बारे में क्या सोचेंगे? क्या आप उस पर विश्वास कर लेंगे, जो बड़बोलेपन से "सर्वोच्च मानदंडों," "प्रभावी परिणामों" और "उत्कृष्ट ग्राहक सेवा" का ढोल पीटे? व्यक्तिगत तौर पर, मैं तो उस इंसान को नौकरी पर नहीं रखूँगा। जब किसी दूसरे की ईमानदारी और अखंडता के आकलन का सवाल होता है, तो मैं अपने

सहज बोध और अपनी "दिली भावना" पर भरोसा करता हूँ। लेकिन जब उनकी सक्षमता का आकलन करने की बात आती है, तो मैं तथ्यों और संदर्भों पर भरोसा करता हूँ। ज़्यादातर दूसरे लोग भी ऐसा ही करते हैं।

स्टीफ़न एम.आर. कवी ने दर्शाया है कि हालाँकि कई लोग विश्वसनीयता को "नरम" योग्यता मानते हैं, लेकिन वास्तविकता इसके विपरीत है। विश्वसनीयता दरअसल कारोबारी जीवन का "कठोर" घटक है। यदि आपके ग्राहकों और कारोबारी साझेदारों को आप पर पूरा विश्वास न हो, तो आपको "विश्वास कर" चुकाना होगा। दूसरी ओर, अगर वे आप पर भरोसा करते हैं, तो आपको "विश्वास के डिविडेंड" का लाभ मिलेगा। नेटवर्किंग परामर्शदाता के रूप में मैंने अक्सर इस सिद्धांत को कार्यरूप में देखा है : जो कंपनियाँ शुरुआती अवस्था में पूरी तरह और स्वेच्छा से संभावित नुक़सानदेह जानकारी देने को तैयार रहती हैं, वे "विश्वसनीयता के ख़ाते" बना लेती हैं, जैसा मेरा एक परिचित पत्रकार कहता है। उसने बताया था, "जब भी कोई कंपनी स्वेच्छा से नकारात्मक पहलुओं पर जानकारी देती है, तो हर बार वे अपने विश्वसनीयता अकाउंट में डिपॉज़िट कर रहे हैं।" आपको इस शब्दावली को याद रखना चाहिए और अपने खुद के विश्वसनीयता ख़ाते में नियमित रूप से बड़े डिपॉज़िट करने चाहिए।

कुछ और भी है, जो आपको विश्वास बनाने के लिए करना होता है - सक्रियता से नेटवर्क बनाना। किसी ऐसे व्यक्ति पर विश्वास करना मानव स्वभाव है, जिसका परिचय किसी साझे परिचित ने दिया है, जो हमारा विश्वास पहले ही जीत चुका है। किसी अजनबी पर हम उतना भरोसा नहीं करेंगे, जितना कि परिचित द्वारा अनुशंसित परिचित पर। इस बारे में सोचें : किसी पूर्ण अजनबी द्वारा संपर्क करने की कल्पना करें, जो आपसे मिलना पसंद करेगा - किसी ऐसे व्यक्ति से मिलने की आपकी कहीं अधिक संभावना है, जिसकी अनुशंसा आपके किसी साझे मित्र ने आपसे की हो? चूँकि आप अपने मित्र पर विश्वास करते हैं, इसलिए आप उनके मित्र या परिचित पर भी थोड़ा-बहुत विश्वास करने के लिए तैयार हो जाते हैं।

देखिए, अजनबियों से मिलने में न घबराएँ, जिनके साथ आपका कभी कोई संपर्क या साझे परिचित न हों। लेकिन संबंध ज़्यादा जल्दी और आसानी से बनता है, अगर कोई साझा मित्र या परिचित आपका "परिचय" कराए या अनुशंसा करे। इस स्थिति में आपके मित्र और उसके मित्र के बीच पहले से जो

विश्वास मौजूद होता है, उसका कुछ हिस्सा आपको भी मिल जाएगा, हालाँकि आपने पहले कभी उस व्यक्ति से बात तक नहीं की है। इसीलिए नेटवर्क बनाना कारोबारी जगत में अत्यंत महत्त्वपूर्ण होता है। नेटवर्कों से विश्वास कई गुना बढ़ता है।

ज़्यादातर लोग जानते हैं कि सफलता हासिल करने के लिए संबंध कितने महत्त्वपूर्ण होते हैं। एक प्रतिनिधि सर्वेक्षण में लोगों से पूछा गया कि उनके ख़्याल से अमीर बनने में सबसे महत्त्वपूर्ण घटक कौन-सा है। 5,000 लोगों में से बहुसंख्यक लोगों (82 प्रतिशत) का जवाब था : "सही लोगों को जानना, संबंध होना।" लेकिन ज़्यादातर लोगों को यह एहसास नहीं होता कि "सही लोगों को जानना" कोई ऐसी चीज़ नहीं है, जिसके साथ आप पैदा होते हैं। आप संबंध बनाने पर मेहनत कर सकते हैं और आपको करनी चाहिए।

ऊँचे लक्ष्य हासिल करने के लिए आपको नेटवर्क और संबंध बनाने तथा क़ायम रखने होते हैं। आपको इस तरह काम करना और सोचना होता है, जिससे दूसरों का विश्वास जागे। हर सप्ताह और हर महीने कुछ समय निकालकर अपने ख़ुद के जीवन की जाँच करें। ख़ुद से पूछें : मैंने नए संबंध बनाने और अपने विद्यमान नेटवर्क को फैलाने के लिए क्या किया है? इसके साथ ही : क्या मैंने इस तरह से काम किया है कि दूसरे मुझे पर विश्वास कर सकें? यदि दोनों प्रश्नों का उत्तर हाँ है, तो आप अपने लक्ष्य हासिल करने की दिशा में अच्छी शुरुआत कर रहे हैं।

आपको रास्ते में कई बड़ी बाधाएँ मिलेंगी। आप जितने ज़्यादा सफल होते हैं, आपके सामने उतनी ही ज़्यादा बड़ी समस्याएँ आएँगी। लेकिन यह एक अच्छी बात है। अभ्यास आदर्श बनाता है और सिर्फ़ समस्याओं पर "अभ्यास" करके ही आप वह शक्ति विकसित कर पाएँगे, जिसकी बदौलत आप अपने तय किए हुए लक्ष्य हासिल कर सकते हैं।

अध्याय 3

समस्याओं को गले लगाना सीखें

सामान्य दृष्टि से देखने पर सफल लोगों की कहानियाँ अक्सर विजय का निरंतर सिलसिला नज़र आती हैं। लेकिन यह दृष्टिकोण उन विशाल समस्याओं को नज़रअंदाज़ कर देता है, जिनसे उच्च सफलता पाने वालों को जूझना होता है - वे समस्याएँ जो पहली नज़र में अजेय लगती थीं और जिनकी वजह से कोई कमतर व्यक्ति आसानी से लड़खड़ा सकता था और धूल चाट सकता था।

वास्तव में, कुछ सफल स्त्री-पुरुष तो अपनी सफलता का श्रेय उन समस्याओं को ही देते हैं, जिनका सामना उन्होंने रास्ते में किया था। तेल के दिग्गज व्यवसायी जॉन डी. रॉकेफ़ेलर को लें, जिनके विभिन्न उद्यमों ने उन्हें इतिहास का सबसे अमीर आदमी बनाया। आज की मुद्रा में उनकी अनुमानित संपत्ति 100 से 300 अरब डॉलर के बीच होगी, जो बिल गेट्स या वॉरेन बफ़े जैसे वर्तमान अरबपतियों से कहीं ज़्यादा है। वे तेल उद्योग के शुरुआती वर्षों में अपने सामने मौजूद वृहद समस्याओं को कुशलता से सुलझाकर अमीर बने थे।

रॉकेफ़ेलर भोजन उद्योग में काम कर रहे थे और एक तरह के उप-व्यवसाय के रूप में ऊर्जा क्षेत्र में दाख़िल हुए। 24 साल की उम्र में उन्होंने थोड़ा ज़्यादा पैसा कमाने के लिए एक तेल कंपनी बनाई। उस वक़्त कोई अंदाज़ा भी नहीं लगा सकता था कि तेल कितना महत्त्वपूर्ण बनने वाला है। कोई नहीं जानता था कि तेल व्यापार का यह उत्कर्ष कितना लंबा चलेगा - क्या यह गोल्ड रश (सोने की तलाश में लोगों का पलायन) जितनी अल्पकालीन प्रवृत्ति साबित होगा? या फिर तेल उद्योग लाभकारी व्यवसाय के रूप में स्थापित हो जाएगा? तेल के भावों में भारी उतार-चढ़ाव होता रहता था। 1861 में एक बैरल तेल का मूल्य 10 सेंट और 10 डॉलर के बीच कुछ भी हो सकता था। 1864 में भी भाव चार डॉलर से बारह डॉलर के बीच झूलते रहते थे। जब भी तेल का कोई नया

कुआँ खोजा जाता था, तो हर बार भाव तलहटी छूने लगते थे – फिर कुछ समय बाद जब यह डर हावी होता था कि तेल के भंडार जल्द ही ख़त्म हो सकते हैं, तो भाव आसमान छूने लगते थे।

सटोरियों ने इस नए उद्योग को फटाफट और प्रयासरहित तरीक़े से अमीर बनने के अवसर के रूप में देखा। रिफ़ाइनरियाँ हर जगह उग रही थीं और 1870 तक उनमें उत्पादन से तीन गुना अधिक तेल प्रसंस्करित करने की क्षमता आ गई थी। तीन-चौथाई रिफ़ाइनरियाँ घाटे में चल रही थीं – रॉकेफ़ेलर के एक मुख्य प्रतिस्पर्धी ने उन्हें अपनी कंपनी के शेयर बुक वैल्यू के दस प्रतिशत में देने का प्रस्ताव रखा।

इस संकट के बीच में रॉकेफ़ेलर पर भी अपनी सारी दौलत गँवाने का ख़तरा मँडरा रहा था। रॉकेफ़ेलर के जीवनी लेखक लिखते हैं, "चूँकि उनमें आशावाद की प्रवृत्ति थी, और वे 'हर विनाश में अवसर देखते थे,' इसलिए उन्होंने अपनी बदक़िस्मती पर विलाप करने के बजाय व्यापक स्थिति का अध्ययन किया। उन्होंने देखा कि उद्योगव्यापी असफलता की वजह से रिफ़ाइनर के रूप में उनकी व्यक्तिगत सफलता ख़तरे में थी और इसका सुनियोजित समाधान आवश्यक था।"

रॉकेफ़ेलर ने स्टैंडर्ड ऑयल कंपनी को एक जॉइंट स्टॉक फ़र्म के रूप में स्थापित किया और अपने लिए एक विशाल लक्ष्य तय किया : "स्टैंडर्ड ऑयल कंपनी किसी दिन सारे तेल को रिफ़ाइन करेगी और सारे पीपे बनाएगी।" उनका लक्ष्य पूरे तेल उद्योग पर नियंत्रण हासिल करना था। उन्होंने अपनी नई कंपनी में एक मिलियन डॉलर की प्रारंभिक पूँजी लगाई, जो उस वक़्त बहुत बड़ी राशि थी। जल्द ही उन्होंने इसे बढ़ाकर साढ़े तीन मिलियन कर दिया। उन्होंने असाधारण प्रतिभा के धनी मैनेजरों को नियुक्त किया और जल्द ही आक्रामक विस्तार शुरू कर दिया – गंभीर आर्थिक संकट के दौर में। "यह रॉकेफ़ेलर के असाधारण आत्मविश्वास की निशानी थी कि उन्होंने इस बहुत ख़राब समय में शक्तिशाली एग्ज़ीक्यूटिवों और निवेशकों को इकट्ठा किया, मानो मंदी से उनका संकल्प और ज़्यादा मज़बूत हो गया हो।"

विजेताओं और पराजितों के बीच का महत्त्वपूर्ण अंतर यह है : पराजित लोग सामान्य मनोदशा से प्रभावित हो जाते हैं। जब उनके आस-पास के दूसरे लोग खिन्न होते हैं, तो वे भी खिन्न हो जाते हैं। विजेताओं का वास्तविकता के प्रति एक अलग दृष्टिकोण होता है। जहाँ हर किसी को समस्याएँ नज़र आती

हैं, वहाँ वे अवसर देख लेते हैं और वे उनका दोहन करने पर पूर्ण ध्यान केंद्रित करते हैं। वे जानते हैं कि आर्थिक दृष्टि से अस्थिर परिस्थितियाँ "ख़रीदने" का आदर्श समय है : दूसरी कंपनियाँ, शेयर या यहाँ तक कि मानव गुण भी।

रॉकेफ़ेलर ने रेलवे कंपनियों के साथ फ़ायदेमंद अनुबंधों की सौदेबाज़ी की, जिससे उनकी कंपनी को तेल परिवहन में डिस्काउंट मिलने लगा। इसकी बदौलत वे अपने प्रतिस्पर्धियों से ज़्यादा अच्छी स्थिति में आ गए। इन सौदों की अफ़वाह फैलने पर उनकी कंपनी के विरोध में भारी आंदोलन और बहिष्कार हुए, जिससे उन्हें अपने 90 प्रतिशत कर्मचारियों को कुछ समय के लिए हटाना पड़ा। रॉकेफ़ेलर और रेलवे कंपनियों के बीच गोपनीय अनुबंध की अफ़वाहें फैलने से डर तथा अनिश्चतता का माहौल बन गया। इसी आपाधापी के माहौल में रॉकेफ़ेलर ने कुछ ही सप्ताह में क्लीवलैंड के अपने 26 में से 22 प्रतिस्पर्धियों को ख़रीद लिया। मार्च 1872 की शुरुआत में उन्होंने दो दिनों में छह प्रतिद्वंद्वी कंपनियाँ ख़रीदीं। चूँकि ज़्यादातर रिफ़ाइनरियाँ घाटे में चल रही थीं, इसलिए उन्हें ये बहुत सस्ते में मिल गईं। उन्होंने तो कंपनियों की संपत्ति को कबाड़ के दामों पर ख़रीदा।

1873 में अमेरिकी अर्थव्यवस्था गंभीर संकट में थी। कई बैंक और रेलवे कंपनियाँ दिवालिया हो गईं और शेयर बाज़ार अस्थायी तौर पर बंद हो गया। यह एक संकट की शुरुआत थी, जो छह साल तक चलने वाला था। ऐसे दौर में तेल की ज़रूरत किसे थी? तेल का भाव घटकर 48 सेंट तक पहुँच गया – कुछ जगहों पर तो पानी का मूल्य भी इससे ज़्यादा था। एक बार फिर, रॉकेफ़ेलर ने संकट को अवसर के रूप में देखा। वे प्रतिस्पर्धी कंपनियों को मिट्टी के मोल ख़रीदते रहे और उन्होंने डिविडेंड में कटौती करके भावी अधिग्रहणों के लिए पूँजी जुटाई। 40 साल की उम्र से पहले ही उन्होंने पूरे रिफ़ाइनरी उद्योग पर क़ब्ज़ा कर लिया था। यहाँ तक कि रेलरोड कंपनियाँ भी उन पर निर्भर थीं, क्योंकि उन्होंने टैंक कारों के निर्माण में निवेश शुरू कर दिया था और जल्द ही पूरे बेड़े के मालिक बनने वाले थे।

लेकिन मुश्किलें अभी बाक़ी थीं। पेन्सिलवेनिया के तेल के कुएँ अब लगभग चुक गए थे और कोई नहीं जानता था कि तेल कहीं और मिलेगा या नहीं। उसी समय, कैस्पियन सागर के पास बाकू में उस समय के सबसे बड़े तेल भंडार खोजे गए। हर दिन 280 बैरल तेल देने वाले बाकू के तेल कुएँ अमेरिका के तेल भंडारों से कई गुना ज़्यादा तेल देते थे, जहाँ हर दिन चार से पाँच बैरल

तेल मिलता था। संसार के रिफ़ाइनरी बाज़ार में अमेरिकी हिस्सेदारी – जिसका मतलब था कि स्टैंडर्ड ऑयल की हिस्सेदारी, क्योंकि 90 प्रतिशत अमेरिकी बाज़ार पर इसी का नियंत्रण था – नाटकीय रूप से कम हो गई।

प्रतिक्रिया में रॉकेफ़ेलर ने शोध पर भारी पैसे ख़र्च किए। जब लीमा, ओहियो में नए तेल भंडार खोजे गए, तो पता चला कि वहाँ सल्फर की मात्रा बहुत ज़्यादा थी। इस पर स्टैंडर्ड ऑयल ने तेल से सल्फर को हटाने की प्रक्रिया खोजी, जिससे लीमा के कुओं का दोहन संभव हुआ। 1890 के दशक की शुरुआत में रॉकेफ़ेलर की कंपनी संसार के दो तिहाई तेल बाज़ार को नियंत्रित करती थी।

लेकिन रॉकेफ़ेलर की समस्याएँ अभी शुरू ही हुई थीं। जल्द ही आरोपों और मुक़दमों का दौर प्रारंभ हो गया, जिनमें उन पर एकाधिकार संबंधी नियमों की अवहेलना करने और एकाधिकार स्थापित करने का आरोप लगाया गया था, जिस तरह कि सौ साल बाद बिल गेट्स पर लगने वाला था। दो दशकों की क़ानूनी जद्दोजहद के बाद 5 मई 1911 को सर्वोच्च न्यायालय ने रॉकेफ़ेलर की स्टैंडर्ड ऑयल कंपनी के विखंडन का आदेश दिया। अधीनस्थ इकाइयों को बेचने के लिए कंपनी को छह महीने का समय दिया गया। विडंबना यह थी कि जिस वक़्त स्टैंडर्ड ऑयल के एकाधिकार का यह आदेश दिया गया, एकाधिकार वैसे भी ख़त्म हो गया था।

जिस कंपनी को बनाने में उन्होंने अपनी ज़िंदगी के 41 साल लगा दिए थे, वह नष्ट हो रही थी, इस संकट के बीच में भी रॉकेफ़ेलर दहशत में नहीं आए। जब उन्हें सर्वोच्च न्यायालय के फ़ैसले की ख़बर सुनाई गई, तब वे एक कैथोलिक पादरी के साथ गोल्फ़ खेल रहे थे। रॉकेफ़ेलर ने उनसे पूछा, "फ़ादर लेनन, क्या आपके पास थोड़ा पैसा है?" पादरी ने इंकार में सिर हिलाया और इसका कारण पूछा। 72 साल के उद्यमी ने उन्हें सलाह दी, "स्टैंडर्ड ऑयल के शेयर ख़रीद लें।"

"एकाधिकार संबंधी मुक़दमा हारना उनकी दौलत के लिए अच्छा रहा। 1911 में रॉकेफ़ेलर मिलियनेअर थे और उनके पास 300 मिलियन डॉलर की नेट वर्थ थी, लेकिन इसके बाद परिस्थितियाँ कुछ ऐसी बनीं कि वे इतिहास के पहले बिलियनेअर बनते-बनते रह गए। दिसंबर 1911 में उन्होंने स्टैंडर्ड ऑयल के प्रैज़िडेंट का पद छोड़ दिया, लेकिन उन्होंने अपनी विशाल हिस्सेदारी क़ायम रखी। पुराने ट्रस्ट के लगभग एक चौथाई शेयरों के मालिक होने के नाते

रॉकेफ़ेलर अब न्यू जर्सी की नई स्टैंडर्ड ऑयल के एक चौथाई हिस्से के मालिक थे। इसके अलावा, वे उस निर्णय से बनी सभी तैंतीस स्वतंत्र सहायक कंपनियों के एक चौथाई हिस्से के भी मालिक थे।"

रॉकेफ़ेलर का जीवन आदर्श तरीक़े से दिखाता है कि सफल स्त्री-पुरुष समस्याओं की बदौलत किस तरह संपन्न होते हैं। हर समस्या का मतलब एक चुनौती है और इसे सुलझाकर वे पहले से ज़्यादा शक्तिशाली बनते हैं। समस्याएँ तो वे इम्तिहान हैं, जिनसे आपको अगले, ज़्यादा ऊँचे पायदान पर पहुँचने के लिए गुज़रना होता है। यदि आपका सामना किसी सच्ची समस्या से हो, तो इसे उसी तरह गले लगाएँ, जैसा जॉन डी. रॉकेफ़ेलर ने किया था और इसके साथ आने वाले अवसर को देखने की कोशिश करें!

स्वीडन में जन्मे इंग्वार फ़्रियोडोर काम्प्राद इस कला में जल्दी ही माहिर हो गए थे। वे जर्मन मूल के एक किसान के बेटे थे। जब उन्होंने 1943 में आईकिया की स्थापना की, तब उनकी उम्र सिर्फ़ 17 साल थी। मार्च 2010 में वे संसार के सबसे अमीर लोगों की फ़ोर्ब्स सूची में 11वें नंबर पर थे, जिनके पास 23 अरब डॉलर की व्यक्तिगत संपत्ति थी। वे शायद स्विट्ज़रलैंड के सबसे अमीर नागरिक हैं।

काम्प्राद हमेशा पैसे बनाने पर केंद्रित रहे थे। बचपन में भी वे मज़े के लिए मछली पकड़ने नहीं जाते थे, बल्कि कोई ऐसी मछली पकड़ने जाते थे, जिसे वे बेच सकें। उन्होंने बाद में कहा था, "बेचना एक तरह का जुनून बन गया।" 11 साल की उम्र में वे मेल-ऑर्डर से बीज ख़रीदते थे और अपने इलाक़े के छोटे किसानों को मुनाफ़े में बेचते थे। "यह मेरा पहला असली व्यवसाय था, जिसमें मैंने अच्छा पैसा बनाया।" अपने कमाए मुनाफ़े से छोटे इंग्वार ने एक साइकिल और एक टाइपराइटर ख़रीद लिया। जैसा जंगब्लथ रडिगर अपनी पुस्तक द *11 सीक्रेट्स ऑफ़ आइकियाज़ सक्सेस* में लिखते हैं, "ख़रीदी हुई ये दोनों चीज़ें दरअसल निवेश थीं, जिनकी बदौलत इस किशोर को अपनी कारोबारी गतिविधियों को फैलाने का अवसर मिला।"

काम्प्राद को डिस्लेक्सिया (लिखे हुए शब्दों को समझने की योग्यता में कमी) की बीमारी थी। उनकी जगह पर कोई दूसरा होता, तो अपनी सफलता की कमी के लिए इसका बहाना बना लेता। लेकिन काम्प्राद ने ऐसा करने के बजाय अपनी शक्तियों पर ध्यान केंद्रित किया : व्यवसाय और वाणिज्य। बोर्डिंग स्कूल में वे हर चीज़ की अदला बदली करने को तैयार रहते थे। उनके पलंग के नीचे

बेल्ट, वॉलेट, घड़ियों और पेन का बड़ा बक्सा रहता था। उनका कारोबार इतनी अच्छी तरह चल रहा था कि स्कूल छोड़ते ही उन्होंने अपनी खुद की कंपनी शुरू करने का फ़ैसला किया। उन्होंने इसे आईकिया नाम दिया – आईकेईए में से शुरुआती आईके उनके खुद के नाम के लिए, ई यानि एल्मटैरिड का पहला अक्षर, जो उनके माता-पिता के खेत का नाम था और ए यानि ऑगउनारीड, जो युंग्बी नगरपालिका में उनके गाँव का नाम था, जहाँ वे पले-बढ़े थे।

कई अन्य सफल लोगों की तरह – जिनमें रिचर्ड ब्रैन्सन और माइकल डेल जैसे साथी उद्यमी शामिल हैं – काम्प्राद ने अपना कारोबार उच्च गुणवत्ता वाले उत्पादों को प्रतिस्पर्धियों से कम दाम पर बेचने के सिद्धांत पर आधारित किया। जल्द ही उन्हें पता चल गया कि दूसरी कंपनियाँ जितने दामों पर बेच रही थीं, गुणवत्तापूर्ण फ़र्नीचर उससे कहीं कम क़ीमत पर बनाया और बेचा जा सकता था। उनके प्रतिस्पर्धियों ने इस युवा दख़लंदाज़ को ज़्यादा पसंद नहीं किया। उनमें से एक डक्स नाम का व्यक्ति नक़ल संबंधी चोरी का आरोप लगाकर उन्हें कई बार अदालत में घसीटकर ले गया। लेकिन आरोप साबित नहीं हो पाए। फ़र्नीचर निर्माताओं के राष्ट्रीय संघ ने आईकिया के सप्लायरों को पत्र लिखकर धमकी दी कि अगर उन्होंने आईकिया के साथ कारोबार बंद नहीं किया, तो स्थापित कंपनियाँ उनका बहिष्कार कर देंगी।

अलग-अलग नामों से असंख्य सहायक कंपनियाँ स्थापित करके काम्प्राद बहिष्कार से चतुराई से बच निकले। लेकिन उन्होंने व्यापार मेलों में सीधे अंतिम ग्राहकों को फ़र्नीचर बेचकर अपनी मुश्किलें बढ़ा लीं। कई बार संयोजक उनकी कंपनी को प्रतिबंधित कर देते थे।

आईकिया के उत्पाद इतने लोकप्रिय थे कि कंपनी को जल्द ही ग्राहकों की माँग पूरी करने में मुश्किल आने लगी। समस्या इस वजह से और बढ़ गई, क्योंकि कई निर्माता आईकिया को इस डर से सामान नहीं बेचते थे कि कहीं स्थापित फ़र्नीचर डीलर नाराज़ न हो जाएँ।

काम्प्राद की प्रतिक्रिया अप्रत्याशित थी : उन्होंने पोलैंड सरकार के एक मंत्री को पत्र लिखा, जिसमें उन्होंने अपनी कंपनी का परिचय देते हुए पोलैंड के फ़र्नीचर विक्रेताओं के साथ गठबंधन में दिलचस्पी व्यक्त की। उन्हें पोलैंड आने का आमंत्रण मिला। वहाँ सौदेबाज़ी की शुरुआत बुरी रही, क्योंकि उन्हें फ़ैक्ट्रियों का मुआयना करने के लिए वॉरसॉ के बाहर जाने की इजाज़त नहीं दी गई। काम्प्राद तो पोलैंड छोड़कर लौटना चाहते थे, लेकिन अंत में पोलैंड के लोग झुक गए।

मगर दीर्घकाल में स्वीडन के फ़र्नीचर उद्योग का बहिष्कार काम्प्राद के लिए खुशक़िस्मती भरा क़दम साबित हुआ। इससे उन्होंने सीखा कि हर समस्या एक अवसर है, जो दोहन का इंतज़ार कर रहा है। कुछ शुरुआती हिचकोलों के बाद पोलैंड के फ़र्नीचर निर्माताओं के साथ उनका गठबंधन काफ़ी सफल साबित हुआ। एक समय ऐसा भी आया, जब आईकिया के आधे उत्पाद सोशलिस्ट पीपुल्स रिपब्लिक ऑफ़ पोलैंड में बनाए जा रहे थे। "यह एक संकट था, जो एक प्रोत्साहन बन गया, क्योंकि हमें हमेशा नए समाधान खोजने के लिए विवश किया जाता था," काम्प्राद कहते हैं। "अगर वे हमसे आमने-सामने, खुलकर लड़ते, तो क्या पता हम इतने सफल हो पाते या नहीं?" सभी सफल लोगों में मुश्किलों और समस्याओं के प्रति यह नज़रिया ऐसा ही नज़रिया होता है। काम्प्राद का पहला निष्कर्ष था : हर समस्या एक अवसर है। उनकी दूसरी बात थी : "नकारात्मक कामों में कभी कोई तुक नहीं होती।" अपने कारोबारी प्रतिस्पर्धियों की राह में बाधाएँ खड़ी करने में ऊर्जा बरबाद न करें; इससे आप कहीं नहीं पहुँच पाते हैं। इससे बेहतर है, सृजनात्मक और विश्वसनीय विकल्प प्रदान करके उनसे लड़ें।

उनके प्रतिस्पर्धी उनके नज़रिये से सहमत नहीं थे। उन्होंने काम्प्राद के जीवन को मुश्किल बनाने के लिए हरसंभव जतन किया। जब एक मशहूर पत्रिका ने एक टेस्ट रिपोर्ट प्रकाशित की, जिसमें यह निष्कर्ष दिया गया था कि गुणवत्ता की दृष्टि से आईकिया के ज़्यादा सस्ते उत्पाद उनके प्रतिस्पर्धियों की तुलना में कमतर नहीं थे, तो फ़र्नीचर उद्योग ने उस पत्रिका के संपादक को विज्ञापन न देने की धमकी दे डाली। बहरहाल, पत्रिका के संपादक ने टस से मस होने से इंकार कर दिया। पलटवार करते हुए संपादक ने फ़र्नीचर असोसिएशन का पत्र राष्ट्रीय टेलीविज़न पर पढ़ दिया, जिसमें बहिष्कार का उल्लेख था। आगे चलकर इस प्रसंग से आईकिया को लाभ हुआ, क्योंकि लोग काम्प्राद को डेविड जैसा मानने लगे, जो फ़र्नीचर उद्योग के गोलायथ (माहयोद्धा) से मुक़ाबला कर रहा था।

फ़र्नीचर निर्माता ही काम्प्राद के एकमात्र दुश्मन नहीं थे। उस वक़्त स्वीडन पर समाजवाद के एक विचित्र संस्करण का शासन था, जिसने बाज़ारी शक्तियों का दमन करने की कोशिश में उन जैसे उद्यमियों को लगभग कुचल दिया। सर्वोच्च कर श्रेणी में आने वाले लोगों को अपनी 85 प्रतिशत कमाई राज्य के हवाले करनी होती थी। इसके बाद उनकी निजी दौलत पर कैपिटल गेन्स टैक्स भी लगता था। यानि कुल मिलाकर सरकार का शिकंजा लगभग उनका गला

दबा देता था। निजी नागरिक के रूप में उन पर आईकिया का जो कर्ज़ था, उसे उतारने के लिए उन्होंने आईकिया को अपने स्वामित्व की एक दूसरी कंपनी बेचने की कोशिश की। उस वक़्त यह एक सामान्य परंपरा थी और कैपिटल गेन्स टैक्स के बोझ को कम करने के लिए कई उद्यमी ऐसा करते थे। लेकिन जब काम्प्राद सौदा करने वाले थे, तभी सरकार ने इसे रोकने के लिए टैक्स क़ानून पुरानी तारीख़ से बदल डाले। उनके पास टैक्स चुकाने के अलावा कोई दूसरा विकल्प नहीं था, लेकिन इससे वे चिढ़ गए कि उनके देश में सफल उद्यमियों के साथ किस तरह का बर्ताव किया जाता है।

सरकार की निकट-दृष्टि वाली अर्थशास्त्री नीतियों ने उन्हें आख़िरकार देश छोड़कर जाने के लिए मजबूर कर दिया। 1974 में काम्प्राद डेनमार्क जाकर बस गए और वहाँ से स्विट्ज़रलैंड, जहाँ वे वर्तमान में रहते हैं।

बाहर से आईकिया की अभूतपूर्व सफलता को देखते हुए लोग यह भूल ही जाते हैं कि वहाँ पहुँचने के लिए काम्प्राद को कितनी सारी विपत्तियों और समस्याओं से जूझना पड़ा था। एक बार उन्होंने अपने कुछ मुनाफ़े का निवेश किसी दूसरे क्षेत्र में करने का निर्णय लिया और टेलीविज़न बनाने वाली एक कंपनी ख़रीद ली। लेकिन कारोबार कभी मुनाफ़े में नहीं आ पाया और आख़िरकार काम्प्राद को नुक़सान उठाकर उससे बाहर आना पड़ा। एक और उद्योग में उनके साहसिक उपक्रम की उन्हें महँगी क़ीमत चुकानी पड़ी – उन्होंने आईकिया की एक चौथाई से ज़्यादा पूँजी का निवेश किया था, जिसे वे निकाल नहीं पाए।

काम्प्राद के दर्शन के अनुसार ग़लतियाँ करने में कुछ भी ग़लत नहीं है। वे अपने स्टाफ़ को भाषण देते थे, "ग़लतियाँ करना उन लोगों का विशेषाधिकार है, जो काम करने के इच्छुक होते हैं। ग़लतियाँ करने का डर अफ़सरशाही का पैदाइश है और किसी भी तरह के विकास का शत्रु है। कोई भी कभी दावा नहीं कर सकता कि उसने हमेशा सही निर्णय लिया है। यह तो उस निर्णय पर काम करने की इच्छा है, जो उसे सही बनाती है।" इसीलिए काम्प्राद ज़ोर देते हैं कि कर्मचारियों को ग़लतियाँ करने की छूट देनी चाहिए।

जो पहले एक गंभीर झटके जैसा दिखता है, वह अक्सर बाद में विशाल सफलताओं का बीज साबित हो सकता है। माइकल ब्लूमबर्ग के करियर को ही ले लें, जो वित्तीय सॉफ़्टवेयर, मीडिया और डाटा कंपनी ब्लूमबर्ग आई.पी. तथा इसी नाम के टेलीविज़न स्टेशन के संस्थापक हैं। 18 बिलियन डॉलर की

अनुमानित संपत्ति के साथ ब्लूमबर्ग संसार के सबसे अमीर लोगों में से एक हैं। 2001 में उन्हें न्यू यॉर्क सिटी का मेयर चुना गया और 2005 में 58 प्रतिशत के बहुमत के साथ दोबारा चुना गया। न्यू यॉर्क सिटी के कार्यकाल-सीमा नियमों में संशोधन का सफलतापूर्वक अभियान चलाने के बाद वे वर्तमान में अपने तीसरे कार्यकाल में सेवा कर रहे हैं।

लेकिन इस सबकी शुरुआत काफ़ी अशुभ थी : उन्हें उनकी नौकरी से निकाल दिया गया था। जब कमॉडिटी ट्रेडिंग फ़र्म फ़िल्को कॉर्पोरेशन ने 1981 में वॉल स्ट्रीट निवेश बैंक सॉलोमन ब्रदर्स का अधिग्रहण किया, तो उन्हें बताया गया कि कंपनी में उनकी सेवाओं की कोई ज़रूरत नहीं है। अपनी आत्मकथा *ब्लूमबर्ग बाय ब्लूमबर्ग* में वे याद करते हैं, "गर्मियों की एक सुबह वॉल स्ट्रीट की सबसे लोकप्रिय फ़र्म के मैनेजिंग डायरेक्टर जॉन गूटफ़्रॉन्ड और उस वक़्त संसार के सबसे प्रभावी अर्थशास्त्री हेनरी कॉफ़मैन ने मुझे बताया कि सालमन ब्रदर्स में मेरी ज़िंदगी ख़त्म हो चुकी थी।" गूटफ़्रेंड ने उन्हें बताया : "अब आपके विदा होने का समय है।" ब्लूमबर्ग के लिए यह आसमान से बिजली गिरने जैसा अकस्मात झटका था। वे याद करते हैं : "शनिवार 1 अगस्त 1981 को मुझे मेरी एकमात्र पूर्णकालिक नौकरी से निकाल दिया गया, जो मैंने की थी। मुझे उस उच्च दबाव वाली ज़िंदगी से निकाल दिया गया था, जिससे मैं प्रेम करता था। और यह सब, हर दिन बारह घंटे और हर सप्ताह छह दिन की नौकरी पंद्रह साल तक करने के बाद। बाहर!" लेकिन अगर उन्हें उस दिन नौकरी से नहीं निकाला जाता, तो कौन जाने ब्लूमबर्ग का क्या हुआ होता...

दस साल बाद कंपनी स्वयं विनाश की कगार पर थी – वित्तीय इतिहास के सबसे सफल निवेशक वॉरेन बफ़े के बावजूद। बफ़े की सालमन ब्रदर्स में बड़ी हिस्सेदारी थी। 1986 में जब कंपनी पर ख़ौफ़नाक रॉन पर्लमेन के जबरन अधिग्रहण का जोख़िम मँडरा रहा था, तो वे अपने मित्र जॉन गूटफ़्रेंड को बचाने के लिए सामने आ गए थे। जब गूटफ़्रेंड को कुछ समझ नहीं आया कि क्या करें, तो उन्होंने बफ़े से अनुनय-विनय किया था कि वे कंपनी को बचाने के लिए सालमन ब्रदर्स में निवेश करें।

हर संकट में मौजूद अवसर को न चूकने वाले बफ़े इस शर्त पर तैयार हो गए कि वे और उनकी कंपनी बर्कशायर हैथवे 15 प्रतिशत गारंटीड मुनाफ़े के लिए 700 मिलियन डॉलर का निवेश करेंगे। इस सौदे की बदौलत बफ़े और उनके साझेदार चार्ली मंगर दोनों ही संचालक मंडल में शामिल हो गए। यह एक

ऐसा सौदा था, जो लगभग उनका पतन साबित हुआ और उन्हें उनके जीवन के सबसे बुरे संकटों में से एक में ले गया।

ज़्यादातर नाटकीय घटनाओं की तरह ही यह गंभीर संकट भी शुरुआत में काफ़ी हानिरहित नज़र आ रहा था। 8 अगस्त 1991 की दोपहर को बफ़े अपनी गर्लफ्रेंड के साथ वीकऐंड गुज़ारने के लिए नवाडा गए। उस सुबह उन्हें जॉन गूटफ्रेंड के ऑफ़िस से फ़ोन आया था, जिसमें बताया गया था कि शाम को गूटफ्रेंड ख़ुद उन्हें फ़ोन करेंगे। बफ़े एक स्टीक हाउस रेस्तराँ में डिनर ले रहे थे, तभी सालमन के क़ानूनी विभाग के संचालक डॉन फ़्यूरशटाइन ने उन्हें फ़ोन किया। गूटफ्रेंड ख़ुद इसलिए फ़ोन नहीं कर सकते थे, क्योंकि वे अब भी विमान में थे।

फ़रस्टाइन ने बफ़े से कहा कि एक समस्या थी। सालमन में एक बॉन्ड व्यापारी पॉल मोज़र था, जिसका नाम बफ़े ने पहले कभी नहीं सुना था। उसने शक्तिशाली फ़ेडरल रिज़र्व को बार-बार चकमा देने की कोशिश की थी। सालमन ब्रदर्स उन चंद प्राथमिक डीलरों में से थे, जो सरकार से सीधे बॉन्ड ख़रीदने के लिए अधिकृत थे। इससे उन्हें भारी शक्ति मिल जाती थी। चूँकि सालमन ने कई बार बाज़ार पर एकाधिकार करने की कोशिश की थी, इसलिए ट्रेज़री बॉन्ड में व्यक्तिगत कंपनियों के बोली लगाने को 35 प्रतिशत तक सीमित कर दिया गया था।

लेकिन जैसा फ़रस्टाइन ने अब ब्लूमबर्ग को सूचित किया, मोज़र ने 35-35 प्रतिशत की दो ग़ैर-क़ानूनी बोलियाँ दो ग्राहकों के नाम से लगाई थीं और फिर उन बॉन्ड को सालमन के ख़ाते में हस्तांतरित कर दिया था।

यह अच्छा तो नहीं था, लेकिन इससे ऐसा नहीं लगता जैसे यह कोई बड़े बखेड़े की बात हो। बाद में पता चला कि स्थिति बहुत ज़्यादा ख़राब हो गई थी। मोज़र ने यह चाल कई बार खेली थी; उनके अधिकारियों को उनकी ग़ैर-क़ानूनी बोलियों के बारे में महीनों से मालूम था, लेकिन उन्होंने इन्हें छिपाने की कोशिश की थी। जैसा कई संकटों में होता है, सत्य हमेशा थोड़ा-थोड़ा करके प्रकाश में आया – और इसे पर्दे में रखने की कोशिश करके सालमन के अधिकारियों ने हालात को और बदतर बना दिया।

बफ़े को जब यह बात पहली बार पता चली, उसके कुछ दिनों बाद फ़ेडरल रिज़र्व बैंक ने सालमन के साथ अपने सारे कारोबारी सौदों को ख़त्म करने की धमकी दी, जिससे कंपनी का बर्बाद होना तय था। फ़ेडरल रिज़र्व बैंक इस बारे में ख़ुश नहीं थी कि एक बॉन्ड व्यापारी ने उन्हें चूना लगा दिया था और उसके

मालिकों ने यह पता चलने के बाद भी उसे नौकरी से नहीं निकाला था। सालमन ने समझदारी, ज़िम्मेदारी या ग़लतियों से सीखने की इच्छा नहीं दिखाई थी।

अगर सालमन ब्रदर्स कंपनी असफल हो जाती, तो परिणाम उतने ही विनाशकारी होते, जितने कि 17 साल बाद लीमैन ब्रदर्स ढहने के हुए थे। इक्विटी सिर्फ़ चार अरब डॉलर मूल्य की थी, जबकि 146 अरब डॉलर के दायित्व थे, सैकड़ों मिलियन डॉलर के डेरिवेटिव थे और वॉल स्ट्रीट की दूसरी निवेश बैंकों से अंदरूनी कड़ियाँ भी जुड़ी थीं। सालमन की बैलेंस शीट उस वक़्त पूरे अमेरिकी बाज़ार की दूसरी सबसे बड़ी बैलेंस शीट थी।

द सिक्युरिटीज़ ऐंड एक्सचेंज कमिशन (एसईसी) ने जाँच शुरू की। अधिक विवरण सार्वजनिक हुए, जब मीडिया ने हर दिन इस विवाद पर अपनी रिपोर्ट पेश की और सालमन ब्रदर्स के आसन्न पतन पर अटकलें लगाने लगा। निवेशक दूर भागने लगे और कंपनी के शेयर का भाव रसातल को छूने लगा।

सभी जानते थे कि केवल एक ही इंसान उन्हें बचा सकता था, एक ऐसा आदमी जिसने बरसों से ईमानदार और निष्कपट होने तथा अविश्वसनीय रूप से चतुर निवेशक होने की छवि बनाई थी। यह इंसान कोई और नहीं, वॉरेन बफ़े ही थे। योजना यह थी कि कंपनी को एक दूसरा मौक़ा दिया जाए और बफ़े को सालमन ब्रदर्स का अंतरिम चेयरमैन बना दिया जाए।

इस विचार को स्वीकार किया जाए या नहीं, यह फ़ैसला करना बफ़े के सबसे मुश्किल चुनावों में से एक था। उनकी जीवनी लेखक ऐलिस श्रोडर शुक्रवार, 16 अगस्त की स्थिति का वर्णन इस तरह करती हैं : "इस समय तक बफ़े अमेरिका के दूसरे सबसे अमीर व्यक्ति थे... वे संसार के सबसे सम्मानित व्यवसायियों में से एक थे। उस लंबे, भयाकर शुक्रवार के दौरान किसी बिंदु पर उन्हें एक ज़ोरदार झटके के साथ यह एहसास हुआ कि अगर वे सालमन में निवेश करते हैं, तो समस्याओं से घिरी इस कंपनी पर उनका बुनियादी तौर पर कोई नियंत्रण नहीं रहेगा और शुरुआत से ही उनकी सारी प्रतिष्ठा जोख़िम में पड़ जाएगी।"

बुरी तरह तबाह कंपनी को बचाना उस बिंदु पर लगभग असंभव लग रहा था। बफ़े के पास दो ही विकल्प थे : "वे हीरो बन सकते थे या वे नाकाम हो सकते थे। लेकिन वे छिप नहीं सकते थे और वे सिर झुकाकर गेंद नहीं छोड़ सकते थे।"

बफ़े ने चुनौती को स्वीकार करने का निर्णय लिया। इस ख़बर की घोषणा करने वाली प्रेस रिलीज़ तैयार होने लगी, लेकिन घोषणा के चंद घंटों पहले ही यह पता चला कि ट्रेज़री विभाग एक प्रेस रिलीज़ जारी करने वाला है, जिसमें सालमन ब्रदर्स को ट्रैज़री बॉन्ड की बोली लगाने से प्रतिबंधित कर दिया जाएगा। इसके बाद कंपनी का भविष्य अंधकारमय नज़र आ रहा था, चाहे बफ़े शिखर पर हों या न हों।

बफ़े ने निर्णय के लिए ज़िम्मेदार लोगों से संपर्क करने की जीतोड़ कोशिश की और उन्हें विश्वास दिलाया कि वे न सिर्फ़ सालमन ब्रदर्स की मौत के फ़रमान पर दस्तख़त कर रहे हैं, बल्कि एक वैश्विक वित्तीय संकट भी शुरू कर रहे हैं। वे इतनी निराशाजनक स्थिति में भी ज़िम्मेदारी लेने के लिए तैयार थे और अपनी सबसे मूल्यवान संपत्ति – यानि अपनी प्रतिष्ठा – का जोख़िम लेने के लिए भी तैयार थे, जिसे बनाने में उन्होंने बरसों लगाए थे। बहरहाल, वे वित्तीय आत्महत्या करने के लिए तैयार नहीं थे।

बफ़े ने हर चीज़ एक ही दाँव पर लगा दी – और वे जीत गए। ट्रैज़री विभाग ने अपनी स्थिति पर पुनर्विचार किया और कुछ रियायतों के लिए राज़ी हो गया। भविष्य में कंपनी अपने ग्राहकों के नाम पर बोली नहीं लगा पाएगी, लेकिन अपने ख़ुद के नाम पर बोली लगा सकती है। बफ़े के लिए यह अत्यंत महत्त्वपूर्ण रियायत थी।

क़ानूनी कार्यवाही का अनुसरण करते हुए कंपनी की संस्कृति को बदलने के साथ-साथ सालमन ब्रदर्स में फैली अराजकता को साफ़ करने का काम बफ़े को थकान के चरम बिंदु तक ले गया। "घटनाएँ मुझे बर्बाद कर सकती थीं, लेकिन मैं ट्रेन से उतर नहीं सकता था। और मैं यह भी नहीं जानता था कि ट्रेन कहाँ जा रही थी।"

बफ़े का सबसे मुश्किल काम कंपनी में एक नई संस्कृति बनाना था, जिसमें ईमानदारी और पारदर्शिता सबसे महत्त्वपूर्ण हों। अपने स्टाफ़ को दिए एक भाषण में उन्होंने कहा था : "मैं चाहता हूँ कि कर्मचारी ख़ुद से पूछें कि क्या वे इस बात के लिए तैयार हैं कि उनके द्वारा सोचा गया कोई भी काम अगले दिन स्थानीय अख़बार के मुखपृष्ठ पर छपे, जिसे उनके जीवनसाथी, बच्चे और मित्र पढ़ें, जबकि उसका विवरण किसी जानकार और आलोचनात्मक रिपोर्टर द्वारा छापा जाए।"

उनके कर्मचारी यह बात मानने के लिए तैयार थे। लेकिन जब बफ़े ने

उनके बोनस में भारी कटौती की, तब कई कर्मचारियों ने कंपनी छोड़कर किसी दूसरी जगह नए काम तलाशने का निर्णय लिया। बफ़े ने ऐसा इसलिए किया, क्योंकि उन्हें यह ग़लत लगा कि जब शेयरहोल्डरों को सज़ा मिल रही है, तो कर्मचारियों को पुरस्कार मिले। कर्मचारियों के जाने के बाद एक बार फिर, सालमन का भविष्य ख़तरे में था।

कुल मिलाकर, पूरे मसले को सुलझाने में कंपनी के 800 मिलियन डॉलर ख़र्च हुए, जिसमें जुर्माना, अनुबंध तोड़ने की सज़ा, क़ानूनी फ़ीस और आमदनी का नुक़सान शामिल था। लेकिन सालमन कंपनी बच गई। इससे बफ़े और भी अमीर बन गए – और सिर्फ़ इतना ही नहीं, इसने सार्वकालिक महानतम वित्तीय जीनियस की उनकी छवि को और बढ़ा दिया।

किसी भी देखने वाले को बफ़े की सफलता की कहानी में एक अनूठी और दृढ़ तक़दीर की सारी निशानियाँ नज़र आती हैं। जब उनका फ़ंड जारी हुआ था, तब अगर कोई उसमें एक हज़ार डॉलर का निवेश करता, तो 2009 में उसके पास सात मिलियन डॉलर की मोटी रक़म होती। बफ़े ख़ुद कई सालों से संसार के सबसे अमीर लोगों की फ़ोर्ब्स सूची के शीर्षस्थ तीन लोगों में आ रहे हैं। इस तस्वीर से यह नज़र नहीं आता है कि बफ़े सबसे बढ़कर संकट प्रबंधन में उस्ताद हैं। उनकी सफलता का काफ़ी बड़ा हिस्सा बहुत ही कठिन स्थितियों में उत्कृष्ट होने की उनकी योग्यता है। बफ़ैलो ईवनिंग न्यूज़ की ख़रीदारी का ही उदाहरण देख लें। अख़बार अच्छा निवेश रहेंगे, यह सोचकर बफ़े एक उपयुक्त निवेश अवसर की तलाश कर रहे थे, जो उन्हें आख़िरकार 1977 में मिल गया। उन्होंने 35.5 मिलियन डॉलर में *बफ़ैलो ईवनिंग न्यूज़* ख़रीद लिया, जो उस वक़्त तक की उनकी सबसे महँगी ख़रीदारी थी। लेकिन उन्हें ज़रा भी अंदाज़ा नहीं हो सकता था कि निकट भविष्य में यह कितना बड़ा सिरदर्द साबित होगा।

बफ़ैलो में दो अख़बारों के बीच ख़ूँख़ार प्रतिस्पर्धा थी। रविवार को प्रकाशित होने वाले द *कूरियर एक्सप्रेस* ने रविवार के अख़बार बाज़ार पर एक तरह से अच्छा क़ब्ज़ा जमा लिया था। बफ़े *ईवनिंग न्यूज़* का रविवारीय संस्करण प्रकाशित करने की योजना बना रहे थे, लेकिन कूरियर एक्सप्रेस के मालिकों ने इसके ख़िलाफ़ अदालत में मुक़दमा दायर कर दिया। उन्हें एक बाहरी व्यक्ति बताया गया, जो अपनी अनुचित व्यापारिक कार्यप्रणालियों द्वारा पारंपरिक स्थानीय कारोबार को बर्बाद करने पर आमादा थे।

अदालत में द *कूरियर* के वकीलों ने एक कथन पेश किया, जिसमें बफ़े ने

स्थानीय अख़बार बाज़ार पर एकाधिकार की तुलना एक अनियंत्रित टोल ब्रिज से की थी – दोनों ही समान आकर्षक अधिग्रहण थे। अदालत ने रविवारीय संस्करण के प्रकाशन पर पूरी तरह अस्वीकार्य शर्तें लाद दीं। बफ़े अपनी दलीलों से अदालत को विश्वास नहीं दिला पाए थे।

विज्ञापन देने वाले कूरियर के प्रति वफ़ादार बने रहे और *ईवनिंग न्यूज़*, जो पहले मुनाफ़ा दे रहा था, अब 1.4 मिलियन डॉलर के घाटे में चला गया। "इस ख़बर से बफ़े सन्न रह गए," उनकी जीवनी लेखक एलिस श्रोडर कहती हैं। "वे जिन कारोबारों के मालिक थे, उनमें से किसी ने भी इतनी तेज़ी से इतना ज़्यादा पैसा नहीं गँवाया था।" बफ़े के बुरे हाल में होने की एक और वजह यह भी थी कि उनकी प्रिय पत्नी सूज़ी ने उन्हें इस ख़बर से चौंका दिया था कि वह उनके घर से बाहर जाकर रहने वाली थी, ताकि वह अपनी ख़ुद की संभावना को हासिल कर सके।

उस वक़्त द *बफ़ैलो ईवनिंग न्यूज़* बफ़े का सबसे बड़ा व्यक्तिगत निवेश था – और मुक़दमे के परिणाम को देखते हुए हर चीज़ पूर्ण तबाही की ओर संकेत कर रही थी।

बफ़े इसे छोड़ने के लिए तैयार थे, लेकिन उनके पार्टनर चार्ली मंगर ने बातचीत करके उन्हें जुटे रहने के लिए मना लिया। आख़िरकार, अठारह महीने बाद अप्रैल 1979 में कोर्ट ऑफ़ अपील ने उनके ख़िलाफ़ हुए फ़ैसले को पलट दिया। बफ़े के लिए यह विलंब से मिली विजय थी – लगभग ज़रूरत से ज़्यादा विलंब से मिली विजय। न सिर्फ़ उन्होंने क़ानूनी फ़ीस में बहुत ख़र्च कर दिया था, बल्कि अख़बार ने महत्त्वपूर्ण विज्ञापन देने वाले ग्राहक भी गँवा दिए थे और हर साल कई मिलियन डॉलर का नुक़सान हो रहा था। 1980 के अंत में ये नुक़सान कुल मिलाकर 10 मिलियन डॉलर तक हो गए थे।

आख़िरी झटका तब लगा, जब ड्राइवरों की यूनियन ने हड़ताल कर दी। इस पर बफ़े ने अख़बार के प्रकाशन को रोक दिया और "यूनियन को बता दिया कि 'अख़बार में ख़ून की सीमित मात्रा है,' और अगर इसका बहुत ज़्यादा ख़ून बह जाता है, तो यह ज़िंदा नहीं रह पाएगा... हम प्रकाशन दोबारा तभी शुरू करेंगे, जब व्यावहारिक कार्यसंचालन की तार्किक संभावना होगी।"

यूनियन को संदेश मिल गया। बफ़े दोबारा प्रकाशन शुरू कर सकते थे और अब रविवारीय संस्करण पर प्रतिबंध नहीं थे। प्रतिद्वंद्वी अख़बार द *कूरियर एक्सप्रेस* की बाज़ार में हिस्सेदारी घटने लगी और अंततः सितंबर 1982 में इसे

बंद होने के लिए विवश होना पड़ा। दूसरी ओर, द *बफ़ैलो न्यूज़* अपनी विज्ञापन की आमदनी और प्रसार संख्या को लगातार बढ़ा रहा था। हड़ताल के एक साल बाद ही अख़बार 19 मिलियन डॉलर का सालाना मुनाफ़ा दे रहा था।

बफ़े की कहानी बताती है कि किस तरह सबसे सफल लोगों को लगातार गगनचुंबी चुनौतियों का सामना करना पड़ता है, जिससे उनके द्वारा उस समय तक हासिल हर चीज़ जोख़िम में पड़ सकती है। यही वॉल्ट डिज़्नी के बारे में सच है। लगभग 1,44,000 कर्मचारियों और 36 अरब डॉलर की सालाना बिक्री के साथ द वॉल्ट डिज़्नी कॉर्पोरेशन आज संसार के सबसे बड़े मीडिया साम्राज्यों में से एक है। इसकी ज़बर्दस्त सफलता की कहानी नवंबर 1919 में शुरू होती है, जब 18 साल के दो युवकों, वॉल्ट डिज़्नी और उब आइवर्क्स की मुलाक़ात हुई, जब वे एक विज्ञापन एजेंसी के लिए काम करते थे। जब कुछ समय बाद दोनों को ही नौकरी से निकाल दिया गया, तो उन्होंने अपनी ख़ुद की कंपनी बनाने का निर्णय लिया, जिसे उन्होंने आइवर्क्स-डिज़्नी कमर्शियल आर्टिस्ट्स का नाम दिया। कारोबार बेहतरीन नहीं था, इसलिए डिज़्नी को अपनी नई कंपनी के अस्तित्व को बनाए रखने के लिए ऐनिमेशन आर्टिस्ट की नौकरी करनी पड़ी।

मई 1922 में डिज़्नी ने 15,000 डॉलर की प्रारंभिक पूँजी से लाफ़-ओ-ग्राम्स इंक. की स्थापना की, जो ऐनिमेटेड फ़िल्म्स की प्रोडक्शन कंपनी थी। कारोबारी मसलों में अनुभवहीन होने के नाते उन्होंने लंबी भुगतान अवधियों के अनुबंध कर लिए। जब जून 1923 में उनकी कंपनी को दिवालिएपन के लिए विवश होना पड़ा, तो डिज़्नी हॉलीवुड पहुँच गए। जैसा उनके जीवनी लेखक ऐंड्रियाज़ फ़्लैटहॉस ने बताया है, "असफल उद्यमी ने अपने और उन निवेशकों के बीच हज़ारों किलोमीटर का फ़ासला कर दिया, जिनकी लाफ़-ओ-ग्राम्स में हिस्सेदारी थी। उनके निवेशक अब उनके कर्ज़दार बन गए थे और पुनर्भुगतान की उनकी माँगों ने कैंसस सिटी में किसी नई शुरुआत को असंभव बना दिया होता।"

अक्टूबर 1923 में डिज़्नी और उनके भाई रॉय ने डिज़्नी ब्रदर्स कार्टून स्टूडियो की स्थापना की। उनका एक प्रोडक्शन था ऐलिसेज़ वंडरलैंड, जिसमें ऐनिमेशन को वास्तविक अभिनेताओं और अभिनेत्रियों के साथ मिला दिया गया था। तीन साल से भी कम समय में उन्होंने ऐलिस की 34 फ़िल्में बना डालीं। अंततः मुख्य भूमिका निभाने वाली वर्जीनिया डेविस उनके बजट के लिहाज़ से बहुत महँगी हो गई। कोई दूसरी अभिनेत्री उनके जितनी अच्छी साबित नहीं हुई,

इसलिए 1927 की शुरुआत में डिज़्नी इस सीरीज़ को छोड़कर पशु पात्रों के साथ फ़िल्में बनाने लगे।

डिज़्नी ने एक नई नीति पर काम किया। तब तक ऐनिमेशन फ़िल्मों में आने वाले पशु इतने "मानवीय" नहीं होते थे कि दर्शकों का उनके साथ जुड़ाव हो जाए। डिज़्नी चाहते थे कि उनके पशु बात करें और हँसें। इस बात पर पहले तो उनका मखौल उड़ाया गया और कई लोगों को यह समझ में भी नहीं आया।

डिज़्नी के हँसने वाले ख़रगोश ओसवाल्ड की लोकप्रिय सफलता ने जल्द ही उनके आलोचकों को ग़लत साबित कर दिया। "ओसवाल्ड की बदौलत वॉल्ट डिज़्नी को ऐसा लगा कि वे पहली बार अपनी आर्थिक मुश्किलों को पीछे छोड़ आए थे। लेकिन यह वित्तीय सुरक्षा की उनकी नई भावना एक मुग़ालता साबित होने वाली थी और यह आख़िरी बार नहीं हो रहा था।" डिज़्नी ने इस बात पर ध्यान नहीं दिया था कि वितरण कंपनी उनकी फ़िल्मों के कॉपीराइट अपने पास रखती थी, जिससे वह अपना प्रोडक्शन दूसरे स्टूडियो में ले जा सकती थी। जब उन्होंने अपनी फ़ीस को 2,250 डॉलर प्रति फ़िल्म से बढ़ाकर 2,500 डॉलर करने की कोशिश की, तो वितरण कंपनी ने उन्हें बता दिया कि आगे से यह उन्हें हर फ़िल्म के लिए 1,800 डॉलर का ही भुगतान देगी। उन्होंने यह भी बता दिया कि डिज़्नी के सबसे क़रीबी और योग्य स्टाफ़ से पहले ही बात कर ली गई थी और वे ओसवाल्ड ऐनिमेशन को दूसरे स्टूडियो ले जाने के लिए तैयार थे।

उनके दबाव में आकर झुकने के बजाय वॉल्ट डिज़्नी अपनी फ़िल्मों के लिए एक नए किरदार की तलाश करने लगे और अंततः उब आइवर्क्स के मिकी माउस पर ठहर गए, जो उनकी तक़दीर बदलने वाला साबित हुआ। मिकी माउस की पहली फ़िल्म को *प्लेन क्रेज़ी* नाम दिया गया। इसके बाद दूसरी फ़िल्में भी आईं और मिकी माउस के सृजन के लिए 1932 में डिज़्नी को एक ऑस्कर पुरस्कार से नवाज़ा गया।

अगले कुछ सालों में डिज़्नी ने कई नए किरदार गढ़े, जैसे 1932 में गूफ़ी और 1934 में डॉनल्ड डक। उन्होंने पहली फ़ीचर-लेंथ ऐनिमेशन फ़िल्म *स्नो वाइट ऐंड द सेवन ड्वार्फ़्स* भी बनाई, जिसकी बदौलत 1937 में उन्हें एक और ऑस्कर पुरस्कार मिल गया। युद्ध के बाद उन्होंने कई फ़ीचर फ़िल्में बनाईं, जैसे *ट्रेज़र आईलैंड* और *20,000 लीग्स अंडर द सी*। कंपनी कई बार वित्तीय तबाही के क़रीब पहुँची, जब तक कि आख़िरकार *सिन्ड्रेला* की बॉक्स-ऑफ़िस सफलता ने इसे 1950 में बचा नहीं लिया।

1948 में डिज़्नी के मन में विचार आया कि पर्यटकों को आकर्षित करने के लिए अपने स्टूडियो के ठीक सामने 45,000 वर्ग मीटर का मिकी माउस थीम पार्क बनाया जाए। लेकिन जल्द ही उन्हें एहसास हो गया कि कहीं भी पर्याप्त बड़ा भूखंड उपलब्ध नहीं है और वे विकल्प तलाशने लगे। अंततः उन्हें एनाहाइम में उपयुक्त ज़मीन मिली। तब एनाहाइम शहर में सिर्फ़ 20,000 बाशिंदे रहते थे। उन्हें अपने नए प्रोजेक्ट के लिए निवेशक खोजने में मुश्किल आई, जिसे उन्होंने डिज़्नीलैंड नाम दिया। निवेशक न मिलने पर उन्हें मजबूरन अपनी खुद की बचत लगानी पड़ी। उनके भाई रॉय को लगा कि स्टूडियो वॉल्ट के विचारों में पूँजी लगाने लायक़ पैसा नहीं कमा रहा है, इसलिए उन्होंने सख़्त हिदायत दी कि वे अपने इस विचार को साकार करने की कोशिश न करें।

लेकिन अपने भाई की सलाह मानने के बजाय डिज़्नी अपने प्रिय प्रोजेक्ट में पैसा लगाने के नए तरीक़े सोचते रहे। उन्होंने एक नए टेलीविज़न चैनल एबीसी के मालिकों के साथ एक सौदा करने की पेशकश की। अगर वे डिज़्नीलैंड में निवेश करते हैं, तो इसके बदले में डिज़्नी अपनी पुरानी छोटी फ़िल्मों पर आधारित साप्ताहिक शो प्रसारित करने के अधिकार दे देंगे।

यह बहुत चतुराई भरी योजना थी। न सिर्फ़ इससे डिज़्नी की छोटी फ़िल्मों को एक नया बाज़ार मिल गया, जिन्हें अब सिनेमा में बहुत कम दिखाया जाता था – बल्कि इससे उन्हें अपने डिज़्नीलैंड प्रोजेक्ट के लिए पैसा भी मिल गया। एबीसी डिज़्नीलैंड इंक. में 34.5 प्रतिशत हिस्सेदारी के बदले में 5,00,000 डॉलर देने के लिए तैयार हो गई और इसने 4.5 मिलियन डॉलर तक के लोन की गारंटी भी दे दी। डिज़्नी ने फ़ोर्ड और जनरल इलेक्ट्रिक जैसी दूसरी कंपनियों को भी राज़ी किया कि वे डिज़्नीलैंड में अपने खुद के आकर्षणों के लिए पैसे लगाएँ – जिसका मतलब था मुफ़्त विज्ञापन। पशु पात्रों और फ़िल्म प्लॉट के प्रतिभाशाली आविष्कारक होने के साथ-साथ डिज़्नी अपने प्रोजेक्ट के लिए पैसे जुटाने में भी बहुत रचनात्मक थे।

थीम पार्क का शुभारंभ बेहद सफल रहा। यहाँ 28,000 लोग आए, उम्मीद से 17,000 ज़्यादा – लेकिन यह इस संदर्भ में तबाही भरा रहा कि कोई चीज़ उस तरह काम नहीं कर पाई, जिस तरह कि उसे करना चाहिए था। डिज़्नीलैंड इतने सारे दर्शकों के लिए तैयार नहीं था। जिस भूखंड पर यह बना था, वह 1,70,000 वर्ग मीटर का था और जल्द ही यह बहुत छोटा लगने लगा। थीम पार्क के दोनों तरफ़ होटल और दूसरी दुकानें खुलने लगीं, "जिससे डिज़्नीलैंड का मुनाफ़ा कम हुआ और अति-कल्पना का सरल साम्राज्य बनाने के इसके

सर्जक के सपने निरर्थक साबित हो गए।"

लेकिन एक बार फिर डिज़्नी ने घुटने टेकने से इंकार कर दिया। 1960 के दशक में एक-एक टुकड़ा करके उन्होंने ऑरलैंडो, फ़्लोरिडा के बाहर एक जगह ख़रीदी, जो एनाहाइम के थीम पार्क से 650 गुना बड़ी थी। 1966 में वॉल्ट डिज़्नी की मृत्यु हो गई थी और वे 1971 में विशाल पार्क के शुभारंभ को देखने के लिए जीवित नहीं थे। लेकिन उनका विचार, जिसके लिए उनका मखौल उड़ाया गया था और जिसमें पूँजी लगाने के लिए उन्हें एड़ी-चोटी का ज़ोर लगाना पड़ा था, असाधारण रूप से सफल साबित हुआ। आज तीन महाद्वीपों के चार देशों में 13 डिज़्नी थीम पार्क हैं।

डिज़्नी एकमात्र सफल उद्यमी नहीं थे, जिनके सामने भारी मुश्किलें आईं, जो बाद में सफलता की उनकी राह में मील का पत्थर साबित हुईं। आज स्टारबक्स एक वैश्विक ब्रांड है, जिसकी पूरे संसार में लगभग 17,000 शाखाएँ हैं और 2010 में इसकी आमदनी 10.7 अरब डॉलर थी। लेकिन इस बेहद सफल कॉफ़ी चेन की शुरुआत बहुत छोटी थी। हॉवर्ड शुल्ट्ज़ तो ब्रुकलिन के सरकारी अनुदान वाले घर में बड़े हुए थे। वे अकुशल श्रमिक के बेटे थे। छुटपन में उन्हें ऐसे इलाक़े में रहने में शर्म आती थी, जिसकी इतनी बुरी प्रतिष्ठा थी। एक बार एक डेट पर जब वे न्यू यॉर्क की एक लड़की को लेने गए, तो उसके पिता के साथ उनकी संक्षिप्त बातचीत हुई, जो शुल्ट्ज़ के जवाबों से स्पष्ट रूप से नाख़ुश थे : "तुम कहाँ रहते हो?" – "हम ब्रुकलिन में रहते हैं।" – "कहाँ?" – "कैनार्सी।" – "कहाँ?" – "बेव्यू प्रोजेक्ट्स" – "ओह।" बूढ़े आदमी की प्रतिक्रिया में एक आकलन छिपा हुआ था, शुल्ट्ज़ ने बाद में बताया – "और यह देखकर मैं चिढ़ गया था।"

उनकी छोटी पृष्ठभूमि के बावजूद शुल्ट्ज़ असाधारण महत्त्वाकांक्षी थे। उनके परिवार में कॉलेज जाने वाले वे पहले व्यक्ति थे। पढ़ाई पूरी करने के बाद वे ज़िरॉक्स में सेल्स कोच बन गए और बाद में हैमरप्लास्ट में, जो स्वीडिश पेस्टॉर्प कॉर्पोरेशन की अमेरिकी शाखा थी तथा घरेलू उपकरण बनाती थी। सेल्समैन के रूप में काम करते वक़्त उन्होंने ग़ौर किया कि सिएटल का एक छोटा रीटेलर एक ख़ास तरह के ड्रिप कॉफ़ी मेकर काफ़ी बड़ी तादाद में बुला रहा था, "जिसमें बस 'थर्मस पर प्लास्टिक कोन लगा था'।" शुल्ट्ज़ की जिज्ञासा जाग गई और उन्होंने तहक़ीक़ात करने का निर्णय लिया : "मैं इस कंपनी को देखने जा रहा हूँ। मैं जानना चाहता हूँ कि वहाँ क्या चल रहा है।"

मूल स्टारबक्स स्टोर में क़दम रखते ही उन्हें महसूस हुआ, मानो वे

"किसी मंदिर में प्रवेश कर रहे हैं, जहाँ कॉफ़ी की पूजा होती है," वे अपनी आत्मकथा में कहते हैं। लकड़ी का एक पुराना काउंटर था, जिसके पीछे पूरे संसार की कॉफ़ी बीन्स डिब्बों में रखी थीं : सुमात्रा, केन्या, इथियोपिया, कोस्टा रिका – यह वह वक़्त था, जब अधिकतर अमेरिकी सोचते थे कि कॉफ़ी बीन्स के बजाय दानों से बनाई जाती है। इस दुकान की कॉफ़ी का स्वाद ऐसा था, जिसकी तब अमेरिकियों को आदत नहीं थी। शुल्ट्ज़ मंत्रमुग्ध रह गए।

उस वक़्त कुल जमा पाँच स्टारबक्स दुकानें थीं। लेकिन शुल्ट्ज़ ने विस्तार की संभावना देख ली, जिसे मूल मालिक नहीं देख पाए थे। वे अपनी नौकरी छोड़कर सिएटल में बसना चाहते थे और स्टारबक्स में काम करना चाहते थे। "स्टारबक्स में नौकरी करने का मतलब था 75,000 डॉलर की सालाना नौकरी छोड़ना, प्रतिष्ठा, कार सब कुछ छोड़ना। और यह सब किसलिए? 3,000 मील दूर जाकर 5 कॉफ़ी स्टोर वाली एक छोटी सी कंपनी में शामिल होने के लिए! मेरे बहुत से दोस्तों और परिवार वालों को इसमें समझदारी नहीं दिख रही थी। मेरी माँ ख़ास तौर पर चिंतित थीं।"

पूरे एक साल तक वे नाहक ही स्टारबक्स वालों से गुज़ारिश करते रहे कि वे उन्हें नियुक्त कर लें। कंपनी के संस्थापक और संचालक से बातचीत करने के बाद उन्हें एक अच्छी भावना महसूस हुई। लेकिन फिर एक फ़ोन आया, जिसने उन्हें हिला दिया। "हॉवर्ड, मुझे अफ़सोस है, मेरे पास बुरी ख़बर है।" एक लंबी बहस के बाद स्टारबक्स के तीन मालिकों ने उन्हें न लेने का निर्णय लिया था। वे जो सुन रहे थे, उस पर उन्हें यक़ीन ही नहीं हुआ : "आपकी योजनाएँ बेहतरीन हैं, लेकिन यह वह सपना नहीं है, जो हम स्टारबक्स के लिए देखते हैं।"

शुल्ट्ज़ ने "नहीं" का जवाब मानने से इंकार कर दिया। "मैं अब भी स्टारबक्स के भविष्य में इतना ज़्यादा यक़ीन करता था कि मैं 'नहीं' को अंतिम जवाब के रूप में स्वीकार नहीं कर पाया।" अंततः उन्होंने मालिकों से बात करके इतना मनवा लिया कि वे उन्हें नौकरी पर रख लें। बाद में, वे अक्सर खुद से पूछते थे, "अगर मैं उनके निर्णय को बस स्वीकार कर लेता, तो क्या होता? ज़्यादातर लोगों को जब नौकरी के लिए ठुकराया जाता है, तो वे बस चुपचाप चले जाते हैं।" यह आख़िरी बार नहीं था, जब उनके नवाचारों को ख़ारिज किया गया था। "बहुत बार मुझे बताया गया है कि यह नहीं किया जा सकता। बार-बार चीज़ों को घटित कराने के लिए मैं जितनी भी लगन और मनुहार की कला का इस्तेमाल कर सकता था, मुझे करना पड़ा था।"

उस वक़्त स्टारबक्स आज से बहुत अलग था। दुकानों में कॉफ़ी नहीं परोसी जाती थी, बल्कि वहाँ सिर्फ़ बीन्स बिकती थीं। इटली की एक यात्रा के दौरान शुल्ट्ज़ ने स्थानीय फुटपाथ के कैफ़े के माहौल का आनंद लिया था। जब वे अपनी कॉफ़ी का कप तैयार होते देख रहे थे, तो उन्हें अचानक एक अहसास हुआ। "स्टारबक्स मुख्य बिंदु को ही चूक गया था – पूरी तरह चूक गया था।" इतालवी शैली में कॉफ़ी को परोसना ही भविष्य का तरीक़ा था! आज जो इतना स्पष्ट नज़र आता है, वह उस वक़्त एक क्रांतिकारी विचार था। "यह एक आकाशवाणी जैसा था। यह इतना अचानक और इतना स्पष्ट था कि मैं काँपने लगा।"

सिऐटल में उन्होंने स्टारबक्स के मालिकों को अपना सपना बताया, लेकिन वे इसके सख़्त ख़िलाफ़ थे। उन्होंने कहा, स्टारबक्स कोई रेस्तराँ या बार नहीं, एक दुकान थी। कॉफ़ी परोसने का मतलब है किसी दूसरे उद्योग में क़दम रखना। वैसे भी, स्टारबक्स हर साल मुनाफ़ा कमा रही थी। तो फिर इस तरह का जोखिम क्यों लेना?

अपने विचार के छोटे पैमाने पर परीक्षण हेतु मालिकों को मनाने में उन्हें एक साल का समय लग गया। आख़िरकार वे मान गए और उन्हें छठे स्टारबक्स में एक छोटा एस्प्रेसो बार चलाने की अनुमति दे दी, जो केंद्रीय सिऐटल में अप्रैल 1984 में खुला।

उनका प्रयोग सफल रहा। इसने उन्हें ज़्यादा बड़े पैमाने पर इसे आज़माने का संकल्प दिया। हर दिन वे एक मालिक जेरी बॉल्डविन से अनुरोध करते थे कि वे उन्हें एक मौक़ा तो दें। लेकिन बॉल्डविन टस से मस नहीं हुए। "स्टारबक्स जितना बड़ा है, इससे ज़्यादा बड़ा होने की इसे कोई ज़रूरत नहीं है। अगर बहुत सारे ग्राहक अंदर आते और जाते हैं, तो आप उन्हें उस तरह से जान-पहचान नहीं सकते, जिस तरह से हम हमेशा जानते-पहचानते रहे हैं।" उनका इंकार अंतिम था। "मुझे अफ़सोस है, हॉवर्ड। हम इसे नहीं करने वाले। आपको इसे झेलना पड़ेगा।"

निराश और हताश महसूस करते हुए शुल्ट्ज़ ने आख़िरकार नौकरी छोड़ने और अपना ख़ुद का कॉफ़ी बार शुरू करने का निर्णय लिया, जिसका नाम उन्होंने "इल जियोर्नलॉ" रखने की योजना बनाई थी। लेकिन उन्हें पूँजी की ज़रूरत थी, जो उनके पास नहीं थी। उनके पास जो बड़ी योजनाएँ थीं, उन्हें साकार करने के लिए उन्हें 1.65 मिलियन डॉलर की ज़रूरत थी। वे जिन 242

निवेशकों के पास गए, उनमें से 217 ने उन्हें ठुकरा दिया। उन्होंने साफ़ कह दिया कि वे जिस चीज़ की योजना बना रहे थे, वह संभव ही नहीं है।

"अल जियोनॉल? अमेरिका का आदमी तो इसका सही उच्चारण तक नहीं कर सकता।"

"तुम स्टारबक्स कैसे छोड़ सकते हो? कितना मूर्खतापूर्ण क़दम है?"

"तुमने यह कैसे सोच लिया कि यह कारगर होने वाला है? अमेरिकी लोग कभी कॉफ़ी पर डेढ़ डॉलर ख़र्च नहीं करेंगे!"

"तुम्हारा दिमाग़ ख़राब हो गया है। यह पागलपन है। तुम्हें जाकर कोई नौकरी कर लेनी चाहिए।"

इतने भारी विरोध के बावजूद अपने मनोबल को ऊपर रखना सबसे मुश्किल चीज़ थी। "आप निराश नहीं हो सकते, जब आपको किराए पर जगह लेने की सौदेबाज़ी के लिए किसी दुकान के मालिक से मिलना हो। लेकिन अगर उस सप्ताह आपकी तीन-चार निष्फल मुलाक़ातें हुई हों, तो ख़ुद को कैसे तैयार करें? आपको दरअसल गिरगिट जैसा बनना पड़ता है। यहाँ आप किसी दूसरे के सामने हैं। आप बुरी तरह खिन्न हैं, लेकिन आपको इतना तरोताज़ा और आत्मविश्वासी होना पड़ता है, मानो आप अपनी पहली मीटिंग में हों।"

लेकिन वे अपनी धुन में लगे रहे और आख़िरकार अपने प्रोजेक्ट के लिए पर्याप्त निवेशकों को राज़ी कर लिया। निर्णायक मोड़ मार्च 1987 में आया। स्टारबक्स के मालिकों जेरी बॉल्डविन और गॉर्डन बाउकर ने सिऐटल की शाखाओं, रोस्टिंग हाउस और स्टारबक्स नाम को बेचने का निर्णय लिया। कुल मिलाकर, वे चार मिलियन डॉलर चाहते थे। शुल्ट्ज़ ने कुछ समय पहले ही *इल जियोनॉल* के लिए पैसा जैसे-तैसे इकट्ठा किया था और उसके ठीक बाद इतना पैसा इकट्ठा करना असंभव नज़र आ रहा था।

फिर शुल्ट्ज़ के एक निवेशक ने घोषणा की कि वे ख़ुद स्टारबक्स ख़रीदने की योजना बना रहे हैं। यह ख़बर शुल्ट्ज़ के गाल पर तमाचे जैसी थी। उनका प्रतिद्वंद्वी स्थानीय व्यवसाय का अगुआ था, जिसने शायद सिऐटल के व्यावसायिक समुदाय का समर्थन पहले ही हासिल कर लिया था। एक मीटिंग में उनसे कहा गया : "अगर तुम यह सौदा नहीं लेते हो, तो कभी इस कस्बे में काम नहीं कर पाओगे। तुम कभी एक और डॉलर जमा नहीं कर पाओगे। तुम मारे जाओगे।"

जब वे मीटिंग के बाद जा रहे थे, तो उनकी सहनशक्ति जवाब दे गई और वे लॉबी में ही फूट-फूट कर रोने लगे। अंत में उन्होंने पैसा इकट्ठा कर लिया। दबाव या ब्लैकमेल के सामने घुटने टेकने से इंकार करते हुए वे जुटे रहे। अपनी आत्मकथा में वे कहते हैं : "हममें से कई अपने जीवन में ऐसे ही अति महत्त्वपूर्ण पलों का सामना करते हैं, जब हमारे सपने टूटते नज़र आते हैं। आप ऐसी घटनाओं की तैयारी पहले से कभी नहीं कर सकते, लेकिन आप उन पर कैसी प्रतिक्रिया करते हैं, यह अति महत्त्वपूर्ण होता है... जब अप्रत्याशित गेंद आपके सिर पर जमकर टकराती है, ऐसे ही नाज़ुक मौक़ों पर कोई अवसर खोया जा सकता है।"

इसी तरह की परिस्थितियों में हमारे संकल्प का इम्तिहान लिया जाता है। कोई भी सफल उद्यमी, कोई भी शीर्ष खिलाड़ी, किसी अन्य क्षेत्र में कोई भी सफल व्यक्ति ऐसा नहीं है, जिसे ऐसी स्थितियों में खुद को साबित न करना पड़ा हो। अगर शुल्ट्ज़ हार मान लेते, तो हम संसार भर की स्टारबक्स शाखाओं में स्टारबक्स कॉफ़ी का आनंद नहीं ले पाते। और शुल्ट्ज़ अमेरिका के सबसे सफल तथा दौलतमंद उद्यमियों में से एक बनने के बजाय एक छोटी कंपनी के कर्मचारी ही बने रहते।

अगली बार जब आपके सामने कोई बड़ी समस्या आए, तो चुनौती को स्वीकार करें, जैसा रॉकेफ़ेलर, काम्प्राद, बफ़े, डिज़्नी और शुल्ट्ज़ ने किया था : समस्या के भीतर छिपे अवसर की तलाश करें। आपको यह स्वीकार करना सीखना होगा कि आप जितने ज़्यादा सफल होते हैं, समस्याएँ उतनी ही ज़्यादा बड़ी होंगी। अगर हर चीज़ सुचारु चल रही है और कोई समस्या नहीं आ रही है, तो इस बात की संभावना नहीं है कि हम आगे चलकर बड़े क़दम उठा पाएँगे। केवल संकट में ही हम नई चीज़ें आज़माने और नवाचारी विचार खोजने के लिए विवश होते हैं।

आप ज़्यादा बड़े लक्ष्य हासिल तभी कर पाएँगे, जब आपका आत्मविश्वास बढ़ेगा। स्वयं में विश्वास करने और ज़्यादा बड़े लक्ष्य तय करने का साहस विकसित करने के लिए प्रबल आत्मविश्वास एक अनिवार्य आवश्यकता है। ज़्यादा बड़ी समस्याओं को सुलझाने में माहिर बनने से आपका आत्मविश्वास मज़बूत होता है।

अपने आत्मविश्वास को एक मांसपेशी मानें, जिसे विकसित करने के लिए प्रशिक्षण की ज़रूरत होती है। इसका तरीक़ा उठाने वाले वज़न को लगातार

बढ़ाना है। आपका आत्मविश्वास ज़्यादा बड़ी समस्याओं को सुलझाते रहने से ही बढ़ेगा। आप आश्वस्त रह सकते हैं कि न तो इंग्वार फ़्योदोर काम्प्राद, न ही वॉरेन बफ़े या वॉल्ट डिज़्नी उस तरह के आत्मविश्वास के साथ पैदा हुए थे, जो आगे चलकर उनकी पहचान बनने वाला था। उन्हें तो एक के बाद एक संकट का सामना करके, मुश्किलों और नई चुनौतियों से सीधे निबटकर इसे विकसित करना पड़ा था।

अध्याय 4

एकाग्रता

जुलाई 1991 की शुरुआत में बिल गेट्स सीनियर ने कुछ अतिथियों को डिनर पर आमंत्रित किया। उनमें वॉरेन बफ़े और माइक्रोसॉफ़्ट का संस्थापक उनका बेटा शामिल थे : संसार के दो सबसे सफल लोग, जो फ़ोर्ब्स के अरबपतियों की सूची में शिखर पर आते रहते थे। मेज़बान ने डिनर पर आए अतिथियों से पूछा : "लोग जीवन में जहाँ पहुँचे हैं, वहाँ तक पहुँचने में वह कौन-सा घटक था, जो आपके हिसाब से सबसे महत्त्वपूर्ण है?" बफ़े ने तुरंत जवाब दिया : "एकाग्रता।" बिल गेट्स उनसे सहमत थे।

गेट्स तेरह साल की उम्र से ही कंप्यूटर के दीवाने थे। "मेरा मतलब है, फिर मैं जुनूनी बन गया। यह दिन-रात का मामला था।" उनके माता-पिता उन्हें लेकर चिंतित थे : "हालाँकि वह नवें ग्रेड में ही था, लेकिन वह कंप्यूटर का दीवाना था, हर दूसरी चीज़ को नज़रअंदाज़ कर देता था, रात भर बाहर रहता था।" अंत में नौ महीनों तक उन्होंने उसे कंप्यूटर नहीं छूने दिया।

"बिल में एकोन्मादी गुण था," उनके कॉलेज का रूममेट कहता है। "वे किसी एक चीज़ पर एकाग्र हो जाते थे और उससे सचमुच चिपक जाते थे। वे जो भी कर रहे थे, उसमें महारत हासिल करने की ठान लेते थे।" एक पूर्व-गर्लफ्रेंड ने कहा कि वे हमेशा बहुत एकाग्रचित्त रहे हैं और व्यवधान बर्दाश्त नहीं करते। उनके पास टेलीविज़न नहीं था और उन्होंने अपनी कार के रेडियो के पुर्ज़े-पुर्ज़े अलग कर दिए थे। गर्लफ्रेंड बताती है : "आख़िरकार, किसी ऐसे व्यक्ति के साथ संबंध क़ायम रखना मुश्किल होता है, जो 'सात घंटे' की छुट्टी की डींगें हाँकता हो - यानि माइक्रोसॉफ़्ट के ऑफ़िस को छोड़ने के बाद अगले दिन सुबह लौटने में सिर्फ़ सात घंटे का ही समय लगता था।"

वॉरेन बफ़े ने भी कई बरसों, यहाँ तक कि दशकों तक, एक ही लक्ष्य पर ध्यान केंद्रित रखा है। बचपन में भी उनका सपना अमीर बनने का था और उन्होंने *1,000 डॉलर कमाने के एक हज़ार तरीक़े* नामक पुस्तक चाव से पढ़ी थी। बफ़े की इस प्रिय पुस्तक के पहले पन्ने पर पाठक को बताया जाता है, "अवसर दस्तक़ देता है। अमेरिका के इतिहास में कम पूँजी वाले व्यक्ति के लिए अपना कारोबार शुरू करने का इतना लाभकारी समय कभी नहीं रहा, जितना कि आज है।"

जब वे ग्यारह साल के थे, तब बफ़े ने घोषणा की कि वे 35 साल की उम्र तक मिलियनेअर बन जाएँगे। सोलह साल की उम्र में उन्होंने कई व्यवसाय करके पाँच हज़ार डॉलर बचा लिए थे। आज की मुद्रा में वह पैसा लगभग 55,000 डॉलर होगा – जो 16 साल के लड़के के लिए बुरा नहीं है। उनकी भविष्यवाणी में सिर्फ़ पाँच साल का ही फ़र्क़ रहा। उन्होंने 30 साल की उम्र में ही अपना पहला मिलियन कमा लिया – ज़ाहिर है, तब एक मिलियन डॉलर का मूल्य आज की तुलना में ज़्यादा था।

थिंक ऐंड ग्रो रिच में नेपोलियन हिल कहते हैं : "जो भी इंसान पैसे का उद्देश्य समझता है, वह उसकी कामना करता है। कामना करने से दौलत नहीं आती। दौलत तब आती है, जब दौलत हासिल करने की इच्छा जुनून बन जाती है, दौलत हासिल करने के लिए निश्चित तरीक़ों की योजना बनाई जाती है और इसके बाद इन योजनाओं पर लगन से इस तरह काम किया जाता है कि आप असफलता को पहचानते भी नहीं हैं।"

इसका मतलब अपने लक्ष्य को हासिल करने के लिए अनुचित या ग़ैर-क़ानूनी दाँव-पेंचों का सहारा लेना नहीं है। आपने दूसरों को नुक़सान पहुँचाकर या क़ानून तोड़कर जो भी तथाकथित सफलता हासिल की है, वह सिर्फ़ अस्थायी, क्षणिक प्रकृति की ही होगी। दीर्घकाल में आप न तो सफल होंगे, न ही सुखी।

दीर्घकालीन सफलता हासिल करने में मदद इस बात से मिलती है कि आप एक ही लक्ष्य पर ध्यान केंद्रित करें। कई लोग रास्ते में भटक जाते हैं – उनके बायोडेटा सच्चाई बता देते हैं। वे पहले एक चीज़ आज़माते हैं, फिर बिना कोई चीज़ पूरी किए ही वे दूसरी को आज़माने लगते हैं और जैसे ही समस्याएँ खड़ी होती हैं, हताश हो जाते हैं।

आपको पूरी तरह से एक ही लक्ष्य पर ध्यान केंद्रित करना होता

है - कई सालों तक, यहाँ तक कि दशकों तक भी। चाहे आप कुछ भी करना चाहते हों - चाहे आपका लक्ष्य खिलाड़ी, संगीतकार, वैज्ञानिक, चित्रकार, लेखक या व्यवसायी बनने का हो - सफलता रातोंरात या कुछ सप्ताह या महीनों बाद भी आपके पास नहीं आएगी।

टेनिस खिलाड़ी बोरिस बेकर में भी लक्ष्य पर एकाग्रचित्त होने की यह योग्यता थी। जब वे तीन-चार साल के थे, तो वे कार में से अपने पिता का एक टेनिस रैकेट उठाते थे और टेनिस क्लब की दीवार पर या घर के पर्दों पर गेंद मारते रहते थे। उनके पिता फुसफुसाकर अपनी पत्नी से कहते थे : "इसका दिमाग़ पूरी तरह सही नहीं है।"

छह साल की उम्र में बोरिस अपने गृह नगर लाइमन में स्थानीय टेनिस क्लब के सदस्य बन गए। पाँच साल बाद उन्हें जर्मन टेनिस फ़ेडरेशन की युवा टीम में चुन लिया गया। बहरहाल, अधिकारियों का मानना था कि वे कभी शिखर पर नहीं पहुँच पाएँगे। बेकर कहते हैं, "तथाकथित 'मॉनिटर रिपोर्टों' ने मुझे कोई रेटिंग नहीं दी थी। मैं कभी फ़िट नहीं हो पाया, लेकिन नकारात्मक रिपोर्टों से मुझे प्रेरणा मिलती थी। मैं उन्हें ग़लत साबित करना चाहता था।"

17 साल की उम्र में उन्होंने विम्बलडन में एक आश्चर्यजनक विजय हासिल की, जब उन्होंने फ़ाइनल में केविन करन को चार सेटों में हरा दिया। वे पहले जर्मन और सबसे युवा खिलाड़ी थे, जिसने कभी विश्व के सबसे महत्त्वपूर्ण टेनिस टूर्नामेंट में पुरुषों का फ़ाइनल जीता था। यही नहीं, वे किसी भी ग्रैंड स्लैम टूर्नामेंट में जीतने वाले सबसे युवा खिलाड़ी थे।

बेकर बताते हैं कि दूसरे मैचों की ही तरह, इस मैच में भी एकाग्रता की पराकाष्ठा एक महत्त्वपूर्ण घटक थी। अपने पहले विम्बलडन फ़ाइनल में उतरने से पहले चेंजिंग रूम में उन्होंने अपने विरोधी का स्वागत एक संक्षिप्त "हलो" से किया था - एक शब्द भी ज़्यादा नहीं। वे किसी मैच से पहले अपने प्रतिद्वंद्धी से कभी बात नहीं करते थे - सिवाय एक बार के, जब उन्होंने अपने देशवासी माइकल स्टिख से बात की थी। "हम परिणाम जानते हैं। मैं बात करता रह गया और वह जीत गया।"

चेंजिंग रूम में बैठकर बेकर महसूस करते हैं, "मानो मैं किसी सुरंग में हूँ।" जैसा वे कहते हैं, उनकी दृष्टि सिकुड़कर "सुरंग जैसी दृष्टि" बन जाती है : "लेकिन मैं घोड़ों जैसी पट्टी लगाए रहता हूँ और वहाँ किसी मुर्दे की तरह बैठा रहता हूँ। यह दबाव से मुक़ाबला करने और एकाग्र होने का मेरा तरीक़ा है। मेरी

रुचि किसी दूसरी चीज़ में नहीं होती। मुझे ख़ुद को इस भाव समाधि, इस पूर्ण एकाकीपन में झोंकना पड़ता है।”

फिर वे चलकर मैदान में पहुँचते हैं - आत्मविश्वासी और निर्भीक - “सिर तना हुआ, सीना बाहर।” बेकर कहते हैं, मैच से पहले वे बहुत घबराते थे, यहाँ तक कि डर भी महसूस करते थे। लेकिन जैसे ही वे मैदान में क़दम रखते थे, डर हमेशा चला जाता था। “मैं कोई डर महसूस नहीं करता। मैं शुरुआती द्वार पर किसी रेस के घोड़े जैसा महसूस करता हूँ। मेरा दिमाग़ होने वाले मैच में इतना मसरूफ़ रहता है कि मैं अपने आगे-पीछे नहीं देखता हूँ।”

1985 के मशहूर विम्बलडन फ़ाइनल के तीसरे सेट में अंपायर ने घोषणा की : “चैंपियनशिप पॉइंट बेकर।” 13,118 दर्शक एक सुर में “बोरिस! बोरिस!” चिल्लाने लगे। “मुझे कुछ भी सुनाई नहीं दिया। मुझे आवाज़ें तो सुनाई दे रही थीं, लेकिन शब्द नहीं, ऊपर से चिल्लाती आवाज़ें भी नहीं।” बेकर मैच जीत गए। आगे चलकर उन्होंने कुल 49 सिंगल्स टाइटल जीते, जिनमें छह ग्रैंड स्लैम टूर्नामेंट शामिल थे, जिनमें से तीन विम्बलडन थे। साथ ही उन्होंने 15 डबल्स टाइटल भी जीते।

बेकर उस मानसिक और भावनात्मक अवस्था का वर्णन करते हैं, जिसकी मदद से उन्होंने इतने सारे मैच जीते। “मैं तब विचार नहीं करता हूँ। मैं तो ख़ुद को ढील दे देता हूँ, अंत में नेट तक कलाबाज़ियाँ खाने तक। मैं अम्पायर की आवाज़ नहीं सुनता। मैं स्कोरबोर्ड की तरफ़ नहीं देखता - मैं अपना स्कोर ख़ुद रखता हूँ। जब मैं इस तंद्रा जैसी अवस्था के चरमोत्कर्ष पर पहुँचता हूँ, इस ‘ज़ोन’ में पहुँचता हूँ, तो मैं सिर्फ़ एक ही चीज़ के बारे में जागरूक होता हूँ : दर्शक।” वे उनके पक्ष में हैं या उनके ख़िलाफ़, यह उनके लिए मायने नहीं रखता। “हर मैच में मैं एक बिंदु पर पहुँचता था, जहाँ मेरे सामने दीवार होती थी और मैं उसके पार कूदने में कामयाब हो जाता था - यह एकाग्रता और इच्छाशक्ति से संभव होता था।”

बेकर इतने ऊँचे मुक़ाम पर इसलिए पहुँचे क्योंकि उन्होंने लगभग तीन दशकों तक एक ही लक्ष्य पर पूरा ध्यान केंद्रित किया - चार साल की उम्र से लेकर 32 साल की उम्र तक। बचपन में वे टेनिस के साथ-साथ फुटबॉल भी खेलते थे और वे कहते हैं कि दोनों में ही वे समान प्रतिभाशाली थे। लेकिन बहुत जल्द ही वे अपने जीवन के सबसे अहम हिस्से पर ध्यान केंद्रित करने लगे - टेनिस खेलना।

बोरिस बेकर के लिए जो महत्त्व टेनिस का था, वही ऑलिवर कान के लिए फ़ुटबॉल का था। उन्होंने भी काफ़ी जल्दी ही ख़ुद के लिए यह निश्चित लक्ष्य तय कर लिया था : "मैं संसार का सर्वश्रेष्ठ गोलकीपर बनना चाहता था... एक ज़बरदस्त स्वप्न, उस वक़्त वास्तविकता से बहुत आगे, एक बहुत, बहुत ऊँचा लक्ष्य। ज़रा भी धुँधला नहीं, बल्कि बहुत स्पष्ट।"

कान ने तीन बार 1999, 2001 और 2002 में विश्व के सर्वश्रेष्ठ गोलकीपर का ख़िताब जीता। वे चार बार यूरोप के सर्वश्रेष्ठ गोलकीपर रहे और दो बार जर्मनी के फ़ुटबॉल प्लेयर ऑफ़ द इयर। कान किसी मैच के दौरान अपनी तंद्रा जैसी अवस्था का वर्णन करते हैं। "मेरा दिमाग़ सर्वोच्च स्तर पर केंद्रित होता है। इससे ज़्यादा एकाग्र होने की कल्पना नहीं की जा सकती। किसी भी तरह के विघ्नकारी प्रभावों के प्रति पूर्ण विस्मृति।" वे स्टेडियम के दर्शकों या अन्य बाहरी प्रभावों पर ग़ौर नहीं करते। "जब मैं मैदान में खड़ा होता हूँ, तो सारी चीज़ों का स्विच अचानक 'बंद' हो जाता है! - और मैं उस पल में शत-प्रतिशत होता हूँ, शत प्रतिशत एकाग्र। तब हर मैच एक तरह का फ़ाइनल बन जाता है।"

2001 का चैंपियन्स लीग फ़ाइनल एक ऐसा ही पल था, जब कान सौ फ़ीसदी एकाग्र होने में सफल रहे : "मैंने गेंद और उस पर प्रहार करने वाले खिलाड़ी के सिवाय किसी दूसरी चीज़ पर ध्यान केंद्रित नहीं किया। ऐसा महसूस हो रहा था, मानो मैं एक ख़ाली, शांत कमरे में हूँ। स्टेडियम में 80,000 दर्शकों की भीड़ मेरे लिए मानो वहाँ थी ही नहीं।" उन्होंने गोलकीपर के रूप में एकाग्रता की अपनी योग्यता को प्रशिक्षित करने का तरीक़ा विकसित किया था। "मैच के दौरान मैं अपनी आँखें गेंद पर रखने लगा - पल भर के लिए भी निगाह हटाए बिना। मैच के हर पल, भले ही मेरी ख़ुद की टीम को कॉर्नर मिला हो, भले ही गेंद मैच के किसी भी पल मेरे गोल से कितनी ही दूर हो, मैंने एक पल के लिए भी अपनी आँखों को भटकने की अनुमति नहीं दी। मेरी आँखें, मेरी एकाग्रता, मेरा ध्यान उस छोटे सफ़ेद बिंदु पर केंद्रित बना रहा।" किसी पेनाल्टी शूटआउट में वे इतना ज़्यादा ध्यान केंद्रित करते थे कि कोई दूसरी चीज़ मौजूद ही नहीं रहती थी : "अगर उस पल दुनिया भी ख़त्म हो जाती, तो उस तरफ़ मेरा ध्यान नहीं जाता।"

किसी महत्त्वपूर्ण मैच के थोड़ा पहले भी कान पूरी तरह केंद्रित होते हैं। "ऐसे मौक़ों पर मैं लगभग हर दूसरी चीज़ को भूल जाता था, मैं अपनी सुरंग में

घुस जाता था और मेरे लिए सफलता की राह पर अपनी पूर्ण एकाग्रता के सिवाय किसी चीज़ का अस्तित्व नहीं रहता था।" उन्होंने हर विवरण को नियंत्रित करने की कोशिश की, कुछ भी संयोग के भरोसे नहीं छोड़ा और यह सुनिश्चित किया कि उनके और उनके "अभियान" के बीच कोई चीज़ न आए। "मैं घबरा जाता था, अगर मैं देखता था या मुझे आभास होता था कि मेरी टीम के साथी फ़िज़ूल बातों में उलझे हुए हैं, जो मेरे हिसाब से उनकी एकाग्रता के अनुकूल नहीं थीं।"

बोरिस बेकर, ऑलिवर कान या बिल गेट्स जैसे सफल लोगों के लिए "एकाग्रता" शब्द का दोहरा अर्थ होता है। एक तरफ़ तो इसका मतलब है कई दशकों तक एक अकेले लक्ष्य पर ध्यान केंद्रित करने की योग्यता, दूसरी तरफ़ इसका मतलब किसी चीज़ पर इतनी कसकर एकाग्र होना है कि हर दूसरी चीज़ का अस्तित्व ही ख़त्म हो जाए।

मैं आपको एक और आदमी की कहानी बताना चाहता हूँ, जिसने पिछले तीन दशक एक चीज़ और सिर्फ़ एक चीज़ पर ध्यान केंद्रित करने में बिताए हैं और जिसकी एकाग्रता की शक्ति ने उसे बेहद सफल बनाया है - उनके ग्राहकों के लिए, लेकिन साथ ही उनकी कंपनी और खुद उनके लिए भी। उनका नाम है क्रिस्टोफ़र काह्ल, जो जर्मन-अमेरिकी कंपनी जेम्सटाउन के संस्थापक हैं।

जेम्सटाउन जर्मन निवेशकों से पूँजी इकट्ठी करके अमेरिका में रियल एस्टेट ख़रीदती है। क्लोज़-ऐंड निवेश फ़ंडों के शेयर जारी करके जेम्सटाउन ने 1984 से लेकर अब तक 7.5 अरब डॉलर से अधिक मूल्य की अमेरिकी रियल एस्टेट ख़रीदी है। इनमें से ज़्यादातर फ़ंड पहले ही समाप्त हो चुके हैं। उनमें सबसे बुरा प्रदर्शन करने वालों ने सालाना 8.5 प्रतिशत का मुनाफ़ा दिया, जबकि सबसे अच्छा प्रदर्शन करने वालों ने लगभग 47 प्रतिशत का मुनाफ़ा दिया। औसतन निवेशकों को एक साल में लगभग 20 प्रतिशत की कमाई हुई। जर्मनी में क्लोज़-ऐंड रियल एस्टेट फ़ंड शुरू करने वाला कोई दूसरा इंसान निवेशकों के लिए इस तरह के सनसनीख़ेज मुनाफ़े हासिल करने में कभी कामयाब नहीं हुआ है।

उनकी सफलता का राज़ क्या है? मैं क्रिस्टोफर काह्ल को 15 साल से जानता हूँ और यह मेरा सौभाग्य है कि मैंने उन्हें लगभग दस साल तक परामर्श दिया है। मेरे ख़्याल से मैं उनकी सफलता के रहस्य के बारे में एक-दो बातें जानता हूँ। उनका पहला रहस्य है एकाग्रता। कई दूसरे फ़ंड मैनेजरों ने कई अलग-अलग प्रकार के फ़ंड जारी करके खुद को बिखरा लिया है। ज़ाहिर है,

निवेश को विकेंद्रीकृत करने के कई अच्छे कारण होते हैं। लेकिन क्रिस्टोफर काह्ल ने दूसरा रास्ता चुना है। कई दशकों से अमेरिका की वाणिज्यिक रियल एस्टेट पर पूरा ध्यान केंद्रित करके उन्होंने इस विषय का विशेषज्ञतापूर्ण ज्ञान हासिल किया है, जिससे वे ख़ुद को अपने कई प्रतिस्पर्धियों से बेहतर स्थिति में रखने में समर्थ हुए हैं। आख़िर, लोग किसी दूसरे के बजाय विशेषज्ञ पर भरोसा करते हैं कि वह किसी ख़ास क्षेत्र के बारे में ज़्यादा जानता होगा।

काह्ल की सफलता में कुछ दूसरे घटक भी योगदान देते हैं। वे हममें से कई को पारदर्शिता, नियंत्रित जोख़िम और सावधानी के बारे में सबक़ सिखा सकते हैं - सफलता के बाद भी।

आख़िरी बिंदु - सफलता के बाद भी सावधान बने रहने की योग्यता - उनके लिए ख़ास महत्त्व का है। जब मैंने इस पुस्तक के लिए उनका इंटरव्यू लिया, तो उन्होंने कहा : "आप उन लोगों के बारे में पुस्तक लिख रहे हैं, जिन्हें सफलता मिली है। आप उन लोगों पर भी एक पुस्तक लिख सकते हैं, जिन्हें शुरुआत में तो सफलता मिली, लेकिन वे बाद में असफल हो गए। और आप शायद पाएँगे कि उनकी असफलता में अति-आत्मविश्वास ने मुख्य भूमिका निभाई।"

सफलता के साथ आत्मविश्वास आता है। और यह एक अच्छी चीज़ है। आत्मविश्वास हमें इतना शक्तिशाली और साहसी बना देता है कि हम ज़्यादा बड़े प्रोजेक्ट हाथ में लें, जैसा क्रिस्टोफर काह्ल ने किया। 1984 में उन्होंने नैशविल, टेनेसी में 3.5 मिलियन डॉलर में ऑफ़िस और वेयरहाउस की जगह ख़रीदी। 82 निवेशकों ने उनके फ़ंड के शेयर ख़रीदे। पिछले कुछ वर्षों से वे अमेरिका में रियल एस्टेट ख़रीद रहे हैं, जिसका मूल्य प्रायः दस मिलियन डॉलर के नीचे रहता है। 1999 में उन्होंने अपना सबसे बड़ा साहसिक जोख़िम लिया, जब उन्होंने मैनहटन में एक ऑफ़िस टावर ख़रीदा, जो रॉकेफ़ेलर सेंटर कॉम्प्लेक्स का हिस्सा था। इस फ़ंड का निवेश 650 मिलियन डॉलर का था, जो उनके पहले फ़ंड की तुलना में 185 गुना था।

इस प्रोजेक्ट में पूँजी जुटाने हेतु उन्हें इक्विटी में 300 मिलियन डॉलर रखने थे, जिसमें से अधिकतर उन्हें पेशगी या लोन की गारंटी के रूप में देना था। काह्ल स्वीकार करते हैं, "यदि मैं निवेशकों से 300 मिलियन डॉलर इकट्ठे करने में कामयाब नहीं होता, तो आर्थिक दृष्टि से नहीं बच पाता।"

पूरी चीज़ उनकी कल्पना से ज़्यादा पेचीदा साबित हुई। 1999-2000 में

जब वे शेयर बेचने की कोशिश कर रहे थे, तब निवेशकों की रुचि "उबाऊ" रियल एस्टेट में नहीं थी। जर्मनी का शेयर बाज़ार उछाल पर था। इन दो वर्षों में जर्मन निवेशकों ने शेयरों पर 100 अरब डॉलर ख़र्च किए (1996 के 1.34 अरब डॉलर से बहुत अधिक)। जैसा कोई भी टेलीविज़न कार्यक्रम या अख़बार का लेखक आपको बता देगा, शेयर बाज़ार निवेश का सबसे प्रगतिशील और आधुनिक रूप है। 1999 में जर्मन शेयर बाज़ार में निवेशकों ने 36 प्रतिशत मुनाफ़ा कमाया। इसकी तुलना में 7 प्रतिशत मुनाफ़ा देने वाला अमेरिकी रियल एस्टेट फ़ंड नीरस और अनाकर्षक नज़र आता था – अगर डॉलर की बढ़ती दर पर ग़ौर किया जाए, तो अमेरिकी फ़ंड में मुनाफ़ा और भी कम हो जाता था।

इस फ़ंड को बेचना एक कष्टकारी और कठिन काम साबित हुआ – और काहूल ने 300 मिलियन डॉलर का जोख़िम लिया था। "यदि कोई विचार काम नहीं करता है, तो आपको अपनी कल्पना का इस्तेमाल करना होता है और तब उत्पाद के नवाचार का वक़्त आ जाता है," काहूल कहते हैं। उन्होंने अपनी समस्या तथाकथित पुननिर्वेश मॉडल ईजाद करके सुलझाई, जो इतना सफल साबित हुआ कि वे इसका बार-बार इस्तेमाल करते रहे, तब भी जब फ़ंडों को बेचना दोबारा आसान हो गया। अंततः वे अपना फ़ंड शुरू करने में कामयाब रहे, जिसने निवेशकों को प्रति वर्ष 34 प्रतिशत से अधिक मुनाफ़ा दिया, जब तक कि इसे 2006 में ख़त्म नहीं कर दिया गया।

अगले कुछ वर्षों में जब निवेशक होश में आए और शेयर बाज़ार के तुरत-फुरत मुनाफ़े के बजाय रियल एस्टेट को ज़्यादा पसंद करने लगे, तो काहूल ज़्यादा बड़े फ़ंड बेचने में कामयाब हुए। 2005 में उन्होंने मैनहटन में जनरल मोटर्स बिल्डिंग का लगभग 50 प्रतिशत ख़रीद लिया, जिसका मूल्य तब 1.7 बिलियन डॉलर था। एक के बाद एक सफलता की वजह से वे आसानी से अति-आत्मविश्वास के शिकार हो सकते थे, जो काहूल के अनुसार सफल लोगों के लिए सबसे बड़े ख़तरों में से एक है। स्वस्थ आत्मसम्मान और ख़तरनाक अति-आत्मविश्वास के बीच एक महीन रेखा होती है – उतनी ही महीन जितनी कि वित्तीय आत्मनिर्भरता की इच्छा और अथाह लोभ के बीच होती है।

दूसरों की आलोचनात्मक राय सुनने और उन्हें गंभीरता से लेने से मदद मिलती है। सफल शुरुआत के बाद बहुत सारे लोगों में खुद को चापलूसों से घेरने की प्रवृत्ति होती है। मैंने जेम्सटाउन की बहुत-सी प्रबंधन बैठकों में भाग लिया है और मैं जानता हूँ कि इस कंपनी में मैनेजर अपने बॉस की आलोचना

करने या उनसे असहमति प्रकट करने में नहीं घबराते हैं। काहूल कहते हैं, "मेरी कंपनी में ऐसे ही लोग दूर तक जाते हैं, जो अपनी राय के लिए डटकर खड़े होते हैं और मेरी बात का विरोध करने के लिए तैयार रहते हैं।" जो कंपनी स्वतंत्र सोच को पुरस्कृत करती है, वह ऐसी संस्कृति को बढ़ावा देगी, जिसमें सफल उद्यमी अपनी योग्यताओं का अति आकलन करने के बजाय ज़मीन पर रहे। काहूल कहते हैं, सबसे अहम बात यह है कि सफल लोगों को अति-आत्मविश्वास के ख़तरे को पहचानना होता है, जो उनके सामने मौजूद सबसे बड़े जोखिमों में से एक है।

पारदर्शिता काहूल की सफलता का एक और रहस्य है। जब 2001 में उन्होंने 416 मिलियन डॉलर में बॉस्टन में एक ऑफ़िस टावर ख़रीदा, तो उसके कुछ ही समय बाद वे समस्या में फँस गए। 9/11 हमलों के दो दिन पहले मैं बॉस्टन में उनके साथ था और 11 सितंबर को हम बर्लिन में मिले। उस वक्त हम सभी हमलों से हिले हुए थे, इसलिए हमने इसके आर्थिक परिणामों के बारे में सोचा ही नहीं।

आर्थिक परिणाम भयंकर थे और उन्होंने निश्चित रूप से अमेरिका के वित्तीय सेवा उद्योग को प्रभावित किया। बॉस्टन में ऑफ़िस की जगह की माँग बहुत कम हो गई। जल्द ही स्पष्ट हो गया कि जेम्सटाउन सिर्फ़ 6.5 प्रतिशत डिविडेंड ही दे पाएगा, यानि उम्मीद से 1.5 प्रतिशत कम दूसरे फ़ंड मैनेजरों के लिए यह छुटपुट अंतर इतना महत्त्वपूर्ण नहीं होता कि इसका ज़िक्र किया जाता – लेकिन जेम्सटाउन के इतिहास में यह पहली बार हुआ था, जब उनका कोई फ़ंड उतना अच्छा प्रदर्शन नहीं कर रहा था, जितना कि निवेशकों को विश्वास दिलाया गया था। एक भी पल हिचके बिना काहूल ने तुरंत निवेशकों को बहुत खुलकर बता दिया कि वे किन समस्याओं की उम्मीद कर रहे थे। बुरी ख़बर बताने की ईमानदारी का प्रदर्शन करके उन्होंने निवेशकों और बिक्री साझेदारों का भी विश्वास जीत लिया। इस कहानी का अंत अंततः सुखद रहा : 2006 में रियल एस्टेट उछाल के शिखर पर काहूल उस इमारत को ख़रीद से 100 मिलियन डॉलर ज़्यादा में बेचने में कामयाब हुए।

एक और फ़ंड भी चिंता का कारण था। 2006 में कुछ ही महीनों के अंतराल में काहूल ने अपने को-इनवेस्ट 4 फ़ंड के लिए 648 मिलियन डॉलर जुटाए थे। यह जर्मनी में जारी हुआ सबसे बड़ा क्लोज़्ड-ऐंड रियल एस्टेट फ़ंड था। लेकिन वित्तीय संकट के कारण अमेरिकी रियल एस्टेट का मूल्य नाटकीय रूप से घट

गया। काह्ल को जल्दी ही एहसास हो गया कि कंपनी के इतिहास में पहली बार – और अब तक एकमात्र बार – निवेशकों का कुछ पैसा डूब सकता है। एक बार फिर उन्होंने बहुत जल्दी और खुलकर निवेशकों को सच्चाई बता दी। हालाँकि इस ख़बर से निवेशक खुश नहीं हुए, लेकिन उन्होंने काह्ल की ईमानदारी की सराहना की। विश्वास तब बनता है, जब चीज़ें उम्मीद के मुताबिक़ अच्छी नहीं हो रही हों – लेकिन तब भी आप बुरी ख़बर को न छिपाएँ और संबंधित लोगों को यथासंभव जल्दी से जल्दी बता दें। जब समस्याएँ आती हैं, तो वित्तीय सौदे बेचने वाले कई लोग छिप जाते हैं या फिर वे उन पर पर्दा डालने की कोशिश करते हैं। लंबे समय में इस तरह का व्यवहार निवेशकों का विश्वास गँवा देगा।

लेकिन काह्ल की सफलता की बुनियाद उनकी एकाग्रता थी। न सिर्फ़ उन्होंने दशकों तक अपना पूरा ध्यान एक अकेले प्रोजेक्ट – अमेरिकी रियल एस्टेट – पर केंद्रित किया, बल्कि वे अपने हर निवेश के सारे क़ानूनी, आर्थिक, तकनीकी और वित्तीय विवरणों की भी जाँच-पड़ताल करते हैं। जब मैंने उनसे पूछा कि क्या उनका पूर्णतावाद कई बार काम करने की राह में आड़े आता है, तो उन्होंने स्वीकार किया कि मेरी बात में दम हो सकता है। लेकिन उन्होंने यह भी कहा कि वे कुछ बड़े प्रोजेक्टों पर ध्यान केंद्रित करना ज़्यादा पसंद करते हैं, जिनमें निवेश करने का प्रयास और ध्यान केंद्रित करना सार्थक हो।

एकाग्र होने का मतलब है जीवन में अपने लिए लक्ष्य तय करना – और कई बरसों तक लगातार उनका पीछा करना। कई सफल लोगों ने एक ही लक्ष्य का पीछा करने में अपनी पूरी ज़िंदगी लगा दी है। दूसरे लोगों ने, जैसे आरनॉल्ड श्वॉज़नेगर ने, कई लक्ष्यों का एक के बाद एक पीछा करके उन्हें हासिल किया है। श्वॉज़नेगर के जीवनी लेखक मार्क हूयर के अनुसार श्वॉज़नेगर एक समय में एक से ज़्यादा प्रोजेक्ट की योजना कभी नहीं बनाते थे। "अमेरिका में उन जैसे किसी आदमी को 'एक मुद्दे का आदमी' कहा जाता है, जो एक समय में एक चीज़ में ख़ुद को पूरी तरह झोंक देता है और फिर अगली चीज़ की तलाश करता है।"

जैसे ही श्वॉज़नेगर अपने एक लक्ष्य तक पहुँचते थे, वे अगले लक्ष्य पर ध्यान केंद्रित करना शुरू कर देते थे। लेकिन एकाग्रता का मतलब एक निश्चित काम पर पूरा और अटूट ध्यान केंद्रित करना भी है। भारोत्तोलन प्रशिक्षण में इसका मतलब वज़न के साथ एकाकार होना और केवल उस सेट को पूरा करने पर ध्यान केंद्रित करना तथा अपने प्रदर्शन को बेहतर बनाना है।

वॉरेन बफ़े जो भी करते हैं, हर चीज़ पर पूरा ध्यान केंद्रित करते हैं। ब्रिज खेलना उनके चंद शौक़ों में से एक है। बिल गेट्स ने पहले उनसे कंप्यूटर ख़रीदने को कहा था और यह वादा किया था कि वे माइक्रोसॉफ़्ट में काम करने वाली सबसे सुंदर लड़की को भेज देंगे, ताकि वह उन्हें इसके इस्तेमाल का तरीक़ा सिखा दे। बफ़े ने उनके प्रस्ताव को ठुकरा दिया, क्योंकि उन्हें कंप्यूटर ख़रीदने में कोई तुक नज़र नहीं आया।

जब एक गर्लफ्रेंड ने उन्हें बताया कि कंप्यूटर पर वे अपने प्रिय खेल ब्रिज को ऑनलाइन खेल सकते हैं, तब जाकर उनका मन बदला। लेकिन उन्होंने ज़ोर दिया कि वे सिर्फ़ वही चीज़ें सीखना चाहते हैं, जिनकी ज़रूरत ब्रिज खेलने के लिए हो। इससे परे, उन्हें कंप्यूटर या इसकी किसी विशेषता में कोई दिलचस्पी नहीं थी। बफ़े ने कहा कि वे अपना टैक्स रिटर्न अपने दिमाग़ में ही तैयार कर सकते हैं और इसके लिए उन्हें कंप्यूटर की कोई ज़रूरत नहीं है। लेकिन ब्रिज खेलना - इसके लिए उन्हें कंप्यूटर की ज़रूरत थी।

वे जल्द ही अपने ऑनलाइन खेलों का आनंद लेने लगे और इतनी एकाग्रता तथा समर्पण से खेलने लगे कि कोई चीज़ उनका ध्यान नहीं भटका सकती थी। एक बार एक चमगादड़ उनके मकान में आ गया और उनके निजी कमरे में फड़फड़ाते हुए उड़ने लगा। उनकी गर्लफ्रेंड चीख़ने लगी : "वॉरेन, यहाँ एक चमगादड़ घुस आया है!" लेकिन वे अपने खेल में इतने ध्यानमग्न थे कि उन्होंने नज़रें उठाकर भी नहीं देखा। उन्होंने बस इतना ही कहा : "वह मुझे ज़रा भी परेशान नहीं कर रहा है।"

बफ़े ने दो बार की विश्व चैंपियन शैरन ओस्बर्ग के साथ कुछ प्रशिक्षण सत्र बिताए। इसके बाद बफ़े उनके साथ विश्व चैंपियनशिप में दाख़िल हो गए - यह किसी ऐसे व्यक्ति के लिए बहुत ही असाधारण बात थी, जो पहले कभी किसी चैंपियनशिप टूर्नामेंट में न खेला हो। बफ़े टेबल पर बैठे और ऐसा लग रहा था कि वे अपने आस-पास के माहौल को पूरी तरह नज़रअंदाज़ कर रहे थे - मानो वे कमरे में मौजूद अकेले व्यक्ति हों। दूसरे खिलाड़ी उनसे कहीं ज़्यादा अनुभवी थे, "लेकिन वे इतनी शांति से ध्यान केंद्रित करने में समर्थ थे, मानो वे अपने ही लिविंग रूम में खेल रहे हों... उनकी गहनता ने उनके खेल की कमज़ोरी की भरपाई कर दी," उनके जीवनी लेखक कहते हैं। इसी तरह की गहनता से दुबले-पतले कराटे खिलाड़ी ईंटों के ढेर को तोड़ देते हैं, जबकि भारी वज़न उठाने वाला इसमें असफल हो जाएगा। एकाग्रता - जिसे मार्शल आर्टिस्ट ध्यान द्वारा बढ़ाते

हैं - मांसपेशीय शक्ति के अभाव की भरपाई कर सकती है।

जब अपने पहले टूर्नामेंट में ही बफ़े ब्रिज विश्व चैंपियनशिप के फ़ाइनल में पहुँच गए, तो हर एक को हैरानी हुई। लेकिन उन्हें अपने अति-मानवीय प्रयास की क़ीमत चुकानी पड़ी। डेढ़ दिनों तक इतने जमकर एकाग्र रहने के बाद वे इतने थक चुके थे कि फ़ाइनल में प्रतिस्पर्धा नहीं कर सकते थे, इसलिए उन्हें अपना नाम वापस लेना पड़ा।

बफ़े कोई चीज़ आधी-अधूरी नहीं करते हैं, भले ही यह "सिर्फ़" शौक हो। दूसरी ओर, आईकिया के संस्थापक इंग्वार काम्प्राद ने तो हद ही कर दी : उन्हें यह पसंद नहीं था कि उनके अग्रणी अधिकारियों के कोई शौक हों, क्योंकि इससे वे कंपनी के विकास के असली लक्ष्य से भटक सकते हैं। उन्होंने एक बार एक टेलीविज़न इंटरव्यू में कहा था : "मैं अपने उत्साही स्टाफ़ से उम्मीद करता हूँ कि वे कंपनी से बाहर कोई ज़्यादा बड़ी रुचियाँ या शौक न रखें।"

देखिए, इस बारे में अलग-अलग विचारधाराएँ हैं। एक तरफ़ तो एकाग्रता महत्त्वपूर्ण है और दूसरी चीज़ों पर बहुत ज़्यादा समय लगाना संभवतः आपके चुने हुए लक्ष्य को हासिल करने के लिए मददगार न हो। दूसरी ओर, कुछ बाहरी रुचियाँ या शौक आपकी बैटरी को दोबारा चार्ज करने और परिप्रेक्ष्य हासिल करने में आपकी मदद करेंगे, जैसा कि ब्रिज ने बफ़े के लिए किया था।

एक मशहूर खेल मनोवैज्ञानिक, जो बाक़ी टीमों के अलावा जर्मन फ़ुटबॉल टीम के सलाहकार थे, ने बताया था कि एक समानांतर सृष्टि बनाना महत्त्वपूर्ण होता है, जिसमें शीर्ष खिलाड़ी खुद को डुबा लेते हैं, ताकि वे अपना स्विच बंद कर दें और उस भारी मानसिक दबाव से जूझ सकें, जिसके तले वे दबे हुए हैं। उन्होंने कहा था कि किसी दूसरी गतिविधि पर ध्यान केंद्रित करके स्विच बंद करना सबसे ज़्यादा आसान होता है।

क्या आप तथाकथित लय की अवस्था से परिचित हैं - अपना सारा ध्यान एक अकेली चीज़ पर केंद्रित करना और आस-पास की हर दूसरी चीज़ को छोड़ देना? सफल स्त्री-पुरुषों में यह प्रतिभा होती है कि वे दूसरों के मुक़ाबले ज़्यादा लंबे समय तक और ज़्यादा कसकर ध्यान केंद्रित करते हैं।

हममें से ज़्यादातर लोग एक चीज़ पर अपना सिर्फ़ 80 प्रतिशत ध्यान ही केंद्रित करते हैं। हम काम कर रहे हों या अध्ययन, दिमाग़ में पीछे कहीं हम दूसरी चीज़ों के बारे में सोच रहे होते हैं - हम बाद में क्या करने वाले हैं, हमने

आज क्या अधूरा छोड़ दिया था, कल हमारे साथ क्या हुआ था। बहरहाल, जो किसी चीज़ पर अपना 80 प्रतिशत ध्यान केंद्रित करता है, वह अपनी संभावना का 80 प्रतिशत नहीं, बल्कि सिर्फ़ 30-40 प्रतिशत ही हासिल कर पाएगा। इसीलिए ध्यान केंद्रित करने की योग्यता सफलता की इतनी महत्त्वपूर्ण पूर्व-शर्त है।

कोई भी लेखक या पत्रकार अच्छा लेख या उपन्यास नहीं लिख सकता, अगर उसके काम में लगातार बाधा डाली जाए। अच्छी तरह लिखने के लिए आपको हाथ के काम पर पूरा ध्यान केंद्रित करना होता है। फ़ोन कॉल, ईमेल या सहकर्मियों के आने से अपना ध्यान न भटकने दें।

जब भी मैं अपने किसी भाषण में यह बात कहता हूँ, तो श्रोताओं में से कोई न कोई मुझे बता देता है कि उन्हें अपने ग्राहकों या दूसरे लोगों के लिए लगातार उपलब्ध रहने की ज़रूरत होती है। यह सच हो सकता है - लेकिन तभी जब आप फ़ायर ब्रिगेड या एंबुलेंस सर्विस में काम करते हों। आम तौर पर, अगर आप कुछ घंटे बाद पलटकर फ़ोन करें, तो कोई घर नहीं जलेगा या ख़ून बहने से कोई मर नहीं जाएगा। क्या आप कल्पना कर सकते हैं कि कोई फुटबॉल खिलाड़ी मैच के दौरान दौड़ता हुआ साइड लाइन तक आता है, क्योंकि उसे अपने टैक्स अकाउंटेंट को फ़ोन करना है? ज़ाहिर है नहीं। इसके बजाय, खिलाड़ी वही करते हैं, जो ऊँची सफलता पाने वाले लोग करते हैं : वे अपना शत-प्रतिशत ध्यान एक ही चीज़ पर केंद्रित करते हैं, उनके मामले में मैच जीतने पर। और उसके बाद वे पलटकर फ़ोन लगाते हैं।

सेल फ़ोन, ईमेल आदि के कारण आज जानकारी की अति का युग है। इसमें अपने खुद के लक्ष्य का अनुसरण करने की सही स्थितियाँ बनाना पहले से कहीं ज़्यादा महत्त्वपूर्ण है। अंत में, आपके पास दो ही विकल्प होते हैं : या तो आप अपने खुद के बॉस होते हैं तथा अपने लक्ष्य व प्राथमिकताएँ तय करते हैं या फिर आप दूसरों से आदेश लेते हैं। कर्मचारी के रूप में भी आपके पास शायद अपनी प्राथमिकताएँ और अपनी कार्यकारी लय को तय करने की उससे ज़्यादा स्वतंत्रता होती है, जितनी का इस्तेमाल आप वर्तमान में कर रहे हैं। अंत में, महत्त्वपूर्ण आपकी मल्टीटास्किंग की योग्यता नहीं, बल्कि वे परिणाम होते हैं, जो आप हासिल करते हैं।

एक बार जब आप लक्ष्य के ज़्यादा क़रीब पहुँचाने वाले निर्णायक घटकों को पहचान लें, तो आपको उन्हीं घटकों पर पूरा ध्यान केंद्रित करना चाहिए।

एकाग्रता ऐसी चीज़ नहीं है, जिसके साथ हम पैदा होते हैं – यह सीखी जा सकती है। हम सभी में एक साथ बहुत सारी चीज़ें करने, अपनी प्राथमिकताओं से भटक जाने और छोटी-छोटी बातों पर ध्यान केंद्रित करने की प्रवृत्ति होती है। कभी-कभार हमें एक क़दम पीछे हटकर अपने जीवन पर लंबी कड़ी नज़र डालने की ज़रूरत है। खुद से पूछें : "क्या मैं सचमुच महत्त्वपूर्ण चीज़ें कर रहा हूँ, जो मुझे मेरे लक्ष्यों के ज़्यादा क़रीब पहुँचाएँगी? या मैं अपना समय छुटपुट गतिविधियों में बर्बाद कर रहा हूँ, जो मेरी चरम सफलता में बहुत कम योगदान देंगी या बिलकुल भी नहीं देंगी?"

जो व्यक्ति दोनों तरह से एकाग्र होने में समर्थ है, यानि वह एक अकेले लक्ष्य – या सीमित लक्ष्यों – पर एकाग्र हो सकता है और सारे समय इन लक्ष्यों पर शत-प्रतिशत ध्यान केंद्रित कर सकता है, सिर्फ़ वही ज़्यादा बड़े लक्ष्य हासिल कर पाएगा।

अध्याय 5

अलग बनने का साहस करें

असाधारण रूप से सफल स्त्री-पुरुष उन लोगों से अलग होते हैं, जो जीवन में कम सफल हैं या बिलकुल भी सफल नहीं हैं। अगर आप दूसरों की तरह सोचते और काम करते हैं, तो आप दूसरों जितने ही सफल होंगे। दूसरों से ज़्यादा सफल होने के लिए आपको अलग तरीक़े से सोचना और काम करना होता है और इसके लिए आपमें अलग होने का साहस होना चाहिए। आपको प्रवाह के विरुद्ध तैरने और लोकप्रिय मान्यताओं पर सवाल करने के साहस की ज़रूरत है। कोई भी नया विचार या नवाचार चार अवस्थाओं से होकर गुज़रता है : पहले इसे नज़रअंदाज़ किया जाता है। फिर इसका उपहास उड़ाया जाता है। इसके बाद इसका भारी विरोध किया जाता है और आख़िरकार इसे स्व-प्रमाणित के रूप में स्वीकार किया जाता है।

इस पुस्तक में जिन स्त्री-पुरुषों का वर्णन है, उन सभी ने अलग होने का साहस किया है। वॉरेन बफ़े, जॉर्ज सोरोस और प्रिंस अलवलीद, जो सभी सफल निवेशक हैं, ने लोकप्रिय चलन के आकर्षण का प्रतिरोध किया और प्रवाह के विरुद्ध काम किया - उन्होंने ऐसा सफलतापूर्वक बार-बार किया। इस अध्याय में आप विशेष साहस दिखाने वाली कुछ महिलाओं से रूबरू होंगे। ये महिलाएँ अलग-अलग कालखंडों में रही थीं और उनके चरित्र एक दूसरे से काफ़ी भिन्न थे - लेकिन उन सभी में यह एक बात साझी थी कि उनमें अलग होने का साहस था।

सबसे पहले तो मैं आपको उस महिला की कहानी बताने जा रहा हूँ, जिन्हें अपने ख़िलाफ़ दायर दो हज़ार से ज़्यादा क़ानूनी मुक़दमों से जूझना पड़ा - और जिन्होंने अपनी सारी ज़िंदगी हर एक से पूरी तरह अलग होने का साहस किया : मैं आपको बियाट ऊज़े के जीवन के बारे में बताना चाहूँगा,

जिन्होंने शून्य से शुरू करके विश्व का सबसे बड़ा वयस्क-मनोरंजन एंपोरियम बना दिया। भले ही मैं और कई अन्य लोग बियाट ऊज़े या उनके उत्पादों के भारी प्रशंसक न हों, लेकिन मुझे यक़ीन है कि उनके बारे में ज़्यादा जानने पर आप उनकी क़द्र करने लगेंगे।

जर्मनी में पैदा हुई बियाट ऊज़े हमेशा से महत्त्वाकांक्षी थीं। 15 वर्ष की उम्र में उन्होंने अपने गृहनगर हैसे में क्षेत्रीय जैवलिन चैंपियनशिप जीती। 16 साल की उम्र में उन्होंने स्कूल की पढ़ाई छोड़ दी, क्योंकि वे हवाई जहाज़ उड़ाना चाहती थीं – उस ज़माने की लड़की के लिहाज़ से करियर का उल्लेखनीय चयन। जब वे अपनी पहली प्रशिक्षण फ़्लाइट पर गईं, तब वे सिर्फ़ 17 साल की थीं और 59 पुरुषों के बीच अकेली महिला थीं। "मैंने 213 उड़ानें भरीं। इसके अलावा, लक्ष्य तक पहुँचने, बहुत ऊँचाई पर उड़ानें भरने और 300 किलोमीटर से अधिक की लंबी दूरी की उड़ान के बाद मुझे अक्टूबर 1937 में मेरा ए2 पायलट लाइसेंस मिला। यह मेरे 18वें जन्मदिन पर वारजिनिऊ में मेरे घर पर रजिस्टर्ड मेल से आया।"

अगस्त 1938 में उन्होंने अपना स्टंट-पायलट टेस्ट पास कर लिया, जिससे एक महीने पहले उन्होंने महिला शौकिया पायलटों के लिए विश्वसनीयता टेस्ट-फ्लाइट में दूसरा स्थान जीता था। तीन सप्ताह बाद उन्हें अपनी श्रेणी में पहले स्थान पर रखा गया और बेल्जियम की हवाई दौड़ की सकल रैंकिंग में दूसरे स्थान पर। जब उन्हें ब्यूकर एयरक्राफ़्ट प्लांट में नौकरी मिली, तो उनके पिता "बुरी तरह डर गए" थे। "उनकी लड़की 2,000 पुरुष उत्पादनकर्मियों और मकैनिकों के बीच रहेगी, फ़ैक्ट्री में एकमात्र महिला। उन्हें यह ज़रा भी पसंद नहीं आया।"

स्टंट के काम के लिए पायलटों की ज़रूरत होने पर यूएफ़्ए फ़िल्म प्रोडक्शन कंपनी ने उस कंपनी से संपर्क किया, जहाँ बियाट ऊज़े काम करती थीं। एक दिन उनसे उनके प्रिय अभिनेता हांस ऐल्बर्स की "यहाँ देखो, यहाँ मैं आ रहा हूँ" भूमिका में स्टंट उड़ान भरने को कहा गया। युद्ध के अंत के क़रीब वे लुफ़्टवाफ़ के विमान दल में उड़ीं। 22 अप्रैल 1945 को वे बर्लिन से बाहर निकलने वाली आख़िरी महिला थीं, जब लाल सेना जर्मन राजधानी में दाख़िल हुई। "सुबह 5.55 पर हमने अपनी क़िस्मत आज़माई। हवाई जहाज़ पर सीमा से बहुत ज़्यादा वज़न लदा था।" उनके हवाई जहाज़ पर वार किया गया, लेकिन वे खुशक़िस्मत थीं – नुक़सान सिर्फ़ पहियों के पास ही हुआ। "हम धीरे-धीरे ऊपर

चढ़ रहे थे, यातनामयी धीमी गति से। लेकिन हम इसमें कामयाब हो गए; हम घिरे हुए शहर से बच निकले। हम हवाई जहाज़ से बाहर निकलने वाले आख़िरी इंसान थे।"

युद्ध के बाद वे एक युद्धबंदी शिविर में अपने बेटे के साथ रह रही थीं, जिसे उन्होंने 24 साल की उम्र में 1943 में जन्म दिया था। उनका पहला पति बेटे के जन्म के कुछ समय बाद ही एक हवाई जहाज़ दुर्घटना में मारा गया। ऊज़े को खुद एक दुर्घटना में गंभीर चोट लगी थी, जब वे युद्धबंदी शिविर में थीं। "कोई नौकरी नहीं, कोई पैसा नहीं, कोई माता-पिता नहीं, कोई पति नहीं, कोई घर नहीं – और संभवतः अब मैं अपनी बाक़ी ज़िंदगी अपाहिज रहनेवाली थी। मैं युद्ध में तो बच गई, लेकिन तीन दिन की शांति के बाद मेरे नसीब में यही बदा था। मेरी निजी तक़दीर : तबाही।" वे सोच रही थीं कि वे आख़िर अपना और अपने बेटे का पेट कैसे भरेंगी?

कुछ ही समय में तीन महिला मित्रों ने उनसे मदद माँगी। पतियों के युद्ध से लौटने पर वे सभी गर्भवती हो गई थीं। युद्ध के तुरंत बाद जब हर कोई जीवन के लिए जूझ रहा था, तब अधिकतर दंपत्ति बच्चा नहीं चाहते थे। वे जानना चाहते थे कि अवांछित गर्भधारण को कैसे रोका जाए – उस वक़्त कॉन्डम उपलब्ध नहीं थे और गर्भनिरोधक गोलियाँ बनने में अभी पंद्रह साल का समय और बाक़ी था।

बियाट ऊज़े ने अपने टाइपराइटर पर एक ब्रोशर तैयार किया। बेहतर शीर्षक के अभाव में उन्होंने इसका नाम दस्तावेज़ एक्स रख दिया। इसमें उन्होंने गर्भनिरोध की क्नाउज़-ओगिनो विधि का वर्णन किया था, जो मासिक चक्र के कालखंडों पर आधारित थी। पाँच पाउँड बटर के बदले में (उन दिनों मुद्रा का कोई मूल्य नहीं था) एक प्रिंटर 2,000 ब्रोशर प्रिंट करने और 10,000 डाक इश्तहार छापने के लिए मान गया। सब कुछ योजना के हिसाब से हुआ। मुद्रा सुधार के बाद अपने ब्रोशर को एक डॉइचमार्क में बेचने पर उन्हें बहुत सारे ऑर्डर मिले। 1947 में उन्होंने 37,000 प्रतियाँ बेच दीं।

"ग्राहक भारी तादाद में पत्र लिखकर मुझसे पूछते थे कि क्या मैं उनके लिए वे सामान नहीं मँगा सकती, जो युद्ध से पहले मौजूद थे, यानि कॉन्डम और सेक्स-शिक्षा पुस्तकें, जैसे वैन डी वेल्डे की पुस्तक *द परफ़ेक्ट मैरिज* या *लव विदाउट फ़ियर*... जब मैंने अपना कारोबार शुरू किया, तब मैं जंगल में फँसी लड़की जितनी निरी मासूम थी।"

अपनी नई कंपनी के ज़रिये उन्होंने सेक्स-शिक्षा पुस्तकें और कॉन्डम बेचना शुरू किया। "मैं जैसे-तैसे गुज़ारा कर रही थी। जब भी मेरे पास थोड़ा पैसा आता था, मैं प्रचार की नई सामग्री प्रिंट करा लेती थी, टेलिफ़ोन डायरेक्ट्रियों से पते उतारती थी और अपने उत्पादों का विज्ञापन करने वाले पत्र भेजती थी।"

उनका नया साझेदार बहुत सहयोगी था। "उसने मुझे रूसी क़ैद में अपने भयंकर समय के बारे में बताया। पागलपन से बचने के लिए उसने अपने सारे विचार एक ही प्रोजेक्ट पर केंद्रित किए थे : अपने दिमाग़ में उसने एक मेल–ऑर्डर बिज़नेस स्थापित कर दिया था और वह उसे चला रहा था।" हालाँकि वह कभी वयस्क-मनोरंजन उद्योग में दाख़िल होने का इरादा नहीं रखता था – उसका विचार तो हेयर टॉनिक बेचने का था – लेकिन नई कंपनी को इन योजनाओं से निश्चित रूप से लाभ हुआ।

बहरहाल, उस वक़्त सेक्स से जुड़ी हर चीज़ पर पाबंदी थी। जल्द ही ऊज़े को पुलिस ने पहली बार तलब किया। "25 मई को आपने बिना माँगे प्रोफ़ेसर अमुक-अमुक को अश्लील सामग्री से भरा यह ब्रोशर भेजा। क्यों?" एक दिन तीन पुलिस वाले उन 72 ग्राहकों के पते उतारने आए, जिन्होंने कॉन्डम का ऑर्डर दिया था। ऊज़े पर सीधे आरोप लगा दिया गया। अभियोजक पक्ष की दलील थी कि संभवतः कॉन्डम अविवाहित ग्राहकों को भेजे गए थे। चूँकि क़ानूनन अविवाहित जोड़ों का यौन संबंध वर्जित है, इसलिए अविवाहित ग्राहकों को कॉन्डम बेचना व्यभिचार में सहायता व बढ़ावा देना माना जाता था। सौभाग्य से, ऊज़े यह साबित करने में सफल रहीं कि जिन 72 पुरुषों ने उनसे कॉन्डम ख़रीदे थे, उनमें से प्रत्येक शादीशुदा था।

प्रॉसिक्यूटर का कार्यालय उनके ख़िलाफ़ नए आरोप दायर करता रहा। उन पर आरोप लगाया गया कि वे अपने ग्राहकों की सेक्स आकांक्षा को "कृत्रिम रूप से अति-उत्तेजित" कर रही हैं। प्रॉसिक्यूटर के ऑफ़िस में एक वकील ने ख़ास तौर पर उन पर निशाना साध रखा था। उसने कहा : "विज्ञापन मनोविज्ञान में यह एक सुपरिचित तथ्य है कि इच्छा, यानि अभाव का भाव, कृत्रिम रूप से उत्तेजित किया जाता है। आम अमेरिकी को विश्वास होता है कि वह च्युइंग गम की मदद के बिना कुछ हासिल नहीं कर पाएगा। फ़ैशन भी इसी तथ्य का परिणाम है। यहीं पर कामोत्तेजक लेखन का सबसे बड़ा ख़तरा है : भावनात्मक कम्पास विकृत हो जाता है और मूल्यों के मायने बदलने लगते हैं।"

तब समय अलग था। बियाट ऊज़े को यौन संबंधी सलाह माँगने वाले हज़ारों पत्र मिले। उनमें से एक सवाल था : "मैं चाहता हूँ कि मेरी पत्नी ऊपर रहे, लेकिन वह इंकार करती है, क्योंकि उसके हिसाब से यह स्वाभाविक नहीं है। क्या यह है?"

बियाट ऊज़े को अपने कारोबारी विचार में सोने की खदान मिल गई थी। 1953 तक उनकी कंपनी में 14 कर्मचारी थे और आमदनी 3,65,000 ड्यूचमार्क्स थी। एक साल बाद यह आँकड़ा आधा-मिलियन पार कर गया और 1955 में 8,22,000 ड्यूचमार्क तक पहुँच गया, 1956 में 1.3 मिलियन डॉलर और 1957 में दो मिलियन। 1958 में आमदनी 64 प्रतिशत बढ़ गई। अब कंपनी के पास 6 लाख ग्राहक और 59 कर्मचारी थे।

लेकिन सरकारी वकील हार मानने को तैयार नहीं था। बियाट ऊज़े ने अपने उत्पादों का विस्तार करते हुए नग्न फ़ोटोग्राफी को शामिल कर लिया - आज के मानदंडों के लिहाज़ से हानिरहित तस्वीरें। सरकारी वकील ने हर फ़ोटोग्राफ़ की जमकर जाँच की। वह चेहरे के उस ख़ास भाव को देख रहा था, जिसे वह "दुराचारी मुस्कान" मानता था। सामान्य भावों के विपरीत दुराचारी मुस्कानें क़ानूनन दंडनीय अपराध थीं, क्योंकि वे "व्यभिचार करने का आग्रह" मानी जाती थीं। लेकिन इस बार बियाट ऊज़े खुशक़िस्मत साबित हुई - न्यायाधीश ने सबूतों की जाँच-पड़ताल के बाद उनके पक्ष में फ़ैसला सुनाया : "मैं कितनी ही कोशिश कर लूँ, मुझे इन महिलाओं के चेहरे के भावों में कोई भिन्नता नहीं दिख रही है।"

कैथोलिक चर्च भी बियाट ऊज़े के ख़िलाफ़ एकजुट हो गई। डायोसीज़ कोलोन ने फ़ॉर्म प्रदान किए, जिससे चर्च जाने वाले लोग बिन माँगी व्यभिचारी सामग्री भेजने के लिए उन पर आरोप लगा सकते थे। एक दावेदार ने अपनी शिकायत का वर्णन अदालत के सामने इस तरह किया : "जब मैं घर आया, तो गलियारे में एक पत्र था। जब मैंने उसे छुआ, तो मैं बुराई को महसूस कर सकता था।" न्यायाधीश यह जानना चाहते थे कि बुराई कैसी महसूस होती है। "देखिए, आप इसका एहसास कर सकते हैं... जैसे ही मैंने पत्र खोला, मैंने गंदगी देखी। मैंने इसे तुरंत ही कूड़ेदान में फेंक दिया।" बहरहाल, न्यायाधीश ने तर्क दिया कि दावेदार उस ब्रोशर की सामग्री से बुरा कैसे महसूस कर सकता था, जिसे उसने देखा तक नहीं था। बियाट ऊज़े को सभी 82 बिंदुओं पर बरी कर दिया गया।

1962 में बियाट ऊज़े ने अपनी "वैवाहिक स्वास्थ्य विज्ञान की विशेषज्ञ

दुकान" फ़्लेन्सबर्ग के उत्तरी जर्मन शहर में खोली। यह दुकान कामोत्तेजक वस्तुओं की विश्व की पहली स्टॉकिस्ट थी। फ़्लेन्सबर्ग के अच्छे नागरिक विरोध न करने लगें, इस डर से उन्होंने क्रिसमस के ठीक पहले तक इंतज़ार किया – उन्होंने सोचा कि शांति के इस दौर में लोग भारी विरोध करने के लिए कम उत्सुक होंगे। अगले कुछ सालों में उन्होंने मिलियनों कमाए और संसार के कई देशों में विस्तार किया। मई 1990 में कंपनी सार्वजनिक हो गई। शेयरों के लिए इतनी भगदड़ मची कि आईपीओ की प्रभारी कॉमर्ज़बैंक को सदस्यता अवधि चार दिन पहले ही ख़त्म करनी पड़ी। इसके बावजूद शेयरों के 63 गुना ज़्यादा आवेदन आ गए और पहले ही दिन उनका भाव 80 प्रतिशत बढ़ गया।

"विद्रोह" और अलग होने का साहस कोको शनेल के जीवन की भी ख़ासियत थी। इस फ़्रांसीसी फ़ैशन डिज़ाइनर का जन्म गैब्रील शनेल के रूप में 1883 में हुआ और वे घर–घर जाकर सामान बेचने वाले एक सेल्समैन की अवैध संतान थीं। उनकी माँ की मौत तभी हो गई थी, जब वे सिर्फ़ दो साल की थीं, इसलिए वे एक अनाथालय में बड़ी हुईं। उन्हें उन दो गानों के लिए कोको उपनाम दिया गया, जो उन्होंने गायिका के रूप में अपने असफल दौर में गाए थे, "को को री को" और "कि क्वा वू कोको।"

1906 और 1910 के बीच वे कॉम्पिएन इलाक़े के रॉयेलिऊ में रहती थीं। तब उन्होंने अपनी महिला मित्रों के लिए हैट बनाना शुरू किया और अंततः अपनी दुकान खोल ली। उनका प्रेमी बॉय केपल ब्रिटेन का अमीर खदान मालिक था और उसने उन्हें एक लोन तथा गारंटी दी, जिसकी बदौलत कोको ने पैरिस में अपनी पहली फ़ैशन बुटीक खोल ली। पाँच साल बाद उनके यहाँ 300 महिला दर्जी काम कर रही थीं और कैपेल को काफ़ी आश्चर्य हुआ, जब कोको ने उनका सारा उधार लौटा दिया। अब वे सचमुच आत्मनिर्भर थीं – आख़िरकार स्वतंत्र!

बीस साल बाद उनके यहाँ 4,000 कर्मचारी थे और वे पूरे संसार में मॉडलों वाला फ़ैशन बेच रही थीं। 1955 में उन्हें "20वीं सदी की सबसे प्रभावी फ़ैशन डिज़ाइनर" के रूप में फ़ैशन ऑस्कर से सम्मानित किया गया। वे 20वीं सदी के 100 सबसे प्रभावी लोगों की *टाइम* मैग्ज़ीन में आने वाली फ़ैशन उद्योग की एकमात्र प्रतिनिधि थीं। 1921 में उन्होंने जो परफ़्यूम शनेल नं. 5 ईजाद किया, उसकी मूल शीशी न्यू यॉर्क के म्यूज़ियम ऑफ़ मॉडर्न आर्ट में स्थायी रूप से रखी है।

उन्होंने जो कपड़े डिज़ाइन किए, वे क्रांतिकारी थे। शनेल ने साफ़ लकीरों और बिना झालर वाली एक नई कामकाजी शैली ईजाद की। उनके जीवनी लेखक का कथन है, "और पहली बार नारी पोशाक में एक क्रांति हुई, जो किसी भी तरह की सनक या तरंग का अनुसरण करने से दूर थी, बल्कि यह तो मूलतः और पूरे तरीक़े से उन्हें ख़त्म करने में निहित थी।"

1920 के दशक में उन्होंने "छोटी काली ड्रेस" का आविष्कार किया। शनेल ट्वीड सूट पूरे संसार में कारोबारी महिलाओं की यूनिफ़ॉर्म बन गया। उनके डिज़ाइन परंपरा के ख़िलाफ़ थे – लेकिन फिर भी समय के अनुरूप थे। "सृजन एक कलात्मक उपहार है : फ़ैशनेबल वस्त्रों के निर्माता का अपने समय के साथ गठबंधन," शनेल कहती हैं। उनकी स्कर्ट इतनी छोटी होती थीं कि उन्हें उस वक़्त विवादास्पद माना जाता था। वे महिलाओं को पैंट, टखने पर पट्टे वाले जूते और बुने हुए स्विमसूट पहनाती थीं। उन्होंने नारी शरीर को प्रदर्शित करने के लिए जर्सी कपड़े का इस्तेमाल करके एक और वर्जना तोड़ दी।

जल्द ही कई नक़लचियों ने उनकी शैली की नक़ल करने की कोशिश की। कोई दूसरा फ़ैशन डिज़ाइनर इस बात पर चिढ़ जाता, लेकिन शनेल इस बात से खुश थीं। दूसरे उनके डिज़ाइन की नक़ल करना चाहते थे, इस बात को उन्होंने अपनी लोकप्रियता का सबूत माना। "लेकिन ज़ाहिर है : जब कोई आविष्कार एक बार प्रकट हो जाता है, तो इसकी क़िस्मत में किसी का नाम नहीं बदा होता। मैं अपने सभी विचारों का लाभ नहीं उठा सकती और मुझे यह पाकर बहुत खुशी होती है कि दूसरे उनका लाभ उठाते हैं, कई बार तो मुझसे भी ज़्यादा सफलता से।" शनेल के अनुसार, चोरी का डर "आलस... अकल्पनाशील पसंद... सृजनात्मकता में विश्वास के अभाव," की निशानी था।

कोको शनेल इतनी सफल इसलिए थीं, क्योंकि उनमें अलग होने का साहस था। "उन्होंने जो शैली बनाई, उसमें संस्कृति या पांडित्य का कोई हस्तक्षेप नहीं था, कोई ऐतिहासिक स्मृतियाँ नहीं थीं," जैसा उनके जीवनी लेखक का कथन है। "उनका सृजनात्मक कार्य ध्वंसकारी कार्य था।" उनका निजी जीवन, साथ ही उनकी ईजाद किए हुए फ़ैशन, परंपराओं और मान्यताओं का प्रतिरोध करने के साहस का प्रमाण है। उनके असंख्य लोगों के साथ प्रेम-प्रसंग रहे, लेकिन उन्होंने कभी शादी नहीं की। सारी मान्यताओं के ख़िलाफ़ बग़ावत करते हुए उन्होंने दूसरों से पहले युग की भावना का आभास कर लिया। शनेल का दावा था कि उनके पूर्ववर्ती "दर्ज़ियों की तरह अपनी दुकानों के पीछे छिप गए,

जबकि मैंने एक आधुनिक ज़िंदगी जी। मैं जिन्हें पोशाक पहनाती थी, उन लोगों की आदतों, अभिरुचियों और आवश्यकताओं में हिस्सेदारी की।"

"आधुनिक जीवन" को मूर्त रूप देना और अलग होने का साहस करना – अगर यह कोको शनेल का आदर्श वाक्य था, तो यह 75 साल बाद पैदा हुई एक और औरत का भी आदर्श वाक्य था। 380 मिलियन रिकॉर्डों की बिक्री के साथ मेडॉना संसार की सबसे सफल पॉप स्टार हैं। बहरहाल, वे एक पॉप स्टार से अधिक हैं। जून 2007 में फ़ोर्ब्स ने उन्हें संसार की तीसरे सबसे प्रभावशाली व्यक्ति के रूप में निरूपित किया। पिछले साल उन्होंने 72 मिलियन डॉलर कमाए थे, जो किसी भी दूसरे संगीतकार से अधिक थे।

उन्हें सफलता निश्चित रूप से किसी असाधारण संगीत प्रतिभा की वजह से नहीं मिली। उनकी मैनेजर कैमिल बारबॉन, जिन्होंने उनकी शुरुआती सफलताओं का मार्ग प्रशस्त किया था, ने टिप्पणी की थी : "उनमें बस कोई गीत लिखने या गिटार बजाने भर की योग्यता है। बहरहाल, उनमें किसी गीत का अद्भुत एहसास है... लेकिन सबसे बढ़कर, यह उनका व्यक्तित्व था और यह बात कि वे एक बेहतरीन प्रदर्शन करने वाली थीं।"

मैडोना के साथ काम कर चुके संगीतकार ऐंथनी जैक्सन कहते हैं, "वे जानती हैं कि वे महानतम गायिका नहीं हैं, लेकिन वे जानती हैं कि संगीत को कैसे नीचे लाया जाता है। उनमें शैली है, गीत चुनने का तरीक़ा है और यह दिशा तय करने का भी सलीका है कि उन्हें किस तरह गाया जाए।" एंड्रयू लॉयर वेबर की संगीत-प्रधान *एविटा* के स्क्रीन अडैप्टेशन में टाइटल रोल निभाने से पहले उन्हें तीन महीने तक पेशेवर गायकी के सबक़ लेने पड़े थे, क्योंकि लॉयड वैबर ने इस बात पर ज़ोर दिया था कि वे ऑर्केस्ट्रा के साथ लाइव साउंडट्रैक रिकॉर्ड करेंगे। "यू मस्ट लव मी" गीत को गाने पर 1997 में उन्हें एक ऑस्कर मिला।

जब 1995 की पतझड़ में वे संगीत के सबक़ ले रही थीं, तो मैडोना पहले ही संसार की सबसे विख्यात और सबसे सफल महिला गायकों में से एक थीं। उन्होंने वर्तमान युग की महिलाओं के सामने उनकी आत्म-अनुभूति की प्रतिमूर्ति बनकर यह सब हासिल किया था। हालाँकि उन्हें एक क्रांतिकारी नारीवादी माना जाता है और उन्हें इस बात पर गर्व भी है, लेकिन वे उन नारीवादियों जैसी नहीं हैं, जो पुरुषों के ख़िलाफ़ एक आक्रामक रुख़ अख़्तियार करती हैं और विपरीतलिंगी आकर्षण को अस्वीकार करती हैं। मैडोना "हममें से एक" हैं या वे "उद्देश्य के प्रति दग़ाबाज़" हैं, यह नारीवादी प्रकाशनों में गरमागरम बहस

का विषय रहा है। नारीसुलभ और वांछनीय, लेकिन शक्तिशाली, लड़ाकू और आत्मविश्वासी मैडोना ने किसी भी तरह की सतही श्रेणियों में फ़िट होने से इंकार कर दिया।

पारंपरिक भूमिकाओं के प्रति उनके प्रतिरोध ने उन्हें महिलाओं की हसरतों और इच्छाओं का प्रतीक बना दिया। टेक्सास की लोकसाहित्य विशेषज्ञ के टर्नर की पुस्तक *आई ड्रीम ऑफ़ मैडोना* दरअसल मैडोना के बारे में दूसरी महिलाओं के स्वप्नों का संकलन है। अलग-अलग आयु और सामाजिक पृष्ठभूमियों की महिलाएँ इस बारे में बताती हैं कि मैडोना उनके लिए क्या मायने रखती हैं। कुछ उन्हें मुक्तिदायक के रूप में देखती हैं, तो कुछ जुझारू साथी के रूप में, कुछ मोहिनी के रूप में या सिर्फ़ एकमात्र महिला के रूप में जो उन्हें सचमुच "अपने जैसी" लगती है। मैडोना की 400 पृष्ठों की जीवनी में लूसी ओब्रायन कहती हैं : "उनमें हर नारी का गुण है और उस वक़्त जो उल्लेखनीय था, वह उनके प्रभाव का दायरा था।"

मैडोना का जन्म 1958 में हुआ था और जब वे सिर्फ़ पाँच साल की थीं, तभी उनकी माँ का देहांत हो गया था। हाई स्कूल में उनकी रुचि नाटक में हो गई और वे डांसर बनना चाहती थीं। उन्होंने मिशिगन युनिवर्सिटी में डांस का अध्ययन शुरू किया, लेकिन पढ़ाई अधूरी छोड़ दी, जिससे उनके पिता को बहुत दुख हुआ। जब उन्होंने मैडोना को पढ़ाई करने के लिए मनाने की कोशिश की, तो वे खाने की प्लेट दीवार पर फेंककर चिल्लाईं : "मेरी ज़िंदगी चलाना बंद करो!"

मैडोना अपनी जेब में 30 डॉलर लेकर न्यू यॉर्क आ गईं। उन्होंने वेटर का काम किया और नग्न फ़ोटो की मॉडलिंग भी की। "वे समझदार लड़की थीं, जो भूख लगने और भोजन की ज़रूरत होने पर घर ले जाने के लिए किसी भले व्यक्ति को चुन लेती थीं," बारबॉन कहती हैं। मैडोना का दावा है कि वे शोषित महसूस नहीं करती थीं, क्योंकि "मैं उन्हें फ़ायदा उठाने देती थी।"

सबसे बढ़कर, वे मशहूर बनना चाहती थीं। "वह स्टार बनने के लिए कुछ भी करने को तैयार थी," उनके पूर्व-बॉयफ्रेंड डीजे मार्क कमिन्स कहते हैं। "वे एक मिशन पर थीं।" ब्रिटिश संगीतकार डिक लेविट्स याद करते हैं कि मैडोना "शोहरत की अपनी लालसा में हठी थीं।"

लेकिन वे किस चीज़ के लिए मशहूर होना चाहती हैं, यह बात वे खुद भी नहीं जानती थीं। 19 साल की उम्र में वे एक मशहूर डांसर बनना चाहती थीं,

बाद में वे एक सफल अभिनेत्री के रूप में अपनी तस्वीर देखती थीं, जब तक कि आख़िरकार उन्हें यह पता नहीं चल गया कि संगीत ही सुपरस्टार बनने का सबसे संभावनापूर्ण मार्ग है। जैसा उन्होंने ख़ुद कहा, संगीत "शोहरत का मुख्य मार्ग था। जब यह सफल होता है, तो इसका प्रभाव उतना ही ज़बरदस्त होता है, जितना कि किसी गोली के निशाने पर टकराने का होता है।"

मैडोना के करियर की शुरुआत में उनका इंटरव्यू लेने वाले एक पत्रकार ने उनके बारे में कहा : "उनमें दूरदर्शिता थी, वे इस बारे में स्पष्ट थीं कि वे कहाँ जा रही थीं... मुझे वे ऐसी लगीं, जो 1980 के दशक के फ़ैशनेबल 'लोभ अच्छा है' तरीक़े से बेहद संकल्पवान थीं।" इंटरव्यू में मैडोना ने निर्माताओं और बाज़ारों के बारे में बात की। उन्होंने इस बारे में बात की कि वे आने वाले वर्षों में किनके साथ काम करना चाहती थीं। "वे सारे समय दूर तक सोच रही थीं।" *अमेरिकन बैंडस्टैंड* को जनवरी 1984 में दिए इंटरव्यू में उन्होंने भविष्यवाणी की थी : "मैं संसार पर शासन करने जा रही हूँ।"

मशहूर बनने के लिए मैडोना ने लोगों को जान-बूझकर उत्तेजित करने की नीति अपनाई। अपने स्टेज शो में नाराज़गी उत्पन्न करने के लिए वे यौन और धार्मिक बिंबों को अक्सर जोड़ देती थीं। कैथोलिक चर्च ने उनके संगीत समारोहों के बहिष्कार की बार-बार माँग करके उनकी लोकप्रियता बढ़ाई। कैनेडा पुलिस ने अश्लीलता के आरोप में उन्हें गिरफ़्तार करने की धमकी दी। 1992 में उनकी कामोत्तेजक तस्वीरों की पुस्तक, जिसका शीर्षक उन्होंने सीधे-सीधे *सेक्स* रखा था, से भारी बखेड़ा हुआ। यह 22 अक्टूबर 1992 को दस लाख प्रतियों के सीमित संस्करण में प्रकाशित हुई, जो तत्काल पूरा बिक गया। मैडोना की उत्तेजक पुस्तक वाणिज्यिक रूप से भारी सफल रही और यह उन्हें मीडिया की रोशनी के दायरे में ले आई, लेकिन उनके प्रशंसक बुरा मान गए और उनके कार्यक्रमों से दूर रहने लगे। उनकी लोकप्रियता "सार्वकालिक न्यूनतम बिंदु" पर पहुँच गई और उन पर विवाद की ख़ातिर विवाद खड़ा करने का आरोप लगाया गया। उनकी पुस्तक को एक बहुत विचलित मानस की अभिव्यक्ति माना गया।

लोगों को उत्तेजित करके सफल होने वाले दूसरे कलाकारों के विपरीत मैडोना हमेशा संघर्ष का असंभव युद्ध लड़ने के बजाय थोड़ी झुकने के लिए हमेशा तैयार रही हैं। जब भी उन्हें महसूस होता था कि वे बहुत दूर चली गई हैं, तो वे अपने ख़ास दर्शकों को संतुष्ट करने के लिए मासूमियत का अभिनय करती थीं, जैसे 1993 में उनका "गर्ली शो" टूर।

मैडोना ने हमेशा खुद को बदल-बदलकर नए रूप में आने के महत्त्व को समझा है और किसी एक भूमिका में अटकने के बजाय लगातार अपनी छवि बदली है। उनके सफल पहले एल्बम के बाद उन्होंने एक बिलकुल ही अलग चीज़ करने की कोशिश की, जिससे उनके रिकॉर्ड निकालने वाले वॉर्नर ब्रदर्स को तकलीफ़ हुई। *लाइक अ वर्जिन* एल्बम में ड्रम बजाने वाले जिमी ब्रैलोअर कहते हैं, "जब किसी ख़ास शैली में आपके तीन एल्बम हिट हो जाते हैं, तो आप वही चीज़ एक बार फिर करते हैं। अगर कोई चीज़ नाकाम नहीं हो रही है, तो उसे मत बदलो। मैडोना सारी आम प्रवृत्तियों के ख़िलाफ़ जा रही थीं, वे प्रवृत्तियों से जूझ रही थीं।"

उन्होंने अपने शुरुआती ऐल्बम के प्रभावों को "लाइक अ वर्जिन" जैसे रेडियो के प्रति मित्रतापूर्ण पॉप गीत से तोड़ दिया। बाद में, वे अपने संगीत में जैज़ या सोल तत्वों का बढ़कर इस्तेमाल करने लगीं और हिप हॉप से विचार उधार लेने लगीं। उसी एल्बम को बार-बार रिलीज़ करने के बजाय रोलिंग स्टोन्स की तरह ही उन्होंने भी लगातार नई प्रवृत्तियों को लोकप्रिय संगीत में ढाला।

इस नीति में बहुत से साहस की ज़रूरत थी। सजीव प्रदर्शन के दौरान उनके दर्शक उनके प्रिय हिट गीत सुनना चाहते थे, लेकिन मैडोना उनके अनुरोध को बहुत कम पूरा करती थीं। उनका करियर उत्तेजना और मुख्य धारा के बीच तनी हुई रस्सी पर चलने जैसा रहा है। उन्होंने लोकप्रिय प्रवृत्तियों पर सवार होने और नवाचारी तिरस्कार का नज़रिया अपनाने के बीच सेतु बनाया है। उन पर अक्सर दूसरे संगीतकारों से "चोरी करने" का आरोप लगाया गया है और बहुत से क़ानूनी मुक़दमे भी दायर हुए हैं। उन्होंने हमेशा अलग-अलग प्रभावों को अपनाया है और दूसरे कलाकारों की सफल बातों की नक़ल करने से नहीं घबराई हैं।

सबसे बढ़कर, वे हमेशा नई चीज़ें सीखने की इच्छुक रही हैं और लंबे समय पर एक ही जगह कभी नहीं रुकी हैं। पैट लियोनार्ड, जिन्होंने पिंक फ़्लॉइड और माइकल जैक्सन आदि के साथ काम किया है, कहते हैं, "एक बिंदु पर उन्होंने मेरे, उनके और वोकल कोच के साथ कई रिकॉर्डिंग करने को कहा। कुछ गायक महसूस करते हैं कि उन्हें ज़्यादा मेहनत नहीं करनी है, लेकिन मैडोना ने की।"

सीखने, बदलने, विकास करने, नई चीज़ें आज़माने और परंपराओं तथा प्रतिबंधों को तोड़ने की उत्सुकता से मैडोना को पूरे करियर में फ़ायदा हुआ है।

इसकी बदौलत उन्होंने अपने ज़माने की किसी दूसरी महिला से ज़्यादा शोहरत और दौलत के सपने सफलतापूर्वक हासिल किए।

जो लोग भिन्न होने का साहस करते हैं, उनका संकटों और समस्याओं के बारे में भी एक बहुत अलग दृष्टिकोण होता है। जहाँ दूसरे निराश हो जाते हैं और दहशत में आ जाते हैं, वहीं वे एक अभूतपूर्व अवसर का लाभ लेते हैं। उनमें इतनी शक्ति होती है कि वे सामान्य मिज़ाज से प्रभावित न हों और वे हर एक से भिन्न तरीक़े से चीज़ें करने में आनंदित होते हैं। इसीलिए वे सफल और अमीर बनते हैं।

आरनॉल्ड श्वॉज़नेगर निश्चित रूप से जानते थे कि किसी संकट से कैसे मुक़ाबला किया जाता है। जैसा उनके जीवनी लेखक कहते हैं : "श्वॉज़नेगर हमेशा समस्याओं को अवसरों में बदलने में कामयाब रहे हैं। 1970 के दशक के आर्थिक संकट के दौरान रियल एस्टेट निवेशों ने उन्हें मिलियनेअर बना दिया। कैलिफ़ोर्निया के बजट संकट ने उन्हें गवर्नर बना दिया, पर्यावरण संकट की बदौलत उन्हें दूसरा कार्यकाल मिला... श्वॉज़नेगर, लाभ लेने वाले बने।"

प्रिंस अलवलीद, जिन्हें "मध्य-पूर्व का वॉरिन बफ़े" कहा जाता है, एक और प्रमुख उदाहरण हैं। मार्च 1957 में सऊदी अरब में जन्मे अलवलीद निवेशक के रूप में संसार के चौथे सबसे अमीर आदमी बन गए, जिसके बाद वित्तीय संकट में उनका सबसे बड़ा निवेश सिटीग्रुप पैसे खाने लगा। इसके बाद भी वे संसार के सबसे सफल निवेशकों में से एक बने हुए हैं, जिनके पास दूसरों को सिखाने के लिए बहुत कुछ है : सबसे बढ़कर यह कि अमीर बनने के लिए आपको प्रवाह के विरुद्ध तैरने के लिए तैयार रहना चाहिए।

अलवलीद की दौलत की बुनियाद तेल नहीं, बल्कि रियल एस्टेट सौदे और विकास प्रोजेक्टों पर बनी थी। 1980 के दशक के उत्तरार्द्ध में उन्हें रियाद के ओलाया जिले में एक बड़ी अविकसित ज़मीन मिली। आभूषण या बिजली के सामान बेचने वाली इक्का-दुक्का दुकानों को छोड़कर उस वक़्त उस कस्बे में ज़्यादा कुछ नहीं हो रहा था। प्रिंस अलवलीद ने मालिकों से संपर्क किया, लेकिन वे 1,600 डॉलर प्रति वर्ग मीटर माँग रहे थे, जो उन्हें बहुत ज़्यादा लगा।

जब 1990 में ईराकियों ने कुवैत पर चढ़ाई कर दी, तो पूरे इलाक़े में दहशत फैल गई। सऊदी अरब अगला निशाना हो सकता है, इस डर में कई निवेशकों ने उस देश से अपनी पूँजी हटा ली। रियल एस्टेट के भाव भी तलहटी छूने लगे और अलवलीद जो ज़मीन ख़रीदना चाहते थे, वह उन्हें 533 डॉलर

प्रति वर्ग मीटर के भाव में मिल गई, जो माँगी गई मूल क़ीमत का 33 प्रतिशत था। उन्होंने एक तिहाई ज़मीन का इस्तेमाल करके पूरे यूरोप, मध्य पूर्व और अफ्रीका की सबसे ऊँची इमारत बनाई, जिसे उन्होंने किंगडम सेंटर नाम दिया। बाक़ी ज़मीन उन्होंने चार साल बाद 400 प्रतिशत मुनाफ़े में बेच दिया। हालाँकि वे खुश थे कि पुराने मालिकों ने इतने अच्छे भाव पर उन्हें ज़मीन बेच दी थी, लेकिन वे यह नहीं समझ पाए कि दरअसल उन्होंने ऐसा क्यों किया : "उन्हें क्या लग रहा था – कि अमेरिका सद्दाम को नहीं हरा पाएगा!"

इस रणनीति को उन्होंने बार-बार आज़माया – उन्होंने हमेशा संकटों को सफल निवेश के अवसर के रूप में देखा। 1990 के दशक की शुरुआत में कैनेरी वॉर्फ़, जो उस वक़्त यूरोप का सबसे बड़ा रियल एस्टेट प्रोजेक्ट था, ईस्ट लंदन में बन रहा था। जब 34 हेक्टेयर से ज़्यादा का नया ऑफ़िस कॉम्प्लेक्स पूरा हुआ, तो दुर्भाग्य से रियल एस्टेट और किराए के भाव कम हो गए। इसके अलावा, लंदन के इस हिस्से में अधोसंरचना के अभाव के चलते कोई भी निवेशक लंदन के ख़ाली ऑफ़िस कॉम्प्लेक्स के 1,60,000 वर्ग मीटर में रुचि नहीं ले रहा था। महत्त्वाकांक्षी प्रोजेक्ट के प्रवर्तक पॉल राइख़मन ने अपना निवेश गँवा दिया।

अलवलीद ने कैनेरी वॉर्फ़ में छह प्रतिशत हिस्सेदारी ख़रीदी और राइख़मन को बोर्ड का चेयरमैन बना दिया। चार साल बाद रियल एस्टेट कंपनी सार्वजनिक हो गई। शेयर के भाव 2000 में चरम पर पहुँच गए। जनवरी 2001 में अलवलीद ने कंपनी में अपनी दो-तिहाई हिस्सेदारी 204 मिलियन डॉलर में बेच दी, जिसकी मूल लागत उन्हें 66 मिलियन डॉलर आई थी। पाँच वर्षों में उन्होंने 47.7 प्रतिशत का औसत सालाना मुनाफ़ा कमा लिया था। 1990 के दशक में ऐपल और मरडॉक कंपनियों में उन्होंने तब निवेश किया, जब दोनों ही कंपनियाँ गंभीर वित्तीय संकट में थीं। इस निवेश ने उन्हें सैकड़ों मिलियन डॉलर कमाकर दिए।

अलवलीद ने अपना सबसे बड़ा निवेश 1991 में किया, जब अमेरिका के एक वक़्त के सबसे बड़े बैंक सिटीग्रुप के शेयर का भाव बहुत गिर गया था। उन्होंने मुश्किलों में फँसी कंपनी में 800 मिलियन डॉलर का निवेश किया, जो किसी भी अकेले शेयरधारक द्वारा किया गया सबसे बड़ा निवेश था। उनके शेयरों का मूल्य दस बिलियन डॉलर तक पहुँच गया, हालाँकि बाद में 2008 के वित्तीय संकट में यह तेज़ी से कम हो गया।

वॉरेन बफ़े, अलवलीद और जॉर्ज सोरोस जैसे निवेशकों के लिए संकट और पतन स्वर्णिम अवसर प्रदान करते हैं। जब दूसरे निवेशक अपने घाव सहलाने में व्यस्त रहते हैं, ऐसे समय में वे अमीर बनते हैं। शेयर बाज़ार लुढ़कने की दहशत के दौरान शेयर ख़रीदने का समय जितना अच्छा रहता है, उतना कभी नहीं रहता। बफ़े को जिस ख़ास कंपनी की कारोबारी रणनीति पसंद होती है, वे कई बार तो बरसों तक उसकी ताक में रहते हैं और अच्छे भाव पर उसे ख़रीदने के अवसर का इंतज़ार करते हैं। शेयर के बढ़ते भाव और सामान्य उल्लास के दौर में ऐसे अवसर दुर्लभ होते हैं। बढ़ती निराशा और सामान्य हताशा के दौर में शेयरधारक जल्दी से जल्दी अपने शेयरों से पिंड छुड़ाने की कोशिश कर रहे होते हैं। ऐसे ही समय समझदार निवेशक क़दम उठाते हैं, जो जानते हैं कि कैसे काम करना है। वे मौक़े को ताड़ लेते हैं और जन मानस के विरोध में जाकर अवसर को जकड़ लेते हैं।

वॉरेन बफ़े जैसे इंसान के लिए 9/11 हमलों जैसी त्रासदियाँ भी अवसर बन जाती हैं। अजीत जैन बफ़े के बीमा हितों के प्रभारी हैं। वे इसके बाद तुरंत ही आतंकवादी हमलों के ख़िलाफ़ बीमा सुरक्षा बेचने लगे और बाज़ार में एक खाई भर दी, जिसे वर्ल्ड ट्रेड सेंटर की घटना ने दुखद रूप से उजागर कर दिया था। जैन ने रॉकेफ़ेलर सेंटर और मैनहटन की क्राइज़्लर बिल्डिंग का बीमा किया। इसके अलावा, उन्होंने एक दक्षिण अमेरिकी ऑयल रिफ़ाइनरी, नॉर्थ सी में एक ऑयल प्लैटफ़ॉर्म और शिकागो में द सियर्स टावर का भी बीमा किया। बफ़े की बर्कशयर कंपनी ने अमेरिकी खिलाड़ियों के भागीदारी न करने के जोख़िम और रद्द होने के ख़िलाफ़ ओलंपिक गेम्स का भी बीमा किया। साल्ट लेक सिटी में बर्कशयर ने विंटर ओलंपिक्स और फ़ुटबॉल वर्ल्ड कप का भी बीमा किया।

नृशंस घटना से बफ़े को दूसरे अमेरिकियों से कम सदमा नहीं लगा था। बहरहाल, उन्होंने अपने व्यक्तिगत आक्रोश को अपने कारोबारी हितों के आड़े नहीं आने दिया। वे कहते हैं, "किसी संकट में नक़दी और साहस का संयोग बेशक़ीमती है।"

फ़ंड मैनेजर जॉन पॉलसन निश्चित रूप से बफ़े के सिद्धांतों पर चलते हैं। जब ज़्यादातर अमेरिकियों को भरोसा था कि मकानों की क़ीमत बढ़ती रहेगी, तब पॉलसन ने जल्दी ही देख लिया कि बरसों से चले आ रहे सस्ते कर्ज़ के रियल एस्टेट का बुलबुला फूलकर बहुत भीमकाय हो रहा है और 9/11 हमलों

के बाद उन्होंने इसके फटने का बेसब्री से इंतज़ार किया।

बुलबुला फूटने का एहसास करने वाले वे अकेले ही नहीं थे। लेकिन वे उन चंद लोगों में से एक थे, जिन्होंने यह सोचना शुरू किया कि इस ज्ञान से नक़दी कैसे कमाई जाए। जिस परिणाम की वे भविष्यवाणी कर रहे थे, उसके लिए किन वित्तीय साधनों का इस्तेमाल किया जा सकता है? दाँव लगाने का सही पल क्या था? ऐसे समय दूसरे निवेशकों को कैसे जीता जाए, जब सभी लोग अब भी रियल एस्टेट मार्केट के भविष्य को लेकर घोर आशावादी थे?

पॉलसन ने पहले तो रियल एस्टेट विकास में संलग्न कंपनियों के शेयर "शॉर्ट करके" उनके भाव गिराने और लाभ कमाने की कोशिश की। जब यह रणनीति नाकाम रही, तो पॉलसन और कुछ साथी निवेशकों ने दूसरी नीति आज़माने की सोची। वे रियल एस्टेट के भाव में संभावित गिरावट से ज़्यादा सीधे मुनाफ़ा कमाने के बेहतर तरीक़े की तलाश करने लगे।

आख़िरकार उन्होंने तथाकथित सीडीएस कॉन्ट्रैक्टों को चुना। इनमें भुगतान न चुकाने के ख़िलाफ़ सब-प्राइम मॉर्गेजेस के समूह का बीमा होता था। चूँकि बाज़ार के ज़्यादातर खिलाड़ियों को यह यक़ीन नहीं था कि ऐसी नौबत आएगी कि कोई क़िस्तें नहीं चुका पाएगा, इसलिए बीमे के प्रीमियम बहुत कम थे।

जो निवेशक इन सब-प्राइम मॉर्गेजों को आँख मूँदकर ख़रीदते थे, वे रेटिंग एजेंसियों के आकलन पर भरोसा करते थे, जो कर्ज़ की क़िस्त के जोख़िम की गणना पर आधारित थे। लेकिन पॉलसन इतनी आसानी से मूर्ख नहीं बने। वे जानते थे कि ये गणनाएँ पुराने डाटा पर आधारित थीं, जब मकान की क़ीमतें बढ़ रही थीं और मकान मालिकों को संदिग्ध क्रेडिट रेटिंग वाले सब-प्राइम मॉर्गेजेस का प्रतिशत भी काफ़ी कम था। उन्हें नहीं लगता था कि इस डाटा के आधार पर भविष्य की विश्वसनीय भविष्यवाणी संभव है।

शुरुआत में तो पॉलसन को उन निवेशकों को खोजने में काफ़ी मुश्किल आई, जो रियल एस्टेट के बुलबुले के फूटने पर दाँव लगाना चाहते हों। ज़्यादातर निवेशक बाज़ार के रुझान के विपरीत नहीं सोचते हैं – दरअसल, अगर वे ऐसा सोचें, तो यह विरोधाभास होगा। एक बार जब पॉलसन ने आख़िरकार पर्याप्त पूँजी जुटा ली, तो उनके सामने एक और समस्या आ गई। जब बाज़ार के दूसरे खिलाड़ी कर्ज़ की क़िस्त न चुकाए जाने के जोख़िम को पहचानने लगे, तब भी पॉलसन की उम्मीद के विपरीत सीडीएस कॉन्ट्रैक्टों के भाव बढ़ने के बजाय घटते

रहे। उनके कई निवेशक उनकी रणनीति पर सवाल करने लगे और अपना पैसा वापस माँगने लगे।

पॉलसन टस से मस नहीं हुए। उन्होंने मॉर्गेज बाज़ार का अंदर-बाहर से पूरा अध्ययन किया, लगातार बुरी कर्ज़ रेटिंगों और उच्च जोखिम वाली मॉर्गेज की ताक में रहे, जिसे बाज़ार के ज़्यादा आशावादी खिलाड़ियों ने सुनियोजित रूप से नज़रअंदाज़ कर दिया था। उन्होंने अमेरिका के ऐसे स्थानीय रियल एस्टेट बाज़ारों को पहचानने में बहुत समय लगाया, जहाँ अटकलों और संदिग्ध मॉर्गेज-कर्ज़ की प्रथाओं की सबसे बुरी अति हुई थी।

अमेरिकी बैंक उन लोगों को बिना देखे कर्ज़ देने लगे थे, जिनके पास न तो आमदनी थी, न ही पूँजी, कई बार तो आमदनी के प्रमाण को माँगे बिना ही। इन ऋणों पर ब्याज दर पहले दो साल में तो बहुत कम रही, लेकिन फिर तेज़ी से बढ़ी। यह एक जुआ था, जो तभी तक फ़ायदेमंद रहता था, जब तक कि ब्याज दर कम रहे और मकान के भाव बढ़ते रहें।

पॉलसन को नहीं लगा कि यह ज़्यादा लंबा चल सकता है। उन्हें विश्वास था कि देर-सबेर इन ऋण धारकों में से बहुत से क़िस्तों का भुगतान नहीं कर पाएँगे।

पॉलसन की रणनीति आगे चलकर कामयाब रही। जब रियल एस्टेट का बुलबुला फूटा, तो एक वैश्विक वित्तीय और आर्थिक संकट खड़ा हो गया। लेकिन उनके फ़ंड के निवेशकों ने उस घटना से 20 अरब डॉलर कमाए, जिसे बाज़ार के अधिकतर खिलाड़ी अभूतपूर्व विनाश के रूप में देख रहे थे। खुद पॉलसन को 20 प्रतिशत हिस्सा यानि चार अरब डॉलर मिले। उनके बारे में एक पुस्तक भी लिखी गई, जिसका शीर्षक है *द ग्रेटेस्ट ट्रेड एवर* – यह सचमुच वित्तीय इतिहास का सबसे बड़ा सौदा था।

दूसरे जिसे संकट मानते हैं, उसमें अवसर को पहचानने के लिए एक ख़ास मानसिक शक्ति की ज़रूरत होती है। आपके पास लोकप्रिय मत के ख़िलाफ़ काम करने का साहस होना चाहिए। चाहे आपको अपनी रणनीति पर कितना ही विश्वास हो, यह तय है कि किसी बिंदु पर आप खुद पर शक करने लगेंगे : क्या सचमुच दूसरों का बहुमत ग़लत है या फिर मैं इस हद तक जुनूनी हो गया हूँ कि अपनी खुद की सोच के दोष नहीं देख सकता? या फिर क्या यह संभव है कि मैंने सचमुच किसी ऐसी चीज़ को भाँप लिया है, जिसे बाज़ार के ज़्यादातर खिलाड़ी अब तक भाँप नहीं पाए हैं?

प्रवाह के विरुद्ध तैरने की क़ाबिलियत एक ऐसी चीज़ है, जो सफल उद्यमियों और निवेशकों में आम है। जब हॉवर्ड शुल्ट्ज़ राष्ट्रीय स्तर पर स्टारबक्स के विस्तार की रणनीति बना रहे थे, तो वे असंख्य अच्छे कारण खोज सकते थे कि उनकी योजनाएँ ज़रूरत से ज़्यादा महत्त्वाकांक्षी और अयथार्थवादी क्यों थीं। "पहले ही दिन से स्टारबक्स जोखिम ले रहा था।" सिऐटल में स्टारबक्स का उद्गम हुआ था और यह 1970 के दशक की शुरुआत में गंभीर मंदी की गिरफ़्त में था। शहर के सबसे बड़े नियोक्ता बोइंग का कारोबार इतना कम हो गया कि तीन साल के दौरान कंपनी को अपने कर्मचारियों की संख्या 1,00,000 से घटाकर 38,000 करने के लिए मजबूर होना पड़ा। बहुत से लोग दूसरी जगह जाकर बस गए। जिस वक़्त स्टारबक्स ने अपनी पहली दुकान खोली, हवाई अड्डे के पास लगे बिलबोर्ड पर लिखा था : "क्या सिऐटल को छोड़ने वाला आख़िरी व्यक्ति – बत्तियाँ बुझाकर जाएगा?"

चाहे जो हो, यह कॉफ़ी चेन बनाने का शुभ पल तो क़तई नहीं था। अमेरिका का सकल कॉफ़ी उपभोग पिछले दशक से लगातार कम हो रहा था। अगर स्टारबक्स के संस्थापकों ने सर्वे कराया होता, तो परिणाम शायद हताशा भरे होते। लेकिन उनकी रुचि मार्केट रिसर्च में नहीं थी और उन्होंने ये कारण खोजने में समय बर्बाद नहीं किया कि उनके विचार का असफल होना क्यों तय था।

ज़ाहिर है, आपने खुद के लिए जो भी लक्ष्य तय किया है, उसकी सकारात्मक और नकारात्मक बातों को तौलने में समझदारी नज़र आती है। लेकिन जब तक कि आप सचमुच उसे आज़मा नहीं लेते, आप कभी नहीं जान पाएँगे कि आपकी योजना काम करेगी या नहीं। कोशिश करना और असफल होना ज़रा भी कोशिश न करने से कहीं बेहतर है – अगर आप कोशिश नहीं करते हैं, तो आप पहले ही असफल हो चुके हैं।

विपरीत परिस्थितियों को भी अवसर माना जा सकता है। गूगल के इतिहास को लें, जो बेशक 1990 के दशक के उत्तरार्द्ध में इंटरनेट उछाल का हिस्सा था। उस वक़्त कई पैगंबरों ने साइबरस्पेस के युग के उदय की भविष्यवाणी की थी। नई कंपनियाँ नियमित रूप से बन रही थीं, जिनमें से ज़्यादातर अंत में भारी धनराशि गँवाने लगीं। गूगल की स्थापना के लगभग अठारह महीने बाद, सन् 2000 में शुरुआती कंपनियों का बुलबुला फूट गया। बाज़ार ने वैसी ही प्रतिक्रिया की, जैसी कि यह हमेशा करता है – अत्यधिक। अचानक इंटरनेट से जुड़ी हर चीज़ जोख़िम भरी लगने लगी, जिससे सिलिकॉन

वैली में भारी छँटनियाँ हुईं। सौभाग्य से, गूगल के संस्थापक लैरी पेज और सर्गेई ब्रिन इस आम रोग से सुरक्षित रहे।

दोनों ने ही इस संकट को एक अनूठे अवसर के रूप में देखा कि अब वे तार्किक तनख़्वाह पर दूसरी कंपनियों के आला दर्जे के प्रतिभाशाली लोगों को अपने यहाँ ला सकते हैं। पहले जिन सॉफ़्टवेयर डिजाइनरों और गणितज्ञों की भारी तनख़्वाह के कारण वे गूगल जैसी नई कंपनी की पहुँच से बाहर थे, अब वे अचानक पेज और ब्रिन से नौकरियाँ माँगने लगे। वे सर्वश्रेष्ठ और सबसे प्रतिभाशाली लोगों को नौकरी पर रखने में सफल हुए और उनकी कंपनी का विस्तार इतनी तेज़ी से हुआ, जिसकी संकट के बिना कल्पना भी नहीं की जा सकती थी।

सारांश में : सफल स्त्री-पुरुषों में बहुमत से अलग हटकर सोचने और काम करने का साहस होता है। उनमें इतना आत्मविश्वास होता है कि वे दूसरों की राय को नज़रअंदाज़ कर सकते हैं। कई मौकों पर वे लोकप्रिय राय के ख़िलाफ़ काम करने के लिए प्रेरित महसूस कर सकते हैं। और किसी गंभीर संकट के बीच में भी – या ख़ास तौर पर किसी गंभीर संकट के बीच में ही – जब दूसरे भयभीत और हताश महसूस करते हैं, तो वे उसी संकट द्वारा दिए अवसरों पर ध्यान केंद्रित करने का साहस जुटाते हैं।

कुछ लोगों को यह मानने में मुश्किल आती है कि वे दूसरों से अलग हैं। क्या आप ऐसे लोगों में से एक हैं? अगर हैं, तो इस तथ्य से साहस ग्रहण करें कि बहुत कम सफल स्त्री-पुरुष सामाजिक मानदंडों और परंपराओं में विश्वास करते हैं। दूसरी ओर, कुछ लोग दावा करते हैं कि उन्हें इस बात परवाह नहीं है कि दूसरे उनके बारे में क्या सोचते हैं। मुझे इस पर विश्वास नहीं होता। हममें से कोई भी दूसरों की राय के प्रति पूरी तरह बेपरवाह नहीं होता। बहरहाल, एक महत्त्वपूर्ण फ़र्क़ होता है : कुछ लोग अस्वीकृति और नापसंदगी को झेल सकते हैं, दूसरे नहीं झेल सकते। बाद वाले लोगों में अक्सर आत्मसम्मान की कमी होती है। लेकिन यदि आप असफल लोगों वाले बहुमत की राय को अपना पैमाना बनाते हैं, तो आप भी उन्हीं जितने असफल रहेंगे। हर दूसरे व्यक्ति की तरह सोचकर और काम करके आप हर दूसरे व्यक्ति जितना ही हासिल कर पाएँगे। बहुमत से ज़्यादा ऊँचा लक्ष्य बनाने के लिए आपको स्वतंत्र सोचना सीखना चाहिए, ताकि आप स्वतंत्रतापूर्वक काम कर सकें और दूसरों से ज़्यादा हासिल कर सकें।

अध्याय 6

अपनी बात पर डटे रहना सीखें

कोई भी वाद-विवाद पसंद नहीं करता। मुश्किलें खड़ी करने वाले कुख्यात लोगों को छोड़ दिया जाए, तो हम सभी उनसे बचने की कोशिश करते हैं। वाद-विवाद में समय और ऊर्जा ख़र्च होती है - किसी भी स्थिति में ख़ुद से हमेशा पूछें कि क्या यह मुद्दा वाद-विवाद करने लायक़ है। बहरहाल, हममें से जो लोग किसी भी क़ीमत पर वाद-विवाद से बचते हैं, वे कभी कोई चीज़ बदल या हिला नहीं पाएँगे।

ख़ास तौर पर मैनेजर के स्तर पर दो अलग-अलग प्रकार के लोग होते हैं : "नरम," सद्भावना की तलाश करने वाले बॉस, जो चाहते हैं कि हर कोई हर बात पर सहमत हो और जो सबसे बढ़कर चाहते हैं कि उनका स्टाफ़ उन्हें पसंद करे; और दूसरे कठोर, सफलता-प्रधान एग्ज़ीक्यूटिव, जो परिवर्तन और प्रगति की ख़ातिर अपनी कंपनी में हितों के भारी टकराव का सामना करने को तैयार रहता है।

जैक वेल्च दूसरी प्रकार के मैनेजर का प्रमुख उदाहरण हैं। 1981 से 2001 तक वे 20 साल तक जनरल इलेक्ट्रिक (जीई) के सीईओ रहे और इस दौरान उन्होंने कंपनी का टर्नओवर 27 अरब डॉलर से बढ़ाकर 130 अरब डॉलर कर दिया, जबकि वार्षिक मुनाफ़ा 600 प्रतिशत बढ़कर 12.7 अरब डॉलर हो गया। 2000 के अंत में जीई संसार की सबसे मूल्यवान कंपनी थी और इसका शेयर बाज़ार पूँजीकरण 475 अरब डॉलर था। उन्होंने जीई के 4,00,000 कर्मचारियों की संख्या एक चौथाई कम कर दी। जैसी आप कल्पना कर सकते हैं, नेतृत्व की उनकी शैली पर भारी वाद-विवाद और मुठभेड़ें हुईं। 1999 में वेल्च को *फ़ॉर्च्यून* मैग्ज़ीन द्वारा "मैनेजर ऑफ़ द सेंचुरी" चुना गया। उनके नेतृत्व सिद्धांत जाँच करने लायक़ हैं।

वेल्च की एक महत्त्वपूर्ण विशेषता यह थी कि वे वाद-विवाद में किसी का भी सामना करने के लिए तैयार रहते थे। ज़ाहिर है, वे सिर्फ़ विवाद करने की ख़ातिर वाद-विवाद शुरू नहीं करते थे, लेकिन उन्हें जल्द ही यह एहसास हो गया कि भीमकाय लेकिन लचीलापन खो चुके कॉर्पोरेशन को आगे बढ़ाने का एकमात्र तरीक़ा यह था कि इसके तंत्रों को पूरी तरह बदल दिया जाए। वे जानते थे कि उनकी कंपनी को भविष्य के लिए उपयुक्त बनाने हेतु उन्हें विशेष हित समूहों, भाई-भतीजावाद, अत्यधिक दफ़्तरशाही और आलस के प्रभावों के ख़िलाफ़ लड़ना होगा।

सीईओ बनने के बाद उन्हें एल्फ़न सोसायटी को संबोधित करने के लिए आमंत्रित किया गया, जो जीई के महत्त्वाकांक्षी सफ़ेदपोश कर्मचारियों का समूह था। इन कर्मचारियों को काफ़ी सदमा लगा, जब वेल्च ने अपना पहला भाषण यह कहते हुए शुरू किया : "मुझे बोलने का अवसर देने के लिए धन्यवाद। आज रात मैं दोटूक बोलना पसंद करूँगा और मैं विचार करने के लिए शुरुआत में यह तथ्य दूँगा कि मुझे आपके संगठन के बारे में गंभीर शंकाएँ हैं।" कभी भी अपनी बात को गोल-मोल न कहने वाले वेल्च ने अपने श्रोताओं को बताया कि उनके हिसाब से यह संगठन एक पुरातनपंथी अवधारणा था, जिससे वे इत्तफ़ाक नहीं रखते थे। उनकी बात ख़त्म होने पर उनके प्रतिष्ठित श्रोता अवाक् थे।

वेल्च ने उन लोगों को और ज़्यादा सदमा पहुँचाया, जब उन्होंने तीन गोलों की तस्वीर खींची, जो मल्टीनैशनल कॉर्पोरेशन के अलग-अलग डिवीज़नों के प्रतीक थे। इन तीन गोलों के बाहर के सारे डिवीज़न - जिनमें कई दीर्घकालीन परंपराओं और बहुत सारे कर्मचारियों वाले डिवीज़न शामिल थे - पुनर्गठन, बिक्री या बंद होने की कगार पर थे। इसमें जो डिवीज़न शामिल थे, वे थे छोटे घरेलू उपकरण, केंद्रीय एयर-कंडीशनिंग, टेलीविज़न निर्माण, ऑडियो उत्पाद और सेमीकंडक्टर। वेल्च का मानना था कि इन क्षेत्रों में जीई लंबे समय में एशियाई प्रतिस्पर्धियों के सामने नहीं टिक पाएगी। इन डिवीज़नों में काम करने वाले एग्ज़ीक्यूटिवों और कर्मचारी उग्र थे। एक से ज़्यादा ने कहा : "क्या मैं किसी कोढ़ी समूह में हूँ? मैंने इसकी ख़ातिर तो जीई में नौकरी नहीं की थी।" वेल्च के कार्यकाल के शुरुआती दो वर्षों में उन्होंने 71 डिवीज़न और उत्पाद लाइनें बेच दीं, उत्पादकता को काफ़ी बढ़ा दिया, लेकिन भारी द्वेष भी फैला दिया। कोई दूसरा एग्ज़ीक्यूटिव होता, तो इतने विरोध के बावजूद इन क्रांतिकारी परिवर्तनों को आगे नहीं बढ़ाता।

जब वेल्च ने हाउसवेयर डिवीज़न बेचा, तो उन पर उद्विग्न कर्मचारियों के क्रोधित पत्रों की बमबारी हो गई। वेल्च कहते हैं, "यदि ई-मेल का अस्तित्व होता, तो कंपनी का हर सर्वर बैठ जाता।" सभी पत्रों में एक जैसे भाव व्यक्त किए गए थे : "आप किस तरह के इंसान हैं? अगर आप यह करते हैं, तो यह स्पष्ट है कि आप कुछ भी कर देंगे!"

पाँच साल के अंतराल में वेल्च ने अलाभकारी डिवीज़नों के 1,18,000 कर्मचारियों को नौकरी से निकाल दिया। "पूरी कंपनी में कर्मचारी अनिश्चितता के साथ तालमेल बैठाने के लिए जूझ रहे थे," वेल्च याद करते हैं। दूर छिपने के बजाय उन्होंने अपने कर्मचारियों का खुलकर सामना किया और लगभग 25 कर्मचारियों के साथ हर पखवाड़े गोल मेज़ वार्ताएँ आयोजित कीं। "मैं संलग्नता के नियम बदलना चाहता था; मैं ज़्यादा की माँग कर रहा था – कम कर्मचारियों से। मैं इस बात पर ज़ोर दे रहा था कि हमारे पास केवल सर्वश्रेष्ठ लोग ही रहें।"

वेल्च ने अपनी कंपनी के एग्ज़ीक्यूटिवों और कर्मचारियों का ही सामना नहीं किया। उन्होंने यूनियन लीडरों, मेयर और राजनेताओं को भी नहीं बख़्शा, जो उन पर दबाव डालने की कोशिश कर रहे थे। मैसाच्युसेट्स के राज्यपाल से मिलने जाने पर वेल्च के मेज़बान ने आशा व्यक्त की कि जीई उनके राज्य में ज़्यादा लोगों को नौकरियाँ देगी। वेल्च ने जवाब दिया, "राज्यपाल महोदय, मुझे आपको कुछ बताना है। लिन संसार की आख़िरी जगह है, जहाँ मैं आगे कोई नौकरी देना चाहूँगा।" लिन का कारखाना अकेला था, जो यूनियनों के साथ हुए जीई के राष्ट्रीय अनुबंध के ख़िलाफ़ गया था। "मुझे अपनी मेहनत और पैसा ऐसी जगह क्यों लगाना चाहिए, जहाँ मुश्किल है, जबकि मैं ऐसे प्लांट लगा सकता हूँ, जहाँ लोग उन्हें चाहते हैं और उनके हक़दार हैं?"

फ़ॉर्च्यून मैग्ज़ीन ने वेल्च को "अमेरिका के दस सबसे कठोर बॉस" में पहले स्थान पर रखा। जो कर्मचारी अनाम रहना चाहते थे, उन्होंने एक लेख में कहा : "उनके लिए काम करना किसी युद्ध जैसा है। बहुत सारे लोगों को गोली लग जाती है; बचे हुए अगला युद्ध लड़ने जाते हैं।" लेख ने दावा किया कि वेल्च के सवालों की बमबारी शारीरिक हमले के समान था। दूसरी ओर, वे प्रशंसा में उदार थे, अच्छे काम को मान्यता देते थे और उत्कृष्ट कर्मचारियों को बोनस के पुरस्कार देते थे।

वे अपनी "कठोर" नीति की किसी आलोचना का खंडन करते थे। अपनी जीवनी में वे यहाँ तक कहते हैं : "मैंने जितना झेला, मुझे इतने सारे लोगों को

उतने लंबे समय तक नहीं झेलना चाहिए था, जो बदलाव में कामयाब नहीं होने वाले थे। मैंने इतने बरसों में लगातार यह सबक़ सीखा है कि मैं कई मामलों में कुछ ज़्यादा ही सतर्क रहा हूँ। मुझे तंत्रों को ज़्यादा जल्दी गिरा देना चाहिए था, कमज़ोर कारोबारों को ज़्यादा जल्दी बेच देना चाहिए था।"

वेल्च उन कर्मचारियों के साथ भी इतने ही हठीले थे, जो कंपनी के मूल्यों को आत्मसात नहीं करते थे, चाहे वे कितने ही अच्छे परिणाम हासिल कर लें। दूसरे एग्ज़ीक्यूटिवों को उनकी सलाह थी कि ऐसे कर्मचारियों को नौकरी से निकालते समय बनावटी बात न करें, इस तरह के बहाने न बनाएँ कि "चार्ल्स निजी कारणों से नौकरी छोड़कर चला गया, ताकि उसे अपने परिवार के साथ बिताने के लिए अधिक समय मिले।" इसके बजाय उन्होंने सलाह दी कि वे खुलकर बताएँ कि किसी कर्मचारी को नौकरी से इसलिए निकाला गया, क्योंकि उसने कंपनी के मूल्यों का पालन करने से इंकार किया था। "आप सुनिश्चित कर सकते हैं कि इसके बाद चार्ल्स की जगह पर आने वाला नया आदमी अलग तरीक़े से काम करेगा। इसके अलावा कोई भी मूल्यों के प्रति आपके समर्पण पर शक नहीं करेगा।"

वेल्च उन बड़बड़ करने वालों को नहीं झेल पाते थे, जो कंपनी की हर गड़बड़ चीज़ के बारे में शिकायत करते थे और कहते थे कि उन्हें पर्याप्त मूल्य या मान्यता नहीं मिल रही है। उन्होंने दावा किया, जिनके कर्मचारी इस तरह काम करते थे, वे बॉस खुद ही दोषी हैं, क्योंकि उन्होंने अधिकारों की एक संस्कृति बनाई थी, अपने कर्मचारियों में "एक आदर्श अधिकार-संस्कृति भरी थी, जिनमें आपके कर्मचारियों को सौदा ठीक उल्टा मिलता है। वे सोचते हैं कि आप उनकी ख़ातिर काम करते हैं।" "नरम" मैनेजरों को उनकी सलाह थी : "आप कोई सामाजिक क्लब या परामर्शदाता सेवा नहीं, बल्कि एक कंपनी चला रहे हैं।" उन्होंने सलाह दी कि वे अपनी कंपनी के भीतर की संस्कृति को जितनी तेज़ी से बदल सकें, बदल दें। इसके अलावा, उन्होंने उन्हें अपनी बात पर डटे रहने की सलाह दी : "जब आप अधिकार-संस्कृति को विघटित करेंगे, तो बेशक आपको दर्द भरी कराहें सुनाई देंगी। दरअसल, आप जिन कर्मचारियों को पसंद करते हैं और मूल्यवान समझते हैं, उनमें से कुछ प्रतिरोध में छोड़कर जा सकते हैं। इसे सहन करें और उन्हें शुभकामना दें।"

सबसे बढ़कर, वेल्च ने संवाद की संस्कृति पर ज़ोर दिया। उन्होंने कहा, इस तरह हर कर्मचारी जान जाता है कि स्थिति क्या थी और क्या उसका प्रदर्शन

अपेक्षा के अनुरूप था। कई कंपनियाँ यह ग़लती कर देती थीं कि वे "झूठी दयालुता या नक़ली आशावाद दिखाकर सख़्त, अत्यावश्यक संदेशों को नरम करने की बहुत मानवीय प्रवृत्ति" पर चलती थीं। बहुत सारे बॉस अपने प्रहारों को हल्का कर लेते थे, बजाय इसके कि "वे सीधे जाकर कमतर प्रदर्शन करने वालों को बताएँ कि वे कितना बुरा प्रदर्शन कर रहे हैं, जब तक कि कुंठा के ज्वार में वे उन्हें नौकरी से न निकाल दें।" मैनेजरों को ख़ुद पर गर्व था कि वे इतने "दयालु" या "भले" थे कि अपने कर्मचारियों को यह नहीं बताते थे कि "वे ठीक-ठीक कहाँ खड़े थे – ख़ास तौर पर असल पराजितों को।"

ऐसा इसलिए है, क्योंकि वे अपनी बात पर डटे रहने में समर्थ या इच्छुक नहीं हैं। जूझने के बजाय वाद-विवाद से बचना ज़्यादा आसान होता है। संघर्ष में समय और ऊर्जा की लागत आती है और काफ़ी जोख़िम रहता है, क्योंकि किसी वाद-विवाद का परिणाम हमेशा अनिश्चित होता है।

बहरहाल, ज़्यादातर लोग जब किसी से व्यवहार करते हैं, तो वे सहज बोध से समझ जाते हैं कि सामने वाला सद्भाव, एकमत और तुष्टिकरण को लेकर कुछ ज़्यादा ही चिंतित है। वे इस गुण को एक कमजोरी समझ लेते हैं, जो सही भी है। सद्भाव खोजना एक अच्छी बात है, लेकिन ज़्यादातर अच्छी बातों की तरह ही आप इसकी भी अति कर सकते हैं। सद्भाव की अतिशयोक्तिपूर्ण आकांक्षा आम तौर पर डर की वजह से होती है। जो लोग दूसरों के प्रति सख़्त क़दम उठाने से डरते हैं और असहमति व नापसंदगी से घबराते हैं, वे अक्सर कम आत्मसम्मान से कष्ट उठाते हैं। चूँकि उनमें यह सोचने का आत्मविश्वास नहीं होता कि वे वाद-विवाद में जीत सकते हैं, इसलिए वे वाद-विवाद से कन्नी काट जाते हैं। अगर वे ऐसा करते हैं, तो वे पहले ही हार चुके हैं। कम आत्मसम्मान वाले लोग आम तौर पर अपनी बात पर डटे रहने और संघर्ष में संलग्न होने के अनिच्छुक होते हैं। वे शायद ही कभी दूसरों का सम्मान जीत पाएँगे। यदि आप ख़ुद को कमज़ोर मानते हैं, तो दूसरे भी ऐसा ही करेंगे।

कार्यकारी वर्गीकरणों वाली कंपनियों में इस तरह के व्यक्ति को अगुआ की भूमिका पर प्रमोशन नहीं मिलेगा। आख़िर, किसी ऐसे व्यक्ति को नेतृत्व के काम कौन सौंपना चाहेगा, जो टकराव से कतराता है और सद्भाव को सबसे मूल्यवान मानता है? दूसरे कर्मचारी उस व्यक्ति को पसंद तो कर सकते हैं, लेकिन वे उसका सम्मान नहीं करेंगे। और जो बॉस दूसरों में लोकप्रिय बनना चाहता है, वह कैसे आवश्यक क़दमों को लागू कराएगा या अपेक्षाओं से कमतर

साबित हो रहे कर्मचारियों के साथ खुले और अप्रिय मूल्यांकन सत्र कैसे आयोजित करेगा?

यदि आप "पैदाइशी" सद्भावना-खोजी हों, तो क्या करें? सबसे पहले तो आपको अपनी प्रकृति को बदलने की ज़रूरत है, दूसरे आपको ऐसे मैनेजर रखने की ज़रूरत है, जो आमना-सामना करने के इच्छुक हों और आपकी कमज़ोरी की भरपाई कर सकते हों। आप कुछ हद तक ये अप्रिय काम उन्हें सौंप सकते हैं।

अपनी बात पर डटे रहना दूसरों के ख़िलाफ़ खुद को दृढ़ रखने की पूर्व-शर्त है। आरनॉल्ड श्वॉज़नेगर के जीवनी लेखक का दावा है : "वे हमेशा हर एक से अलग बनना चाहते थे। वे अपने आस-पास के संसार से तालमेल नहीं बैठाते थे और एक ऐसा माहौल बनाते थे, जो उनसे तालमेल बैठाए।"

लोक-व्यवहार पर डेल कारनेगी की मशहूर *हाउ टु मेक फ्रेंड्स ऐंड इंफ्लुएंस पीपल* जैसी सेल्फ़-हेल्प पुस्तकें पारंपरिक रूप से एक अलग नीति की सलाह देती हैं। "किसी वाद-विवाद से सर्वश्रेष्ठ परिणाम पाने का एकमात्र तरीक़ा इससे बचना है," कारनेगी एक अध्याय के अंत में कहते हैं, जिसका शीर्षक है, "आप बहस में नहीं जीत सकते।" दूसरी जगह पर, वे पाठकों को सलाह देते हैं : "सामने वाले की राय के प्रति सम्मान दिखाएँ। कभी यह न कहें, 'आप ग़लत हैं'।"

कारनेगी की पुस्तक दूसरों की आलोचना करने के सकारात्मक और नकारात्मक पहलुओं पर बहुत सी उपयोगी सलाह देती है। मैनेजर के पदों पर बैठे कई लोग उनके सुझावों पर अमल करके कहीं बेहतर परिणाम हासिल करेंगे। वॉरेन बफ़े ने कारनेगी के दर्शन पर आधारित एक व्यक्तिगत प्रशिक्षण योजना भी बनाई – और वे आगे चलकर सबसे सफल सार्वकालिक निवेशकों और मैनेजरों में से एक बने। बहरहाल, जो लोग टकराव से बचते हैं, वे कारनेगी की सलाह का एकतरफ़ा दृष्टिकोण अपना लेते हैं और वे इसका इस्तेमाल किसी भी क़ीमत पर वाद-विवाद से बचने के बहाने के रूप में करते हैं। हम सभी जानते हैं कि असल ज़िंदगी इस तरह से काम नहीं करती है।

सत्ताधारी पदों पर बैठे लोगों को तभी सम्मान दिया जाता है, अगर उनके पास वांछित चीज़ करने के मामले में संघर्ष के जोख़िम का इतिहास हो। इसका आवश्यक रूप से यह मतलब नहीं है कि वे अपनी आवाज़ ऊँची करें और कठोर बनें, लेकिन इसका मतलब यह है कि वैध लक्ष्यों और उम्मीदों पर

अमल को प्राथमिकता देते हैं। यदि यह काम "नरम तरीक़े" से किया जा सकता है, तो आपके लिए अच्छा है। लेकिन हर मैनेजर जानता है कि कई बार स्पष्ट आलोचना ज़रूरी हो जाती है। यदि आप यह नहीं कर सकते, तो आपको ख़ुद को दृढ़ रखने, दूसरों का नेतृत्व करने और उनका सम्मान हासिल करने में मुश्किल आएगी।

नेतृत्व संबंधी पुस्तकें अक्सर सफल मैनेजर की अयथार्थवादी तस्वीर खींचती हैं। वह हमेशा आलोचना करने में धीमा होता है और प्रशंसा में उदार रहता है, कभी अपनी आवाज़ ऊँची नहीं करता है, कभी दूसरों के सामने किसी कर्मचारी को नीचा नहीं दिखाता है आदि। ये आदर्श उद्यमी और मैनेजर निश्चित रूप से असल दुनिया में भी होते हैं - लेकिन उनसे बहुत ज़्यादा संख्या उन लोगों की होती है, जो पुस्तकों और नेतृत्व के सेमिनारों में दर्शाई मिसाल से बहुत अलग होते हैं।

सफल उद्यमियों के विश्लेषण से पता चलता है कि वाद-विवाद करने की योग्यता का एक नकारात्मक पहलू होता है : कर्मचारियों के साथ व्यवहार करने के आदर्श से दूर तरीक़े का प्रतिकूल असर होता है, क्योंकि इससे मूल्यवान स्टाफ़ सदस्यों का मनोबल कम हो जाता है, यहाँ तक कि उन्हें खोना भी पड़ सकता है। बिल गेट्स का उदाहरण लें, जो इतिहास के सबसे सफल उद्यमियों में से एक है। कुछ मायनों में वे नेतृत्व पर लिखी पुस्तकों में चित्रित एग्ज़ीक्यूटिव के ठीक विपरीत हैं। गेट्स आधी रात को अपने कर्मचारियों को ई-मेल भेजने के लिए कुख्यात थे (अक्सर, कर्मचारी तब भी काम कर रहे होते थे)। सामान्य संदेश इस तरह से शुरू होता था : "यह सबसे मूर्खतापूर्ण कोड है, जो आज तक लिखा गया है।" उनके कर्मचारी उनका ज़िक्र "धधकते मेल" के रूप में करते थे - वे "रूखे और अक्सर व्यंग्यात्मक" होते थे।

उनके जीवनी लेखक कहते हैं, माइक्रोसॉफ़्ट की स्थापना करने से पहले भी वे अपने तेवरों के लिए मशहूर थे। एमआईटीएस के लिए काम करते समय भी वे अक्सर भड़क जाते थे। उनके पूर्व बॉस याद करते हैं कि "वे पहली गर्मी में मेरे ऑफ़िस में आकर चीख़ते-चिल्लाते थे कि हर कोई उनका सॉफ़्टवेयर चुरा रहा था और वे कभी पैसे नहीं बना पाएँगे और जब तक कि हम उन्हें पेरोल पर न रखें, तब तक वे कुछ भी नहीं करेंगे।"

कई मालिकों की तरह गेट्स में भी धीरज की कमी थी और वे अक्सर अपनी अधीरता ऐसे तरीक़े से व्यक्त करते थे, जिससे दूसरों को बुरा लगता

था। माइक्रोसॉफ़्ट के एक पूर्व मैनेजर याद करते हैं कि कंपनी में उनके पहले ही सप्ताह के दौरान गेट्स उनके चेम्बर में आ धमके और चिल्लाने लगे : "आप इस कॉन्ट्रैक्ट पर काम करने में इतना ज़्यादा समय कैसे ले सकते हैं? बस इसे कर दो!" उनके जीवनी लेखक बताते हैं, ऐसी बातचीतों में "वे अपनी विकट बुद्धि का इस्तेमाल किसी भोथरे औज़ार की तरह करते थे। वे बदतमीज़ और व्यंग्यात्मक हो सकते थे, यहाँ तक कि अपमानजनक भी, जब वे कोई बात रखना चाहते थे... एक बार जब दोष सटीकता से व्यक्त कर दिया जाता था, तो वे उस आदमी को छलनी कर देते थे।" गेट्स अक्सर अपनी कुर्सी में आगे-पीछे झूलते थे, दूर घूरते रहते थे, मानो उनके विचार किसी दूसरी जगह हों। "फिर अचानक, जब उन्हें कोई ऐसी चीज़ सुनाई देती थी, जो उन्हें पसंद नहीं आती थी या जिससे वे सहमत नहीं होते थे, तो वे आगे-पीछे झूलना छोड़ देते थे, सीधे बैठ जाते थे और स्पष्ट रूप से क्रोधित हो जाते थे, कई बार तो अपनी पेंसिल तक फेंक देते थे। वे अक्सर चिल्लाते थे या टेबल पर मुक्का मारते थे।"

माइक्रोसॉफ़्ट के एक लाइन मैनेजर याद करते हैं : "वे लोगों को धौंस देते थे। आपकी बौद्धिक शक्तियाँ किसी दूसरे पर थोपने से युद्ध नहीं जीता जाता है, लेकिन वे यह बात नहीं जानते थे।" जब उनके एक मैनेजर ने उन्हें बताया कि वह एक साथ किसी प्रोजेक्ट का प्रबंधन और कोड लिखने का काम नहीं कर सकता, तो गेट्स फट पड़े, टेबल पर मुक्का मारा और पूरी तेज़ आवाज़ में चीख़ने लगे।

एक महिला कर्मचारी याद करती है कि आक्रामकता गेट्स का स्थायी स्वभाव है। "मैं इंतज़ार करती थी कि वे चीख़ना-चिल्लाना ख़त्म करें और जब वे थक जाएँ, तो हम बातचीत करें। वे कभी-कभार मुझे प्रचंड ई-मेल भेजते थे।" अपने सेक्रेटरियों के प्रति भी वे "अक्सर नीचा दिखाने वाला व्यवहार" करते थे। उनका गुस्सा "उनकी आमना-सामना करने की शैली से अपरिचित स्टाफ़ को विचलित कर देता था।" एक और कर्मचारी का कथन है कि हर कोई "राहत महसूस करता था, जब वे शहर से बाहर होते थे।"

गेट्स का हास्य-बोध अजीब था। कंपनी में आने वाला एक आगंतुक याद करता है : "हम रात को 8 बजे इमारत के बाहर टहल रहे थे और एक प्रोग्रामर दिन का काम ख़त्म करके घर जा रहा था। उसने कहा : 'सुनो बिल, मैं यहाँ 12 घंटे से काम कर रहा हूँ।' और बिल ने उसकी ओर देखकर कहा, 'आहहहह, एक बार फिर तुम आधे दिन काम करने लगे?' यह मज़ेदार था, लेकिन यह

समझ में आ रहा था कि बिल आधे-गंभीर भी थे।"

हालाँकि गेट्स के साथ पटरी बैठाना आसान नहीं था, लेकिन उनके कर्मचारी इस तथ्य की क़द्र करते थे कि वे हमेशा जानते थे कि गेट्स के संदर्भ में वे कहाँ खड़े थे। उनके स्टाफ़ का एक सदस्य कहता है : "बहुत से लोग अपनी नौकरियों को पसंद नहीं करते, क्योंकि उन्हें कोई फ़ीडबैक नहीं मिलता। यहाँ ऐसी कोई समस्या नहीं थी। आप सटीकता से जान जाते थे कि बिल उस काम के बारे में क्या सोचते हैं, जो आप कर रहे थे।"

ज़ाहिर है, गेट्स के कुख्यात ग़ुस्से के क़िस्से कहानी का सिर्फ़ एक ही हिस्सा बताते हैं। वे दूसरे उद्यमियों से ज़्यादा बेहतर तरीक़े से जानते थे कि किसी साझे लक्ष्य को हासिल करने के लिए अपने स्टाफ़ को प्रेरित और प्रोत्साहित कैसे करें। कोई भी बॉस कर्मचारियों पर सिर्फ़ दबाव डालकर उनसे उत्कृष्ट प्रदर्शन नहीं करा सकता। हालाँकि बिल गेट्स दूसरों के प्रति अपने आक्रामक नज़रिये के लिए कुख्यात थे, लेकिन वे यह भी जानते थे कि सृजनात्मक विकास की बहुत सारी स्वतंत्रता देकर अपने स्टाफ़ को कैसे प्रोत्साहित किया जाए। माइक्रोसॉफ़्ट के पथप्रदर्शक जज़्बे और प्रेरक माहौल ने कंपनी में कई बुद्धिमान और महत्त्वाकांक्षी युवाओं को आकर्षित किया।

बिल गेट्स अकेले कारोबारी लीडर नहीं हैं, जो ऐसे विरोधाभासी नज़र आने वाले अंदाज़ में व्यवहार करते हैं। रूपर्ट मरडॉक के जीवनी लेखक दावा करते हैं कि दस अरब डॉलर की नेट वर्थ वाले मीडिया टाइकून को "पसंद किए जाने की ज़रूरत नहीं है - ऐसा लगता है कि उन्हें पसंद किए जाना पसंद ही नहीं है।" बहरहाल, वे अपने स्टाफ़ को असाधारण ऊँची हद तक प्रेरित करने में सक्षम हैं। "कर्मचारियों के लिए... वे भावहीन, अधीर, नितांत कारोबारी, यहाँ तक कि क्रूर भी हो सकते हैं। लेकिन इसके बावजूद कर्मचारियों के मन में उनके लिए काम करने को लेकर रोमांच तथा अवसर का एहसास होता है - और यह एक ऐसे समय, जब उन्होंने महान रोमांच या अवसर का सुझाव देने के लिए उससे पहले ज़्यादा नहीं किया था।"

ऐपल के संस्थापक स्टीव जॉब्स एक और प्रमुख उदाहरण हैं। उनके जीवनी लेखक लिखते हैं, उनकी ख़ातिर काम करना किसी ऊपर-नीचे वाले झूले की सवारी जैसा था, जिसमें कभी वे "स्टीव को चिड़चिड़ा, कुंठित, असहनीय पाते थे और कभी इसके बावजूद उनके आह्वान का जवाब देते थे, उनके ढोल की धुन पर इच्छा से चलते थे, यहाँ तक कि खुशी-खुशी भी।" जॉब्स को लोगों

के बात काटने से दिक़्क़त नहीं होती थी – लेकिन "तभी जब यह उन लोगों से ताल्लुक़ रखता था, जिनका वे सम्मान करते थे, जो सच्चा योगदान देते थे और जिन्हें वे कुछ मायनों में अपने समान मान सकते थे। लेकिन अगर कोई दूसरा व्यक्ति स्टीव को पलटकर जवाब देने की कोशिश करता था, तो कंपनी में उसकी नौकरी अचानक ख़त्म हो सकती थी।"

जॉब्स जिन नियमों पर ज़ोर देते थे, उनमें से कुछ निरे बकवास थे। वाइट बोर्ड पर लिखना एक ऐसा विशेषाधिकार था, जो उन्होंने अपने लिए सुरक्षित रखा था। जब एल्वी रे स्मिथ, जो आगे चलकर पिक्सार की सह-स्थापना करने वाले थे, ने इस नियम की अवहेलना करते हुए एक मार्कर पेन उठाया, तो जॉब्स ने चिल्लाकर गुस्से में कहा : "तुम ऐसा नहीं कर सकते!" – "एल्वी हतप्रभ और अवाक् थे, जब स्टीव उनके क़रीब आए, जब तक कि उनकी नाक लगभग एक-दूसरे से टकराने लगी और नीचा दिखाने, छोटा बताने तथा आहत करने के इरादे से अपमानजनक बातें करने लगे।" स्मिथ ने नौकरी छोड़ दी। "उन्होंने यहाँ अपनी ज़िंदगी के पंद्रह साल लगाए थे, लेकिन वे स्टीव जॉब्स को जीवन में रखने के बजाय यह सब छोड़ने के लिए तैयार थे।" यह कहानी बताती है कि जॉब्स जैसे लोग अपने व्यवहार से ख़ुद को और अपनी कंपनी को किस तरह नुक़सान पहुँचा सकते हैं।

उनके जीवनी लेखक कहते हैं कि जॉब्स "डर के आभामंडल से घिरे थे... एक स्याह बादल की तरह। आप नहीं चाहते थे कि आपको उनके सामने किसी उत्पाद पर प्रज़ेंटेशन देने के लिए बुलाया जाए, क्योंकि हो सकता है कि वे उत्पाद को हटाने का निर्णय लें और उसके साथ-साथ आपको भी। आप नहीं चाहते थे कि आप गलियारे में उनसे टकरा जाएँ, क्योंकि हो सकता है कि उन्हें आपका दिया जवाब पसंद न आए और वे कोई प्रतिष्ठा के ख़िलाफ़ बात कह दें, जिससे कई सप्ताह तक आपका आत्मविश्वास कम हो जाए। और आप निश्चित रूप से उनके साथ किसी लिफ़्ट में सफ़र नहीं करना चाहते थे, क्योंकि हो सकता है कि दरवाज़ा खुलने तक आपकी नौकरी चली जाए।" लेकिन मुझे दोहराने दें : सौभाग्य से, यह कहानी का सिर्फ़ एक पहलू है। जिसने भी कभी स्टीव जॉब्स को उत्तेजक भाषा में भाषण देते देखा है, वह आसानी से कल्पना कर सकता है कि कैसे उन्होंने अपनी कंपनी में एक प्रेरक और चुनौतीपूर्ण माहौल बनाने में कामयाबी पाई है, अपने तेवरों के बावजूद कर्मचारियों को उनका सर्वश्रेष्ठ प्रदर्शन करने के लिए प्रोत्साहित किया है। बहरहाल, अगर आपके पास जॉब्स जैसा करिश्माई

व्यक्तित्व नहीं है, तो आपको सलाह दी जाती है कि आप इतनी अधिक सीमा तक अपने स्टाफ़ के धीरज की परीक्षा न लें।

मार्केटिंग गुरु डेविड ओगिल्वी के लिए काम करना भी पिकनिक जैसा नहीं था। जैसा उनके जीवनी लेखक कहते हैं, ओगिल्वी को "अपने मानदंड लागू करने के बारे में कोई आशंका नहीं थी।" उनके एक कॉपीराइटर कहते हैं : "ओगिल्वी के साथ किसी मीटिंग में बचने के लिए आपको गैंडे की खाल की ज़रूरत होती थी या फिर आपने अपना होमवर्क गहराई से किया हो ओर अपनी रणनीति त्रुटिहीन ढंग से अमल में लाई हो... वे व्यक्तिगत या भावनात्मक या किसी अन्य आक्रमण से चढ़ाई कर सकते थे, जिसके बारे में उन्हें महसूस होता था कि उससे दोषी व्यक्ति तक संदेश पहुँच जाएगा। और डी गॉल की तरह उनका भी यही मानना था कि प्रशंसा को एक दुर्लभ वस्तु होनी चाहिए, ताकि आप कहीं मुद्रा का अवमूल्यन न कर दें।"

जब ओगिल्वी अपने स्टाफ़ की लिखी किसी चीज़ का संपादन करते थे, तो ऐसा महसूस होता था, "मानो कोई महान सर्जन ऑपरेशन कर रहा हो, जो अपना हाथ आपके शरीर के एकमात्र कोमल अंग पर रख सकता था। आपको महसूस होता था कि वे अपनी अँगुली ग़लत शब्द, नरम वाक्यांश, अधूरे विचार पर रख रहे हैं।" एजेंसी को उनसे पहले चलाने वाले उनके भाई फ़्रांसिस भी ऐसे ही थे। "कर्मचारी जब सोमवार की सुबह आते थे, तो उन्हें अपनी डेस्क पर 'एफ़. ओ. द्वारा' नोट मिलते थे : 'आपने... पर ऐसा करने का वादा किया था। कृपया जल्दी करें।' या 'मैंने... करने को कहा था... कृपया स्पष्ट करें कि आपने इसे अब तक क्यों नहीं किया...'"

कर्मचारी बताते हैं कि अरबपति निवेशक जॉर्ज सोरोस के साथ काम करना मुश्किल था, क्योंकि "आपको महसूस होता था, जैसे आपको लगातार तौला जा रहा हो।" वे अपने कर्मचारियों के साथ हाई स्कूल के विद्यार्थियों जैसा बर्ताव करते थे, जो थोड़े धीमे थे। "वे बड़ी आसानी से आपा खो देते थे। वे आपको इतनी पैनी निगाह से देखते थे कि आपको महसूस होता था, मानो आप लेज़र गन के नीचे हों... वे हमेशा महसूस कराते थे कि वे आपको आस-पास चाहते हैं, लेकिन उन्हें कभी नहीं लगता था कि आप इसे सही तरीक़े से करने वाले हैं : वे बस आपको सहन करते थे, मानो आप कोई कमतर इंसान हों।" सोरोस अपनी ख़ुद की असाधारण बौद्धिक क्षमताओं को लेकर इतने विश्वासी थे कि उन्हें "उन लोगों को झेलने में मुश्किल आती थी, जिन्हें वे कम बुद्धिमान मानते थे।"

मैकडॉनल्ड्स की सफलता के पीछे वाले इंसान रे क्रॉक को "एक तरह के दयालु कॉर्पोरेट तानाशाह" के रूप में वर्णित किया गया है, जिनका "हुलिया किसी स्वेच्छाचारी बॉस का था।" वे अपने स्टाफ़ से साफ़-सुथरे हुलिए की उम्मीद करते थे और इस बारे में उनके बहुत स्पष्ट विचार थे। वे गंदे या चबाए नाख़ूनों से नफ़रत करते थे, सूट की सिलवटों, छोटी आस्तीन की शर्ट, बिखरे बालों आदि से चिढ़ते थे। वे उन कर्मचारियों को सहन नहीं करते थे, जो च्युइंग ग़म चबाते थे, पाइप पीते थे, कॉमिक पेज पढ़ते थे या सफ़ेद मोजे पहनते थे। क्रॉक को विश्वास था कि "साफ़-सुथरा हुलिया इंसान की चारित्रिक शक्ति के बारे में कुछ कहता है।" "वे तो यहाँ तक चाहते थे कि उनके कर्मचारी अपनी कारें साफ़ रखें।" वे कई बार मैनेजरों को आदेश देते थे कि वे अपनी नाक के बाल कतर लें या अपने दाँत पर ब्रश कर लें।

जिसने भी इन नियमों का उल्लंघन किया, उसे बाहर निकाल दिया गया। एक कर्मचारी एक बार उन्हें हवाई अड्डे पर लेने गया था। वह काउबॉय बूट पहनकर गया था और एक गंदी कार चला रहा था, इसलिए उसे उसी समय नौकरी से निकाल दिया गया। ऐसे समय थे, जब क्रॉक खुशी-खुशी अपने सारे मैनेजरों को बाहर निकाल देते – लेकिन उन्हें जितनी जल्दी गुस्सा आता था, उतनी ही जल्दी उतर भी जाता था। जब उन्होंने किसी को नौकरी से निकाल दिया, तो वह अगले दिन सुबह अपना सामान समेट रहा था, तभी क्रॉक ने अंदर आकर पूछा : "तुम यह क्या कर रहे हो?" जब उस कर्मचारी ने उन्हें याद दिलाया कि उन्होंने ही तो उसे पिछली रात को नौकरी से निकाला था, तो क्रॉक ने उससे कहा कि वह अपना सामान दोबारा जमा ले और काम शुरू कर दे।" वास्तव में उनकी अधिकतर "बर्ख़ास्तगियाँ" कभी अमल में ही नहीं आ पाईं, क्योंकि काम करने वाले लोगों को यह एहसास हो गया कि संस्थापक सिर्फ़ भड़ास निकाल रहा है।" क्रॉक "को गुस्सा बहुत आता था और वे किसी भी पल फटने में सक्षम थे," लेकिन वे तार्किक बात सुनने के बहुत इच्छुक थे और अपनी ग़लती मानने के लिए भी हमेशा तैयार रहते थे।

जर्मन आहार कंपनी डॉ. अर्टकर के संस्थापक ऑगस्ट अर्टकर साफ़-सफ़ाई को लेकर बहुत आग्रही थे और अगर कोई उनके नियमों का पालन नहीं करता था, तो वे लाल-पीले हो जाते थे। एक महिला कर्मचारी याद करती हैं : "एक दिन कमरे में एक मैट सरकाई गई थी और आप देख सकते थे कि नीचे फ़र्श साफ़ नहीं था। यह डॉक्टर की निगाह से नहीं बच पाई और वे

तुरंत ही शुरू हो गए और सबसे भद्दी गालियाँ देने लगे।" संगमरमर पर जूते पहनकर खड़े कर्मचारी को अर्टकर ने ख़ुद ही नौकरी से निकाल दिया।

ज़ाहिर है, इनमें से कोई भी उद्यमी दूसरों के प्रति अपने अविवेकी व्यवहार के कारण सफल नहीं था – बल्कि वे निश्चित रूप से इसके बावजूद सफल थे। दूसरों का सामना करने की उनकी इच्छा की एक क़ीमत होती है, जो सिद्धांततः एक सकारात्मक चारित्रिक गुण है। और यह न भूलें कि हम कुछ ऐसी चीज़ों के लिए गेट्स या जॉब्स जैसे करिश्माई कारोबारी जीनियस को माफ़ कर सकते हैं, जो किसी कमतर इंसान के पेशेवर पतन का कारण बन सकती थीं। यह संभव नहीं है कि मैनेजर के पद पर बैठा कोई व्यक्ति कंपनी की सीढ़ी पर बहुत ऊपर तक चढ़ पाएगा, अगर वह अपने स्टाफ़ के साथ वैसा व्यवहार करे, जैसा कि गेट्स या जॉब्स ने किया था। उस व्यक्ति की तरक्की करने वाले लोग उसे "उलझा हुआ" आदमी मानेंगे, जिसे दूसरे कर्मचारियों को साथ लेकर चलने में मुश्किल आती है।

सोरोस, जॉब्स या गेट्स जैसे लोगों को इस बात की परवाह करने की ज़रूरत नहीं है कि उनके बॉस उन्हें किस तरह देखते हैं, क्योंकि वे अपने बॉस ख़ुद हैं। लेकिन स्टीव जॉब्स को अपनी ही कंपनी से बाहर रहने के लिए कई साल तक सिर्फ़ इसलिए विवश होना पड़ा, क्योंकि उनकी नेतृत्व की शैली ख़राब थी। दूसरे उद्यमी इस तरह की तक़दीर से इसलिए बच गए, क्योंकि वे कंपनी के मालिक हैं और उन्हें नौकरी से नहीं निकाला जा सकता।

इस पुस्तक के कई उद्यमी "मुश्किल" रहे हैं। बचपन में भी उन्हें मौजूदा तंत्रों में फ़िट होने में मुश्किल आई थी और वे किसी दूसरे की सत्ता को स्वीकार करने के इच्छुक नहीं रहे थे। हो सकता है कि इस अनुभव ने उनके उद्यमी बनने के निर्णय में एक प्रमुख भूमिका निभाई हो। उन सभी ने जल्द ही सीख लिया था कि शक्तिशाली सत्ताधारी लोगों के ख़िलाफ़ ख़ुद को दृढ़ता से पेश कैसे करें – एक ऐसा गुण, जो बाद के जीवन में उन्हें लाभ पहुँचाने वाला था।

टेनिस स्टार बोरिस बेकर कहते हैं : "बरसों तक पिताजी के साथ कई बार मेरी बहस हुई। अक्सर हम महीनों तक एक दूसरे से बात नहीं करते थे। वे ख़ुद के पास ऐसे अधिकार मान लेते थे, जिनके वे हक़दार नहीं थे, पिता के रूप में भी।" जब बोरिस ने पहली बार विम्बलडन जीता, तो उनके पिता ने बोरिस के गृह नगर लाइमन में एक टीवी स्टेशन को उनका विजय रिसेप्शन आयोजित

करने में मदद की, हालाँकि बोरिस ने उन्हें बता दिया था कि वे ऐसा नहीं चाहते थे। अंततः वे उस समारोह में चले गए, ताकि उनके पिता को शर्मिंदगी न झेलनी पड़े। पहली बार के बाद उन्होंने पिताजी को चेतावनी दे दी : "देखिए डैडी, इस बार तो यह सब ठीक हो गया, लेकिन कृपया दोबारा कभी नहीं, ठीक है?"

बोरिस की दूसरी विम्बलडन जीत के बाद उनके पिता ने बेटे से पूछे बिना ही एक और पार्टी आयोजित कर दी। बोरिस ने अपने पिता से कार्यक्रम रद्द करने को कहा। पिता ने दावा किया, "बहुत देर हो चुकी है।" बोरिस ने जवाब दिया, "आप ऐसा कैसे कर सकते हैं? आप मेरा सम्मान नहीं करते।" वे कुछ शांति और सुकून की तलाश में लाइमन लौटे थे, दोबारा यह दोहराने नहीं कि उनकी विजय उनके लिए क्या मायने रखती थी। "बस अब बहुत हो गया। मैं कम से कम छह महीने तक आपसे बात नहीं करने वाला।" उनके पिता को उनकी बात पर यक़ीन नहीं हुआ, लेकिन बोरिस अपने वादे के पक्के निकले और उनसे छह महीने तक एक शब्द भी नहीं बोले।

प्रिंस अलवलीद की चाची इस अरबपति के बचपन को याद करते हुए बताती हैं : "वे बग़ावती थे, उनके माँ-बाप के तलाक़ के कारण। उन्होंने एक से ज़्यादा बार अपनी माँ का पक्ष लिया था और इसने उन्हें एक मायने में परित्यक्त बना दिया।"

तेरह साल की उम्र में अलवलीद ने इतनी ज़्यादा शरारतें कीं कि उन्हें स्कूल जाने के लिए विवश कर दिया गया। "अंततः" राजकुमार की जीवनी में रिज़ ख़ान लिखते हैं, "उनके पिता ने हस्तक्षेप किया। छोटे राजकुमार को सऊदी अरब ले जाया गया ताकि वे किंग अब्दुल अजीज़ मिलिट्री अकैडमी में पढ़ें, इस आशा में कि उनमें कुछ अनुशासन आ जाए... उन्हें वहाँ अनुशासित करने के लिए भेजा जा रहा था, जो उनकी सभी बग़ावती प्रवृत्तियों के ख़िलाफ़ था।" ख़ान कहते हैं कि कोई शक नहीं हो सकता था कि "छुटपन में अलवलीद अलग थे और थोड़े परेशान थे।"

असल मुश्किल तब शुरू हुई, जब उन्होंने एक टीचर के पेट में मुक्का मार दिया। अलवलीद एक परीक्षा के दौरान एक सहपाठी की कॉपी देख रहे थे। टीचर ने कहा कि वे उन्हें टेस्ट में "एफ़" (फ़ेल) देंगे और उनसे कमरे से बाहर जाने को कहा। अलवलीद ने इस बात से इंकार किया कि उन्होंने नक़ल की थी और टीचर को याद दिलाया कि वे किंग अब्दुल अज़ीज़ के पोते थे और रियाद अल सोल्ह के नाती, जो लेबनान के पहले प्रधानमंत्री थे। टीचर ने इस

तरह की कोई बात कही, "तुम्हारे पुरखे भाड़ में जाएँ।" प्रिंस अलवलीद खड़े होकर बोले : "बाहर जाने से पहले मैं आपको अपने पुरखों का संदेश दिए देता हूँ।" इसके साथ उन्होंने टीचर को इतनी कसकर मुक्का मारा कि उन्हें गंभीर भीतरी चोट आई। अलवलीद के दुर्व्यवहार की घटना पहली बार नहीं हुई थी और उनके शिक्षकों के सब्र का बाँध टूट गया। हालाँकि हेडमास्टर पारिवारिक मित्र थे, लेकिन उनके पास युवा राजकुमार को निकालने के सिवाय कोई विकल्प नहीं था।

स्टीव जॉब्स भी कम उम्र में विद्रोही थे और अपने माता-पिता तथा शिक्षकों से लड़ाई मोल लेते रहते थे। उनके बुरे व्यवहार और उच्छृंखलता की वजह से उन्हें बार-बार स्कूल से निलंबित किया जाता था। वे अपना होमवर्क करने से इंकार करते थे, जिसे वे समय की बर्बादी मानते थे। "मैं स्कूल में काफ़ी बोर हो गया था और मैं एक छोटे-मोटे आतंक में बदल गया," स्टीव जॉब्स स्वीकार करते हैं। वे एक गैंग के लीडर थे, जो क्लासरूम में बम लगाता था और साँप छोड़ता था। "आपको हमें तीसरे ग्रेड में देखना चाहिए था," वे कहते हैं। "हमने कुल मिलाकर टीचर को बर्बाद कर दिया।"

उनके माता-पिता नहीं जानते थे कि क्या करें। जब स्टीव ने घोषणा की कि अब वे उस स्कूल में नहीं पढ़ेंगे, तो माता-पिता ने दूसरे शहर जाकर रहने का निर्णय लिया। उनके जीवनी लेखक लिखते हैं, "ग्यारह साल की उम्र में ही स्टीव में इतनी दृढ़ इच्छाशक्ति थी कि वे अपने माता-पिता को दूसरे शहर में जाने के लिए राज़ी कर लें। उनकी चिर-परिचित गहनता, एकल-मानसिकता पहले ही स्पष्ट थी, जिससे वे अपनी प्रगति की राह की किसी भी बाधा को हटा सकते थे।"

जब जॉब्स 16 साल के थे, तो वे अपने बाल कंधों तक नीचे रखते थे, मादक द्रव्य लेते थे और शायद ही कभी स्कूल जाते थे। फिर उन्होंने पोर्टलैंड, ऑरेगन में रीड कॉलेज में पढ़ने का निर्णय लिया, जो नॉर्थवेस्ट में पहला लिबरल आर्ट्स कॉलेज था। उनके माता-पिता सदमे में थे, घर से दूरी के कारण भी और फ़ीस के कारण भी, जो इतनी ज़्यादा थी कि उनके लिए चुकाना मुश्किल था। उनकी माँ कहती हैं : "स्टीव ने कहा था कि रीड ही एकमात्र कॉलेज है, जहाँ वह जाना चाहता है और अगर वह वहाँ नहीं जा पाया, तो वह कहीं पढ़ने नहीं जाना चाहता।"

स्टीव के माता-पिता ने उन्हें कॉलेज भेजने के लिए अपनी बचत का

इस्तेमाल किया। डीन याद करते हैं : "स्टीव का मस्तिष्क बहुत जिज्ञासु था, जो बेहद आकर्षक था... वे सुनी-सुनाई सच्चाइयों को सहजता से स्वीकार करने से इंकार करते थे। वे हर चीज़ की जाँच-परख खुद करना चाहते थे।" अंततः उन्होंने रीड कॉलेज की पढ़ाई छोड़ दी, हालाँकि वे स्कूल के ख़र्च पर वहीं रहने लगे।

जॉब्स की तरह ही लैरी एलिसन को भी, जिन्होंने ऑरेकल कंपनी की स्थापना की थी और जो आज अमेरिका के सबसे अमीर अरबपतियों में से एक हैं, बचपन में गोद लिया गया था। वे अपने पिता के साथ लगातार लड़ते रहते थे। उनके जीवनी लेखक कहते हैं, "एलिसन और उनके पिता ने एक ही चीज़ की थी, एक दूसरे से असहमत होना।" एलिसन के अनुसार उनके पिता पूर्ण रूढ़िवादी थे। "मेरे पिता विवेकपूर्ण या तर्कसंगत नहीं थे। उन्हें यक़ीन था कि अगर सरकार ने कोई चीज़ कही या की थी, तो सरकार हमेशा सही थी। और अगर पुलिस ने किसी को गिरफ़्तार किया था, तो वह व्यक्ति हमेशा अपराधी था।" जहाँ तक उनके पिता का संबंध है, शिक्षक भी हमेशा सही थे।

सम्मान का अभाव दोतरफ़ा था। एलिसन के पिता को अपने गोद लिए बेटे की योग्यताओं पर बहुत कम भरोसा था। उन्होंने एलिसन को बार-बार बताया कि वे जीवन में कभी कुछ नहीं बन पाएँगे। एलिसन को अपने पिता के अविश्वास से वह सारी प्रेरणा मिल गई, जिसकी उन्हें ज़रूरत थी। उनके मित्र एलिसन और उनके पिता के संबंधों में तनाव महसूस कर सकते थे। एक मित्र के अनुसार, "वे अपने पिता से नफ़रत करते थे। उनका घरेलू जीवन क़तई सुखद नहीं था।"

वाद-विवाद स्कूल में भी हुए, जहाँ एलिसन शिक्षकों के सामने डटकर खड़े हो जाते थे। वे ऐसी कोई चीज़ नहीं सीखना चाहते थे, जिसकी उपयोगिता उन्हें समझ में न आए और वे जिसे नहीं झेलना चाहते थे, उसे ध्वस्त कर देते थे। स्कूल पूरा करने के बाद जब उन्होंने कंपनियों में नौकरी की, तो इस नज़रिये से उन्हें काफ़ी परेशानियाँ झेलनी पड़ीं। अंततः उन्हें एहसास हो गया कि उनका एकमात्र विकल्प अपनी खुद की कंपनी बनाना था, जहाँ हर चीज़ पर उनका नियंत्रण रह सके।

बिल गेट्स ने स्कूल में बहुत अच्छा प्रदर्शन किया, ख़ास तौर पर गणित में, लेकिन वे अपने शिक्षकों के प्रति "सख़्त, झगड़ालू" व्यवहार के लिए मशहूर थे। दसवीं कक्षा में उनकी अपने भौतिकी के शिक्षक से जमकर बहस छिड़ गई। "वे दोनों एक दूसरे से गरमागरम बहस कर रहे थे, आमने-सामने, पूरी कक्षा

के सामने एक उठे हुए मंच पर, जिसका इस्तेमाल क्लास डेमॉन्स्ट्रेशनों के लिए होता था। गेट्स गला फाड़कर चिल्ला रहे थे, अपनी अँगुलियाँ हिला रहे थे, टीचर पर मुट्ठी तान रहे थे और उन्हें बता रहे थे कि वे भौतिकी के एक मुद्दे पर ग़लत थे... और गेट्स बहस में जीत रहे थे।" उनके जीवनी लेखक कहते हैं : "गेट्स उन लोगों को बर्दाश्त नहीं कर पाते थे, जो उनके जितने तीव्र मस्तिष्क के धनी नहीं थे, जिनमें शिक्षक भी शामिल थे।"

ज़्यादातर भावी सफल उद्यमियों के मुक़ाबले बिल गेट्स के अपने माता-पिता के साथ बेहतर संबंध थे, लेकिन उनका पारिवारिक जीवन भी हमेशा सद्भावपूर्ण नहीं था। हार्वर्ड की पढ़ाई छोड़ने का उनका निर्णय एक गंभीर बहस का कारण था। गेट्स ने कहा कि वे हार्वर्ड इस उम्मीद में आए थे कि यहाँ उन्हें ऐसे लोग मिलेंगे, जो बौद्धिक दृष्टि से उनसे श्रेष्ठ हों, लेकिन उन्हें वहाँ ऐसे लोग नहीं मिले। उन्होंने निर्णय लिया कि बेहतर यही रहेगा कि वे अपनी ख़ुद की कंपनी बनाएँ और इसके लिए अल्बूकेर्क, न्यू मेक्सिको चले जाएँ।

उनके माता-पिता को यह मूर्खतापूर्ण विचार लगा और उन्होंने इस पर अमल करने से गेट्स को रोकने के लिए भरसक प्रयत्न किए। उन्होंने अपनी जान-पहचान के एक सम्मानित और सफल व्यवसायी से कहा कि वे उनके बेटे से मिलकर उसे समझाएँ। गेट्स ने उस व्यवसायी को अपनी योजनाएँ और व्यक्तिगत कंप्यूटर क्रांति के बारे में बताया, जो बस सामने वाले मोड़ पर थी। उन्होंने कहा, एक दिन हर इंसान के पास एक पर्सनल कंप्यूटर होगा। जिस परिचित को बिल को योजनाएँ छोड़ने की सलाह देनी थी, अंत में वही उनका समर्थन करने लगा। उनके माता-पिता सदमे में थे, जब उन्होंने माइक्रोसॉफ़्ट का गठन करने के लिए युनिवर्सिटी की पढ़ाई छोड़ दी, जिससे वे संसार के सबसे अमीर आदमी बनने वाले थे।

24 घंटे के न्यूज़ चैनल सीएनएन के सृजनकार टेड टर्नर आज अमेरिका में सबसे बड़े जायदाद मालिक और अरबपति हैं। उनका भी अपने पिता और शिक्षकों के साथ गंभीर झगड़ों का ऐसा ही इतिहास रहा था। उनके माता-पिता ने उनका दाख़िला मैकैली में कराया, जो चैटेन्यूगा, टेनेसी में लड़कों का स्कूल था। यह दक्षिण अमेरिका के सबसे कठोर बोर्डिंग स्कूलों में से एक माना जाता था। टर्नर अपने स्कूल के दिनों के बारे में कहते हैं : "तंत्र के ख़िलाफ़ बग़ावत करने के लिए मैंने हर वह चीज़ की, जो मैं कर सकता था। मैं अपने कमरे में हमेशा जानवर और ऐसी ही चीज़ रखता

था। मैं एक या दूसरे मामले में हमेशा मुश्किल में फँसता रहता था और फिर किसी मर्द की तरह अपनी सज़ा भुगतता था।" उन्होंने स्कूल को अपने अनुशासनात्मक तंत्र की समीक्षा करने के लिए भी मजबूर कर दिया। "मुझे जितनी ग़लतियों के लिए सज़ा मिली, उतनी स्कूल के इतिहास में किसी को भी नहीं मिली... हर ग़लती के लिए आपको चौथाई मील पैदल चलना पड़ता था। देखिए, किसी वीकऐंड पर आप कितना पैदल चल सकते हैं, उसकी एक सीमा होती है, इसलिए बाक़ी बची हुई सज़ा ख़ाते में आगे बढ़ती रहती थी।" स्कूल में आने के बाद पहले साल में ही टर्नर ने 1,000 से ज़्यादा सज़ाएँ इकट्ठी कर ली थीं, जिसका मतलब इतने मील था, जो चलना संभव नहीं था। "इसलिए स्कूल वालों को एक नया तंत्र ईजाद करना पड़ा, ताकि किसी को असीमित सज़ाएँ न मिल सकें।"

मुश्किलें खड़ी करने वाले के रूप में टर्नर का करियर तब भी जारी रहा, जब वे प्रॉविडेंस में ब्राउन युनिवर्सिटी के विद्यार्थी थे। असंख्य उत्पातों के लिए उन्हें एक बार कुछ दिनों के लिए निलंबित कर दिया गया, जब उन्हें उनके हॉस्टल के कमरे में एक लड़की के साथ पकड़ा गया था। यह स्कूल के नियमों की गंभीर अवहेलना थी, जिसके लिए 21 दूसरे विद्यार्थियों को पहले ही निलंबित किया जा चुका था – और टर्नर को भी कॉलेज से निकाल दिया गया।

इस घटना से पहले विषयों के चयन को लेकर उनकी अपने पिता के साथ एक गंभीर बहस हुई। एक पत्र में उनके पिता ने लिखा था: "प्रिय पुत्र : मैं स्तंभित हूँ, यहाँ तक कि घबराया हुआ हूँ, कि तुमने क्लासिक्स को प्रमुख विषय के रूप में चुना है। वास्तव में, आज घर लौटते समय मुझे उबकाई आने लगी... यह विषय कुछ अलग-थलग रहने वाले अव्यावहारिक स्वप्नदर्शियों और कुछ चुनिंदा कॉलेज प्रोफ़ेसरों को ही पसंद आएगा तथा तुम्हें इन्हीं लोगों का साथ मिल सकता है।" उनका पत्र इस चेतावनी पर ख़त्म हुआ : "मैं सोचता हूँ कि तुम तेज़ी से गधे बनते जा रहे हो और तुम जितनी जल्दी उस गंदे माहौल से बाहर निकलोगे, मुझे उतना ही ज़्यादा अच्छा महसूस होगा।" टर्नर ने प्रतिशोध लेते हुए अपने पिता के पत्र को हूबहू *डेली हेराल्ड* के संपादकीय पृष्ठ पर छपवा दिया। हालाँकि यह गुमनाम रूप से किया गया था, लेकिन उनके पिता आगबबूला हो गए।

वॉरेन बफ़े के भी अपने माता-पिता और शिक्षकों के साथ बहुत से झगड़े

हुए थे – वे तो पुलिस के साथ भी मुश्किल में पड़ गए थे। अपनी युवावस्था पर नज़र डालते हुए वे खुलकर स्वीकार करते हैं कि वे "असामाजिक" थे : "मैं बुरे लोगों की सोहबत में पड़ गया और ऐसे काम किए, जो मुझे नहीं करने चाहिए थे। मैं बस बग़ावत कर रहा था। मैं दुखी था।" वॉरेन के माता-पिता उनके व्यवहार से स्तंभित थे। उनके जीवनी लेखक कहते हैं कि 1944 के अंत तक "वे स्कूल के सबसे उत्पाती बच्चे बन गए थे।" उन्हें बुरे ग्रेड मिलते रहे और उनके साथ व्यवहार करना इतना मुश्किल था कि उनके शिक्षकों ने उन्हें अकेले कमरे में छोड़ दिया और "मेरे सबक़ दरवाज़े के नीचे से खिसका दिए जाते थे, जैसा एक मशहूर हॉलिवुड फ़िल्म के किरदार हैनिबल लेक्टर के साथ किया जाता था... मैं सचमुच बग़ावत कर रहा था... मैंने हुलिए और आचरण की कमियों आदि का रिकॉर्ड बनाया था," बफ़े याद करते हैं।

उपाधि वितरण के दिन बफ़े ने अनिवार्य सूट-टाई पहनने से इंकार कर दिया। "वे मुझे क्लास के साथ उपाधि नहीं लेने दे रहे थे... क्योंकि मैं बहुत उत्पाती था और मैं अनिवार्य कपड़े नहीं पहनना चाहता था।"

एक "विद्रोही" जज़्बा और भिन्न होने का साहस ही वे मार्गदर्शक सिद्धांत थे, जिनके द्वारा फ्रांसीसी फ़ैशन डिज़ाइनर कोको शनेल ने भी अपनी ज़िंदगी जी। वे अपनी आत्मकथा में लिखती हैं : "मैं एक विद्रोही संतान थी, एक विद्रोही प्रेमी, एक विद्रोही फ़ैशन डिज़ाइनर, एक सच्ची शैतान।" यह उनका गर्व था, जिसने उन्हें विद्रोही बनाया। शनेल कहती हैं, "गर्व मेरे बुरे स्वभाव, मेरी जिप्सी-जैसी स्वतंत्रता, मेरी असामाजिक प्रकृति की कुंजी है; यह मेरी शक्ति और सफलता का रहस्य भी है।"

उनके अनुभवों ने उन्हें सिखा दिया था कि "एक विद्रोही संतान एक अच्छी तरह से तैयार और बहुत शक्तिशाली इंसान के रूप में भरपाई कर देती है।" शनेल दावा करती हैं, "मैं किसी दूसरे से आदेश नहीं ले सकती।" "लोग अक्सर कहते हैं, मैं एक अराजकतावादी हूँ।" यह सच है कि दृढ़ता एक ऐसा गुण है, जो दूसरों के साथ मुठभेड़ों से मँजता है, ख़ास तौर पर बचपन और किशोरावस्था में। सत्ता के ख़िलाफ़ विद्रोह से स्वतंत्रता तथा आत्मविश्वास का एहसास बलवान बनता है, जो भावी सफलता के लिए अनिवार्य है – शनेल का जीवन इसका आदर्श उदाहरण है।

डेविड ओगिल्वी के स्कूल की रिपोर्ट में उन्हें "एक स्पष्ट रूप से मौलिक दिमाग़" और अपनी मातृभाषा में आत्म-अभिव्यक्ति की योग्यता का श्रेय दिया

गया था, लेकिन इस बारे में चिंता जताई गई थी कि उनमें "अपने शिक्षकों के साथ बहस करने की प्रवृत्ति थी और वे यह जताते रहते थे कि वे खुद सही हैं और पुस्तकें ग़लत हैं; लेकिन यह शायद उनकी मौलिकता का एक और प्रमाण है। बहरहाल, यह एक ऐसी आदत है, जिसे हतोत्साहित करना समझदारीपूर्ण होगा।" बाद में, जब ओगिल्वी मशहूर हो गए, तब उन्होंने अपने पुराने स्कूल के संस्थापक दिवस के जलसे में भाषण देते हुए स्वीकार किया : "मैं उन अज्ञानी लोगों से चिढ़ता था, जो मुखिया थे। मैं एक अटल विद्रोही था - साँचे में नहीं ढलता था... स्कूल में सफलता और जीवन में सफलता के बीच कोई सीधा संबंध नहीं है।"

इस पुस्तक में वर्णित कई सफल व्यक्ति - जैसे वॉरेन बफ़े, बिल गेट्स, स्टीव जॉब्स या कोको शनेल - शायद खुद को अपने शिक्षकों से बौद्धिक दृष्टि से श्रेष्ठ मानते थे और अधिकतर मामलों में हो सकता है कि उनका यह मानना सही हो। गैरी कास्परोव सार्वकालिक सबसे सफल शतरंज खिलाड़ी हैं। वे याद करते हैं कि उनकी टीचर ने उनके माता-पिता को फ़ोन करके शिकायत की थी कि वे क्लास को जो पढ़ाती थीं, गैरी उस पर सवाल करते थे। इस तरह का व्यवहार सोवियत शिक्षा तंत्र में पहले कभी नहीं किया गया था। टीचर ने कास्परोव से नाटक छोड़ने को कहा - उन्होंने कहा कि वह इस तरह नाटक कर रहा है, मानो वह हर किसी से ज़्यादा चतुर हो। इस पर कास्परोव ने जवाब दिया, "लेकिन क्या यह सच नहीं है?"

अरबपति रिचर्ड ब्रैन्सन को भी स्कूल में मुश्किल समय गुज़ारना पड़ा था, मुख्यतः इसलिए क्योंकि वे डिस्लेक्सिया के शिकार थे, जिससे पढ़ने-लिखने में मुश्किल आती थी। ज़्यादातर सफल व्यक्तियों के विपरीत, उनके अपने माता-पिता के साथ हमेशा बहुत अच्छे संबंध रहे, जिन्होंने हर तरह से उनका समर्थन किया। लेकिन उन्होंने ब्रैन्सन को जो सिखाया, वह उससे बुनियादी तौर पर अलग था, जो अधिकतर बच्चे अपने माता-पिता से सीखते हैं। उनकी माँ बार-बार इस तरह के मंत्र दोहराती थीं, जैसे "विजेता ही सब ले जाता है" या "अपने सपनों का पीछा करो।" जब वे बच्चे थे, तब भी वे उन्हें सभी तरह की मुश्किलों में रख देती थीं, जिनमें माहिर होने से वे आत्मविश्वास हासिल कर सकते थे। "आत्म-निर्भरता का मेरा पहला सबक़ तब हुआ, जब मैं लगभग चार साल का था। हम लोग कहीं बाहर गए थे और रास्ते में माँ ने हमारे घर से कुछ मील पहले कार रोक दी। उन्होंने मुझसे कहा कि मैं खेतों के पार घर तक

का रास्ता ख़ुद खोजूँ... जैसे-जैसे मैं बड़ा हुआ, ये सबक़ ज़्यादा मुश्किल होते गए।"

जब वे बारह साल के थे, तो उनकी माँ ने भोर में ही उन्हें हिलाकर जगा दिया और उनसे कपड़े पहनने को कहा। जाड़े का मौसम था, भारी ठंड थी और बाहर गहरा अँधेरा था। उनकी माँ ने उन्हें लंच पैक करके दिया और तट की ओर 50 मील की साइकिल यात्रा पर रवाना कर दिया। "तब भी अँधेरा था, जब मैं अपने दम पर एक नक़्शा लेकर चल दिया, ताकि मैं कहीं भटक न जाऊँ। मैंने वह रात एक रिश्तेदार के घर गुज़ारी और अगले दिन घर लौटा।" उन्होंने जो हासिल किया था, उन्हें उस पर गर्व था। वे अपनी माँ से प्रशंसा सुनने के लिए बेताब थे। लेकिन उनकी माँ ने बस इतना ही कहा : "शाबाश, रिकी। मज़ा आया? अब चलो, पादरी चाहते हैं कि तुम उनके लिए कुछ लकड़ियाँ काट दो।"

ब्रैन्सन दावा करते हैं कि वे अपनी सफलता का श्रेय अपने माता-पिता की "कठोर प्रेम" की परवरिश नीति को देते हैं। "वे शुरुआती सबक़, जो हमारे बड़े होने पर बढ़ गए, इसलिए थे, क्योंकि मेरे माता-पिता चाहते थे कि हम शक्तिशाली बनें और आत्म-निर्भर बनें, स्वतंत्र बनें, खुद्दार इंसान रहें।" उच्च सफलता पाने वाले कई अन्य लोगों के विपरीत, ब्रैन्सन हमेशा अपने माता-पिता के बेशर्त समर्थन पर भरोसा कर सकते थे - भले ही उन्होंने अपने प्रोजेक्टों के लिए स्कूल की पढ़ाई जल्दी छोड़ दी थी : एक राष्ट्रीय विद्यार्थी अख़बार प्रकाशित करने और एक मेल-ऑर्डर रिकॉर्ड कारोबार करने की ख़ातिर।

ब्रैन्सन एक दुर्लभ अपवाद हैं। इस पुस्तक में शामिल कई सफल लोग जब बड़े हुए, तो वे अपने असल माता-पिता को जानते भी नहीं थे। और उनमें से अधिकतर - ख़ास तौर पर भावी उद्यमियों ने - हर सत्ताधारी व्यक्ति के ख़िलाफ़ विद्रोह किया, ख़ास तौर पर माता-पिता और शिक्षकों के ख़िलाफ़। इन्हीं वाद-विवादों और झगड़ों ने उन्हें आगे चलकर अपने रास्ते पर चलने का विश्वास व आंतरिक शक्ति प्रदान की।

जैसा हम देख चुके हैं, एक "विद्रोही" व्यक्तिगत तंत्र अक्सर लोगों को खुद के कारोबार की ओर ले जाता है। तंत्रों और दूसरों के थोपे प्रतिबंधों को सहन करने से इंकार करते हुए वे निर्णय लेते हैं कि वे अपने खुद के बॉस बनना चाहते हैं। बहरहाल, हमने सिर्फ़ उन स्त्री-पुरुषों के करियर को देखा है, जो बाद में सफल बने हैं - क्योंकि उनमें कई अन्य ख़ास गुण और मानसिक संसाधन थे। ज़ाहिर है, जिसे भी दूसरे लोगों के नियमों और

मानदंडों को मानने में मुश्किल आती है और जो सत्ताधारियों से झगड़े करता रहता है, उसकी सफलता तय नहीं होती - सच्चाई इसके विपरीत है। उनमें से कई असफल हो जाएँगे, क्योंकि परंपरा का अनुसरण करने और समझौता करने की निश्चित इच्छुकता प्रबंधन आदि क्षेत्रों में करियर का आवश्यक गुण है।

इस सबका आपके लिए क्या मतलब है? ज़्यादा ऊँचे लक्ष्यों को हासिल करने के लिए आपको काफ़ी दृढ़ता की ज़रूरत है। अगर आप स्वभाव से सद्भावना चाहने वाले हैं, तो आपको डटकर खड़े होना सीखना होगा। दृढ़ता आंतरिक गुण कम, हासिल योग्यता ज़्यादा है। आत्मविश्वास की तरह ही, जिसका ज़िक्र हम एक पिछले अध्याय में कर चुके हैं, दृढ़ता भी एक मांसपेशी जैसी है, जिसे प्रशिक्षण की ज़रूरत होती है और इसे प्रशिक्षित करने का तरीक़ा है आमने-सामने के मुक़ाबले में संलग्न होना। ज़ाहिर है, इसका यह मतलब नहीं है कि आपको झगड़ा करने की ख़ातिर झगड़ा करना चाहिए। वाद-विवाद में समय, शक्ति और ऊर्जा ख़र्च होती है। सबसे बढ़कर, आपको सीखना होता है कि दूसरों को इस बात की अनुमति न दें कि वे आपको अनावश्यक झगड़ों में घसीटें। "मैं अपने झगड़े ख़ुद चुनता हूँ" - यह सूत्रवाक्य मुझे मेरे पिता ने सिखाया था। दूसरे शब्दों में - कोई दूसरा आपको एक झगड़े में शामिल करने की कोशिश कर रहा है, इसका यह मतलब नहीं है कि आपको उनके छल्ले में से होकर कूदना ही होगा। दूसरों को झगड़े ख़ुद पर थोपने न दें और इस तरह यह तय न करने दें कि आप अपने समय और ऊर्जा का निवेश किसमें करते हैं। कई मामलों में, झगड़े से बचना ज़्यादा समझदारीपूर्ण हो सकता है - और दूसरे, इससे आप अधिक महत्त्वपूर्ण वाद-विवादों के लिए अपनी शक्ति बचा लेते हैं, जो आपको उन लक्ष्यों के ज़्यादा क़रीब पहुँचाएँगे, जो आपने अपने लिए तय किए हैं।

अध्याय 7

कभी भी "नहीं" को अंतिम जवाब न मानें!

हममें से जिन लोगों को 1980 का दशक याद है, स्टीव जॉब्स वह इंसान थे, जिन्होंने मैकिनटॉश का आविष्कार किया था, जो ग्राफ़िक इंटरफ़ेस वाला वाणिज्यिक दृष्टि से सफल पहला पर्सनल कंप्यूटर था, जिसने 1984 में बाज़ार में उतरते ही उपभोक्ताओं और विशेषज्ञों दोनों को चकित कर दिया था। ज़्यादा युवा उन्हें आईफ़ोन, आईपॉड और आईपैड के सृजनकार के रूप में जानते हैं, जिन्होंने डिजिटल जीवनशैली वाले उत्पादों के एक नए बाज़ार का सूत्रपात किया।

स्टीव जॉब्स की कंपनी ऐपल उन्हें 24 साल की उम्र तक मिलियनेअर बना चुकी थी। जब दिसंबर 1980 में उन्होंने अमेरिकी इतिहास का सबसे सफल आईपीओ जारी किया, तो उनकी अनुमानित दौलत 217.5 मिलियन डॉलर थी। उनकी नेट वर्थ बाद में छह अरब डॉलर से अधिक हो गई, जिससे वे अमेरिका के सबसे अमीर इंसानों में से एक बन गए। कई लोग उन्हें वर्तमान युग का मार्केटिंग जीनियस मानते हैं। 2010 के अंत में 298 अरब डॉलर के शेयर बाज़ार मूल्य के साथ ऐपल संसार में तीसरे स्थान पर थी।

जैसा हम पिछले अध्याय में देख चुके हैं, स्टीव जॉब्स में एक गुण हमेशा से था, जो कई अन्य सफल लोगों में भी था : वे एक मुश्किल, विरोधी पहलुओं वाले इंसान थे, जिनकी दूसरे या तो पूजा करते थे या फिर नफ़रत। और वे आधे भी सफल नहीं होते, अगर वे हमेशा "नहीं" का जवाब स्वीकार कर लेते।

1974 के वसंत में 18 वर्षीय स्टीव जॉब्स ने अटारी नामक कंपनी में एक नौकरी का आवेदन दिया, जिसने उसी समय एक लोकप्रिय वीडियो गेम बाज़ार में उतारा था। कंपनी उन कर्मचारियों को नियुक्त करने के लिए विज्ञापन दे रही थी, जो "मज़े करने के साथ-साथ पैसे बनाना" चाहते थे। यह विचार जॉब्स को

जम गया। एक दिन कार्मिक विभाग के मैनेजर ने इंजीनियरिंग प्रभाग के प्रमुख अल अल्कॉर्न से कहा : "हमारे यहाँ एक अजीब आदमी आया है। वह कहता है कि वह तब तक यहाँ से नहीं जाएगा, जब तक कि हम उसे नौकरी न दे दें। या तो पुलिस बुला लें वरना उसे नियुक्त कर लें।"

उस वक़्त जॉब्स एक हिप्पी थे, जो नशीली दवाओं के प्रयोग करते थे और कुछ दूसरे प्रौद्योगिकी-प्रेमी युवाओं के साथ मिलकर उन्होंने फ़ोन कंपनी को चकमा देने और अपनी फ़ोन लाइन का मुफ्त इस्तेमाल करने की एक ग़ैर-क़ानूनी तकनीक ईजाद की थी, इसलिए वे उन्हें नौकरी के लिए बहुत योग्य उम्मीदवार नहीं लगे। अल्कॉर्न को याद है कि वे "बुनियादी तौर पर चिथड़ों वाली पोशाक में थे, हिप्पी पोशाक। रीड कॉलेज का अठारह साल का ड्रॉप-आउट युवक। मैं नहीं जानता कि मैंने उसे नौकरी पर क्यों रखा, सिवाय इसके कि वहाँ कुछ चिंगारी थी। मैंने उस आदमी में चिंगारी सचमुच देखी थी, कुछ आंतरिक ऊर्जा, एक नज़रिया कि वह कुछ करने जा रहा था।" अल्कॉर्न के सहकर्मी ने पूछा कि वह जॉब्स के साथ क्या करे। "उसमें अनूठापन है, वह अलग है, एक हिप्पी।" वे अंततः सहमत हो गए कि वे जॉब्स को रात का काम दें, ताकि उसकी मौजूदगी से किसी को अप्रसन्नता न हो।

दो साल बाद अप्रैल 1976 में जॉब्स और उनके मित्र स्टीव वॉज़्नियैक ने ऐपल की स्थापना कर दी। एक कंप्यूटर दुकान के मालिक ने उनके पहले नमूने के 50 यूनिट का ऑर्डर दिया, जिसे उन्होंने ऐपल वन नाम दिया था। भाव था 500 डॉलर। दोनों युवा उद्यमियों के लिए यह भारी सफलता थी, लेकिन आवश्यक निवेश के लिए पैसा कैसे आए, यह सवाल नहीं सुलझ रहा था। दोनों मित्रों ने 1,000 डॉलर से अपनी कंपनी का गठन किया था, जिसे उन्होंने एक वोक्सवैगन वैन और एक इलेक्ट्रॉनिक कैलकुलेटर बेचकर इकट्ठा किया था। जॉब्स किसी ऐसे व्यक्ति की तलाश में थे, जो पैसा लगाने के लिए तैयार हो। इस दिशा में जॉब्स के प्रयास असफल रहे, जब तक कि वे आख़िरकार एक इलेक्ट्रॉनिक्स कंपनी के मैनेजर बॉब न्यूटन से नहीं मिले, जिन्होंने कंप्यूटर दुकान के मालिक से संपर्क करने और 25,000 डॉलर के ऑर्डर की पुष्टि करने का वादा किया।

जॉब्स के जीवनी लेखक जेफ्री एस. यंग और विलियम एल. साइमन टिप्पणी करते हैं : "कोई कम संकल्पवान व्यक्ति कहता, 'ठीक है, मैं कुछ दिन बाद आऊँगा,' और चला जाता। स्टीव ने तब तक जाने से इंकार किया, जब

तक कि न्यूटन फ़ोन न कर दें।" न्यूटन अंततः 20,000 डॉलर का कर्ज़ देने को राज़ी हो गए।

ऐपल वन के परवर्ती ऐपल टू लॉन्च होने के ठीक बाद जॉब्स ने इंटेल का एक विज्ञापन अभियान देखा, जो उन्हें बेहतरीन लगा। उन पर यह जुनून सवार हो गया कि अपने नए कंप्यूटर के लिए भी वे ऐसा ही अभियान चलाएँ। उन्होंने इंटेल के मार्केटिंग विभाग से संपर्क किया, जहाँ उन्हें बताया गया कि वह प्रचार अभियान रेजिस मैकेना एजेंसी ने तैयार किया था। जॉब्स ने रेजिस मैकेना के डायरेक्टर को फ़ोन किया, लेकिन इसके बजाय उनकी बात नए ग्राहकों के प्रभारी प्रोजेक्ट मैनेजर से कराई गई। मैनेजर ने उन्हें साफ़-साफ़ बता दिया कि ऐपल जैसी नई कंपनी रेजिस मैकेना की सेवाओं का ख़र्च कभी नहीं उठा पाएगी।

जॉब्स यह मानने को तैयार नहीं हुए। वे हर दिन फ़ोन करते रहे, जब तक कि प्रोजेक्ट मैनेजर उस गैराज में आने को तैयार नहीं हो गया, जहाँ ऐपल का "मुख्यालय" था। आख़िर वह उस कंप्यूटर पर निगाह डालने के लिए सहमत हो गया, जिसके गुण जॉब्स फ़ोन पर लगातार गाते रहते थे। "जब मैं कार से गैराज तक जा रहा था, तो मैं सोच रहा था, 'हे भगवान, यह आदमी कुछ और बनने जा रहा है। मैं असभ्य हुए बिना इस जोकर के साथ कितना कम समय बिता सकता हूँ, ताकि मैं किसी ज़्यादा लाभदायक चीज़ पर लौट सकूँ?'"

वे जॉब्स की लगन से प्रभावित थे - लेकिन इतने नहीं कि सचमुच उस काम को स्वीकार कर लें। ज़्यादातर लोग इस बिंदु पर प्रयास छोड़ देते और किसी दूसरी एजेंसी की तलाश करने लगते - आख़िर, अमेरिका में लाखों एजेंसियाँ हैं। लेकिन जॉब्स का दिल तो उसी एजेंसी पर आ गया था, जिसका इंटेल अभियान उनके मन भाया था। उन्होंने अब भी "नहीं" का जवाब स्वीकार करने से इंकार कर दिया।

वे दिन में तीन-चार बार डायरेक्टर के ऑफ़िस में फ़ोन करने लगे, जब तक कि मैकेना की सैक्रेटरी उनके फ़ोन का जवाब देते-देते इतनी तंग नहीं आ गई कि उसने अपने बॉस से कहा कि वे जॉब्स से खुद बात कर लें। जॉब्स मैकेना से मुलाक़ात तय करने में सफल रहे।

लेकिन जब जॉब्स और वॉज़्निायैक विज्ञापन एजेंसी के डायरेक्टर से रूबरू मिले, तब भी वे टस से मस नहीं हुए। "जब मैकेना ने अनिच्छा दिखाई," जॉब्स के जीवनी लेखक लिखते हैं, "तो जॉब्स ने अब अपनी आदतन रणनीति का

इस्तेमाल किया कि वे ऑफ़िस से तब तक नहीं हिलेंगे, जब तक कि मैकेना उनका विज्ञापन अभियान सँभालने को हाँ न कर दें। स्टीव के इतने आग्रह पर रेजिस मैकेना ने वह निर्णय लिया, जो आगे चलकर उन सभी के लिए बहुत फ़ायदेमंद साबित होने वाला था। वे ऐपल कंप्यूटर को ग्राहक बनाने के लिए राज़ी हो गए।"

बस एक समस्या थी : जॉब्स *प्लेबॉय* में विज्ञापन के पैसे कैसे देंगे, जैसा मैकेना ने इसलिए सुझाव दिया था, क्योंकि लक्ष्य समूह मूलतः पुरुष था? मैकेना ने सलाह दी कि वे डॉन वैलेंटाइन से बात करें, जिन्होंने 1970 के दशक की शुरुआत में एक वेंचर कैपिटल कंपनी बनाई थी, जो इलेक्ट्रॉनिक्स उद्योग में संभावनाशील नई शुरुआती कंपनियों को पूँजी देने में विशेषज्ञता रखती थी।

वैलेंटाइन को जॉब्स और उनका ऐपल कंप्यूटर पसंद आया, लेकिन वे उस कंपनी में तब तक निवेश करने को तैयार नहीं थे, जब तक कि ऐपल संचालक मंडल में किसी अनुभवी मार्केटिंग प्रोफ़ेशनल को न रख ले। जॉब्स ने उनसे कुछ लोगों के नाम सुझाने को कहा, लेकिन वैलेंटाइन ने ऐसा नहीं किया। एक बार फिर, जॉब्स ने "नहीं" का जवाब सुनने से इंकार कर दिया। वे दिन में तीन-चार बार वैलेंटाइन को फ़ोन करते रहे, जब तक कि उस उद्यमी ने आख़िरकार उन्हें कुछ नाम नहीं बता दिए, जिनमें माइक मार्ककुला का नाम भी था। 3 जनवरी 1977 को वॉज़्नियैक और जॉब्स ने मार्ककुला के घर जाकर उन दस्तावेज़ों पर हस्ताक्षर किए, जिन्होंने ऐपल को एक जॉइंट-स्टॉक कंपनी में बदल दिया। उनमें से प्रत्येक 30 प्रतिशत हिस्से का स्वामी था और उन शुरुआती दिनों में मार्ककुला ऐपल के सबसे बड़े निवेशक भी थे।

एक बार फिर जॉब्स की ज़िद की जीत हुई और उन्हें वह मिल गया, जो वे चाहते थे। वैसे उनके स्टाफ़ को उनके साथ तालमेल बैठाने में काफ़ी मुश्किल आती थी। जब ऐपल के अगले बड़े प्रोजेक्ट मैकिनटॉश की योजना बन रही थी, तो वे एक फ़ोन डायरेक्ट्री लेकर मीटिंग में आए, जिसे उन्होंने टेबल पर पटक दिया : "मैकिनटॉश इतना बड़ा ही हो सकता है। इससे बड़ी कोई चीज़ सफल नहीं होगी। अगर इससे ज़रा-सा भी ज़्यादा बड़ा हुआ, तो उपभोक्ता बर्दाश्त नहीं करेंगे।"

उनके कर्मचारियों ने स्तब्ध होकर फ़ोन डाइरेक्ट्री को देखा। जॉब्स असंभव की माँग कर रहे थे। यह पुस्तक उस समय तक बने सबसे छोटे कंप्यूटर से आधे आकार की थी। तकनीशियन एकमत थे कि इलैक्ट्रॉनिक पुर्जे

उस आकार की ढलाई में कभी नहीं समा पाएँगे। वे सोच रहे थे कि जॉब्स इलेक्ट्रॉनिक्स के बारे में कुछ नहीं जानते, वरना वे ऐसी मूर्खतापूर्ण माँग कभी नहीं करते। "स्टीव ऐसे इंसान नहीं थे, जिन्होंने कभी न का जवाब स्वीकार किया हो," उनके जीवनी लेखक शुष्कता से कहते हैं। उन्होंने ज़ोर दिया : उनके स्टाफ़ को इतना बड़ा कंप्यूटर बनाने का कोई न कोई तरीक़ा खोजना ही होगा।

मैकिनटॉश को 24 जनवरी 1984 को बाज़ार में उतरना था। ऐपल ने इस तारीख़ का हवाला देते हुए एक विशाल विज्ञापन अभियान चलाया था, जो अमेरिका के हर टेलीविज़न चैनल पर दिखाया गया था। लेकिन 8 जनवरी को उनके सॉफ़्टवेयर डिज़ाइनरों ने उन्हें बताया कि वे डेडलाइन तक काम पूरा नहीं कर सकते। उनके पास बस एक और सप्ताह था, जिसमें उन्हें बची हुई तकनीकी समस्याओं को सुलझाना था – उन्होंने जॉब्स को दृढ़ता से बता दिया, यह असंभव है। जॉब्स को यह समझ लेना चाहिए कि उन्हें उत्पाद लॉन्च करने की तारीख़ को आगे बढ़ाना होगा!

जॉब्स ने ऐसा कुछ नहीं किया। कोई चीज़ "असंभव" है, यह सुनते ही वे तैश में आ जाते थे। लेकिन इस बार तमाशा न करके उन्होंने अपनी टीम को हैरान कर दिया। इसके बजाय उन्होंने शांति से अपनी टीम से कहा कि वे बेहतरीन हैं और कंपनी का हर व्यक्ति उन्हीं के भरोसे है। उन्हें डेडलाइन पर काम पूरा करना ही था, क्योंकि डेमो वर्ज़न उतारने का विकल्प दरअसल असंभव था। जॉब्स ने कहा कि उन्हें अपनी टीम पर भरोसा है और वे जानते हैं कि वे यह काम कर सकते हैं। फिर उन्होंने फ़ोन नीचे रख दिया। सॉफ़्टवेयर डिज़ाइनर अवाक् थे। वे पहले ही अपना सब कुछ झोंक चुके थे और वे थकान के मारे टूटने की कगार पर पहुँच चुके थे। लेकिन कोई दूसरा उपाय भी नहीं था। वे उठे, अपने वर्कस्टेशन पर लौटे और बिलकुल आख़िरी पल पर, 16 जनवरी की भोर के ठीक पहले उन्होंने वह "असंभव" काम कर दिया, जो जॉब्स ने उनसे करने को कहा था।

लेकिन जो लोग सारी संभावनाओं के ख़िलाफ़ "असंभव" काम करते रहते हैं, उनके साथ यह ख़तरा होता है कि सफलता बड़ी आसानी से उनके दिमाग़ पर चढ़ सकती है। वे यह सोचने लगते हैं कि वे अजेय हैं और हर चीज़ के बारे में हमेशा सही हैं। यही स्टीव जॉब्स के साथ हुआ, जो इतनी ज़्यादा बार सही रहे थे। उन्होंने भविष्यवाणी की थी कि वे पहले सौ दिनों में मैकिनटॉश के 70,000 यूनिट बेच लेंगे। हर एक ने सोचा कि वे पगला गए थे। लेकिन एक बार फिर

वे सही थे। इसके कुछ समय बाद ही हवा का रुख़ बदलने लगा। आईबीएम ने एक पर्सनल कंप्यूटर बाज़ार में उतारा, जिसमें मैकिनटॉश की तुलना में ज़्यादा उपयोगी विशेषताएँ थीं और इसकी क़ीमत भी कम थी। ऐपल की बिक्री तेज़ी से घटने लगी। उन्होंने उत्साह में आकर जो 2 लाख यूनिट बनाए थे, उनमें से ज़्यादातर को भारी नुक़सान पर बेचना पड़ा। कंपनी के भीतर विवाद बढ़ने लगे और कई ने समस्याओं का इल्ज़ाम जॉब्स पर मढ़ा, जिनकी नेतृत्व शैली की वजह से वे स्टाफ़ में लोकप्रिय नहीं थे।

उनके साथी एग्ज़ीक्यूटिव उनके ख़िलाफ़ एकजुट हो गए और कंपनी के संस्थापक जॉब्स को उनके ऑफ़िस से हटकर सड़क पार की एक छोटी इमारत में जाने के लिए मजबूर कर दिया गया, जिसे जॉब्स "साइबेरिया" कहते थे। इसके कुछ समय बाद जॉन स्कली ने, जिन्हें ऐपल ने पेप्सी से अपने यहाँ खींचा था, घोषणा की : "इस कंपनी के संचालन में स्टीव जॉब्स के लिए कोई भूमिका नहीं है; न अभी, न भविष्य में।" जॉब्स को ऐसा लगा, जैसे किसी ने उनके पेट में मुक्का मारा हो। उन्होंने अपने सारे शेयर बेच दिए, जिनका मूल्य अब ऐपल के पहली बार सार्वजनिक होते वक़्त के भाव के मुक़ाबले कम था। उन्होंने एक नई कंपनी का गठन किया, जिसे उन्होंने नेक्सट नाम दिया। उन्होंने फ़िल्म निर्माता जॉर्ज ल्यूकास से पिक्सार कंप्यूटर ऐनिमेशन कंपनी भी ख़रीद ली, जिन्हें अपनी तलाक़ के भुगतान के लिए तुरंत पैसे चाहिए थे।

पहले-पहल तो दोनों ही कंपनियाँ सफलता से कोसों दूर थीं। महीने दर महीने, साल दर साल, उनमें भारी नुक़सान होता गया। उनके बनाए कंप्यूटर नहीं बिके और जॉब्स ने आख़िरकार पिक्सार की हार्डवेअर शाखा से छुटकारा पाकर अपना पूरा ध्यान कंप्यूटर ग्राफ़िक्स पर केंद्रित करने का निर्णय लिया। वे अंततः डिज़्नी कॉर्पोरेशन के साथ एक अनुबंध करने में सफल हुए, जिसने पिक्सार को कई ऐनिमेटेड फ़िल्म तैयार करने की ज़िम्मेदारी सौंपी। डिज़्नी के सीईओ माइकल ऐज़नर को महसूस हुआ कि जेम्स कैमरॉन जैसे निर्माता उनकी कंपनी को लगातार पछाड़ते जा रहे हैं, जिन्होंने आरनॉल्ड श्वॉज़नेगर की *टर्मिनेटर* जैसी फ़िल्मों में बेहतरीन प्रभाव के लिए कंप्यूटर ऐनिमेशन का इस्तेमाल किया था।

पिक्सार को *टॉय स्टोरी* बनाने का अवसर दिया गया। इसके विज्ञापन के लिए डिज़्नी ने 100 मिलियन डॉलर निवेश किए - फ़िल्म के प्रोडक्शन बजट से तीन गुना ज़्यादा। *टॉय स्टोरी* बॉक्स ऑफ़िस पर बेहद सफल हुई। अब दिसंबर

1995 में पिक्सार के आईपीओ के लिए एक उत्कृष्ट अवसर था।

पिछले सालों में कंपनी ने भारी नुक़सान झेले थे। उस वक़्त आज जैसी बात नहीं थी, जब निवेशक किसी नई प्रौद्योगिकी कंपनी की अच्छी "कहानी" में निवेश कर देते हैं, भले ही उसके मौजूदा आँकड़े सही न हों। लेकिन *टॉय स्टोरी* की सफलता ने पिक्सार को बहुत सारा अच्छा प्रचार दिलाया और लोगों की कल्पना को प्रेरित कर दिया, जो शेयर बाज़ार में सफलता का एक प्रमुख घटक है, जैसी कि जॉब्स ने सही भविष्यवाणी की थी।

जॉब्स अपने शेयर 22 डॉलर के शुरुआती भाव पर बेचना चाहते थे। उनके सलाहकार और निवेश बैंकरों के हिसाब से यह बहुत ज़्यादा भाव था। उन्होंने इसके बजाय बारह से चौदह डॉलर के शुरुआती भाव की अनुशंसा की। उन्होंने चेतावनी दी, 22 डॉलर के भाव पर शेयर शायद ही बिकें। एक बार फिर जॉब्स ने "नहीं" का जवाब मानने से इंकार कर दिया और 22 डॉलर के शुरुआती भाव पर ज़ोर दिया।

जब कारोबार शुरू हुआ, तो पिक्सार के सभी एग्ज़ीक्यूटिव कंप्यूटर स्क्रीन पर आँखें गड़ाए बैठे थे। आधा घंटे बाद शेयर का भाव 49 डॉलर हो गया। दिन के अंत तक भाव थोड़ा कम होकर 39 डॉलर पर आ गया, लेकिन यह अब भी उम्मीद से बहुत ज़्यादा था। स्टीव जॉब्स एक अरबपति थे – कम से कम उस पल में। जो कंपनी कई सालों से पूरी तरह असफल थी, वह एक के बाद एक बॉक्स ऑफ़िस सफलता देने लगी और कंप्यूटर ऐनिमेशन उद्योग के लिए नए पैमाने तय करने लगी। 2.5 अरब डॉलर की बिक्री के साथ यह जल्द ही इतिहास में सबसे सफल हॉलीवुड स्टूडियो बन गई।

जनवरी 2006 के अंत में डिज़्नी ने घोषणा की कि यह 7.4 अरब डॉलर में पिक्सार का अधिग्रहण करने जा रही है। स्टीव जॉब्स डिज़्नी के संचालक मंडल में शामिल हो गए। पिक्सार में 50.1 प्रतिशत हिस्सेदारी के साथ वे डिज़्नी के अकेले सबसे बड़े शेयरहोल्डर बन गए।

दस साल पहले उन्होंने ऐपल में धूम मचाई थी। 1996 में उन्होंने अपनी नेक्सट कंपनी ऐपल को 402 मिलियन डॉलर में बेच दी, 1997 में वे ऐपल के संचालक मंडल में शामिल हुए और उसके कुछ ही समय बाद उन्हें अंतरिम सीईओ के पद पर तरक्की मिल गई। आईफ़ोन व आईपैड जैसे नए उत्पाद उतारकर उन्होंने कंपनी का हुलिया बदल दिया और इसे दिवालियेपन की कगार से बचाकर संसार के सबसे सफल कॉर्पोरेशनों में से एक बना दिया। याद रखें

कि यह सब कैसे शुरू हुआ था : एक आदमी के "नहीं" का जवाब सुनने से इंकार करना।

स्टीव जॉब्स की कहानी से कुछ महत्त्वपूर्ण सबक़ हासिल करने के लिए स्टीव जॉब्स होने की ज़रूरत नहीं है। हममें से ज़्यादातर लोग बहुत आसानी से छोड़ देते हैं, जब हमारा सामना अस्वीकृति और "नहीं" से होता है, जो अंतिम नज़र आती है।

अगली बार जब कोई आपसे "नहीं" कहे, तो ख़ुद से पूछें : "एक पल ठहरें - मैं इसे अंतिम जवाब के रूप में स्वीकार क्यों करूँ? चलो देखते हैं कि क्या इस "नहीं" को "हाँ" में बदलने का कोई तरीक़ा है। यह रणनीति सिर्फ़ स्टीव जॉब्स के लिए ही काम नहीं करती है - यह आपके और मेरे लिए भी काम करती है।

अगर कोई आपको ठुकरा देता है, तो सबसे पहले तो ख़ुद को उसकी जगह पर रखकर देखें और एक पल के लिए अपने ख़ुद के हितों को पूरी तरह नज़रअंदाज़ कर दें। अनुबंध की सौदेबाज़ी में इस नीति ने मुझे बहुत बार लाभ पहुँचाया है। मैं कहता हूँ : "मुझे एक पल के लिए वहाँ बैठने दें, जहाँ आप बैठे हुए हैं और चीज़ों को आपके दृष्टिकोण से देखने दें।" फिर मैं ऐसा करता भी हूँ। एक बार जब आप पूरी समझ लेते हैं और सामने वाले पक्ष के हितों को सामने ले आते हैं, तो आप अक्सर सफलतापूर्वक सौदेबाज़ी कर लेंगे।

"नहीं" के बजाय हमेशा "हाँ" कहने वालों के साथ पेश आना कहीं ज़्यादा पेचीदा हो सकता है। इससे मेरा क्या मतलब है? मैं जीविका के लिए जीवन बीमा बेचता था, जिसे मैं कारोबारी करियर के लिए अच्छा प्रशिक्षण मानता हूँ। मेरा सहकर्मी और मैं घर-घर जाकर "कोल्ड कॉलिंग" (अजनबियों से संपर्क) करते थे। क्या लोग इस बात का बेसब्री से इंतज़ार कर रहे थे कि हम उनके दरवाजे की घंटियाँ बजाएँ? ज़ाहिर है, ऐसी कोई बात नहीं थी। चाल यह थी कि जब भी आपके चेहरे पर दरवाजा धड़ाम से हो, तो आप उसे नज़रअंदाज़ करके आगे बढ़ जाएँ।

मुझे उस व्यक्ति के बारे में बताने दें, जिसने "हाँ" कहा था। वह इतना दयालु था कि उसने लगभग 45 मिनट तक मेरे मुँह से जीवन बीमा के लाभों की प्रशंसा सुनी, सिर हिलाते हुए अनुमोदन किया और समय-समय पर मेरी बातों के बीच में कहता रहा : "यह अच्छा नज़र आता है!" मुझे पूरा विश्वास था कि मैंने बिक्री कर दी है, इसलिए मैं जीवन बीमा पॉलिसी का एप्लिकेशन फ़ॉर्म भरने

लगा। जो आदमी उस समय तक बहुत विनम्रता और दिलचस्पी दिखा रहा था, उसने इस बिंदु पर मुझसे रूखे अंदाज़ में पूछा : "यह आप क्या कर रहे हैं?" संकोच में आकर मैंने कहा कि मैं थोड़ी जानकारी लिख रहा था, ताकि... उसने मुझे वाक्य भी पूरा नहीं करने दिया। "लेकिन मेरे मामले में तो इसे लेने का सवाल ही नहीं उठता है।"

तब से मैंने यह सीख लिया कि जो लोग हर चीज़ पर "हाँ" कहते हैं, उन्हें सँभालना सेल्समैन के लिए उन लोगों से कहीं ज़्यादा मुश्किल होता है, जो आपत्तियाँ उठाते हैं और अपनी चिंताओं को व्यक्त करते हैं। ऐसे लोग संघर्ष से बचने और जल्दी से जल्दी सेल्सपर्सन से छुटकारा पाने की उम्मीद में "हाँ" कहते हैं। वे अपने विचार खुद तक रखते हैं ("उसे बात करने दो, अगर क़िस्मत अच्छी रही, तो मैं जल्दी ही उससे पीछा छुड़ा लूँगा"), वे सामने वाले को अपने तर्कों और आपत्तियों का प्रतिकार करने का कोई अवसर ही नहीं देते हैं। अनुभव ने मुझे सिखाया है कि उन्हें उनके खोल से बाहर निकालना होता है, तभी वे आपको बताएँगे कि वे सचमुच क्या सोचते हैं और उन्हें इस बारे में क्या संदेह या आपत्तियाँ हैं।

बिज़नेस नेटवर्किंग परामर्शदाता के अपने काम में भी मैंने अक्सर ऐसी ही स्थितियाँ देखी हैं। मेरे काम का एक महत्त्वपूर्ण पहलू साझे हितों वाली रियल एस्टेट कंपनियों के एग्ज़ीक्यूटिव के बीच चर्चाओं को सुगम बनाना है। ये चर्चाएँ अक्सर अधिग्रहण बोलियों, संयुक्त उपक्रमों या सेल्स अनुबंधों में बदल जाती हैं। शुरुआती चक्र की चर्चाओं में प्रतिभागी अधिकतर सुखद बातचीत करते हैं और साझे हितों पर ज़ोर देते हैं। यह अच्छा रहता है, लेकिन अनुभव ने मुझे सिखाया है कि आप ज़्यादा तेज़ी से ज़्यादा दूर तक जाते हैं, जितनी जल्दी आप उन असहमतियों और आपत्तियों पर बात करते हैं, जो किसी प्रोजेक्ट पर गठबंधन करने की राह में खड़ी हो सकती हैं।

यदि हर पक्ष अपने संदेह या आपत्ति खुद तक ही सीमित रखता है, तो उन पर बातचीत ही नहीं हो सकती। इसीलिए इन चर्चाओं में यह कहने का दायित्व अक्सर मुझ पर होता है : "मुझे खुशी है कि आपने पाया कि आपमें इतनी समानता है। मुझे यही उम्मीद थी। लेकिन अब मैं आपके मुँह से सुनना चाहूँगा कि गठबंधन के ख़िलाफ़ आपके तीन सबसे महत्त्वपूर्ण तर्क कौन से हैं।" ऐसे समय रहे हैं, जब मुझे धैर्य रखने और ख़ामोश रहने की ज़रूरत पड़ी है, क्योंकि इसके बाद बहुत समय तक कोई कुछ नहीं बोला। प्रायः कोई भी एक

से ज़्यादा आपत्ति बताने की "हिम्मत" नहीं करता है, जो ज़्यादातर मामलों में उनकी मुख्य चिंता भी नहीं होती। इसलिए मैं ज़ोर देता हूँ : "क्या आपके दृष्टिकोण से कोई और चीज़ है, जो इस प्रोजेक्ट के ख़िलाफ़ काम कर सकती है?" मैं इसे तब तक नहीं छोड़ता हूँ, जब तक कि मैं संतुष्ट न हो जाऊँ कि सारी संभावित आपत्तियाँ उठाई जा चुकी हैं।

अच्छे सेल्सपीपल को कमज़ोर "हाँ" के साथ-साथ एक दृढ़ और निर्णायक "नहीं" से भी निबटना सीखना होता है, जो किसी भी तरह की आपत्ति को पहले से भाँपती नज़र आती है और बातचीत के लिए कोई जगह ही नहीं छोड़ती। फ्रैंक बेटगर, जो एक समय अमेरिका के सबसे सफल बीमा सेल्समैन थे, अपनी पुस्तक *हाउ आई रेज़्ड माइसेल्फ़ फ़्रॉम फ़ेल्योर टु सक्सेस इन सेलिंग* में अपनी रणनीतियाँ बताते हैं। अगर कोई उनसे "नहीं" कह देता था, तो वे आम तौर पर बातचीत का विषय बदल देते थे।

वे ऐसा इस तरह करते थे। एक दिन, एक परिचित की अनुशंसा पर वे एक बड़ी निर्माता कंपनी के संचालक से मिलने गए। उनकी आदत थी कि वे आपसी परिचितों से उनके लिए परिचय के पत्र लिखवा लें। जब उन्होंने वह पत्र संचालक को बताया, तो उनके संभावित ग्राहक ने जवाब दिया : "अगर आप मुझसे बीमे के बारे में बात करना चाहते हैं, तो मेरी कोई रुचि नहीं है। मैंने एक महीने पहले ही अच्छा-ख़ासा बीमा ख़रीदा है।" उनकी बातों से ऐसा लग रहा था, जैसे उन्होंने अपना दिमाग़ हमेशा के लिए बना लिया है और बेटगर उनके साथ अपना समय बर्बाद करेंगे। इसके बजाय, उन्होंने पूछा : "मिस्टर ऐलन, आप निर्माण कारोबार में कैसे उतरे थे?" उन्होंने तीन घंटे तक सामने वाले के जीवन की कहानी सुनी – और कुछ सप्ताह बाद कंपनी के संचालक और उनके कुछ कर्मचारियों ने बेटगर से 2,25,000 डॉलर की बीमा पॉलिसियाँ ख़रीद लीं, जो उस वक़्त बहुत पैसा होता था।

"आपने यह कैसे शुरू किया?" बेटगर की बातचीत की एक प्रिय चाल थी, जिसका इस्तेमाल वे झिझक मिटाने और एक अलग दिशा आज़माने के लिए करते थे। ख़ास तौर पर सफल उद्यमी अपनी सादगीपूर्ण शुरुआत और राह में झेली मुश्किलों की कहानी सुनाने में आनंद लेते हैं। बेटगर ने रुचि दिखाकर और ख़ुद को एक अच्छा श्रोता साबित करके सद्भावना हासिल की। उन्होंने अपने संभावित ग्राहक के बारे में काफ़ी जानकारी भी हासिल कर ली, जो बीमा बेचने में काम आई। बेटगर सलाह देते हैं, "सेल्समैनशिप का सबसे महत्त्वपूर्ण रहस्य

यह पता लगाना है कि सामने वाला क्या चाहता है, फिर उस चीज़ को पाने का सर्वश्रेष्ठ तरीक़ा खोजने में उसकी मदद करना है।"

यहाँ कुछ सरल नियम हैं, जो "नहीं" को "हाँ" में बदलने में आपकी मदद करेंगे :

1. "नहीं" को अपरिपक्व तरीक़े से अंतिम जवाब के रूप में स्वीकार करने के बजाय इसे बातचीत की मध्यम अवस्था मानें।

2. सामने वाले के दृष्टिकोण को समझने की कोशिश करें। उनकी कुर्सी में बैठकर उनके नज़रिये से सामने के मुद्दे को देखें। दोनों पक्षों के हितों की पूर्ति के लिए रचनात्मक समाधानों की तलाश करें। अपनी कल्पना का इस्तेमाल करें!

3. आधे रास्ते तक जाकर सामने वाले से मिलने के लिए एक पुल बनाएँ, ताकि वे शर्मिंदा हुए बिना अपना इरादा बदल सकें। कोई भी किसी सौदे में हारना नहीं चाहता और सामने वाले को यह महसूस कराना आप पर निर्भर है कि जीत उनकी हुई है।

4. सौदेबाज़ी में जादुई शब्द है "न्यायपूर्ण।" यदि आप सचमुच दोनों पक्षों के लिए न्यायपूर्ण समाधान पर आने की कोशिश कर रहे हैं, तो यह छोटा–सा शब्द चमत्कार कर सकता है। किसी समझौते का प्रस्ताव रखें, फिर बताएँ : "हममें से कोई भी 100 प्रतिशत खुश नहीं होगा, यह समझौते की प्रकृति है। लेकिन मैं सोचता हूँ कि यह समाधान दोनों ही पक्षों के लिए न्यायपूर्ण है।"

5. सामने वाले से अपनी खुद की स्थिति और इसके प्रति अपने नज़रिये को समझने को कहें। आप उनकी कुर्सी में बैठे थे, अब उनसे अपनी कुर्सी में बैठने और अपने दृष्टिकोण से चीज़ों को देखने को कहें। अपनी स्थिति और अपने दृष्टिकोण के भावनात्मक व तार्किक पहलुओं को रेखांकित करके सामने वाले की मदद करें।

6. कई लोग अपने दिमाग़ में कोई स्पष्ट लक्ष्य तय किए बिना ही सौदेबाज़ी में बहुत "खुलेपन" से जाने की ग़लती करते हैं। सौदेबाज़ी में दाख़िल होने से पहले आपको पक्का पता होना चाहिए कि आप क्या चाहते हैं और यह भी पता होना चाहिए कि आप समझौता करने के लिए कितनी दूर तक जाने के इच्छुक हैं। सामने वाले को यह एहसास होना चाहिए कि आप अपने कहे हर शब्द को महत्त्व देते हैं।

अध्याय 8

अपने आंतरिक जीपीएस की प्रोग्रामिंग करें

ऑरेकल के संस्थापक लैरी एलिसन के आस-पास के लोग बहुधा अचरज करते थे कि वे सरासर झूठे आँकड़े क्यों बताते थे और ऊँचे-ऊँचे दावे क्यों करते थे। उनका स्टाफ़ आख़िरकार इस निष्कर्ष पर पहुँचे कि एलिसन वर्तमान में नहीं, भविष्य में रह रहे थे। उनके स्टाफ़ का एक सदस्य कहता है, "उनके साथ टेन्स यानि काल की समस्या थी। यह तो ऐसा ही था, जैसे अगर हमारे पास भविष्य में पचास कर्मचारी होंगे, तो इसीलिए हम इस वक़्त कह सकते हैं कि वे हमारे यहाँ अभी पचास कर्मचारी हैं।" उनकी दीर्घकालीन पीए कहती हैं : "वे आज में नहीं जीते हैं, क्योंकि आज समस्याएँ हैं और कल समाधान हैं।"

सफल स्त्री-पुरुष लगातार भविष्य पर केंद्रित रहते हैं। वे अफ़सोस में अपना समय बर्बाद नहीं करते हैं। वे पुरानी ग़लतियों से सीखने और आगे बढ़ने में सक्षम होते हैं। "हम सोचते हैं कि आगे देखने के लिए इतना कुछ है कि यह सोचने में कोई तुक नहीं है कि हम क्या कर सकते थे," वॉरेन बफ़े कहते हैं। "इससे कोई फ़र्क़ ही नहीं पड़ता। आप जीवन को सिर्फ़ आगे की तरफ़ ही जी सकते हैं।" उनके जीवनी लेखक कहते हैं कि बफ़े कभी जीवन के अप्रिय पहलुओं पर ज़्यादा नहीं बोलते हैं। उन्होंने अपनी स्मृति की तुलना एक बाथटब से की : "टब ऐसे विचारों, अनुभवों और मामलों से भरा था, जिनमें उनकी दिलचस्पी थी। जब जानकारी का उनके लिए कोई उपयोग नहीं रह जाता था, तो वे प्लग निकाल देते थे और स्मृति ख़ाली हो जाती थी... कुछ घटनाएँ, तथ्य, यादें और लोग भी ग़ायब होते नज़र आते थे।"

यही आरनॉल्ड श्वॉर्ज़नेगर के बारे में सच है, जिनके जीवनी लेखक के अनुसार, उन्होंने कभी उन चीज़ों के बारे में सोचकर अपना समय बर्बाद

नहीं किया, जिन्हें वे किसी तरह नहीं बदल सकते थे। "किशोर के रूप में भी उन्होंने कभी पलटकर अप्रिय बातों को नहीं देखा, चाहे यह उनके अतीत की ख़ास घटनाएँ रही हों या उनके ख़ुद के जीवन की मनोवैज्ञानिक वास्तविकताएँ हों।" अतीत पर सोचते रहने के बजाय वे भविष्य के लिए अपने लक्ष्यों की तस्वीर देखते थे। उन्होंने अपनी बाइसेप्स को हाड़-मांस के बजाय किसी पहाड़ी परिदृश्य की तरह देखना शुरू किया। उन्होंने अपने आर्थिक लक्ष्यों के मामले में भी ऐसी ही नीति अपनाई और सफल मिलियनेअर बनने से बहुत पहले अपने मिलियनेअर होने की तस्वीर देखी, ताकि इससे उन्हें प्रेरणा मिले।

इस अध्याय में आप सीखेंगे कि आपने अपने लिए जो लक्ष्य तय किए हैं, उनकी "प्रोग्रामिंग" अपने अवचेतन में कैसे करना है। मैं आत्म-सम्मोहन की एक ख़ास तकनीक पर ध्यान केंद्रित करूँगा, जिससे यह प्रक्रिया आपके लिए ज़्यादा आसान हो जाएगी। इस तकनीक के बिना मैं अपने कई लक्ष्यों तक कभी नहीं पहुँच पाता। लेकिन मैं नहीं चाहता कि आप मेरी बात आँख मूँदकर मान लें – मैं आपको एक जर्मन चिकित्सक डॉ. हैनेस लिंडेमान की कहानी बताना चाहता हूँ, जो 1950 के दशक में एक छोटी फ़ोल्डिंग नाव में अकेले अटलांटिक के पार जाने वाले पहले इंसान बने और उन्होंने ऐसा कीर्तिमान बनाया, जो 2002 तक नहीं टूटा। वे एक सेल्फ़-कोचिंग तकनीक का इस्तेमाल करके ऐसा कर पाए, जिसका मार्ग जर्मन मनोविश्लेषक प्रो. डॉ. एच.सी. योहानस हाइनरिश शुल्ट्ज़ ने 1930 के दशक की शुरुआत में प्रशस्त किया था। शुल्ट्ज़ ने इस विधि को "ऑटोजेनिक प्रशिक्षण" कहा। जब शरीर गहन शिथिलता की अवस्था में होता है, तो इस विधि से चेतन मन अवचेतन में लक्ष्य की प्रोग्रामिंग कर सकता है।

अटलांटिक पार करने की निश्चित तारीख़ से छह महीने पहले से लिंडेमान अपने अवचेतन में कुछ निश्चित वाक्यों की प्रोग्रामिंग करने लगे। उनमें से एक वाक्य था, "मैं इसमें कामयाब हो जाऊँगा।" वे अपने दिन की शुरुआत में सुबह-सुबह यह वाक्य ख़ुद से बार-बार कहते थे और दिन भर ऐसा करते रहते थे, ख़ास तौर पर दोपहर की शुरुआत में।

"मैं इसमें कामयाब हो जाऊँगा" के संकल्प के साथ तीन सप्ताह तक जीने के बाद मैं "जानता था" कि मैं पार करने के बाद सही-सलामत रहूँगा और सुरक्षित लौटूँगा।" अटलांटिक पार करने के दौरान यह संकल्प विभिन्न बिंदुओं पर अपने आप उनके मन में आया। 57वें दिन उनकी नाव पलट गई और उन्हें

नाव की फिसलन भरी तली पर रात भर सोना पड़ा, क्योंकि वे उसे सुबह को ही दोबारा सीधा कर सकते थे। ऐसे विकट समय में अवचेतन में भरे वही संकल्प उनके चेतन मन में सतह पर आए और इस कटु अनुभव को सफलतापूर्वक झेलने में उनकी मदद की।

टिरोल के मशहूर पर्वतारोही राइनहोल्ड मेसनर की कहानी भी इससे मिलती-जुलती थी। कुछ साल पहले मैंने उनका व्याख्यान सुना, जिसमें उन्होंने मृत्यु के साथ अपनी क़रीबी भिड़ंत के बारे में बताया था, जब वे एक दरार में गिर गए थे। उन्होंने क़सम खाई कि अगर वे दरार से बाहर निकलने में कामयाब रहे, तो तुरंत लौट जाएँगे। लेकिन एक बार जब वे बाहर निकल आए, तो उन्हें पर्वत पर चढ़ाई जारी रखने की आंतरिक विवशता महसूस हुई। मैसनर ने कहा, "मैं और कुछ नहीं कर सकता था, क्योंकि मैं हर सुबह इसी लक्ष्य के साथ जागा था और हर रात इसी के साथ सोने गया था और मैंने हर दिन बार-बार अपने अवचेतन में इसकी प्रोग्रामिंग की थी।" उनके अवचेतन ने उन्हें तब तक हार मानने की अनुमति नहीं दी, जब तक कि वे शिखर पर नहीं पहुँच गए।

लेकिन आइये हैनेस लिंडेमान और उनकी अटलांटिक पार करने की कहानी पर लौटते हैं। उनका सबसे महत्त्वपूर्ण संकल्प था, "पश्चिम की ओर।" जैसे ही वे अपनी दिशा से ज़रा सा भी भटकते थे, अंदर की आवाज़ उन्हें याद दिला देती थी : "पश्चिम की ओर।" नींद की गंभीर कमी की वजह से उन्हें मतिभ्रम में काल्पनिक चीज़ें दिखाई देने लगीं। लेकिन जैसे ही वे "पश्चिम" सुनते थे, वे जाग जाते थे और अपनी दिशा तुरंत सही कर लेते थे। "यह उदाहरण दर्शाता है कि किस तरह फ़ॉर्मूले जैसे संकल्प मतिभ्रम को भी भेदने में समर्थ होते हैं – चिकित्सकीय शोध में एक नई बात। लेकिन इससे यह भी पता चलता है कि फ़ॉर्मूले जैसे संकल्पों का प्रभाव सम्मोहन के सुझावों जितना ही शक्तिशाली हो सकता है।"

दरअसल, प्रोफ़ेसर शुल्ट्ज़ की मानसिक सेल्फ़-कोचिंग तकनीक का उद्गम सम्मोहन में ही हुआ था। 20वीं सदी के शुरुआती वर्षों में शुल्ट्ज़ एक सम्मोहन प्रयोगशाला में काम करते थे और सम्मोहन पर उनके शुरुआती लेखन ने ऑटोजेनिक प्रशिक्षण और ध्यान की शिथिलता पर उनके पथप्रदर्शक अध्ययन की नींव तैयार की थी (*डास ऑटोजीन ट्रेनिंग – कॉन्ज़नट्रेटिव सेल्बस्टेन्ट स्पैनंग,* 1932)।

बहुत कठोरता से कहें, तो ऑटोजेनिक प्रशिक्षण एक तरह का

आत्म-सम्मोहन है। शुल्ट्ज़ ने पता लगाया था कि जिन फ़ॉर्मूले वाले वाक्यों का इस्तेमाल सम्मोहनकर्ता करते हैं, उनका इस्तेमाल व्यक्ति खुद भी कर सकते हैं, ताकि गहन शिथिलता की वह अवस्था मिल जाए, जिसमें अवचेतन की गहराइयों तक पहुँचा जा सकता है।

ऑटोजेनिक प्रशिक्षण की कला में माहिर बनकर आप न सिर्फ़ शिथिलीकरण की एक बेहद प्रभावी तकनीक सीखेंगे, बल्कि आप अपने अवचेतन में लक्ष्यों की प्रोग्रामिंग करने में भी सक्षम होंगे, ठीक उसी तरह जिस तरह आप अपने जीपीएस में किसी गंतव्य स्थल की प्रोग्रामिंग करते हैं। जिस तरह आपका जीएसपी गणना करके आपके अनुसरण के लिए एक मार्ग बता देता है, उसी तरह आपका अवचेतन उस लक्ष्य की ओर बढ़ने में आपकी मदद करेगा, जिसकी प्रोग्रामिंग आपने ऑटोजेनिक प्रशिक्षण के ज़रिये इसमें की है।

मैंने खुद तीस साल से ज़्यादा समय तक हर दिन ऑटोजेनिक प्रशिक्षण का अभ्यास किया है। लेकिन मैं बहुत कम लोगों से मिला हूँ, जो इस तकनीक में सचमुच माहिर हुए हैं। ऐसा इसलिए नहीं है, क्योंकि ऑटोजैनिक प्रशिक्षण को सीखना मुश्किल है। दरअसल इस तकनीक को सीखना बहुत सरल है। लेकिन आपको पहले नौ महीने तक बिना भूले हर दिन कम से कम दो बार अभ्यास करने के लिए तैयार रहना होता है – एक ऐसी चीज़ जिसके लिए ज़्यादातर लोगों में आवश्यक अनुशासन नहीं होता है। इसमें ज़्यादा लंबा या कम समय लग सकता है – जो व्यक्ति पर निर्भर करता है। कुछ लोगों को सिर्फ़ कुछ सप्ताह बाद ही प्रशंसनीय परिणाम नज़र आ जाते हैं, बाक़ी को कई महीने लग सकते हैं। शुल्ट्ज़ ने स्वयं टिप्पणी की थी : "ऐसा कोई नहीं है, जो 600 बार अभ्यास करने के बाद इसे न सीख पाया हो।" एक बार जब आप इस तकनीक में माहिर हो जाते हैं, तो आप जीवन भर के लिए इसमें माहिर हो जाते हैं – ठीक वैसा ही, जैसे पढ़ने-लिखने या साइकिल चलाने के साथ होता है।

आप प्रशिक्षण ले सकते हैं या आप किसी पुस्तक से सीख सकते हैं। मैंने कई कक्षाओं में खुद सिखाया है, साथ ही निजी प्रशिक्षण भी दिए हैं। किसी ध्यान की मुद्रा में बैठकर या लेटकर आपको कुछ वाक्य कई बार दोहराने होते हैं। आप खुद से यह कहकर शुरू करते हैं : "मैं शांति में हूँ," फिर आप अगले अभ्यास की ओर बढ़ते हैं : "मेरा दायाँ हाथ भारी है, मेरे दोनों हाथ-पैर भारी हैं।" एक बार जब आप इस तकनीक में माहिर हो जाते हैं, तो इससे भारीपन की एक सुखद भावना उत्पन्न हो जाएगी। आपकी सभी मांसपेशियाँ पूरी तरह

शिथिल हो जाएँगी।

इसके बाद आप ख़ुद को यह बताकर गर्मी की इतनी ही सुखद भावना उत्पन्न कर सकते हैं : "मेरा दायाँ हाथ गर्म है, मेरे दोनों हाथ-पैर गर्म हैं।" कुछ और वाक्य हैं, जो दोहराने हैं : "मेरे हृदय की धड़कन शांत और नियमित है," "मेरी श्वास शांत और नियमित है," "मेरा पेट गर्म है," "मेरा माथा ठंडा है।"

प्रभाव मापे जा सकते हैं। 60 से अधिक परीक्षणों और प्रयोगों ने विविध देशों में ऑटोजेनिक प्रशिक्षण द्वारा उत्पन्न शारीरिक और मनोवैज्ञानिक परिवर्तनों को प्रदर्शित किया है। शरीर के तापमान, हृदय गति और श्वास की लय में परिवर्तन यंत्रों द्वारा तापमान की भिन्नताओं और अन्य वैज्ञानिक मापों में दर्शाए गए हैं।

एक बार जब आप जान जाते हैं कि गहरे शिथिलीकरण की अवस्था को उत्पन्न करने के लिए इन बुनियादी वाक्यांशों का इस्तेमाल कैसे करना है, तो आपका अवचेतन सुझाव वाले वाक्यों के प्रति बहुत ग्रहणशील हो जाता है। इस अर्थ में, ऑटोजेनिक प्रशिक्षण सम्मोहन से बहुत मिलता-जुलता है। इन वाक्यों का ख़ास शक्तिशाली प्रभाव तब होता है, जब उन्हें पूर्ण शिथिल अवस्था में अवचेतन में बार-बार प्रोग्राम किया जाए। यह सबसे प्रभावी क़िस्म का स्व-सुझाव है।

मैंने हर साल अपने अवचेतन में नए वित्तीय लक्ष्यों की प्रोग्रामिंग करने भर से ही दौलत बनाई है। इसके लिए मैं ऐसे वाक्यों का इस्तेमाल करता हूँ : "मैं हर साल इतने यूरो कमाता हूँ, मेरा अवचेतन मुझे राह दिखाता है," या : "इस साल 31 दिसंबर को मेरे पास इतने यूरो हैं, मेरा अवचेतन मुझे राह दिखाता है।" मैंने दस साल से हिसाब-किताब रखा है कि मैंने अपने आंतरिक जीपीएस में जिन लक्ष्यों की प्रोग्रामिंग की, उसकी तुलना में वास्तविक परिणाम कितने मिले। सफलता की वास्तविक दर 85 प्रतिशत रही - इस तथ्य के बावजूद कि मैंने बहुत महत्त्वाकांक्षी लक्ष्य तय किए और हर साल उन्हें काफ़ी बढ़ाता गया।

यह क्यों कारगर होता है? 1962 की अपनी कालजयी पुस्तक *द पॉवर ऑफ़ योर सबकॉन्शस माइंड* में जोसफ़ मर्फ़ी बताते हैं कि स्व-सुझाव आपके लक्ष्य हासिल करने में आपकी कैसे मदद कर सकते हैं। "स्वास्थ्य का आदेश दें और अवचेतन मन इसका पालन करेगा," मर्फ़ी लिखते हैं। "विवरणों और साधनों की चिंता न करें, बस अंतिम परिणाम को जानें। अपनी समस्या के

सुखद समाधान को महसूस करें, चाहे यह स्वास्थ्य हो, आर्थिक स्थिति हो या रोज़गार हो।"

आपको यह अजीब लग सकता है। ज़्यादातर लोग तुरंत आलोचनात्मक समीक्षा शुरू कर देते हैं और अपने चेतन मन से सोचने लगते हैं कि क्या लक्ष्य हासिल किया जा सकता है? यदि हाँ, तो उसे कैसे हासिल किया जा सकता है। वे तमाम तरह की बाधाओं की कल्पना करते हैं और उन कारणों की तलाश करते हैं कि वे क्यों असफल हो सकते हैं। लेकिन हम अनुभव से जानते हैं कि यह ज़रूरी नहीं है कि अवचेतन मन में जिस लक्ष्य की प्रोग्रामिंग हो रही है, चेतन मन को उसका जानकारी हो। महत्त्वपूर्ण बात तो यह है कि सतत् दोहराव द्वारा आपके लक्ष्य की छाप आपके अवचेतन पर अंकित हो जाए। हमारा अवचेतन हमारे चेतन मन से ज़्यादा चतुर है और हमेशा लक्ष्य तक पहुँचने का कोई न कोई तरीक़ा खोज लेगा।

अपनी स्व-सहायता पुस्तक *थिंक ऐंड ग्रो रिच* के तीसरे अध्याय में नेपोलियन हिल बताते हैं कि स्व-सुझाव सफलता की कुंजी है। वे पाठकों को शिथिल होने और पूर्ण चित्रात्मकता से निश्चित लक्ष्यों की कल्पना करने की सलाह देते हैं – मानो वे पहले ही हासिल हो चुके हैं। हिल इसे आर्थिक या अन्य लक्ष्य हासिल करने का एकमात्र तरीक़ा मानते हैं।

कई लोग इन तकनीकों को लेकर संदेहवादी होते हैं, हालाँकि वे हर दिन मुख्य वाक्यों के सतत दोहराव के हमारे काम पर प्रभाव देखते हैं। विज्ञापन की शक्ति इस प्रभाव का सिर्फ़ एक उदाहरण है।

मर्फ़ी और हिल जैसे लेखकों ने लक्ष्य हासिल करने के कुछ महत्त्वपूर्ण संकेत दिए हैं। लेकिन उनमें से किसी ने भी आपके अवचेतन में लक्ष्यों की प्रोग्रामिंग करने के लिए एक प्रभावी तकनीक प्रदान नहीं की है।

इसकी तकनीक है ऑटोजेनिक प्रशिक्षण, क्योंकि यह आपको शिथिलीकरण द्वारा अपने अवचेतन की गहनतम परतों तक पहुँचने और निश्चित प्रमुख वाक्यों के लगातार दोहराव द्वारा इसमें लक्ष्यों की प्रोग्रामिंग करने की अनुमति देता है। ज़ाहिर है, आप इसके बिना भी "मन ही मन" लक्ष्यों, चित्रों और संकल्पों को दोहरा सकते हैं, जिसमें किसी औपचारिक ऑटोजेनिक प्रशिक्षण की ज़रूरत नहीं है। 19वीं सदी में इमिल कुए स्व-सुझाव तकनीकों को विकसित करने वाले पहले व्यक्ति थे। अपने पूर्ववर्ती के योगदान के महत्त्व को स्वीकार करते हुए शुल्ट्ज़ ने कहा कि कुए ने अपने सकारात्मक विचारों के "बीज" हवा में उछाल

दिए। उनमें से सिर्फ़ कुछ ही अंकुरित और फलित हुए, क्योंकि उनमें "ज़मीन की सफल जुताई" के लिए आवश्यक ज्ञान नहीं था। "ऑटोजेनिक प्रशिक्षण में जिन फ़ॉर्मूलाबद्ध संकल्पों और आदर्श वाक्यों का इस्तेमाल किया जाता है, इसके विपरीत "कुए प्रणाली" "ज़मीन तैयार किए" बिना ही वांछित अवस्था का खुद को विश्वास दिलाने पर आधारित है। इसमें आत्म-प्रशिक्षण द्वारा क्रमिक तैयारी का अभाव है, जो ऑटोजेनिक प्रशिक्षण की पहचान है।"

सम्मोहन के समान ही ऑटोजेनिक प्रशिक्षण भी आलोचनात्मक सोच और मूल्य संबंधी निर्णयों का एक निश्चित अवधि के लिए दमन करने या रोकने का साधन है, ताकि अवचेतन तक सीधी पहुँच हासिल हो जाए। विश्लेषणात्मक सोच चाहे जितनी महत्त्वपूर्ण हो, यह बहुत सीमित होती है। इंसान का व्यवहार प्रायः चेतन निर्णयों के बजाय अवचेतन आवेगों से निर्देशित होता है। बहुधा, चेतन निर्णय अवचेतन के कामों के बाद की गई बुद्धिसंगत व्याख्याओं से अधिक नहीं होते हैं। यदि आप अपने लक्ष्यों की प्रोग्रामिंग अपने अवचेतन में करने में कामयाब हो जाते हैं, तो यह खुद-ब-खुद इन लक्ष्यों को हासिल करने के लिए आवश्यक जानकारी प्राप्त कर लेगा। और आप जल्दी ही देखेंगे कि जो लोग और हालात लक्ष्य को हासिल करने में आपकी मदद कर सकते हैं, वे आपके पास आने लगेंगे, मानो आपने उन्हें किसी चुंबक द्वारा आकर्षित किया गया हो।

ऑटोजेनिक प्रशिक्षण तकनीकों का इस्तेमाल करके क्या अपने "सभी" लक्ष्यों की प्रोग्रामिंग अपने अवचेतन में करना और उन्हें हासिल करना सचमुच संभव है? सिर्फ़ तभी, अगर आपको अपने लक्ष्यों पर भरोसा हो। अगर आप अगले साल अमेरिका के राष्ट्रपति बनने के लिए अपने आंतरिक जीपीएस की प्रोग्रामिंग करते हैं, या उसके बाद वाले साल मंगल ग्रह तक उड़ने की, तो आपको खुद अपने लक्ष्यों पर विश्वास नहीं होगा – और इसका नतीजा यह होगा कि आप उन्हें हासिल नहीं कर पाएँगे।

लेकिन हम शायद ही कभी अपने लक्ष्य इतने ऊँचे तय करते हैं कि वे "अयथार्थवादी" लगें। ज़्यादातर लोग तो अपने लक्ष्यों को बहुत नीचा तय करते हैं। आप जितना हासिल करने की योजना बना रहे हैं, ज़िंदगी में शायद ही उससे ज़्यादा हासिल कर पाएँगे। अपने जीवन के अंत में पहुँचकर यह एहसास करना कितना निराशाजनक होगा कि आप इससे बहुत ज़्यादा हासिल कर सकते थे – बशर्ते आपने इतने कमतर लक्ष्य तय न किए होते!

आप अपने लक्ष्य कितने ऊँचे तय करते हैं, यह हमेशा आप पर निर्भर करता है। अगर आपका वज़न ज़्यादा है, तो आप कुछ पाउंड कम करने का लक्ष्य तय कर सकते हैं – या फिर आप अपनी लंबाई के हिसाब से आदर्श वज़न तक पहुँचने का लक्ष्य तय कर सकते हैं। मुझे विश्वास है कि कई मायनों में सामान्य लक्ष्यों के बजाय ज़्यादा ऊँचे लक्ष्य हासिल करना ज़्यादा आसान होता है, क्योंकि आप जितना ऊँचा लक्ष्य बनाते हैं, आप उतने ही ज़्यादा प्रोत्साहित और उत्साहित हो जाते हैं। मैं यह भी सोचता हूँ कि अंतिम निष्कर्ष में अपने लिए बहुत महत्त्वाकांक्षी लक्ष्य तय करना और उन्हें हासिल करने की कोशिश करना किसी औसत और नीरस ज़िंदगी को झेलने से ज़्यादा मुश्किल नहीं है। और सबसे बढ़कर : आप कभी नहीं जान पाएँगे कि क्या आपमें कोई छिपे हुए गुण हैं और क्या आप आख़िरकार जीवन में अधिक हासिल करने में कामयाब हो पाएँगे – जब तक कि आप कोशिश न करें।

आप अपने आंतरिक जीपीएस में जिन लक्ष्यों की प्रोग्रामिंग करते हैं, उन्हें पूरी तरह स्पष्ट, मापने योग्य और समयसीमा वाला होना चाहिए। अगर आप किसी मेल-ऑर्डर कंपनी को पोस्टकार्ड लिखकर उनसे आग्रह करते हैं, "मुझे कोई अच्छी चीज़ भेज दें," तो वे यह नहीं समझ पाएँगे कि आपके आग्रह का क्या करें। आपके अवचेतन मन को भी यही पता नहीं होता, जब आप इस तरह के अ-विशिष्ट आग्रह भेजते हैं, "मैं अमीर बनना चाहता हूँ," "मैं बेहतर शरीर चाहता हूँ" या "मैं सफल होना चाहता हूँ।" लेकिन अगर आप सटीकता से बता देते हैं कि किसी निश्चित तारीख़ तक आप कितना पैसा पाना चाहते हैं, तो आपका अवचेतन जान जाएगा कि इसे कितना लक्ष्य बनाना है। और आप बाद में निगरानी कर पाएँगे और सटीकता से नाप पाएँगे कि आपने अपना लक्ष्य हासिल किया है या नहीं।

हमेशा अपने लक्ष्यों को लिख लें। इसका महत्त्व हावर्ड स्नातकों के एक सर्वे द्वारा प्रदर्शित हुआ है, जिनसे पूछा गया था कि क्या उन्होंने भविष्य के लिए अपना कोई लक्ष्य लिखा था। 84 प्रतिशत ने कहा कि भविष्य के लिए उनके कोई विशिष्ट लक्ष्य थे ही नहीं। 13 प्रतिशत ने अपने लिए लक्ष्य तय तो किए थे, लेकिन "सिर्फ़ दिमाग़ में।" सिर्फ़ तीन प्रतिशत के पास एक या अधिक लक्ष्य थे, जिन्हें उन्होंने लिखा था। दस साल बाद उन्हीं लोगों का एक बार फिर इंटरव्यू लिया गया। जिन 13 प्रतिशत ने अपने लिए लक्ष्य तय किए थे (हालाँकि लिखित में नहीं), वे 84 प्रतिशत लक्ष्यहीन लोगों से औसतन दोगुना कमा रहे थे। लेकिन

जिन तीन प्रतिशत ने अपने लक्ष्य लिखे थे, वे बाक़ी से दस गुना ज़्यादा कमा रहे थे।

ऊँचे लक्ष्य हासिल करने की दिशा में सबसे अचूक और तीव्र तरीक़ा यह है कि कुछ प्रमुख लक्ष्यों को लिख लें, फिर उन्हें वार्षिक लक्ष्यों में बाँट लें और अपने आंतरिक जीपीएस में हर दिन उनकी "प्रोग्रामिंग" करें। लक्ष्य हासिल करने के लिए ऑटोजेनिक प्रशिक्षण का अभ्यास अनिवार्य नहीं है, लेकिन मुझे विश्वास है कि अगर आप इस तकनीक का इस्तेमाल करके अपने अवचेतन में स्व-सुझाव के संकल्पों की प्रोग्रामिंग कर देंगे, तो आप वहाँ ज़्यादा तेज़ी से पहुँचेंगे।

मैं सलाह देता हूँ कि आप पुस्तक पूरी करने के बाद यह अध्याय दोबारा पढ़ें। यह आपको अमल में लाने लायक़ एक अच्छा और विश्वसनीय तरीक़ा बताता है, जिसे करने के लिए कई अन्य लेखक पहले ही आपको प्रेरित कर चुके हैं, यानि, अपने लक्ष्य हासिल करने के लिए अपने अवचेतन मन की शक्ति को सक्रिय करना। क्या आप उन कुछ लोगों में से एक हैं, जिनमें इतना अनुशासन है कि वे कई महीनों तक ऑटोजेनिक प्रशिक्षण तकनीकें सीख सकते हैं और फिर अपने आंतरिक जीपीएस में अपने लक्ष्यों की प्रोग्रामिंग करने में हर दिन उनका इस्तेमाल कर सकते हैं? या आप उन संदेहवादियों में से हैं, जो इसकी कोशिश भी नहीं करेंगे? या फिर आप उन लोगों में से हैं, जिनमें हर दिन इसका अभ्यास करने का अनुशासन नहीं होता? इस सवाल का जवाब यह तय कर सकता है कि आप अगले दस सालों में कितना हासिल करेंगे।

एक बार जब आप अपने आंतरिक जीपीएस की प्रोग्रामिंग कर लेते हैं, तो आप अगला क़दम उठाने को तैयार हैं और एक और फ़ॉर्मूला सीखने के लिए भी, जो आपको अपने लक्ष्य हासिल करने के ज़्यादा क़रीब ले जाएगा : शक्ति + प्रयोगशीलता। सभी महान आविष्कारकों, व्यवसायियों, खिलाड़ियों और कलाकारों ने इस फ़ॉर्मूले का इस्तेमाल किया है, चाहे उन्होंने यह चेतन रूप से किया हो या अचेतन रूप से।

अध्याय 9

सफलता का फ़ॉर्मूला : शक्ति + प्रयोगशीलता

गैरी कास्परोव ने 1984 में अपनी पहली शतरंज विश्व चैंपियनशिप खेली। उनके विरोधी अनातोली कार्पोव थे, जो शतरंज के नामी खिलाड़ी थे, जिनका कीर्तिमान आज तक अटूट है। कार्पोव को चुनौती देते समय कास्परोव की उम्र सिर्फ़ 21 साल थी। टूर्नामेंट 10 सितंबर को शुरू हुआ और उन्हीं नियमों के अनुरूप खेला गया, जो 1978 की विश्व चैंपियनशिप से लागू थे। ख़िताब छह मैच पहले जीतने वाले के पास जाएगा, ड्रॉ को नहीं गिना जाएगा।

हालाँकि कास्परोव विश्वास से भरपूर थे, लेकिन वे चार मैच लगातार जल्दी-जल्दी हार गए और "अपमानजनक हार से बस दो पराजय दूर थे।" खेल जिस तरह चला था, उसका विश्लेषण करने के बाद इस मोड़ पर कास्परोव ने अपनी तकनीक को क्रांतिकारी रूप से तुरंत बदलने का फ़ैसला किया। "मैं हर दाँव में गुरिल्ला युद्धनीति पर चलने लगा, जोख़िम कम करने लगा और अपने मौक़े का इंतज़ार करने लगा।"

अगले सत्रह मैच ड्रॉ रहे। टूर्नामेंट महीनों लंबा खिंचा। शतरंज की बिसात के सामने और अगले मैच की तैयारी में बिताए सैकड़ों घंटों के दौरान कास्परोव अपनी चालों और अपनी सोच पर काम करते रहे, उन्होंने अपनी ग़लतियों का विश्लेषण किया और अपनी रणनीतियाँ बदलते रहे। पहले तो ऐसा लग रहा था कि चीज़ें उनकी योजना के अनुरूप हो रही हैं, लेकिन 27वीं बाज़ी में वे हारने लगे। अब कार्पोव 5:0 से जीत रहे थे और ऐसा लग रहा था, मानो अनुभवी चैंपियन युवा नौसिखिए को 6:0 की साफ़-सुथरी जीत से सबक़ सिखा देगा।

घबराहट का तनाव दोनों ही खिलाड़ियों के लिए असहनीय था। कार्पोव शारीरिक और मानसिक रूप से पस्त हो गए, उनका लगभग 30 पाउंड वज़न कम हो गया और उन्हें कई बार अस्पताल में भर्ती होना पड़ा। कास्परोव का जीवट ज़्यादा मज़बूत था और उन्होंने 5:3 तक खाई पाटने में कामयाबी पाई। आख़िरकार, पाँच महीने और मैच के 300 से ज़्यादा घंटों के बाद 15 फरवरी 1985 को यह मुक़ाबला रोक दिया गया।

कास्पोरोव ने सफलता के लिए एक फ़ॉर्मूले का इस्तेमाल किया था, जिसका इस्तेमाल सभी सफल स्त्री-पुरुष करते हैं : स्टैमिना और प्रयोगशीलता। उनका स्टैमिना कमाल का था। कोई भी विश्व चैंपियन मुक़ाबले में इतने लंबे समय तक नहीं जुटा रहा था - तीन महीना पिछला रिकॉर्ड था। लेकिन जब वे खेल रहे थे, तब भी उनकी सीखने की इच्छा इतनी ही महत्त्वपूर्ण थी। "विश्व चैंपियन ने पाँच थकाऊ महीनों तक मुझे निजी तौर पर प्रशिक्षण दिया था। न सिर्फ़ मैंने सीखा कि वह किस तरीक़े से खेलता था, बल्कि मैं अब अपनी विचार प्रक्रियाओं के भी गहरे संपर्क में हूँ। मैं अपनी ग़लतियों को ज़्यादा जल्दी पहचान सकता हूँ और यह भी कि वे मुझसे क्यों हुईं।"

सफल होने के लिए स्टैमिना की ज़रूरत होती है - लेकिन सिर्फ़ स्टैमिना बेमानी है, अगर इसका मतलब वही पुरानी ग़लतियाँ बार-बार करना हो। इसके साथ प्रयोग करने की प्रबल इच्छा की ज़रूरत है : "आप समस्याओं को सुलझाने के नए तरीक़े नहीं खोज पाएँगे, जब तक कि आप नए तरीक़ों की तलाश न करें और उनके मिलने पर आपमें उन्हें आज़माने का साहस न हो। ज़ाहिर है, वे सब उम्मीद के मुताबिक़ काम नहीं करेंगे। आप जितने ज़्यादा प्रयोग करते हैं, आपके प्रयोग उतने ही ज़्यादा सफल होंगे। अपनी दिनचर्याओं को तोड़ दें, यहाँ तक कि उन्हें भी जिनके साथ आप खुश हों, यह देखने के लिए कि क्या आप नए और बेहतर तरीक़े खोज सकते हैं।"

कार्पोव के ख़िलाफ़ हुए मुक़ाबले के एक साल बाद 22 साल के कास्परोव शतरंज के इतिहास में सबसे युवा विश्व चैंपियन बन गए। उन्होंने यह ख़िताब पंद्रह साल तक अपने पास रखा। जब वे 2005 में पेशेवर शतरंज से रिटायर हुए, तब भी संसार में उनकी सबसे ऊँची रैंकिंग थी।

कारोबारी जगत में शक्ति और प्रयोग करने की इच्छा का यही तालमेल सफलता की कुंजी है, जैसा कि बार्बी डॉल की कहानी से पता चलता है, जो शायद संसार का सबसे जाना-पहचाना और सबसे सफल खिलौना है।

न्यू यॉर्क, 1959 : रूथ हैंडलर अपने होटल के कमरे में बैठकर रो रही थीं। उन्हें खिलौना उद्योग के व्यापार मेले से बहुत ऊँची उम्मीदें थीं, जहाँ वे अपनी कंपनी मटैल के नवीनतम उत्पाद बार्बी डॉल को पेश करने की योजना बना रही थीं। यह गुड़िया बाज़ार में मौजूद बाक़ी गुड़ियाओं से बिलकुल अलग थी : यह लड़की नहीं, महिला जैसी दिखती थी। लोग रूथ हैंडलर पर हँसने लगे : कौन-सी माँ अपनी बेटी के लिए बड़े स्तनों, बहुत पतली कमर और काँख तक के पैरों वाली गुड़िया ख़रीदना चाहेगी? बड़ी चेनों का प्रतिनिधित्व करने वाले उद्योग के विशेषज्ञों ने भी यही सोचा – मटैल को गुड़िया के लिए ज़्यादा ऑर्डर नहीं मिले। रूथ हैंडलर दहशत में आने लगीं और उन्होंने जापान टेलीग्राम करके सप्लायरों को उत्पादन में 40 प्रतिशत कटौती करने को कहा – अति आशावादी होकर उन्होंने अगले छह महीनों के लिए हर सप्ताह 20,000 गुड़ियों का ऑर्डर दे दिया था।

गुड़िया का विचार सबसे पहले रूथ हैंडलर के मन में 1950 के दशक की शुरुआत में आया था। उन्होंने देखा था कि उनकी बेटी बारबरा, जिसके नाम पर बाद में गुड़िया का नाम रखा गया था, और उनकी सहेलियाँ कार्ड-बोर्ड की गुड़ियों से खेलने में आनंदित होती थीं, जिसे वे पोशाक पहनाती-उतारती रहती थीं। उन्होंने ग़ौर किया था कि लड़कियाँ बालिग महिला के एक मॉडल को ख़ास पसंद करती थीं। वे उसमें अपनी भावी छवि देखती थीं। वे बड़ी होने पर वैसी ही दिखना चाहती थीं : आकर्षक, सजीली पोशाक में और मेकअप के साथ। हैंडलर ने सोचा, अगर लड़कियों के पास खेलने के लिए कार्ड-बोर्ड के बजाय असली, त्रिआयामी गुड़िया रहे, तो क्या यह उनके लिए ज़्यादा दिलचस्प नहीं रहेगा? "मैं जानती थी कि अगर हम इस खिलौने के नमूने और त्रिआयामी व्यक्तित्व को ले सकें, तो हमारे पास कुछ बहुत ख़ास होगा।"

विचार उनके मन में क़ायम रहा, लेकिन जिस तरह की गुड़िया उनके दिमाग़ में थी, वैसी उन्हें कहीं नहीं मिली – जब तक कि वे 1956 में यूरोप नहीं गईं। स्विट्ज़रलैंड के लुसर्न में उन्होंने एक दुकान में लिली नामक गुड़िया देखी। लिली एक फुट लंबी थी और उसकी एक सुनहरी पोनीटेल थी। रूथ और उनकी 15 साल की बेटी बारबरा ने उस जैसी गुड़िया पहले कभी नहीं देखी थी। वैसे लिली बच्चों के लिए नहीं बनी थी। यह जर्मन टैब्लॉइड *बिल्ड* के एक कार्टून पर आधारित थी और पुरुषों के लिए एक नए गिफ़्ट आइटम के रूप में बेची जा रही थी। फिर भी हैंडलर ने उसे ख़रीद लिया। वे जानती थीं : जैसी गुड़िया की

उन्हें तलाश थी, लिली ठीक वैसी ही थी। वे छोटी लड़कियों के लिए यही गुड़िया बनाने जा रही थीं।

यह कहना आसान था, करना मुश्किल। गुड़िया को यथासंभव "वास्तविक" दिखना था, जिसकी चिपकी भौंहों और वस्त्रों का एक पूरा वार्डरोब था। हैंडलर को जल्दी ही पता चल गया कि उत्पादन की लागतें बहुत ऊँची थीं। वे जानती थीं कि उन्हें गुड़ियों को जापान में बनवाना होगा, जहाँ श्रम की लागत उस वक़्त काफ़ी सस्ती थी। उन्होंने जापान की यात्रा की और अलग-अलग खिलौना उत्पादकों से कई सालों तक प्रयोग करवाए, जब तक कि वे आख़िरकार लगभग तीन डॉलर में एक गुड़िया बनाने में कामयाब नहीं हो गए। गुड़िया की पोशाकों की लागत को मिला लें, तो इसे बनाना बहुत महँगा था। अमेरिका में औसत सफ़ेदपोश कर्मचारी उस वक़्त 200 से 300 डॉलर ही कमा रहा था, जिसका मतलब था कि पहली बार्बी गुड़ियाँ विलासिता की वस्तुएँ थीं, जिनका ख़र्च सिर्फ़ मध्य और उच्च वर्ग के लोग उठा सकते थे।

1945 में रूथ हैंडलर ने अपने पति और एक अन्य साझेदार के साथ एक कंपनी की सह-स्थापना की। उन्होंने फ़ोटो फ्रेमों का उत्पादन शुरू किया, लेकिन फिर गुड़ियों के घरों के लिए फ़र्नीचर बनाने लगे। उनके पति में आविष्कार और नवाचार की प्रतिभा थी, लेकिन वे बहुत अंतर्मुखी थे और उनमें बेचने की प्रबल योग्यता नहीं थी। मार्केटिंग और विज्ञापन के संदर्भ में रूथ स्वाभाविक प्रतिभा की धनी थीं और इन कारोबारी पहलुओं को देखती थीं। उनकी कंपनी पहली खिलौना निर्माता कंपनी थी, जिसने टेलीविज़न पर पूरे साल विज्ञापन दिए। उन्होंने यह सिलसिला 1955 में शुरू किया, जब उन्होंने डिज़्नी के *मिकी माउस क्लब* में राष्ट्रव्यापी अभियान छेड़ा, जो उस वक़्त बच्चों का सबसे लोकप्रिय कार्यक्रम था।

उनके अभियान ने खिलौना उद्योग में क्रांति कर दी – उसके बाद से माता-पिता अपने बच्चों के लिए खिलौने नहीं चुनते थे। इसके बजाय, बच्चे तब तक ज़िद करते थे, जब तक कि उनके माता-पिता उनके लिए वह खिलौना नहीं ख़रीद देते थे, जिसका विज्ञापन उन्होंने टेलीविज़न पर देखा था।

अब तक हैंडलर ने बेचने और मार्केटिंग पर ध्यान केंद्रित किया था, जबकि नए खिलौनों का आविष्कार अपने पति के भरोसे छोड़ दिया था। बार्बी उनका पहला सृजन था। उन्होंने उस वक़्त मार्केटिंग विज्ञापन की हस्ती अर्नेस्ट डिशटर की विशेषज्ञतापूर्ण रिपोर्ट के लिए बहुत से पैसे ख़र्च किए। 191 लड़कियों

और 45 माँओं के सर्वे ने दिखाया कि अधिकतर लड़कियाँ गुड़िया से प्रेम करती थीं, जबकि माँएँ उससे नफ़रत करती थीं। डिश्टर की पत्नी ने बाद में कहा : "उन्होंने लड़कियों से इस बारे में पूछा कि वे किसी गुड़िया में क्या चाहती थीं। पता चला कि वे ऐसी गुड़िया चाहती थीं, जो मादक दिखती हो, जैसी कि वे बड़े होकर दिखना चाहती थीं। लंबे पैर, बड़े स्तन, ग्लैमरस।" डिश्टर ने बार्बी के स्तन ज़्यादा बड़े करने का सुझाव दिया - आख़िरकार उसके स्तन 39 इंच, कमर 18 इंच और कूल्हे 33 इंच के हो गए। लेकिन क्या छोटी लड़कियाँ सचमुच यही चाहती थीं?

टेलीविज़न विज्ञापनों में छोटी लड़कियों के सपने एक गीत में व्यक्त किए गए थे : "किसी दिन मैं तुम्हारे जैसी बनना चाहता हूँ, तब तक मैं जानती हूँ कि मैं क्या करूँगी... बार्बी, सुंदर बार्बी, मैं यक़ीन करूँगी कि मैं तुम हो।" मैटल के प्रतिस्पर्धियों ने इस अभियान का मज़ाक़ उड़ाया : "क्या आप यक़ीन कर सकते हैं कि मैटल ने क्या पागलपन किया? वे टीवी पर गए और माँओं से यह उम्मीद करने लगे कि वे अपनी लड़कियों के लिए वेश्या जैसी दिखने वाली गुड़ियाँ ख़रीदें।" यह संदेह करने वाले वे अकेले नहीं थे। हैंडलर के कर्मचारियों को भी उनके पागलपन भरे विचार की सफलता पर बहुत कम भरोसा था।

उनकी तमाम शंकाओं और संदेह के बावजूद बार्बी भारी सफल रही, जिससे मैटल अमेरिका के सबसे बड़े खिलौना उत्पादकों में से एक बन गई। गुड़िया के आने के एक साल बाद ही कंपनी सार्वजनिक हो गई। पाँच साल बाद मैटल की सालाना बिक्री 100 मिलियन डॉलर हो गई और इसे पहली बार "फ़ॉर्च्यून 500" में सूचीबद्ध होने का अवसर मिला।

रूथ हैंडलर मुख्यतः इसलिए सफल हुई, क्योंकि वे तमाम अटकलों के बावजूद अपने विचार पर डटी रहीं। उनके पति इसके विरोध में थे, उनका स्टाफ़ भी विरोध में था और वे जिससे भी बात करती थीं, लगभग हर व्यक्ति इसके ख़िलाफ़ था। वे तर्क देते थे कि भले ही उपभोक्ता वैसी गुड़िया चाहते थे, लेकिन एक तार्किक भाव पर इसका उत्पादन करना असंभव होगा। उनकी योजना "असंभव" थी, यह सुनकर हैंडलर इसे सफल बनाने के लिए और भी ज़्यादा संकल्पवान हो गई। वे हर एक के सामने यह साबित करना चाहती थीं कि यह संभव है। हैंडलर स्टैमिना और प्रयोगशीलता के तालमेल से सफल हुई, जो किसी भी तरह की सफलता का फ़ॉर्मूला है। उन्हें स्टैमिना की ज़रूरत थी, क्योंकि उनके विचार को हक़ीक़त बनने में तक़रीबन दस साल का समय लग

गया। उन्होंने स्विट्ज़रलैंड में जो गुड़िया देखी थी, उसे बेहतर बनाने में उन्होंने तीन साल लगाए। उन्होंने हर विवरण पर क़रीबी ध्यान दिया – बार्बी के नाख़ूनों से उसके मेकअप और वार्डरोब तक, जो इस गुड़िया की ज़बर्दस्त वाणिज्यिक सफलता का एक अनिवार्य घटक साबित होने वाली थी। बार्बी के गर्वीले मालिक नवीनतम शैलियों में सजाने के लिए नई पोशाकों की माँग करते रहते थे। उनकी नक़ल करने की प्रतिस्पर्धियों की कोशिशें नाकाम रहीं। हैंडलर ने इसका कारण बताते हुए कहा कि प्रतिस्पर्धियों में स्टैमिना की कमी है और वे विवरणों पर ग़ौर नहीं करते हैं। हालाँकि ये चीज़ें ग़ैर-प्रासंगिक लग सकती हैं, लेकिन उन्होंने ही उनकी सफलता में दरअसल योगदान दिया था।

हॉवर्ड शुल्ट्ज़ के भी धैर्य की परीक्षा हुई थी। जब उन्होंने स्टारबक्स का काम सँभाला, तो कंपनी हर साल मुनाफ़ा कमा रही थी। लेकिन जब शुल्ट्ज़ एक राष्ट्रव्यापी चेन शुरू करने की योजना बना रहे थे, तब स्टारबक्स की कुल जमा पाँच दुकानें थीं। "यह एहसास करने में मुझे ज़्यादा समय नहीं लगा कि हम आमदनी के उसी स्तर को क़ायम रखते हुए वह बुनियाद नहीं बना सकते, जिसकी ज़रूरत हमें तेज़ विकास के लिए थी।" उन्होंने अपने स्टाफ़ और निवेशकों को बताया कि अगले तीन साल तक कंपनी घाटे में चलने वाली है। और ठीक ऐसा ही हुआ। 1987 में स्टारबक्स को 3,30,000 डॉलर का घाटा हुआ। एक साल बाद यह बढ़कर 7,64,000 डॉलर हो गया और तीसरे साल 1.2 मिलियन डॉलर। उसके बाद कंपनी दोबारा मुनाफ़ा कमाने लगी। शुल्ट्ज़ कहते हैं : "वह हम सभी के लिए बेहद तनावपूर्ण अवधि थी, जिसमें कई डरावने दिन भी थे। हालाँकि हम जानते थे कि हम भविष्य में निवेश कर रहे हैं और हालाँकि हमने इस तथ्य को स्वीकार कर लिया था कि हम घाटे में चलेंगे, लेकिन इसके बावजूद मैं अक्सर शंकाओं से भरा रहता था।"

एक महीना ऐसा था, जब घाटा अनुमान से चार गुना हो गया। संयोग से उसके बाद वाले सप्ताह सलाहकार मंडल की बैठक होने वाली थी। उन्हें अपने कार्मों के लिए उत्तरदायी ठहराया जाएगा, यह सोच-सोचकर शुल्ट्ज़ की नींद उड़ गई। उन्हें संचालक मंडल के सदस्यों की प्रतिक्रियाओं से डर लग रहा था। जैसी उन्हें उम्मीद थी, मीटिंग का माहौल तनावपूर्ण था। "चीज़ें काम नहीं कर रही हैं," बोर्ड के एक सदस्य ने कहा। "हमें रणनीति बदलनी होगी।" शुल्ट्ज़ अंदर से काँप रहे थे और उन्होंने अपनी सारी इच्छाशक्ति बटोरी, ताकि उन्हें मूल योजना पर चलते रहने के लिए राज़ी करें। उन्होंने अपनी आवाज़ से दहशत को दूर रखने की सबसे कड़ी कोशिश करते हुए कहा, "देखिए, हम तब तक घाटा

उठाने जा रहे हैं, जब तक कि हम तीन चीज़ें न कर लें। हमें अपनी विस्तार आवश्यकताओं से बहुत आगे तक की प्रबंधन टीम को आकर्षित करना है। हमें एक विश्व-स्तरीय रोस्टिंग फ़ैक्ट्री बनानी है।” और आख़िरकार उन्होंने कहा कि उन्हें एक आईटी सिस्टम बनाने की ज़रूरत है, जो “इतना आधुनिक हो कि सैकड़ों स्टोर की बिक्री का हिसाब रख सके।” “सैकड़ों?” कुछ निवेशक संदेहवादी थे। उस वक़्त स्टारबक्स की सिर्फ़ बीस शाखाएँ थीं। और अब यह शुल्ट्ज़ नाम का आदमी ऐसे कंप्यूटर सिस्टम में ढेर सारा पैसा लगाना चाहता था, जो सैकड़ों दुकानों का प्रबंधन कर सके?

संदेहवादियों ने पूछा, आख़िर वे अनुभवी और महँगे एग्ज़ीक्यूटिवों को क्यों नियुक्त करना चाहते हैं, जबकि अभी उनकी ज़रूरत नहीं है और उनकी योग्यताएँ उनके वर्तमान काम से ज़्यादा होंगी? अपनी आत्मकथा में शुल्ट्ज़ कहते हैं, “विकास की गति से आगे की नियुक्ति करना उस वक़्त महँगा लग सकता है, लेकिन ज़रूरत पड़ने से पहले ही विशेषज्ञों को ले आने में ज़्यादा समझदारी है, बजाय इसके कि अनुभवहीन, अपरीक्षित लोगों के साथ अनजान में क़दम रखा जाए, जो ग़लतियाँ करने के प्रति उद्धत हों।”

लेकिन कंपनी पैसे को निगलती रही। स्टारबक्स ख़रीदने के लिए उन्हें जो 3.8 मिलियन डॉलर जुटाने थे, उसी में उन्हें काफ़ी मुश्किल आई थी और अब उन्हें विस्तार की अपनी महत्त्वाकांक्षी योजनाओं के लिए 3.9 मिलियन डॉलर अलग से जुटाने थे। 1990 में कंपनी को और ज़्यादा पूँजी की ज़रूरत पड़ी, जो उन्होंने एक वेंचर कैपिटल फ़ंड से ली। एक साल बाद शुल्ट्ज़ को 15 मिलियन डॉलर और जुटाने पड़े। कुल मिलाकर 1992 में स्टारबक्स के सार्वजनिक होने से पहले कंपनी के शेयरों के चार प्राइवेट प्लेसमेंट हो गए।

कल्पना करें कि उस दौर से गुज़रने के लिए कितने स्टैमिना की ज़रूरत होगी। क्या हॉवर्ड शुल्ट्ज़ की ज़िंदगी ज़्यादा आसान नहीं होती, अगर उन्होंने अपने लक्ष्य नीचे रखे होते और लागत कम रखी होती? वे ज़्यादा जल्दी मुनाफ़े में आने में कामयाब हो जाते, जिससे वे अपने निवेशकों संबंधी बहुत सारी मुश्किलों से बच सकते थे और उनके आलोचनात्मक सवालों से भी। क्या वे सचमुच सही मार्ग पर थे? क्या वे ख़र्च किए हुए हर मिलियन के साथ जोख़िम को बढ़ा नहीं रहे थे?

शुल्ट्ज़ ने इसे इस तरह नहीं देखा। जहाँ वे खड़े थे, वहाँ से पर्याप्त निवेश न करने में ज़्यादा बड़ा जोख़िम था। “जब कंपनियाँ असफल होती हैं या विकास

करने में असफल रहती हैं, तो ऐसा लगभग हमेशा इसलिए होता है, क्योंकि वे आवश्यक लोगों, तंत्रों और प्रक्रियाओं में निवेश नहीं करती हैं। ज़्यादातर लोग इस बात का कम अनुमान लगाते हैं कि ऐसा करने में कितना पैसा लगेगा। उनमें यह भी नज़रअंदाज़ करने की प्रवृत्ति होती है कि उन्हें भारी नुक़सान की ख़बर देने में कैसा महसूस होगा।" कंपनी के शुरुआती दिनों में बड़े निवेश का परिणाम सिर्फ़ भारी वार्षिक नुक़सान ही नहीं हुआ - उनका यह भी मतलब था कि संस्थापक को कंपनी में अधिकाधिक शेयर दूसरों को बाँटने पड़े। लेकिन शुल्ट्ज़ क़ीमत चुकाने को तैयार थे - और अंततः उन्हें स्टैमिना का पुरस्कार मिला।

दूसरे भावी उद्यमियों को शुल्ट्ज़ की सलाह है : "जब आप कोई व्यवसाय शुरू कर रहे हैं, तो आकार जो भी हो, यह पहचानना अत्यंत महत्त्वपूर्ण है कि चीज़ें आपके अनुमान से ज़्यादा लंबा समय लेने वाली हैं और आपकी उम्मीद से ज़्यादा पैसे ख़र्च होने वाले हैं। अगर आपकी योजना महत्त्वाकांक्षी है, तो आपको कुछ समय तक अपनी कमाई से ज़्यादा निवेश करना होता है, भले ही आपकी बिक्री तेज़ी से बढ़ रही हो। अगर आप अनुभवी एग्ज़ीक्यूटिवों को नियुक्त करते हैं, अपनी वर्तमान आवश्यकताओं से बहुत आगे की फ़ैक्ट्रियाँ बनाते हैं और घाटे के वर्षों में प्रबंधन करने की एक स्पष्ट रणनीति बनाते हैं, तो कंपनी के ज़्यादा तेज़ दौर में पहुँचने पर आप तैयार होंगे।"

जिस तरह का स्टैमिना शुल्ट्ज़ ने प्रदर्शित किया था, वह दो मुख्य घटकों पर निर्भर करता है : निराशा की ऊँची सहनशक्ति और सचमुच ऊँचा लक्ष्य। सिर्फ़ ऊँचा लक्ष्य ही आपको इतना प्रेरित करेगा कि आप पराजय और घाटे के दौर के बावजूद हार न मानें। लेकिन निराशा की ऊँची सहनशक्ति ही सफलता की कुंजी है। शुल्ट्ज़ ने अपने करियर में जल्दी ही इसे विकसित कर लिया था, जब वे ज़िरॉक्स में सेल्समैन थे।

छह महीनों तक उन्होंने मैनहटन में अपने "इलाक़े" के हर ऑफ़िस के दरवाज़े खटखटाए, 42वीं और 48वीं फ़ॉर्क के बीच, ईस्ट रिवर से फ़िफ़्थ ऐवेन्यू तक। "कोल्ड-कॉलिंग यानि अजनबियों से संपर्क की कोशिश कारोबार के लिए अच्छा प्रशिक्षण थी," वे याद करते हैं। "मेरे मुँह पर इतने सारे दरवाज़े बंद हुए थे कि मुझे एक मोटी चमड़ी विकसित करनी पड़ी और फिर वर्ड प्रोसेसर नामक नई मशीन के लिए एक संक्षिप्त सेल्स पिच तैयार करनी पड़ी।" वे बहुत सफल सेल्समैन बन गए। "मैंने बहुत सारी मशीनें बेचीं और अपने कई साथियों से

बेहतर प्रदर्शन किया। अपनी क़ाबिलियत साबित करने से मेरा आत्मविश्वास बढ़ गया। मुझे पता चला कि बेचने का आत्मसम्मान से बहुत गहरा संबंध है।"

इस तरह का आत्मविश्वास पराजय के बाद उछलने का पर्याप्त स्टैमिना विकसित करने की आवश्यक शर्त है। बहरहाल, आपका स्टैमिना जितना ज़्यादा बढ़ेगा, आपका आत्मविश्वास भी उतना ही ज़्यादा बढ़ेगा। अगर आपके पास स्टैमिना और निराशा की ऊँची सहनशक्ति है तथा आप इन्हीं गुणों की बदौलत अंततः सफल हो जाते हैं, तो आपके आत्मविश्वास का बढ़ना तय है। सिर्फ़ तभी आप अपने लक्ष्य और भी ऊँचे तय कर सकते हैं और सफलता की राह पर मिलने वाली बाधाओं से उबर सकते हैं, जो आगे चलकर और ऊँचे होते जाएँगे। तो कोई हैरानी नहीं कि इस पुस्तक में वर्णित इतने सारे लोग सबसे बढ़कर अच्छे सेल्सपीपल थे – एक ऐसा काम, जिसमें परानुभूति और दृढ़ता के साथ-साथ निराशा की ऊँची सहनशक्ति की ज़रूरत होती है।

स्टैमिना के बिना आप कारोबारी जगत में सफल नहीं हो सकते। माइकल ब्लूमबर्ग ने 15 साल तक सालमन ब्रदर्स में काम किया और इसके बाद उन्हें नौकरी से निकाल दिया गया। इस मोड़ पर उन्होंने अपनी खुद की कंपनी शुरू करने का निर्णय लिया। अपनी जीवनी में वे लिखते हैं : "ईश्वर का शुक्र है कि जब भी कोई दूसरी कंपनी मुझे लेने के लिए आई, तो मैंने नहीं कह दिया। मुझे हमेशा रुके रहने का एक कारण मिला था, मेरे सालमन जीवन पर नया नज़रिया मिला था, जिसने मुझे अपनी कंपनी के लिए दोबारा समर्पित कर दिया।"

ब्लूमबर्ग के धैर्य का अक्सर इसकी सीमाओं तक इम्तिहान लिया गया और इससे भी आगे तक। सालमन में छह साल गुज़ारने के बाद परिस्थितियाँ उनके लिए बेहतरीन थीं। वॉल स्ट्रीट उन्हें पसंद करती थी और मीडिया उनका स्वागत कर रहा था। वे अच्छा पैसा कमा रहे थे और केवल एक पुरस्कार था, जिसका उन्हें इंतज़ार था : उन्हें कंपनी में अब तक पार्टनर नहीं बनाया गया था। पार्टनर बनने के साथ जो प्रतिष्ठा आती है, वह "मेरे लिए संसार की किसी भी दूसरी चीज़ से ज़्यादा मायने रखती थी," वे अपनी आत्मकथा में लिखते हैं। "मैंने यह साझेदारी अर्जित की थी और अब मैं किसी बड़े तालाब की बड़ी मछली की तरह अपने मूल्य की सार्वजनिक मान्यता चाहता था।"

नए साझेदारों की सूची अगस्त 1972 में प्रकाशित हुई। ब्लूमबर्ग, जिन्हें पूरी उम्मीद थी कि इसमें उनका नाम होगा और जिसे वे किसी भी दूसरी चीज़ से ज़्यादा चाहते थे, यह पाकर स्तब्ध रह गए कि उनका नाम सूची में नहीं था।

उनकी जगह पर उनके ऐसे सहकर्मियों को चुना गया था, जिन्होंने इस सम्मान का पात्र बनने के लिए कुछ नहीं किया था। "मुझे किनारे कर दिया गया था और इतने बड़े समूह को स्वीकार किया गया था कि मैं अपमानित भी महसूस कर रहा था।" ब्लूमबर्ग अत्यधिक दुखी थे। उनकी आँखों में आँसू थे। और वे प्रतिशोध की योजना बनाने लगे। "मैंने दोष देने के लिए किसी को खोजा। शुरुआत में मैंने कई पागलपन भरी बातें सोचीं, 'मैं नौकरी छोड़ दूँगा।' 'मैं उन्हें मार डालूँगा।' 'मैं खुद को गोली मार लूँगा।'"

ज़्यादातर लोग इसी तरह की प्रतिक्रिया करते और अपनी पराजय का दोष दूसरों को देते, जिन्होंने उनकी उपलब्धियों को नहीं पहचाना था या जिन्होंने उनके ख़िलाफ़ प्रतिस्पर्धा की थी। लेकिन ब्लूमबर्ग जल्दी ही होश में आ गए। उन्होंने पहले से भी ज़्यादा कड़ी मेहनत की, पहले से ज़्यादा एकाग्र हुए और हर वह चीज़ दी, जो वे दे सकते थे। और वे खुद से कहते रहे : "वे भाड़ में जाएँ!" तीन महीने बाद उन्हें अपनी लंबे समय से चाही गई साझेदारी मिल गई।

जब कुछ साल बाद उन्होंने अपनी खुद की कंपनी बनाई, तो एक बार फिर उनके सब्र और स्टैमिना का इम्तिहान हुआ। सालमन ब्रदर्स ने उनके स्टैमिना का समृद्ध पुरस्कार दिया था और दस मिलियन डॉलर के गोल्डन हैंडशेक के साथ उन्हें विदा किया था। उन्होंने कुछ सहकर्मियों के साथ अपनी खुद की कंपनी स्थापित की। शुरुआत में उन्होंने मैनहटन में मेडिसिन ऐवेन्यू में एक छोटा ऑफ़िस किराए पर लिया, जो लगभग तीस वर्ग फुट का था। "ऑफ़िस क्या, झाड़ू रखने की अलमारी थी और हमने पहले दिन शैम्पेन की बोतल के साथ अपनी शुरुआत का जश्न मनाया।"

ब्लूमबर्ग हमेशा कड़ी मेहनत करते थे और इस दौर में तो वे सप्ताह में छह दिन, हर दिन चौदह घंटे मेहनत करते थे। फिर उनका सामना भी उसी कठोर सच्चाई से हुआ, जिससे हॉवर्ड शुल्ट्ज़ का हुआ था : "मैंने विस्तार के लिए पर्याप्त पैसे का निवेश कहीं नहीं किया था।" उनके ख़र्च उनकी शुरुआती उम्मीद से ज़्यादा थे।

इस भविष्यवाणी का कोई तरीक़ा नहीं था कि क्या ग्राहक उस उत्पाद के लिए पैसे देंगे, जिसे बेचने की वे योजना बना रहे थे – एक बिलकुल ही नए किस्म का कंप्यूटर टर्मिनल, जिस पर वित्तीय जानकारी का प्रदर्शन और वितरण हो। वे तो यह भी सोचने लगे कि क्या इसकी ख़ातिर अपनी दौलत और प्रतिष्ठा का जोखिम लेना ठीक था। उन्हें सालमन ब्रदर्स से जो दस मिलियन डॉलर मिले

थे, उनमें से चार मिलियन डॉलर वे पहले ही ख़र्च कर चुके थे। और उनका नया कारोबार अब भी घाटे में चल रहा था। "सौभाग्य से, भले ही मैं इस काम को छोड़ना चाहता था, लेकिन बाहर निकलने का कोई सम्मानजनक तरीक़ा नहीं था (अहं के लिए ईश्वर को धन्यवाद!), इसलिए हम आगे बढ़ते रहे।"

स्टैमिना और निराशा की सहनशक्ति बहुत महत्त्वपूर्ण हैं, लेकिन वे बहुत दूर तक नहीं जाएँगे, जब तक कि आप प्रयोग करने और नए विचारों के प्रति खुलने के इच्छुक न हों। चाहे जो हो जाए, अगर आप किसी कठोर योजना से चिपके रहे, तो आपका स्टैमिना आपको कहीं नहीं ले जाएगा। माइकल ब्लूमबर्ग विस्तृत योजना में विश्वास नहीं करते : "आप हमेशा अंततः उम्मीद से अलग समस्याओं का सामना करेंगे। कई बार आपको 'यह' करना होगा, जबकि ब्लूप्रिंट कहता है 'वह।' जब आपको तुरंत प्रतिक्रिया करनी होती है, तो आप यह नहीं चाहते कि कोई विस्तृत, अटल योजना राह में आड़े आए।"

मुझे एक बार फिर दोहराने दें : स्टैमिना सफलता तक तभी ले जाएगा, जब इसके साथ प्रयोग करने की इच्छा होगी। थॉमस एडिसन संसार के सबसे महान आविष्कारकों में से एक थे। बिजली के बल्ब का आविष्कार करने में सफल होने से पहले उनमें 10,000 अलग-अलग प्रयोग करने का स्टैमिना था। हममें से कितने सौ या हज़ार असफल प्रयोगों के बाद छोड़ देते?

जो लोग प्रोएक्टिव तरीक़े से काम करते हैं और ग़लतियों से जल्दी सीख लेते हैं, वे उन लोगों से ज़्यादा सफल होते हैं, जो अपने विचारों को आदर्श बनाने पर काम करते रहते हैं, लेकिन उन पर अमल करने में झिझकते हैं। ब्लूमबर्ग स्वीकार करते हैं, "ज़ाहिर है, हमने ग़लतियाँ कीं। उनमें से ज़्यादातर भूलें छोड़ने वाली थीं, जिनके बारे में हमने तब नहीं सोचा था, जब हमने शुरुआत में सॉफ़्टवेयर बनाना था। हमने भूलों को सुधारते हुए बार-बार सॉफ़्टवेयर के संस्करण जारी किए। हम आज भी ऐसा ही करते हैं।"

जब उनके प्रतिस्पर्धी अब भी आदर्श अंतिम डिज़ाइन बनाने में व्यस्त थे, तब वे अपने सॉफ़्टवेयर के पाँचवें संस्करण पर काम कर रहे थे। "यह योजना बनाम काम करने का द्वंद्व है। हम पहले दिन से काम करते हैं; दूसरे महीनों तक योजना बनाते हैं कि योजना कैसे बनाना है।"

अगर आप कोई नई कंपनी शुरू कर रहे हैं, तो किसी योजना के ग़ुलाम बनकर उससे चिपके न रहें, बल्कि सीखने और प्रयोग करने के लिए हमेशा तैयार रहें। ब्लूमबर्ग ने हमेशा ज़ोर दिया है कि नए कारोबारी विचारों के बारे

में भविष्यवाणियाँ ज़्यादातर मामलों में अनुपयोगी और निरर्थक होती हैं, भले ही बैंक और दूसरे निवेशक उन पर कितना भी ज़ोर दें। "आपको जो मान्यताएँ बनानी होती हैं, उनका शोर इतना ज़्यादा होता है और विचित्र क्षेत्रों में आपका ज्ञान इतना सीमित होता है कि तमाम विस्तृत विश्लेषण आम तौर पर बेमानी होते हैं।"

लैरी पेज और सर्गेई ब्रिन भी यही सोचते थे। गूगल के दोनों संस्थापक 1973 में पैदा हुए थे और उनके दिमाग़ में एक अच्छा विचार आया – वे संसार का सबसे अच्छा सर्च इंजन बनाना चाहते थे। वे ऑल्टा-विस्टा जैसे विद्यमान सर्च इंजनों के प्रदर्शन से ख़ुश नहीं थे। ऑल्टा-विस्टा का इस्तेमाल करते समय उन्हें पता चला कि सर्च रिज़ल्ट न सिर्फ़ वेबसाइटों की सूची प्रदर्शित करते थे, बल्कि लिंकों में सरासर निरर्थक जानकारी भी देते थे। उन्होंने पाया कि अगर लिंक की लोकप्रियता को वेब सर्च के लिए प्रयुक्त एल्गोरिदमों में जोड़ दिया जाए, तो सर्च इंजन का प्रदर्शन काफ़ी बेहतर किया जा सकता था।

कॉलेज के इन दोनों विद्यार्थियों के सिर पर संसार का सबसे अच्छा और सबसे आधुनिकतम सर्च इंजन बनाने का विचार हावी हो गया। पहले तो वे अपनी कंपनी शुरू करने की योजना भी नहीं बना रहे थे, लेकिन सैकड़ों पर्सनल कंप्यूटर ख़रीदने के लिए उन्हें पैसों की ज़रूरत थी, जिन्हें वे इंटरनेट पर सर्च करने के लिए एक दूसरे से जोड़ सकें।

सौभाग्य से उन्हें वेंचर कैपिटल निवेशक मिल गए। लेकिन उनके पास अब भी कोई निश्चित बिज़नेस प्लान नहीं था। द *गूगल स्टोरी* में डेविड ए. वाइज़ और मार्क मैलसीड लिखते हैं : "इनमें से किसी के पास भी कोई स्पष्ट विचार नहीं था कि कंपनी पैसे कैसे कमाएगी, हालाँकि उन्हें लग रहा था कि अगर उनके पास सबसे अच्छा सर्च इंजन रहेगा, तो दूसरे लोग अपने संगठनों में इसका उपयोग करना चाहेंगे।"

बिज़नेस स्कूल के विद्यार्थियों को नियमित रूप से दी जाने वाली सलाह के विपरीत उन्होंने बिज़नेस प्लान बनाने की ज़हमत भी नहीं उठाई। गूगल कैसे पैसे कमाएगा, यह सवाल अनुत्तरित रहा।

पेज और ब्रिन का मूल विचार यह था कि वे अपनी सर्च इंजन टेक्नोलॉजी दूसरी इंटरनेट कंपनियों को लाइसेंस कर देंगे। इस पर अमल बहुत मुश्किल साबित हुआ। सैक्वोइया के माइकल मोरिट्ज़, जो गूगल के दो मूल वैंचर कैपिटल निवेशकों में से एक थे, बताते हैं : "पहले साल के दौरान हम सभी को

चिंता थी कि हम जिस बाज़ार का पीछा कर रहे हैं, वह हमारी शुरुआती उम्मीद से ज़्यादा मुश्किल और अड़ियल था। संभावित ग्राहकों के साथ वार्ताएँ और सौदेबाज़ियाँ लंबी खिंच रही थीं। काफ़ी प्रतिस्पर्धा थी और हमारे पास कोई सीधे सेल्सपीपल नहीं थे।"

इसकी वजह से पेज और ब्रिन नहीं रुके। पहले तो वे विज्ञापन की जगह बेचने के विरोधी थे, क्योंकि उनके हिसाब से इससे सर्च परिणामों की निष्पक्षता प्रभावित हो सकती थी। वे इस मार्ग पर जाने वाली दूसरी कंपनियों की नकारात्मक मिसाल की ओर संकेत करते थे। चाहे जो हो, उस वक़्त जिस बैनर विज्ञापन का इस्तेमाल होता था, वह बहुत सफल नहीं था।

अंततः उन्हें एक ऐसी कंपनी मिल गई, जो विज्ञापन और सर्च परिणामों का काफ़ी सफलतापूर्वक तालमेल बैठा रही थी। उन्हें लगा कि यह अवधारणा आख़िर कारगर हो सकती है। पेज और ब्रिन ने इसे संशोधित करके इसी बुनियाद पर अपना कारोबार शुरू किया। यह एक सरल रणनीति थी : उनका सर्च इंजन इस्तेमाल करने वालों के लिए मुफ़्त रहेगा, पैसा विज्ञापन बेचने से आएगा।

शुरुआती वर्षों में गूगल घाटे में चली। 2000 में कंपनी को 14.7 मिलियन डॉलर का घाटा हुआ। लेकिन एक साल बाद ही इसने सात मिलियन डॉलर का मुनाफ़ा कमा लिया। अगले कुछ वर्षों में यह राशि लगातार बढ़ती रही; 2002 में 100 मिलियन डॉलर से 2004 में 400 मिलियन डॉलर और 2005 में 1.5 बिलियन डॉलर। 2009 में गूगल ने 23.6 अरब डॉलर की बिक्री की, जिस पर इसे 6.5 अरब डॉलर का मुनाफ़ा हुआ। आज गूगल का ब्रांड कोका-कोला या मैकडॉनल्ड्स से अधिक मूल्यवान है – 2010 में 131 अरब डॉलर की नेट वर्थ के साथ यह संसार का सबसे मूल्यवान ब्रांड था।

1998 में उन्होंने गूगल सर्च इंजन का प्रौद्योगिकी आधार बना लिया और वे इसे याहू! जैसी कंपनियों को लाइसेंस पर बेचने की कोशिश कर रहे थे। उस वक़्त पेज और ब्रिन को हर जगह से ना सुनने को मिला। वे दोनों अपनी प्रौद्योगिकी के बदले में एक मिलियन डॉलर माँग रहे थे, जो हर किसी को बहुत ज़्यादा लग रहे थे। यह एक "पराजय" थी, लेकिन यह ऐसी पराजय थी, जो गूगल बनाने वालों के लिए खुशक़िस्मती साबित हुई – अगर किसी ने उनके प्रस्ताव को मान लिया होता, तो वे शायद कभी अपनी कंपनी स्थापित नहीं करते। एक बार फिर, एक स्पष्ट विपत्ति ज़्यादा बड़ी सफलता का बीज साबित हुई।

जैसा गूगल की कहानी दर्शाती है, किसी सफल शुरुआती कंपनी का मुख्य घटक आदर्श योजना नहीं, बल्कि तेज़ी से सीखने और ढलने की योग्यता है। कई लोग उन दोनों भावी उद्यमियों पर हँस सकते थे, जिनके पास कोई बिज़नेस प्लान नहीं था और उन्हें तो यह भी पता नहीं था कि वे पैसा कैसे बनाने वाले हैं। संसार का कोई भी बैंक उनके कारोबारी विचार के लिए उन्हें कर्ज़ नहीं देता। लेकिन अगर एक बेहतरीन सपने के साथ-साथ यथार्थवाद, प्रयोग करने की इच्छा और सीखने की योग्यता हो, तो यह तालमेल किसी विस्तृत बिज़नेस प्लान वाले क़ागज़ से ज़्यादा मूल्यवान है, जिसके बारे में सिर्फ़ अर्थशास्त्र का कोई प्रोफ़ेसर ही रोमांचित होगा।

उनके शुरुआती दिनों में जो व्यावहारिक और प्रयोगशील नज़रिया उनके इतनी अच्छी तरह काम आया था, वह आज तक गूगल के संस्थापकों की सफलता का लक्षण बना हुआ है। नई सेवाएँ प्रायः बीटा संस्करणों के रूप में शुरू की जाती हैं, ताकि लोगों को पता रहे कि वे अब भी विकास की अवस्था में हैं। गूगल का अस्तित्व इसके संस्थापकों की प्रयोग करने की इच्छा की वजह से है। और आज यह संसार की सबसे लाभदायक तथा तेज़ी से विकास कर रही कंपनियों में से एक है।

सफल खिलाड़ियों को भारी स्टैमिना दरकार होता है। लेकिन अपने करियर की विभिन्न अवस्थाओं में सभी सफल खिलाड़ी किसी न किसी ऐसे बिंदु पर पहुँचेंगे, जहाँ उनका प्रदर्शन ठहर जाता है। अगर इससे उबरने के लिए वे उसी प्रशिक्षण दिनचर्या को ज़्यादा घंटों तक चलाने की कोशिश करते हैं, तो इसमें अति-प्रशिक्षण का जोख़िम होता है, जो शरीर के लिए नुक़सानदेह होता है तथा इससे प्रदर्शन और भी ख़राब हो जाता है। ठहराव की ये अवधियाँ हर खिलाड़ी के करियर में अपरिहार्य रूप से आती हैं और इनसे उबरने, बेहतर बनते रहने तथा विकास करते रहने के लिए उसे नई प्रशिक्षण दिनचर्याओं को अपनाने के लिए तैयार रहना होता है।

पेशेवर फ़ुटबॉल खिलाड़ी ऑलिवर काह्न, ऐल्बर्ट आइंस्टाइन का हवाला देते हैं, जिन्होंने कहा था : "परिस्थितियों को बदले बिना उसी प्रयोग को बार-बार दोहराना एक तरह का पागलपन है।" काह्न शीर्ष खिलाड़ियों और सफलता का लक्ष्य रखने वाले हर अन्य व्यक्ति को सलाह देते हैं कि वे "जिस क्षेत्र में सफल होना चाहते हैं... उसमें लक्ष्य-केंद्रित प्रयोगशीलता के प्रति खुले रहें... कभी भी अर्थहीन या मूर्खतापूर्ण नहीं, बल्कि प्रचंड, अतिपूर्ण, न्यायसंगत :

प्रयोगों के प्रति खुलें।" वे दिग्भ्रमित आदर्शवाद के ख़िलाफ़ भी चेतावनी देते हैं : "कला आदर्श बनने में नहीं है, जिसका परिणाम समय की शुद्ध बर्बादी भी हो सकती है। 'आदर्शवाद शुरुआत करने का शत्रु है'।" हम यह जोड़ सकते हैं : अक्सर, "आदर्शवाद" शुरुआत न करने का बस एक आरामदेह बहाना होता है, क्योंकि परिस्थितियाँ "आदर्श" नहीं हैं।

प्रयोग करने की इच्छा के लिए ग़लतियाँ करने का साहस ज़रूरी होता है। काहून ज़ोर देकर कहते हैं, "कोई ग़लती न करने पर ध्यान केंद्रित न करें, बल्कि इसे सही करने पर ध्यान केंद्रित करने की कोशिश करें।" यह अच्छी सलाह है, जिसे आपको याद कर लेना चाहिए : "कुछ ग़लत न करने पर ध्यान केंद्रित न करें, बल्कि इसे सही करने पर ध्यान केंद्रित करने की कोशिश करें।" जो लोग संभावित असफलता से बचने में पूरी ज़िंदगी बिता देते हैं, उनमें और सफल स्त्री-पुरुषों में यह फ़र्क़ होता है कि उनका केंद्र सफलता पर, सही चीज़ें करने की इच्छा पर एकल मानसिकता का होता है। दुर्भाग्य से, जो लोग किसी ग़लत चीज़ से बचने की कोशिश भर रहे हैं, वे बहुत सारी बड़ी कंपनियों और सरकारी संस्थाओं में भी नौकरी करने लगते हैं, जहाँ सफलता बहुत कम मायने रखती है, जबकि असफलता के गंभीर दंड होते हैं। सबसे बुरी परिस्थिति में, इससे इस तरह का नज़रिया बनता है : "अगर मैं ज़्यादा काम करता हूँ और ज़्यादा जोख़िम लेता हूँ, तो मैं बहुत सी ग़लतियाँ करूँगा; अगर मैं कम काम करता हूँ और कम जोख़िम लेता हूँ, तो मैं कम ग़लतियाँ करूँगा; और अगर मैं बिलकुल भी काम नहीं करता हूँ, तो मैं कोई ग़लती नहीं करूँगा।" किसी भी स्थिति में, ग़लतियाँ करने का अतिशयोक्तिपूर्ण डर आपको प्रयोग करने से रोक देगा और इसके बजाय आप आज़माई हुई तथा जाँची-परखी विधियों से चिपके रहेंगे।

भले ही आपका कोई बिज़नेस मॉडल नाकाम हो जाए, लेकिन इससे आप पराजित नहीं बन जाते हैं – इसका विपरीत होता है। कई लोग अपने कारोबारी विचार में असफल होने से इतने घबराते हैं कि वे इस पर अमल की कोशिश ही नहीं करते हैं। वास्तव में, बहुत सफल उद्यमी किसी न किसी कारोबारी विचार पर अमल में असफल हुए हैं – लेकिन उन्होंने अपनी असफलता से सीखा और कई मामलों में इसे ज़्यादा बड़ी सफलताओं के आधार में बदल दिया।

इससे फ़र्क़ नहीं पड़ता कि आप उद्यमी हैं, कर्मचारी हैं, फ़्रीलांसर हैं, शिक्षाविद् हैं, कलाकार हैं या खिलाड़ी हैं, आप तब तक सफल नहीं होंगे, जब तक कि आप प्रयोग करने और ग़लतियाँ करने के लिए तैयार न हों।

आप "पहले ही हर चीज़ आज़मा चुके हैं," यह कहना एक आसान विकल्प है। यदि आप आत्म-आलोचक निगाह से अपने जीवन की समीक्षा करें, तो शायद देखेंगे कि यह सच नहीं है। कारोबार और खेल में चीज़ों तक जाने और आगे बढ़ने के असंख्य तरीक़े होते हैं - कोई भी गंभीरता से दावा नहीं कर सकता कि उसने "सारी चीज़ें आज़मा" ली हैं। आम तौर पर, यह और कुछ नहीं, बस खुद के और दूसरों के सामने बनाया गया एक बहाना होता है कि आप तरक्की क्यों नहीं कर पा रहे हैं।

मैकडॉनल्ड्स के रेस्तराँ अपने व्यापक संचालन तंत्र के लिए मशहूर हैं, जिनमें हर छोटी-छोटी चीज़ को अधिकतम कार्यकुशलता के लिए सर्वश्रेष्ठ बनाया गया है। यह तंत्र प्रेरणा की किसी अकस्मात् कौंध से नहीं जन्मा है, बल्कि प्रयोगशीलता और स्टैमिना के तालमेल द्वारा समय के साथ आदर्श बना है। 1950 के दशक में जिन एग्ज़ीक्यूटिवों ने यह कंपनी चलाई थी, उनमें से किसी को भी केटरिंग उद्योग का कोई अनुभव नहीं था और यह बात फ़ायदेमंद साबित हुई। "चूँकि हमारे पास रेस्तराँ का कोई पुराना अनुभव नहीं था, इसलिए हमने किसी चीज़ को नज़रअंदाज़ नहीं किया," रे क्रॉक के समकालीन और बाद में उत्तराधिकारी फ्रेड टर्नर ने कहा। "हमें हर चीज़ अपने दम पर सीखनी थी... हम काम के बेहतर तरीक़े की लगातार तलाश करते थे और उसके बाद एक संशोधित बेहतर तरीक़ा और फिर एक संशोधित, संशोधित बेहतर तरीक़ा।"

खुद रे क्रॉक ने अपने रेस्तराँ मैनेजरों को प्रोत्साहित किया कि वे अपनी भिन्न राय व्यक्त करें, प्रयोगशील रहें तथा नए विचारों का स्वागत करें। वे कहते हैं, "मेरे पास हैमबर्गर व्यवसाय का कोई पुराना अनुभव नहीं था। दरअसल, हममें से किसी के पास भी कोई चीज़ कहने के अटल कारण नहीं थे। इसलिए अगर मेरे मैनेजरों का विचार मेरे विचार से अलग होता था, तो मैं छह महीने तक उन्हें इसे आज़माने देता था और इसके परिणामों को देखता था।" वे खुलकर स्वीकार करते हैं कि अपने सहकर्मियों की तरह ही उन्होंने भी कई ग़लतियाँ कीं - "लेकिन हमने मिलकर विकास किया।" मैकडॉनल्ड्स के शुरुआती दिनों के एक और दिग्गज जेम्स कूहन अपनी सफलता का राज़ सारांश में इस तरह बताते हैं : "दरअसल, हम प्रेरित लोगों का समूह थे, जो बहुत सारे गोले दागता रहता था और वे सभी निशाने पर नहीं गिरते थे। हमने बहुत-सी ग़लतियाँ कीं, लेकिन ग़लतियों ने ही हमें सफल बनाया, क्योंकि हमने उन्हीं से सीखा।"

जॉन एफ. लव *बिहाइंड द आर्चेस* में कहते हैं : "हर चीज़ प्रयत्न और त्रुटि के आधार पर की गई थी। कोई भी विचार इतना महत्त्वहीन नहीं था कि उस पर बातचीत न की जा सके... संक्षेप में, मैकडॉनल्ड्स का कारोबार स्टोर संचालन के असल संसार में किए गए हज़ारों कामकाजी प्रयोगों के फलस्वरूप विकसित हुआ।"

प्रयोगशीलता में ग़लतियों को स्वीकार करने और आलोचना से सीखने की इच्छा ज़रूरी होती है। हालाँकि हठधर्मी और ज़िद्दी लोग इसे दूसरों से ज़्यादा मुश्किल पाते हैं, लेकिन आत्मविश्वास इस संदर्भ में दरअसल एक अच्छी बात है। आप जितने ज़्यादा आत्मविश्वासी होते हैं, आलोचना से उतना ही कम जोख़िम महसूस करेंगे। मिसाल के तौर पर, अगर कोई दूसरा अपने पक्ष में बेहतर तर्क देता था, तो बिल गेट्स हमेशा अपना मन बदलने को तत्पर रहते थे। "बिल चीज़ों के बारे में हठधर्मी नहीं हैं। वे बहुत व्यावहारिक हैं," माइक्रोसॉफ़्ट का एक मूल प्रोग्रामर कहता है। "वे किसी मुद्दे के एक पहलू पर बहुत मुखरता और आग्रह के साथ तर्क दे सकते हैं, लेकिन एक-दो दिन बाद वे कहेंगे कि वे ग़लत थे और हमें आगे बढ़ना होगा। ऐसे ज़्यादा लोग नहीं हैं, जिनमें इतने सफल बनने की प्रबल प्रेरणा, गहनता और उद्यमी गुण होने के साथ-साथ अपने अहं को एक तरफ़ रखने की योग्यता भी हो।"

गेट्स के एक और कर्मचारी का कहना है : "अगर वे सचमुच किसी चीज़ में यक़ीन करते थे, तो उनमें गहन उत्साह रहता था। वे इसका समर्थन करते थे, इसे संगठन में प्रचारित करते थे, इसे बातों में उछालते थे और जब भी वे लोगों से मिलते थे, तो कहते थे कि यह कितना बेहतरीन था। लेकिन अगर कोई ख़ास चीज़ उतनी बेहतरीन नहीं होती थी, तो वे उससे दूर चले जाते थे और वह भुला दी जाती थी... इससे वे कारोबारी एहसास में अविश्वसनीय रूप से फुर्तीले बन जाते थे।"

गैरी कास्परोव ने विश्व-स्तरीय शतरंज खिलाड़ी के रूप में अपने पेशे के शिखर पर जो बीस साल गुज़ारे, उसमें उन्हें "निंदा और प्रशंसा दोनों की ही सतत झड़ी" झेलनी पड़ी थी। वे "पहले वाली को नज़रअंदाज़ करने और बाद वाली को गले लगाने" के प्रलोभन में नहीं आते हैं। हमें अपने अहं और रक्षात्मक इंद्रियों से जूझना चाहिए तथा इस बात को समझ लेना चाहिए कि कुछ आलोचना जायज़ व सृजनात्मक है और हम इससे फ़ायदा उठा सकते हैं।" कास्परोव आत्म-आलोचना को बहुत महत्त्व देते हैं। वे साथी खिलाड़ियों

से ज़ोर देकर कहते हैं कि वे सिर्फ़ पराजय से ही न सीखें, बल्कि विजय से भी सीखें, "अपनी सफलताओं में ग़लतियों की तलाश करें।" वे तर्क देते हैं कि मैच जीतने का यह मतलब नहीं है कि किसी खिलाड़ी ने हर चीज़ सही की है - हो सकता है कि विजेता खुशक़िस्मती की बदौलत जीत गया हो। "सफलता का विश्लेषण शायद ही कभी असफलता जितनी बारीकी से किया जाता है और हम हमेशा अपनी विजय का श्रेय परिस्थिति के बजाय श्रेष्ठता को देने में जल्दबाज़ी करते हैं। जब चीज़ें अच्छी हो रही हों, तो प्रश्न करना और भी ज़्यादा महत्त्वपूर्ण है। अति आत्मविश्वास ग़लतियों की ओर ले जाता है, इस भावना की ओर ले जाता है कि कोई भी चीज़ पर्याप्त अच्छी है।"

यदि आप मैनेजर, एग्ज़ीक्यूटिव या उद्यमी हैं, तो आपको अपने कर्मचारियों को ग़लतियाँ करने की अनुमति देना सीखना चाहिए। ज़ाहिर है, यह स्वीकार्य नहीं है कि कोई वही ग़लतियाँ बार-बार इसलिए करे, क्योंकि वह सीखने का अनिच्छुक है या इसमें असमर्थ है। लेकिन अगर कोई ग़लती इसलिए होती है, क्योंकि किसी ने जोख़िम लिया और किसी नई चीज़ को आज़माया, तो इसके लिए उसे दंडित नहीं करना चाहिए।

हर ग़लती को दंडित करके आप अपने कर्मचारियों की प्रयोगशीलता की किसी भी इच्छा को दबा देंगे। जब जैक वेल्च अपने करियर की शुरुआत में जनरल इलेक्ट्रिक में काम कर रहे थे, तो खुशक़िस्मती से उन्हें एक ऐसा बॉस मिला, जिसने उन्हें ग़लतियाँ करने की अनुमति दी। उनका विभाग एक नई रासायनिक प्रक्रिया की जाँच कर रहा था, तभी एक दुर्घटना हो गई। "मैं पिट्सफ़ील्ड में पाइलट प्लांट से सड़क पार अपने ऑफ़िस में बैठा था, तभी ज़ोरदार विस्फोट हुआ। बड़ा भारी धमाका था, जिसने इमारत की छत उड़ा दी और ऊपरी मंज़िल की सारी खिड़कियाँ उखाड़ डालीं। इसने हर एक को हिलाकर रख दिया, ख़ासकर मुझे।"

चूँकि वेल्च प्रोजेक्ट के प्रभारी थे, इसलिए ज़िम्मेदारी उन्हीं की थी। अपने वरिष्ठ अधिकारी को दुर्घटना की जानकारी देने के लिए उन्हें अगले दिन कनेक्टिकट में ब्रिजपोर्ट तक 100 मील कार से जाना पड़ा। वेल्च याद करते हैं, "मुझे मालूम था कि मैं यह स्पष्ट कर सकता हूँ कि धमाका क्यों हुआ और मेरे पास कुछ विचार थे कि समस्या को कैसे सुलझाया जा सकता है। लेकिन मैं बुरी तरह घबरा गया था। मेरा आत्मविश्वास लगभग उतना ही हिला हुआ था, जितनी कि वह इमारत जिसे मैंने नष्ट किया था।"

वेल्च अपने बॉस को ज़्यादा अच्छी तरह नहीं जानते थे और उन्हें पता नहीं था कि वे कैसी प्रतिक्रिया करेंगे। वास्तव में, उन्होंने बहुत समझदारी दिखाई और सारे सही सवाल पूछे : दुर्घटना कैसे हुई थी, वेल्च ने इससे क्या सीखा था। गुस्सा होने और दोष देने के बजाय उन्होंने एक तार्किक नीति अपनाई। "यह बेहतर है कि यह घटना अभी हो गई और हमें इस समस्या का पता अभी चल गया। अगर बाद में बड़े पैमाने पर उत्पादन के समय इस समस्या का पता चलता, तो बहुत बुरा होता। ईश्वर का शुक्र है कि किसी को चोट नहीं पहुँची।" वेल्च उनकी प्रतिक्रिया से बहुत प्रभावित थे।

वेल्च सोचते हैं कि आपको किसी कर्मचारी की ग़लती पर उचित प्रतिक्रिया का सहज बोध विकसित करना होता है : "कब गले लगाएँ और कब लात मारें। ज़ाहिर है, जो घमंडी लोग अपनी ग़लतियों से सीखने से इंकार करते हैं, उन्हें घर भेजना होता है। अगर हम अच्छे कर्मचारी का प्रबंधन कर रहे हैं, जो किसी ग़लती पर खुद को लानतें भेज रहे हैं, तो हमारा काम स्थिति सँभालने में उनकी मदद करना है।"

अगली बार जब आपका कोई कर्मचारी कोई गंभीर ग़लती करे, तो आप इस कहानी को याद रख सकते हैं! अगर आप ग़लतियाँ स्वीकार करना नहीं सीख सकते – अपनी भी और दूसरों की भी – तो आप कभी सफल नहीं होंगे, क्योंकि सफलता स्टैमिना और प्रयोगशीलता के तालमेल पर आधारित है। और प्रयोग करने की इच्छा में ग़लतियाँ करना शामिल है। ब्रिटिश अरबपति रिचर्ड ब्रैन्सन अपने करियर में बहुत सारी सफलताएँ हासिल कर चुके हैं – लेकिन चूँकि वे हमेशा नई चीज़ें आज़माने के इच्छुक रहे हैं, इसलिए उन्होंने पराजय और असफलता का भी स्वाद चखा है। "लेकिन ज़्यादा बुरा क्या है," ब्रैन्सन पूछते हैं : "कभी–कभार ग़लतियाँ करना या बंद दिमाग़ की वजह से अवसर गँवा देना?"

अपनी कमज़ोरी पर एक आलोचनात्मक निगाह डालें : क्या आप स्टैमिना की कमी से पीड़ित हैं, क्या आप बहुत जल्दी हार मानने की प्रवृत्ति रखते हैं? या आपमें प्रयोग की इच्छा का अभाव है? जो ऊँचा लक्ष्य बना रहा है, उसके लिए पूरी तरह असफल होने के बजाय यह ज़्यादा हानिकारक हो सकता है कि वह औसत सफलता हासिल कर ले। सच्ची असफलता के बाद हर सही दिमाग़ वाला व्यक्ति यह सोचने लगेगा कि वह इससे कौन से सबक़ सीख सकता है और अगली बार कैसे बेहतर प्रदर्शन कर सकता है। लेकिन अक्सर औसत सफलता

आपको प्रयोग करने से रोक देगी। एक बार जब वे निश्चित अंश तक सफलता हासिल कर लेते हैं, तो लोगों में उससे चिपके रहने की प्रवृत्ति रहती है, जिसे वे चीज़ें करने का आज़माया हुआ तरीक़ा मानते हैं। वे खुद से यह पूछने की ज़हमत नहीं उठाते कि अगर वे उसे अलग तरीक़े से करते, तो क्या वे और भी ज़्यादा सफल नहीं होते।

हल्की-सफलता के जाल में गिरने से बचने के लिए आपको जान-बूझकर अपने लक्ष्य इतने ऊँचे तय करने होते हैं, ताकि आप उन्हें तब तक हासिल करने में समर्थ न हों, जब तक कि आप चीज़ें करने का कोई नया तरीक़ा न आज़माएँ। आपको खुद को प्रयोग करने और ऐसी चीज़ें आज़माने के लिए के लिए विवश करना होता है, जिन्हें आपने पहले कभी नहीं आज़माया।

क्या आपमें योजना बनाने में बहुत ज़्यादा समय लगाने की प्रवृत्ति है? क्या आप योजना बनाने का इस्तेमाल काम न करने के बहाने के रूप में करते हैं? मेरे पास आपके लिए ख़बर है : नियोजित अर्थव्यवस्था को इतिहास ने हमेशा के लिए ठुकरा दिया है। प्रतिस्पर्धा, स्वतः प्रवृत्ति और प्रयोगशीलता पर आधारित मुक्त बाज़ार अर्थशास्त्र खेल के मैदान में जीत चुका है। उन चीज़ों को भूल जाएँ, जो सफलता की दूसरी स्व-सहायता पुस्तकों में आपने विस्तृत योजना के महत्त्व के बारे में पढ़ी हो! ज़ाहिर है, पर्याप्त योजना की ज़रूरत तो होती है, लेकिन कृपया इसकी अति न करें। यह कहीं अधिक महत्त्वपूर्ण है कि आप सपना देखने का साहस रखें और खुद के लिए कुछ सचमुच ऊँचे लक्ष्य तय करें। ग़लतियाँ करने से ज़रूरत से ज़्यादा न डरें – बस चल दें और प्रयोग शुरू कर दें!

अध्याय 10

असंतोष की प्रेरक शक्ति

"अपनी नज़रें ऊपर उठाएँ। नए मार्ग बनाएँ। कालजयी लोगों के साथ प्रतिस्पर्धा करें" – यह डेविड ओगिल्वी का सूत्रवाक्य था। विज्ञापन की दुनिया की इस मशहूर हस्ती ने संसार की सबसे बड़ी एजेंसियों में से एक प्रारंभ की थी। एक पूर्व कर्मचारी के अनुसार, उन्हें दोयमता और "आलस से सख़्त नफ़रत थी।" "चाहे कोई चीज़ कितनी भी अच्छी हो, हर चीज़ और अच्छी होनी चाहिए थी।" ओगिल्वी कहते हैं कि उन्होंने अपने जीवन में एक बहुत महत्त्वपूर्ण नीति वचन यह सीखा था, "आसमानी पैमाने रखें, जो भी आप करते हैं उसे किसी भी जीवित या मृत या भावी इंसान से ज़्यादा अच्छी तरह करने की कोशिश करें।"

सफल स्त्री-पुरुष संतुष्टि और असंतुष्टि का एक विशिष्ट तालमेल दर्शाते हैं। उन्होंने अब तक जो सफलताएँ हासिल की हैं, उनसे वे बुनियादी आत्मविश्वास हासिल करते हैं – आप चाहें, तो इसे संतुष्टि कह सकते हैं। साथ ही वे अब तक हासिल चीज़ों से कभी संतुष्ट नहीं होते हैं। वे हमेशा और ज़्यादा की कोशिश करते हैं। उन्हें दृढ़ता से यक़ीन होता है कि किसी अच्छी चीज़ को और बेहतर बनाया जा सकता है। कई सफल लोग बहुत ही सकारात्मक अर्थ में पूर्णतावादी होते हैं।

पूर्णतावाद का सही संतुलन खोजना आसान काम नहीं होता। मैकडॉनल्ड्स के संस्थापक रे क्रॉक, जिनकी कहानी इस पुस्तक में दूसरी जगह बताई गई है, इसमें कामयाब हुए थे। जैसा उनके एक बहुत क़रीबी कारोबारी सहयोगी ने बताया, उनके पैमाने इतने ऊँचे थे कि – "जब भी वे मैकडॉनल्ड्स का कोई ख़राब रेस्तराँ देखते थे, तो पगला जाते थे।" क्रॉक ने क्यूएससी (गुणवत्ता, सेवा, स्वच्छता) के फ़ॉर्मूले का आविष्कार किया था – और वह फ़ॉर्मूला उनके लिए एक तरह का धर्मसिद्धांत बन गया।

आलुओं को फ्रेंच फ्राइज़ में बदलने की कला कोई ऐसी चीज़ नहीं थी, जिसके बारे में किसी ने कभी बहुत ज़्यादा सोच-विचार किया हो। मगर क्रॉक ने इसे एक वैज्ञानिक विधि में बदल दिया। अपने अस्तित्व के पहले तीन वर्षों में मैकडॉनल्ड्स कंपनी ने शोध और विकास में तीन मिलियन डॉलर से अधिक का निवेश सिर्फ़ यही जानने के लिए किया कि आदर्श फ्रेंच फ्राइज़ कैसे बनाई जाए।

शोध के दौरान उन्हें पता चला कि फ्राइज़ की गुणवत्ता काफ़ी हद तक आलुओं की गुणवत्ता पर निर्भर करती थी। सबसे अच्छे परिणामों के लिए आलू में कम से कम 21 प्रतिशत ठोस तत्व होने चाहिए। रे क्रॉक ने अपने आलू उगाने वाले किसानों के पास विशेषज्ञ भेजे, ताकि वे हाइड्रोमीटर नामक अजीब से दिखने वाले उपकरण से आलुओं के ठोस तत्वों को नापें। हाइड्रोमीटर के साथ मैकडॉनल्ड्स के विशेषज्ञों को देखकर आलू उगाने वाले कुछ किसान अवाक् रह गए। यह पहली बार था, जब कोई वैज्ञानिक उपकरणों से उनके आलुओं की जाँच करने आया था।

क्रॉक इतने से ही संतुष्ट नहीं हुए। उन्होंने भंडारण की परिस्थितियों की जाँच शुरू की और यह सुनकर सकते में आ गए कि ज़्यादातर सप्लायर अपने आलू इंसान द्वारा बनाई गुफाओं में भर देते थे, जिनमें घास बिछी रहती थी। फिर उन्होंने ऐसे प्रोसेसिंग प्लांटों की तलाश शुरू की, जो स्वचलित तापमान नियंत्रण के साथ आधुनिक स्टोरेज सिस्टम में निवेश करने को तैयार हों।

यह भी उनके लिए पर्याप्त अच्छा नहीं था। उन्होंने वैज्ञानिक सटीकता के साथ रेस्तराँओं में आलू तलने की प्रक्रिया का विश्लेषण किया, ताकि यह पता लगाया जा सके कि इसे कैसे बेहतर बनाया जा सकता है। उनकी सेक्रेटरी का पति, जो अपनी पत्नी के साथ मैकडॉनल्ड्स चलाने से पहले मोटरोला में इलेक्ट्रिकल इंजीनियर था, अपने रेस्तराँ के बेसमेंट में तलने की प्रक्रिया का अध्ययन करता था। वह इस नतीजे पर पहुँचा कि कंपनी को खुद की शोध प्रयोगशाला बनानी चाहिए, क्योंकि तमाम सुधारों के बावजूद फ्रेंच फ्राइज़ अब भी समान नहीं थी – एक ऐसी चीज़ जिसे क्रॉक सहन नहीं करते थे। वे एक छोटी शोध प्रयोगशाला स्थापित करने के लिए राज़ी हो गए।

कुछ लोगों ने क्रॉक के पूर्णतावाद के लिए उनका मखौल उड़ाया – लेकिन क्रॉक चाहते थे कि उनके सभी रेस्तराँओं में फ्रेंच फ्राइज़ का स्वाद एक जैसा रहे। इससे वे अपने प्रतिस्पर्धियों से ज़्यादा फ़ायदेमंद स्थिति में आ गए, जो सही क़िस्म का आलू चुनने और तलने की प्रक्रिया को आदर्श बनाने में इतने समय

और पैसे का निवेश नहीं करते थे।

क्रॉक के सबसे क़रीबी सहयोगी फ्रेड टर्नर भी पूर्णतावादी थे। उन्होंने मैकडॉनल्ड्स की सभी फ्रैंचाइज़ियों में भोजन और सेवा की गुणवत्ता को एक जैसा रखने पर पुस्तक तक लिख दी। जब उन्होंने कंपनी के लिए काम शुरू किया, उसके कुछ ही समय बाद 15 पेज की एक छोटी नियम पुस्तिका जारी की, जिसकी जगह जल्द ही 38 पेज की मार्गदर्शिका ने ले ली। सैकड़ों कर्मचारियों और फ्रैंचाइज़ियों से बात करने के बाद टर्नर ने अगला संस्करण मुद्रित और बाइंड कराया। बाद में कई सालों तक वे इसमें सामग्री जोड़ते रहे और इसके पृष्ठों की संख्या 75 से 200 हुई और अंततः 600 पृष्ठों से ज़्यादा पहुँच गई।

टर्नर ने फ़ास्ट फ़ूड रेस्तराँ चलाने की कला को एक विज्ञान में बदल दिया। उनकी पुस्तक मैकडॉनल्ड्स के कार्यसंचालन में शामिल हर व्यक्ति को यह नसीहत देती है : "आपको पूर्णतावादी होना चाहिए! सैकड़ों छोटी-छोटी बातों पर निगाह रखनी है। कोई समझौता नहीं।" क्रॉक और टर्नर दोनों को ही विश्वास था कि मैकडॉनल्ड्स चलाने का सिर्फ़ एक ही सही तरीक़ा है। वे उन फ्रैंचाइज़ियों को सहन नहीं करते थे, जो नियमों से अलग हटकर चलें और चीज़ों को अपने ख़ुद के तरीक़े से करें। "या तो (अ) सभी विवरणों पर निगाह रखें और अपनी बिक्री को बढ़ता देखें, या (ब) अगर आप ध्यान नहीं देते हैं, चिंता नहीं पालते हैं और आपको कारोबार पर गर्व या पसंद नहीं है, तो आप पराजित की श्रेणी में आ जाएँगे। यदि आप (ब) श्रेणी में आते हैं, तो यह कारोबार आपके लिए नहीं है!"

मार्गदर्शिका में विस्तृत निर्देश हैं कि मिल्कशेक को कैसे मिलाना है, बर्गर को कैसे पलटना है और फ्रेंच फ्राइज़ को कैसे तलना है। गुणवत्ता के मानदंडों को क़ायम रखने के लिए इस बारे में विस्तृत जानकारी थी कि हर उत्पाद के बनने का सटीक समय और तापमान क्या होना चाहिए। प्रक्रिया के हर क़दम के बारे में सटीक निर्देश थे, जिनमें हाथ की गतिविधियाँ तक शामिल थीं और इस बारे में सटीक दिशानिर्देश थे कि एक बर्गर पर कितना प्याज और कितने ग्राम चीज़ डलना चाहिए। फ्रेंच फ्राइज़ के आकार तक का पैमाना बना दिया गया था।

अगर आप इस हद तक पूर्णता की कोशिश कर रहे हैं, तो आपको यह ध्यान रखना होगा कि पेड़ों को देखते रहने के चक्कर में कहीं आप जंगल से निगाह न हटा लें, यानि बड़ी तस्वीर से ध्यान न हटाएँ, वरना अंततः आप ख़ुद ही अपने सबसे बुरे दुश्मन साबित हो सकते हैं। पूर्णतावाद की अति, अच्छाई

के बजाय नुक़सान ज़्यादा कर सकती है, क्योंकि यह आपको प्रोत्साहित करने के बजाय पंगु बना देती है। मैकडॉनल्ड्स के संदर्भ में पूर्णतावादी नीति सिर्फ़ इसलिए कारगर रही, क्योंकि क्रॉक और टर्नर ने ख़ुद पर प्रतिबंध लगाए थे कि वे कौन-से व्यंजन परोसेंगे और सप्लायरों को कैसे चुनेंगे। फ्रेड टर्नर कहते हैं, "बात यह नहीं थी कि हम ज़्यादा चतुर थे। बात तो यह थी कि हम सिर्फ़ दस चीज़ें बेच रहे थे, हमारी इमारत छोटी थी और हमारे पास सप्लायरों की सीमित संख्या थी, जिससे हर चीज़ की सचमुच ख़ुदाई करने का एक आदर्श माहौल बन गया।"

क्रॉक जिन मानदंडों को ज़रूरी मानते थे, उनके अमल में वे अटल थे। अगर ज़्यादातर रेस्तराँ आदर्श बनने में असफल रहें, तो कुछ आदर्श रेस्तराँ होने में क्या तुक थी, जो गुणवत्ता के उनके मानदंडों का निष्ठापूर्वक पालन करते थे?

"हमने पाया है जैसा कि आपने भी पाया है कि हम कुछ लोगों पर भरोसा नहीं कर सकते, जो हमारे मतावलंबी नहीं हैं," उन्होंने मैकडॉनल्ड बंधुओं को 1958 में सलाह दी। "हम जल्दी से उन्हें मतावलंबी बना देंगे... इसलिए जो हम सकारात्मक रूप से जान सकते हैं, सबसे मज़बूत नींव पर विकास के लिए इकलौता तरीक़ा यह है कि ये इकाइयाँ वही कर रही हैं, जो उनसे अपेक्षा की जाती है... इस तरह का इंतज़ाम करना है, ताकि उनके पास किसी तरह का कोई दूसरा विकल्प मौजूद ही न हो... संगठन व्यक्ति पर भरोसा नहीं कर सकता; व्यक्ति को संगठन पर भरोसा करना चाहिए, वरना उसे इस तरह के व्यवसाय में नहीं उतरना चाहिए।"

मानदंडों और कसौटियों के अपने सारे जुनून के बावजूद क्रॉक अपने कर्मचारियों को प्रयोग करने और सृजनात्मक होने के लिए प्रोत्साहित करते थे। वे जानते थे कि फ्रैंचाइज़ी बाज़ार के ज़्यादा क़रीब थे, इसलिए सतत सुधार के लिए वे किसी भी तरह के सुझावों का स्वागत करते थे, जिनकी बाद में सुनियोजित तरीक़े से जाँच की जाती थी। वे बस यह नहीं चाहते थे कि फ्रैंचाइज़ी उनके मानदंडों की दिशा से दूर भटकें और अपनी इच्छा से नई चीज़ों को आज़माएँ।

मानदंडों पर अमल कराने के मामले में क्रॉक अटल थे। उन्होंने इस बात पर ज़ोर दिया कि दाढ़ी रखना बुनियादी स्वच्छता नियमों का पूर्ण उल्लंघन है। उनके मित्र बॉब डोंडनविल्ल रोलिंग ग्रीन क्लब के साथी सदस्य थे और मैकडॉनल्ड के शुरुआती लाइसेंसी थे। उन्हें इस मुद्दे पर क्रॉक को चिढ़ाने में मज़ा आता था।

उन्होंने क्रॉक की सतत चेतावनियों को पूरी तरह नज़रअंदाज़ कर दिया कि उन्हें अपनी दाढ़ी साफ़ करा देनी चाहिए। मैकडॉनल्ड्स ड्राइव-इन की डिस्प्ले विंडो में दढ़ियल डोंडनविल्ल के रोस्ट बीफ़ काटने के विचार ने क्रॉक को निराशा से भर दिया। डोंडनविल्ल ने दाढ़ी बढ़ानी तब शुरू की थी, जब वे अपने रेस्तराँ के बनने का इंतज़ार कर रहे थे और उन्होंने मूलतः वादा किया था कि भव्य शुभारंभ पर वे इसे सफ़ाचट करा देंगे। लेकिन चूँकि क्रॉक इससे इतने ज़्यादा विचलित होते थे, इसलिए उन्होंने अपनी दाढ़ी बढ़ाए रखने का निर्णय लिया।

लेकिन क्रॉच की पूर्णतावादी शासन पद्धति के ख़िलाफ़ ये तुलनात्मक रूप से छोटे उल्लंघन थे। शुरुआत में वे उन फ़्रैंचाइज़ियों के साथ सतत युद्ध में संलग्न रहते थे, जो उनके क्यूएससी मानदंडों पर अमल नहीं करते थे। उनका स्टैमिना, ज़िद और दृढ़ता, जिन्होंने उन मानदंडों को अनिच्छुक फ़्रैंचाइज़ियों पर लादने में सक्षम बनाया, उनकी सफलता की कुंजी थे।

कुछ लोग क्रॉक को तानाशाह मानते थे - लेकिन अगर वे ऐसे थे, तब भी कम से कम वे दूसरों की राय सुनने तथा उसका सम्मान करने में सक्षम थे और इसके इच्छुक भी थे। "हम जानते थे कि उनका गुस्सा तेज़ था और वे किसी भी पल फट सकते थे," टर्नर कहते हैं, "लेकिन वे मेरी बात सुनते थे, अदालत में मुझे अपनी पैरवी करने देते थे और मुझे बता देते थे कि वे क्या सोचते हैं। और अगर मैं विश्वास के साथ अपनी बात पर तर्क करता था, तो वे आम तौर पर मुझे अपने रास्ते जाने देते थे।" क्रॉक दूसरों को यह दिखाने के बारे में चिंतित नहीं थे कि बॉस कौन है। वे किसी भी क़ीमत पर हर बहस जीतने के बारे में चिंतित नहीं थे। वे तो एक उद्देश्य के लिए लड़ रहे थे और हर उस सुझाव का स्वागत करते थे, जो सभी मैकडॉनल्ड्स रेस्तराँओं में उत्पादन प्रक्रिया और सेवा को आदर्श बनाने के उनके लक्ष्य को हासिल करने में उनकी मदद कर सकता हो।

सभी असाधारण सफल लोग पूर्णतावाद का प्रयास करते हैं। जिस तरह क्रॉक ने आदर्श फ्रेंच फ्राइज़ की खोज को एक विज्ञान में बदल दिया, उसी तरह टेनिस रैकेट चुनने के मामले में बोरिस बेकर भी सर्वश्रेष्ठ को ही स्वीकार करते थे। वे कहते थे कि उनका रैकेट उनके लिए वैसा ही है, जैसा असाधारण प्रतिभाशाली वायलिन वादक ऐन-सॉफ़ी के लिए उनका वायलिन था। हर तार को सिर्फ़ 0.8 मिमी. मोटा होना चाहिए, पूरे रैकेट का वज़न ठीक 367 ग्राम होता था। वे नियमित रूप से दस में से आठ रैकेट फ़ैक्ट्री को लौटा देते थे और दावा करते थे कि वे पेशेवर टेनिस के लिए अनुपयुक्त हैं।

"अगासी, सैम्प्रास और मुझे जैसे पेशेवर जो इसका ख़र्च उठा सकते थे, अपने खुद के रैकेट विशेषज्ञों के साथ काम करते थे। मेरा रैकेट विशेषज्ञ तो अपनी मशीनरी के साथ मेरे पीछे-पीछे ऑस्ट्रेलिया तक गया। यह निवेश रंग लाया। मेरी पूर्णता कुछ हद तक उस सामग्री की बदौलत थी, जो मैं हासिल कर सकता था।"

बेकर अपने रैकेट में होने वाले बेहद छोटे परिवर्तनों के बारे में भी बहुत संवेदनशील थे। जब उन्होंने प्यूमा को छोड़कर ताइवान के निर्माता एस्ट्यूसा को अपनाया, तो उन्होंने नए बने मॉडल में असंख्य बदलावों और फेरबदलों का आग्रह किया। "मेरी माँगों से मेरे कारोबारी साझेदार इतने बौखला गए कि उन्होंने अमेरिका के एक शीर्ष रैकेट विशेषज्ञ को हवाई जहाज़ से बुला लिया। उन्होंने अपने एस्ट्यूसा और मेरे पुराने प्यूमा रैकेटों को काले रंग से पेंट कराया और फिर मुझे यह बताने को कहा कि कौन-सा रैकेट प्यूमा का था। मुझे एक बॉल को दो बार मारना पड़ा – और इसी से काम बन गया।"

जब एस्ट्यूसा के साथ बेकर का अनुबंध समाप्त हो गया, तो उनके रोमेनिया के मैनेजर इयॉन टिरिआक ने एस्ट्यूसा रैकेट के बचे हुए विश्वव्यापी स्टॉक को ख़रीद लिया। जब ये सारे रैकेट ख़त्म हो गए, तो बेकर ने एक और कंपनी खोजी, जो "मेरी ख़ास आवश्यकताओं के हिसाब से कुछ सौ रैकेट 'बनाने' को तैयार हो। आख़िरकार अपनी सप्लाई सुनिश्चित करने के लिए मैंने उनसे रैकेट मशीन ही ख़रीद ली।"

बेहतरी की यह सतत खोज, जिसे मैं "असंतोष की प्रेरक शक्ति" कहना पसंद करता हूँ, सफलता की एक अनिवार्य शर्त है। निश्चित रूप से इसी ने ऑटो मेल-ऑर्डर कंपनी के संस्थापक वर्नर ऑटो को प्रेरित किया। उन्होंने 1949 में 6,000 ड्यूचमार्क्स की पूँजी से जो कारोबार शुरू किया था, वह संसार की सबसे बड़ी मेल-ऑर्डर कंपनी में बदल गया। 18.7 अरब डॉलर की अनुमानित संपत्ति के साथ ऑटो परिवार संसार के सबसे अमीर लोगों की *फ़ोर्ब्स* सूची में आज 21वें स्थान पर है।

जब वर्नर ऑटो युद्ध में लड़ने के बाद लौटे, तो उन्होंने 1948 में एक जूता फ़ैक्ट्री शुरू की, लेकिन कठोर प्रतिस्पर्धा के चलते वे कामयाब नहीं हो पाए। लेकिन इस विपत्ति से ऑटो परेशान नहीं हुए। 40 साल की उम्र में उन्होंने वर्नर ऑटो वर्सैन्डहैंडल कंपनी गठित की। उन्होंने अपना मेल-ऑर्डर कारोबार तीन कर्मचारियों से शुरू किया, जो दो छोटे कमरों में से काम करते थे। 1950

में जारी हुआ पहला कैटेलॉग 18 पेज का था और उसमें 28 जूतों का प्रचार था। इसकी कुल 300 प्रतियाँ छापी गईं। पन्नों पर तस्वीरें ऑटो ने खुद चिपकाई थीं।

अगले साल ऑटो ने 1,500 प्रतियाँ छपवाईं और एक मिलियन ड्यूचमार्क्स कमाए। वे इस बारे में नए विचार सोचते रहे कि कैसे रुचि जगाना है और अपनी बिक्री बढ़ाना है। 1952 में उन्होंने तथाकथित ग्रुप ऑर्डर चालू किए, जिसका मतलब था कि अपने मित्रों, पड़ोसियों या रिश्तेदारों के साथ संयुक्त ऑर्डर देने वाले ग्राहकों को डिस्काउंट मिलता था। 1958 में आमदनी बढ़कर 100 मिलियन ड्यूचमार्क्स हो गई। 168 पेज के कैटेलॉग की 2,50,000 प्रतियाँ छापी गई थीं।

ऑटो लगातार विकास और बेहतरी की खोज कर रहे थे। अप्रैल 1954 में उन्होंने अपनी कंपनी के सभी डिपार्टमेंट मैनेजरों को एक मेमो लिखा, जिसमें उनसे "उनके निजी उत्पादक प्रदर्शन का लेखा" माँगा गया। इस लेखे की जानकारी से वे अपने स्टाफ़ के "मानसिक लचीलेपन" का आकलन करना चाहते थे। इस बारे में उन्होंने स्पष्ट किया : "अगर किसी मासिक रिपोर्ट में बस छुटपुट बातों की सूची होगी और आगामी विकास का कोई संकेत नहीं मिलेगा, तो मैं उसे शून्य दूँगा।" उन्होंने आगे कहा, मैनेजरों को "रिपोर्ट में अपने खुद के उन प्रतिभाशाली विचारों के सिवाय कुछ नहीं रखना है, जिनसे विभाग के भीतर प्रगति संभव हुई। यदि बताने के लिए कुछ न हो, तो प्रगति के अभाव को इस तरह लिखकर सूचित किया जाना चाहिए : 'विभाग में कोई विकास नहीं हुआ है'।"

कुछ विभागों के मैनेजर यह मानकर चल रहे थे कि ऑटो को प्रभावित करने के लिए वे उन्हीं के द्वारा बार–बार व्यक्त विचारों को दोहरा देंगे। इसीलिए ऑटो ने निर्देशों में यह चेतावनी भी शामिल कर दी थी : "आगामी विकास के लिए किसी विभाग मैनेजर का विचार, जो पहले या उसी समय मेरे द्वारा व्यक्त किया गया हो, नहीं गिना जाएगा। मैं उम्मीद करता हूँ कि मैं जितनी तेज़ी से सोच सकता हूँ, मेरे विभाग मैनेजर उससे एक मिनट ज़्यादा तेज़ी से सोचें। इसलिए मैं नहीं चाहता कि कोई विभाग मैनेजर मेरे खुद के काम को परोसे।"

ऑटो लगातार अपने स्टाफ़ को "गोल–गोल न घूमने" का महत्त्व बताते थे। उन्होंने एक ख़ास तरह के मैनेजर को बढ़ावा दिया, जिसे वे "कंपनी निर्माता" कहते थे, "वह आदमी जो भविष्य को भाँप लेता है, जो विकास को आगे धकाता है, जो अपने विभाग को किसी नई चीज़ की ओर बढ़ाता है।" ऑटो को डर था

कि अब तक मिली सफलता से उनकी कंपनी और उनका स्टाफ़ आत्मसंतुष्ट हो जाएगा तथा समाज में हो रहे परिवर्तनों पर प्रतिक्रिया करना छोड़ देगा और भावी कारोबार पर उनके परिणामों का आकलन करना छोड़ देगा।

वर्नर ऑटो का नीचे दिया कथन बताएगा कि असंतोष को प्रेरक शक्ति कहने से मेरा क्या मतलब है : "अगली चीज़ विकास की पिछली अवस्था से ज़्यादा नई और बेहतर है, जिसे हमने पीछे छोड़ दिया है। अगली चीज़ हमेशा वास्तविक प्रगति है। जो लोग एक ही जगह पर रुके रहते हैं, एक ही काम बार-बार करते हैं, पहले ही हासिल हो चुकी चीज़ों की दिनचर्या में अटके रहते हैं, जो चीज़ों को आगे ले जाने की इच्छा से धधक नहीं रहे हैं, वे यहाँ ज़्यादा आगे नहीं जा पाएँगे, क्योंकि हम हमेशा भविष्य बनाने पर काम कर रहे हैं।"

ऑटो उन कर्मचारियों से सबसे ज़्यादा चिढ़ते थे, जिनमें सरकारी कर्मचारियों की मानसिकता थी, जो सबसे बढ़कर ग़लतियों से बचने की कोशिश करते थे और जो किसी चीज़ का जोख़िम कभी नहीं लेते थे या कोई प्रयोग नहीं करते थे। कंपनी की क्रिसमस पार्टी में उन्होंने उन कर्मचारियों की प्रशंसा भी की, जिन्होंने पिछले वित्तीय वर्ष में ग़लतियाँ की थीं। उन्होंने अपने स्टाफ़ को बताया कि वे उन लोगों के प्रति कृतज्ञ थे, जिन्होंने ग़लतियाँ की थीं, क्योंकि उनमें घिसी-पिटी लीक से दूर जाने की हिम्मत की थी।

अपनी बात के प्रति सच्चे रहते हुए, उनका खुद का पहला "कारोबारी सिद्धांत" था : "खुद को जानो।" वे बताते हैं : "अपनी ग़लतियों से निगाह मिलाने की कोशिश करें, जिसका मतलब है खुद से नज़रें मिलाने की कोशिश करें! हम अपनी कमज़ोरियों पर लंबी कठोर निगाह डालकर ही अपने प्रदर्शन को बेहतर बना सकते हैं।" दरअसल यह सफलता के सबसे ज़रूरी घटकों में से एक है – चाहे सफलता निजी हो या कारोबारी। ज़ाहिर है, अपनी कमज़ोरियों और ग़लतियों का सामना करना पहले-पहल असहज महसूस होता है। उन चीज़ों की लगातार तलाश में रहना अटपटा लगता है, जो उतनी अच्छी तरह काम नहीं कर रही हैं, जितनी अच्छी तरह उन्हें करना चाहिए। लेकिन यही आगे बढ़ने का एकमात्र तरीक़ा है।

ऑटो ने कहा था, सबसे मेहनती, सक्षम और सक्रिय लोग ही सबसे ज़्यादा ग़लतियाँ करते हैं। लेकिन इन लोगों में और अक्षम लोगों में फ़र्क़ यह होता है कि वे आत्म-आलोचक होते हैं और अपनी ग़लतियों का सामना करने के लिए तैयार होते हैं। जिन लोगों में आत्मविश्वास का अभाव होता है, वही

अपनी ग़लतियों की रक्षा करने की ज़रूरत महसूस करते हैं, बजाय इसके कि वे खुद से पूछें कि वह ग़लती क्यों हुई और वे इसे दोबारा होने से रोकने के लिए क्या कर सकते हैं।

ऑटो ने अपनी कंपनी के भीतर उस संस्कृति को प्रोत्साहित किया, जिसे वे "कमी विश्लेषण" कहते थे। उन्हें विश्वास था कि उनका कारोबार तब तक तरक्की नहीं कर सकता, जब तक कि उन प्रक्रियाओं की सतत निगरानी और विश्लेषण न किया जाए, जिन्होंने उम्मीद के मुताबिक़ काम नहीं किया। वे यह देखकर हैरान थे कि अपनी कमियाँ बताए जाने पर दूसरी कंपनियाँ, मिसाल के तौर पर उनके सप्लायर, नाख़ुश होते थे। वे खुद आलोचना के लिए हमेशा कृतज्ञ होते थे, ख़ास तौर पर बाहरी लोगों की। "हो सकता है कि कंपनी के बाहर के लोगों में अंदरूनी व्यक्ति जितना ज्ञान न हो, लेकिन दूरी से वे कई बार कंपनी के भीतर बेहतरी की संभावना देख सकते हैं, जो परिचित होने के कारण विशेषज्ञ को नज़र ही नहीं आती है।"

कर्मचारी संबंधी निर्णयों के मामले में भी ऑटो के बहुत ऊँचे पैमाने थे। यह उनके अग्रणी एग्ज़ीक्यूटिवों के लिए हमेशा आसान नहीं होता था – उल्टे इसका विपरीत ही होता था। सात सालों में उन्होंने मार्केटिंग के बारह विभाग प्रमुखों को नौकरी से निकाल दिया, क्योंकि वे उनकी उम्मीदों पर खरे नहीं उतर पाए। वे कहते थे, "ज़्यादातर लोग तीसरी या चौथी बार के बाद हाथ खड़े कर देते। मैं डटा रहा।" तेरहवाँ विभाग प्रमुख अपने काम में इतना अच्छा साबित हुआ कि वह 20 से ज़्यादा साल तक मार्केटिंग विभाग चलाता रहा।

"असंतोष की प्रेरक शक्ति" और अत्यधिक पूर्णतावाद को एक न समझें, जो भलाई के बजाय नुक़सान ज़्यादा करता है। जो लोग "और बेहतर" करने की लगातार कोशिश कर रहे हैं, ऊपर से तो वे "पूर्णतावादी" लग सकते हैं। वर्नर ऑटो दोनों के बीच फ़र्क़ बताते हैं, जब वे संकेत करते हैं कि वर्तमान समस्याओं से किसी उद्यमी को बहुत ज़्यादा चिंतित नहीं होना चाहिए। "उसे किसी चीज़ को शत प्रतिशत करने की कोशिश कभी नहीं करनी चाहिए। इसका मतलब है अतीत की चीज़ों पर लगातार सोच-विचार करना।" ऑटो कहते हैं कि यह दृष्टिकोण ऊर्जा, समय और पैसे की बर्बादी है। "उद्यमी को बस इतने समय की ज़रूरत है कि वह उन परिवर्तनों को पहचान ले, जो भावी सफलता पाने के लिए उसकी कंपनी में किए जाने चाहिए।"

नकारात्मक अर्थ में पूर्णतावादी झिझकते रहते हैं, जब उन्हें बस शुरू

कर देना चाहिए और कर-करके सीखना चाहिए। उनके पास हमेशा आदर्श बहाना होता है कि वे उस चीज़ को करने के लिए पूरी तरह तैयार क्यों नहीं है, जिसे करने की वे बातें करते रहते हैं। ऑटो ने ऐसा कभी नहीं किया। जब युद्ध के बाद उन्होंने अपनी जूता फ़ैक्ट्री शुरू की, तब वे इस कारोबार के बारे में कुछ नहीं जानते थे। उनका मानना था कि उनकी नादानी से उन्हें फ़ायदा ही हुआ। "जूता निर्माता के रूप में नौसिखिया होने से मुझे यह लाभ हुआ : मैं जूतों के बारे में कुछ नहीं जानता था और मैंने पहले कभी कोई जूता फ़ैक्ट्री नहीं देखी थी।" इसलिए उनका आशावाद "किसी विशेषज्ञीय ज्ञान से प्रभावित" नहीं हुआ।

दूसरे सफल उद्यमियों की तरह ऑटो कभी इतने घमंडी नहीं थे कि सलाह न माँगें। जब उन्होंने दूसरे मेल-ऑर्डर रीटेलरों के साथ 1955 में अमेरिका की यात्रा की, तो उन्होंने अपने अमेरिकी कारोबारी साझेदारों से बहुत से सवाल पूछे - उनके साथियों से ज़्यादा। "वे इस तरह नाटक कर रहे थे, मानो वे पहले से ही हर चीज़ जानते थे, जो मुझे सरासर ग़लत नज़रिया लगा।" उन्होंने अमेरिकी मेल-ऑर्डर विशेषज्ञों को रात-रात भर "तंग" किया, ताकि नए विचार खोज सकें कि उनके खुद के कारोबार को कैसे बेहतर बनाया जा सकता है।

टेड टर्नर उन असाधारण सफलताओं से कभी संतुष्ट नहीं रहे, जो उन्होंने अपने जीवन के विभिन्न क्षेत्रों में हासिल कीं। दूसरी चीज़ों के अलावा, उन्होंने न्यूज़ चैनल सीएनएन बनाया। जब 1 जून 1980 को सीएनएन प्रारंभ हुआ, तो इसे 1.7 मिलियन अमेरिकी घरों में देखा गया - आज 212 देशों में एक अरब लोग इस चैनल को देख सकते हैं। टर्नर अमेरिका के सबसे बड़े निजी भूस्वामी हैं और उनके पास 7,500 वर्ग मीटर की जायदाद है। संसार में भैंसों के सबसे बड़े प्रजनक होने के नाते वे संसार की 10 प्रतिशत भैंसों के स्वामी हैं और वे संसार के सबसे प्रतिस्पर्धी नाविकों में से एक हुआ करते थे। इस खेल के लिए उन्होंने तब भी समय निकाला था, जब वे अपना मीडिया साम्राज्य बना रहे थे। उन्होंने 1974 में मशहूर अमेरिकाज़ कप जीता और 1993 में उन्हें अमेरिकाज़ कप हॉल ऑफ़ फेम में मानद सदस्य के रूप में शामिल किया गया। उन्होंने कुख्यात रसिक की प्रतिष्ठा भी अर्जित की, जब उन्होंने अपनी तीसरी पत्नी अभिनेत्री जेन फ़ॉन्डा से 1991 में शादी की और अगले दस साल तक एक साथ बने रहे।

उनके जीवनी लेखक पोर्टर बिब कहते हैं, टर्नर "ने अपने जीवन को सावधानीपूर्वक इस तरह व्यवस्थित किया है, ताकि वे अपनी पुरानी विजयों पर

आराम करने की संभावना से बच सकें।" कम उम्र में भी उन्होंने अपने लिए बहुत ऊँचे लक्ष्य तय किए थे। उनके पूर्व गणित शिक्षक के अनुसार : "जब वह किसी चीज़ का मन बना लेता था, तो वह हमेशा इसी में जुटा रहता था, जब तक कि वह अंततः इसे हासिल नहीं कर लेता था या कोशिश करते-करते ढेर नहीं हो जाता था।" टर्नर के पिता भी बहुत सफल थे और उन्होंने कई मिलियन कमाए। लेकिन अपने बेटे के मान से वे पराजित थे, क्योंकि उन्होंने पर्याप्त ऊँचे लक्ष्य तय नहीं किए। "मेरे पिता हमेशा कहते थे कि कभी ऐसे लक्ष्य तय मत करो, जिन्हें तुम अपने जीवन में हासिल कर सको। जब तुम उन्हें हासिल कर लेते हो, तो उसके बाद कुछ भी नहीं बचता है।" एड टर्नर ने अपने बेटे को ऊँचे लक्ष्य बनाना सिखाया और यह भी कि जब वह सफलता की सीढ़ी पर ऊपर पहुँचता जाए, तो अपने लक्ष्यों को दोबारा बनाता रहे।

किशोरावस्था में टेड टर्नर ने पराक्रम की कहानियाँ चाट डालीं। "मैं एक ही चीज़ में दिलचस्पी रखता था और वह यह पता लगाना था कि अगर सचमुच कोशिश की जाए, तो आप क्या हासिल कर सकते हैं," टर्नर कहते हैं। उन्होंने कहा, "मेरी दिलचस्पी हमेशा इसमें थी कि लोगों ने जो किया, वह क्यों किया और किस वजह से लोग सुखद ऊँचाइयों तक ऊपर उठे।"

टर्नर का जन्म सिनसिनाटी में 19 नवंबर 1930 को हुआ था और वे सवाना, जॉर्जिया में बड़े हुए थे। टेड की तरह ही उनके पिता भी उन्मत्त अवसादग्रस्तता के शिकार थे और 1963 में उन्होंने आत्महत्या कर ली। इसके बाद टेड ने टर्नर एडवर्टाइज़िंग कंपनी का प्रबंधन सँभाल लिया। उन्होंने शुरुआत में ही केबल टीवी की संभावना देख ली – ऐसे समय जब इसका बाज़ार बहुत छोटा था। टर्नर हमेशा अपने प्रतिस्पर्धियों से एक क़दम आगे सोचते थे। उनके लिए कारोबार "शतरंज के मैच की तरह होता है और आपको कई दाँव आगे तक देखना होता है। अधिकतर लोग ऐसा नहीं करते हैं। वे एक बार में सिर्फ़ एक दाँव सोचते हैं। लेकिन कोई भी अच्छा शतरंज खिलाड़ी जानता है कि अगर आप किसी एक दाँव वाले विरोधी के ख़िलाफ़ खेल रहे हों, तो आप उसे हर बार हरा देंगे।"

1980 में टर्नर के मन में चौबीस घंटे का न्यूज़ चैनल बनाने का विचार आया। यह एक ऐसी अवधारणा थी, जो उस वक़्त मौजूद नहीं थी। जब उन्होंने अपना विचार केबल नेटवर्क एग्ज़ीक्यूटिवों के सामने रखा, तो उन्होंने उसे ठुकरा दिया। लेकिन टर्नर को अपनी योजना के कारगर होने का इतना विश्वास

था कि उन्होंने इसकी ख़ातिर हर चीज़ दाँव पर लगा दी। उन्होंने अपना न्यूज़ चैनल चलाने के लिए जिस पत्रकार रीज़ शॉनफ़ेल्ड को नियुक्त किया, वे कहते हैं : "यह पैसा नहीं था। यह उनका विश्वास भी नहीं था... यह तो यह तथ्य भी था कि अगर उनका केबल न्यूज़ नेटवर्क काम नहीं करता, तो वे हर चीज़ गँवाने के लिए तैयार थे - उनके टेलीविज़न स्टेशन, उनकी खेल टीमें, उनके खेत, उनकी किश्तियाँ, हर चीज़।" अपनी योजनाओं हेतु पूँजी जुटाने के लिए टर्नर ने अपनी रियल एस्टेट जायदाद, सोना और अन्य निजी संपत्तियों को गिरवी रख दिया। टर्नर कहते हैं, "आप जो भी करते हैं, हर चीज़ में जोखिम होता है। आसमान गिर सकता है, छत ढह सकती है। कौन जानता है कि क्या होने वाला है? मैं न्यूज़ को इस तरह करने जा रहा हूँ, जिस तरह संसार ने कभी न्यूज़ को होते नहीं देखा।"

टर्नर को बड़े अमेरिकी टेलीविज़न चैनलों के भारी प्रतिरोध से भी जूझना पड़ा। अपने स्टाफ़ के सामने उन्होंने एक बड़ी चौड़ी तलवार लहराई, जिसे वे अपने ऑफ़िस में रखते थे और उसे अपने सिर के ऊपर लहराकर चिल्लाए : "हमें कोई रोक नहीं सकता! चाहे जो क़ीमत चुकानी पड़े, हम यह करने जा रहे हैं!" क़ानूनी और अन्य साधनों का इस्तेमाल करते हुए उनके प्रतिस्पर्धियों ने चैनल शुरू होने से रोकने के लिए हर चीज़ की कोशिश की, लेकिन टर्नर जुटे रहे : "मैंने कहा था कि हम पहली जून को शुरू करेंगे और हम पहली जून को ही शुरू करेंगे... हम इसे संसार के अंत तक कभी ख़त्म नहीं करेंगे - और हम इसे सजीव दिखाएँगे!"

न्यूज़ चैनल को शुरुआत में भारी घाटा हुआ और इसे चलाते रहने के लिए जो निवेश आवश्यक थे, वे टर्नर के 20 मिलियन डॉलर के अनुमान से कहीं अधिक थे। वह खाड़ी युद्ध का लाइव कवरेज था, जिसने इस चैनल को सिरमौर बनाया। चढ़ाई से पहले ही सीएनएन ईराकियों के साथ बातचीत कर चुका था और नए पोर्टेबल सैटेलाइट ट्रांसमिटरों के ज़रिये बगदाद से ख़बरें प्रसारित करने की अनुमति हासिल कर चुका था। सीएनएन ने 10,000 डॉलर प्रति दिन में एक निजी जेट चार्टर किया था। ज़रूरत पड़ने पर यह विमान सीएनएन टीम को ईराक से बाहर निकालने के लिए अम्मान में इंतज़ार कर रहा था। राष्ट्रपति जॉर्ज बुश ने टेड टर्नर से व्यक्तिगत आग्रह किया कि वे जानमाल का नुक़सान होने से पहले ही अपनी टीम को बगदाद से हटा लें। लेकिन पत्रकार रुके रहे और सीएनएन एकमात्र चैनल था, जिसने युद्ध क्षेत्र से लाइव कवरेज दिया। युद्ध

के पहले ही दिन 10.8 मिलियन घरों में सीएनएन चैनल चलाया गया, जो पहले से कहीं अधिक संख्या थी। युद्ध शुरू होने से पहले सीएनएन एक मिलियन से ज़्यादा लोगों द्वारा शायद ही कभी देखा जाता था, लेकिन अब यह संख्या बढ़कर 50-60 मिलियन तक पहुँच गई।

1996 में टेड टर्नर ने अपना न्यूज़ चैनल दिग्गज मीडिया कॉर्पोरेशन टाइम वार्नर को 7.4 अरब डॉलर में बेच दिया। वे टेलीविज़न प्रभारी के रूप में वाइस प्रैज़िडेंट बने रहे। जून 2003 में जब टाइम वार्नर का एओएल के साथ विलय हुआ, तो वे अपने पद से रिटायर हो गए। 2010 में टर्नर ने बिल गेट्स, वॉरेन बफ़े, लैरी एलिसन, माइकल ब्लूमबर्ग और अन्य अरबपतियों के साथ मिलकर एक मुहिम शुरू की, जिसमें सभी ने अपनी आधी दौलत परोपकार में दान देने का संकल्प लिया।

यदि आप इस बात की मिसाल देखना चाहते हैं कि असंतोष कितनी शक्तिशाली प्रेरक शक्ति हो सकता है, तो अमेरिकी सौंदर्य प्रसाधन साम्राज्ञी एस्टी लॉडर के उल्लेखनीय करियर से आगे देखने की ज़रूरत नहीं है। जिस महिला ने अपने माता-पिता के किचन में मॉइस्चराइज़िंग लोशन मिलाकर कारोबार शुरू किया था, वह एक अरबपति बन गई। वे एकमात्र महिला हैं जिनका नाम 20वीं सदी के शीर्षस्थ बीस सबसे प्रभावी व्यवसायियों की *टाइम मैग्ज़ीन* की सूची में आया।

एस्टी लॉडर के अंकल योहान स्कोट्ज़ एक केमिस्ट थे, जो हंगरी से अमेरिका आकर बस गए थे। उन्होंने अपने मकान के पीछे के अस्तबल में एक प्रयोगशाला बनाई थी, जहाँ वे मॉइस्चराइज़िंग लोशन बनाते थे। लॉडर जिनका पैदाइशी नाम एस्टेल मेंटज़र था, उनके लोशन बेचने में उनकी मदद करती थी और उन्हें एहसास हुआ कि उनमें बिक्री की भारी योग्यता है। अपनी आत्मकथा में वे कहती हैं : "मैंने बेचे बिना अपने जीवन में एक दिन भी काम नहीं किया है।" उनके अंकल ने सुझाव दिया कि एस्टी को मियामी जाना चाहिए। पाम बीच अमीर महिलाओं से भरा था और यह जगह महँगे कॉस्मेटिक्स कारोबार के लिए संभावनाओं से भरी थी। लॉडर संकोची नहीं थीं। वे सड़क पर अजनबियों से बात करने लगती थीं और सुझाव देती थीं कि उन्हें अपना मेकअप बदलना चाहिए, सैंपल देती थीं या उन्हें अपने लोशन बेच भी देती थीं। उनकी एक सहेली ब्यूटी पार्लर चलाती थी, जहाँ वे ग्राहकों के चेहरे पर मेकअप लगाती थीं, जब वे अपने बाल बनवा रहे होती थीं। उन्हें जल्द ही पता चल गया, "ग्राहक को

छू लो, तो आप आधे रास्ते को तय कर चुके होते हैं।"

उन्हें अंततः न्यू यॉर्क में फ़िफ़्थ ऐवेन्यू के बॉनविट टेलर डिपार्टमेंट स्टोर में अपने उत्पाद रखने की अनुमति मिल गई। उनका बड़ा सपना यह था कि उनके उत्पाद मशहूर साक्स डिपार्टमेंट स्टोर में एक डिस्प्ले काउंटर पर रखे जाएँ। अगर साक्स उनके उत्पाद बेचने लगे, उन्हें पूरे देश का ध्यान मिल जाएगा। वे साक्स के ख़रीददार को अपने सौंदर्य प्रसाधन रखने के लिए मनाती रहीं। लेकिन वह इसके लिए तैयार नहीं था। सबसे पहली बात, साक्स इस बात पर ज़ोर देता था कि वह एकमात्र स्टॉकिस्ट रहे, जबकि एस्टी के उत्पाद बॉनविट में पहले से ही बेचे जा रहे थे। और दूसरी बात, ख़रीदार ने कहा, अब तक किसी भी ग्राहक ने लॉडर के उत्पाद नहीं माँगे थे।

साक्स की बहुत ही ग्राहक-केंद्रित नीति थी : अगर कोई ग्राहक किसी ऐसे उत्पाद की माँग करता था, जो उनके स्टॉक में नहीं होता था, तो सेल्स स्टाफ़ वह उत्पाद दूसरी दुकान से मँगाता था और उसी क़ीमत पर ग्राहक को बेच देता था। लेकिन अगर ग्राहक किसी उत्पाद को बार-बार माँगते रहते थे, तो साक्स अपनी रेंज में उन्हें शामिल कर लेता था।

यहाँ पर लॉडर ने अपना अवसर ताड़ लिया। उन्हें माँग पैदा करनी थी। जब उनसे एक परोपकारी कार्यक्रम में भाषण देने को कहा गया, तो उन्होंने शानदार लिपस्टिकें थमा दीं, जिनकी लागत तीन डॉलर प्रति लिपस्टिक थी। कार्यक्रम में आई महिलाओं को ये बहुत पसंद आईं - जैसे ही भाषण ख़त्म हुआ, उस लिपस्टिक को ख़रीदने के लिए साक्स के बाहर ग्राहकों की लंबी क़तारें लगने लगीं। अब ख़रीदार के पास उनके उत्पाद रखने के अलावा कोई विकल्प नहीं था। इसके कुछ ही समय बाद उन्होंने अपने पति के साथ मिलकर एस्टी लॉडर कंपनीज़ शुरू की और उनके पति फ़ाइनैंशियल डायरेक्टर बन गए।

जब उन्होंने 50-60 हज़ार डॉलर कमा लिए, तो उन्होंने एक विज्ञापन एजेंसी की सेवाएँ लेने का निर्णय लिया। वे बीबीडीऐडओ के पास गईं, जिसने लॉडर के प्रतिस्पर्धी रेवलॉन के लिए कई सफल प्रचार अभियान करके नाम कमाया था। लेकिन एजेंसी के डायरेक्टर ने उसे बताया कि सफल प्रचार अभियान का ख़र्च उठाने के लिए उनके पास पर्याप्त पैसे नहीं थे।

जैसा हम पहले ही देख चुके हैं, सफल स्त्री-पुरुष "नहीं" का जवाब शायद ही कभी मानते हैं। लॉडर को इतना ही प्रोत्साहन काफ़ी था, जिससे उनके मन में एक नवाचारी विचार आया और उन्होंने प्रतिस्पर्धा से अपनी स्थिति

काफ़ी बेहतर कर ली। दुकानों में मुफ़्त सैंपल देना आज सौंदर्य प्रसाधन उद्योग की आम नीति है - उस वक़्त यह एक नया विचार था। लॉडर ने ही इस विचार को पहले-पहल आज़माया था। उन्होंने साक्स से पूछा कि क्या यह सही रहेगा कि वे एक प्रत्यक्ष विज्ञापन अभियान चलाएँ और मुफ़्त सैंपल के वाउचर भेजें, जिसे ग्राहक साक्स स्टोर में ख़रीद सकें।

उनका सबसे बड़ा अवसर कुछ साल बाद आया, जब उन्होंने फूलों और जड़ियों के सार से बना एक बाथ ऑयल लॉन्च किया, जिसका नाम उन्होंने "यूथ ड्यू" रखा। लॉडर की सफलता का राज़ यह था कि वे उत्पाद नहीं, वादे बेच रही थीं - इस मामले में शाश्वत यौवन और सुंदरता, जो एक बाथ ऑयल में जादुई ढंग से पेश की जा रही थीं। यूथ ड्यू भारी बिका और 1950 के दशक के मध्य में साक्स में उनकी 80 प्रतिशत बिक्री इसी की वजह से हो रही थी। इसकी बिक्री आसमान छूने लगी। पहले साल इसकी बिक्री 50,000 डॉलर हुई थी, जबकि तीस साल बाद इसकी बिक्री 150 मिलियन डॉलर तक पहुँच गई। आने वाले दशकों में गहरे नीले टब में जादुई खुशबू कंपनी की पहचान बन गई।

इससे पहले कॉस्मेटिक्स का भाव दो से पाँच डॉलर रहता था। लॉडर में इतनी हिम्मत थी कि उन्होंने अपने लोशन और सेंट के लिए इससे काफ़ी ज़्यादा भाव माँगा। उन्होंने सहज बोध से सोचा कि उनके ग्राहक ज़्यादा पैसों में ख़रीदे उत्पाद को ज़्यादा महत्त्व देंगे। उनके रि-न्यूट्रिव लोशन का विज्ञापन नारा था : "क्या किसी क्रीम का मूल्य 115 डॉलर हो सकता है?" लॉडर की प्रतिस्पर्धी हेलेना रुबिनस्टाइन ने जल्द ही ऊँचे भाव का महत्त्व पहचान लिया। जब उनसे पूछा गया कि उनका नवीनतम लोशन उतनी अच्छी तरह क्यों नहीं बिक रहा है, जितनी कि उन्हें उम्मीद थी, तो उन्होंने जवाब दिया : "पर्याप्त महँगा नहीं है।" उसका भाव सिर्फ़ 5.50 डॉलर था।

लॉडर ने अपने महँगे उत्पादों की मार्केटिंग उच्च वर्गीय सैलानियों, मशहूर हस्तियों और ऐसे ही दूसरे प्रचारकों की रुचियों को पूरा करके किया। इस उद्देश्य से वे पाम बीच लौटीं, जहाँ सुंदर लोग इकट्ठे होते थे। "आपने देखा, सारा संसार पाम बीच आता है। और संक्षेप में आप उन्हें एक सीज़न में एक साथ पा लेते हैं। और जब आप यहाँ इन लोगों का ध्यान रखते हैं, तो जब वे उस जगह लौटते हैं, जहाँ से वे आए हैं, तो वे इसका बदला चुकाने जा रहे हैं : यूरोप, दक्षिण फ्रांस।" उन्होंने यह भी सोचा कि टैब्लॉइडों में प्रचार करना भी सबसे अच्छा तरीक़ा रहेगा, जिन्हें बहुत-सी महिलाएँ पढ़ती थीं।

लॉडर ने ड्यूक और डचेस ऑफ़ विंडसर जैसी मशहूर हस्तियों को लक्ष्य बनाया, जो उस वक़्त पाम बीच जाने वाले सबसे मशहूर सैलानी थी। वे किस ट्रेन से जाने वाले हैं, यह पता खुगाने के लिए उन्होंने बहुत पापड़ बेले, फिर वे उसी ट्रेन में बैठीं और उन्हें पकड़ लिया (ओह, आप भी इसी ट्रेन से जा रहे हैं।") उन्होंने अख़बार के एक फ़ोटोग्राफ़र को पहले से तैनात कर रखा था, ताकि वह उनकी मुलाकात के पल को भविष्य के लिए सँजोकर रखे। आगे चलकर ये सामंती दंपत्ति लॉडर के मित्र बन गए, जैसा कि समाज के कई अन्य शीर्षस्थ व्यक्ति बने। यह उनकी कंपनी के लिए सर्वश्रेष्ठ संभव विज्ञापन था।

बहुत से प्रतिस्पर्धी लॉडर के उत्पादों की नक़ल करने लगे। सफल रेव्लॉन ब्रांड के रचयिता चार्ल्स रेवसन ख़ास तौर पर इसके अपराधी थे, जैसा उनके एक कर्मचारी बताते हैं और रेवसन के आदर्श वाक्य को इस तरह व्यक्त करते हैं : "हर चीज़ की नक़ल करो और तुमसे कभी ग़लती नहीं हो सकती। इस तरह आप अपने प्रतिस्पर्धियों को ज़मीनी काम और ग़लतियाँ करने देते हैं। और जब वे कोई अच्छी चीज़ खोज लें, तो इसे उनसे बेहतर बनाएँ, उनसे बेहतर पैक करें, उनसे बेहतर विज्ञापन करें और उन्हें दफ़न कर दें।"

लॉडर ने पता लगाने की कोशिश की कि उस बाज़ार पर कैसे प्रतिक्रिया करें, जहाँ प्रतिस्पर्धा लगातार बढ़ती जा रही थी। आख़िरकार, उन्होंने एक और कारोबार स्थापित कर दिया, जिसे उन्होंने अपनी खुद की कंपनी के साथ प्रतिस्पर्धा करने के लिए अलग तरीक़े से पोज़ीशन किया। उन्होंने इस नए उद्यम का नाम क्लीनिक रखा। "हमने क्लीनिक इसी वजह से शुरू किया, क्योंकि मुझे महसूस हुआ कि अगर मैं एस्टी लॉडर के ख़िलाफ़ कारोबार में उतरती, तो मैं ठीक ऐसा ही करती," लॉडर कहती हैं।

लेकिन वे अपने उत्पादों को सतत बेहतर बनाने के लिए भी संकल्पवान थीं तथा पूर्णतावादी साबित हुईं। साक्स का सेल्स स्टाफ़ हैरान रह गया, जब उन्होंने एक नए उत्पाद को वापस बुला लिया, जो उसी समय स्टोर में पहुँचाया गया था, क्योंकि उसमें एक तत्व नदारद था। उन्हें यह समझ नहीं आया कि उत्पाद को शेल्फ़ पर से क्यों हटाया गया – किसी को भी फ़र्क़ समझ नहीं आएगा, उन्होंने तर्क दिया। "लेकिन मुझे तो आएगा!" उन्होंने जवाब दिया और उत्पाद वापस बुलाने के निर्णय पर अड़ी रहीं।

लॉडर कहती हैं, "कोई खुशबू तैयार करना किसी सिम्फ़नी की रचना करने जैसा होता है।" उनका सबसे अनिवार्य आदर्श वाक्य : किसी नए सेंट को

प्रबल भावनात्मक प्रतिक्रिया उत्पन्न करनी चाहिए। लोग या तो इससे बेइंतहा प्रेम करें या सख़्त नफ़रत करें, "तब मैं जान जाती हूँ कि मैं सही पटरी पर हूँ। यदि कोई सेंट सिर्फ़ गुनगुनी प्रतिक्रिया जगाता है, तो मैं उस फ़ॉर्मूले को दूर फेंक देती हूँ।"

"असंतोष" का मतलब सफल और असफल लोगों के लिए अलग-अलग होता है। असफल लोग असंतोष को पंगुता के नकारात्मक अनुभव के साथ जोड़ते हैं। दूसरी ओर सफल लोगों के लिए यह एक प्रबल प्रेरक शक्ति है। "पूर्णतावाद" का भी दोनों समूहों के लिए अलग-अलग अर्थ होता है। पराजित लोग निष्क्रियता से "आदर्श परिस्थितियों" का इंतज़ार करते हैं और काम शुरू न करने या शुरू करने के बाद पूरा न करने के बहानों की तलाश करते हैं। विजेता अपूर्ण परिस्थितियों के बावजूद काम करते हैं और उन्हें बेहतर बनाने की लगातार कोशिश करते हैं।

आरनॉल्ड श्वॉज़नेगर ने एक बार *न्यूज़वीक* मैग्ज़ीन के सामने स्वीकार किया था कि वे हमेशा असफलता के डर से संचालित महसूस करते थे, इस अनुभूति से कि उन्होंने जो भी किया है, वह पर्याप्त अच्छा नहीं था।" मैडोना भी मशहूर बनने के जुनून के लिए अक्षमता की भावना को श्रेय देती हैं। "मेरी इच्छाशक्ति फ़ौलादी है और मेरी सारी इच्छा हमेशा अक्षमता की किसी भयंकर भावना को जीतने का परिणाम रही है। मैं हमेशा उस डर से संघर्ष कर रही हूँ। मैं इसके एक दौर को पार करती हूँ और ख़ुद को एक ख़ास इंसान पाती हूँ और फिर मैं इसके अगले दौर तक पहुँचती हूँ और सोचने लगती हूँ कि मैं साधारण हूँ..."

ये आत्म-विश्लेषण सुझाव देते हैं कि असंतोष की प्रेरक शक्ति अक्षमता की गहरी भावना से संचालित होती है। यह सच है या नहीं, यह कहना मुश्किल है। हो सकता है कि मैडोना और श्वॉज़नेगर लोकप्रिय मनोविज्ञान के प्रिय वाक्य दोहरा रहे हों, जो सतह पर विश्वसनीय लग रहे हों।

जो निश्चित रूप से सच है, वह यह है कि महत्त्वाकांक्षा का अभाव सफलता की राह में सबसे मुश्किल बाधाओं में से एक है, जिससे उबरना ज़रूरी होता है। बहरहाल, यह संभव नहीं लगता कि आप इससे पीड़ित हों – अगर आप होते, तो आप वह पुस्तक थोड़े ही ख़रीदते, जो अपने लिए लक्ष्य तय करने और ज़्यादा ऊँचा लक्ष्य बनाने के बारे में है। इसके अलावा आप इसे अध्याय 10 के अंत तक थोड़े ही पढ़ते।

आप सफलता की राह पर अपने असंतोष का दोहन प्रेरक शक्ति के रूप में कैसे कर सकते हैं? सबसे बढ़कर अपने आंतरिक जीपीएस में ज़्यादा ऊँचे और ज़्यादा महत्त्वाकांक्षी लक्ष्यों की "प्रोग्रामिंग" करके – जैसा मैंने अध्याय 8 में सुझाव दिया है। एक बार जब आप अपने अवचेतन में ज़्यादा ऊँचा लक्ष्य बो देते हैं, तो आप अपनी वास्तविक स्थिति और अपने मनचाहे लक्ष्य के बीच के फ़ासले से सतत तनाव महसूस करेंगे। यह तनाव आवश्यक ऊर्जा प्रदान करेगा, जिससे आपके असंतोष को ईंधन मिलेगा और यह आपको आगे बढ़ाएगा।

आप आज जो हैं और आपके पास आज जो है, उसमें और दूसरी तरफ़ आपके ऊँचे लक्ष्यों के बीच के फ़ासले को सिर्फ़ नए विचार सोचकर ही पाटा जा सकता है। आप केवल कड़ी मेहनत करके और "कड़ी कोशिश करके" ही अपने आर्थिक या अन्य कोई लक्ष्य हासिल नहीं करेंगे। विचार आपकी सफलता की कुंजी हैं। आपके पास जो है और आप जो चाहते हैं, उसके बीच के फ़ासले से उत्पन्न तनाव, आपकी वर्तमान स्थिति और आपने अपने आंतरिक जीपीएस में जिन लक्ष्यों की प्रोग्रामिंग की है, उनके बीच के फ़ासले से उत्पन्न तनाव – वह तनाव सिर्फ़ नए विचारों से ही सुलझ सकता है, जो आपका अवचेतन आपको लक्ष्य हासिल करने के लिए प्रदान कर देगा।

अध्याय 11

विचार जो आपको अमीर बना देंगे

19वीं सदी के मध्य में अमेरिका गोल्ड रश (सोने की खोज में लोगों का पलायन) की गिरफ़्त में था। जब इस बारे में अफ़वाहें फैलीं कि कैलिफ़ोर्निया में सोना मिल गया है और कोई भी फटाफट अमीर बन सकता है, तो लाखों लोग अपनी नौकरियाँ छोड़कर कैलिफ़ोर्निया पहुँच गए। ज़ाहिर है, ज़्यादातर लोग अमीर नहीं बने, बल्कि दिवालिया हो गए और उन्हें वहीं लौटना पड़ा, जहाँ से वे आए थे। विजेताओं में एक लेवी स्ट्रॉस नामक व्यक्ति थे, जो अठारह साल की उम्र में अप्रवासी के रूप में अपनी माँ और बहनों के साथ जर्मनी से अमेरिका आए थे। जिसने उन्हें अमीर बनाया, वह सोना नहीं बल्कि मज़दूरों के पैंट थे।

जब स्ट्रॉस ने कैलिफ़ोर्निया के उछाल के बारे में सुना, तब वे न्यू यॉर्क में रह रहे थे। सोने की तलाश में उनकी कोई दिलचस्पी नहीं थी – इसके बजाय, वे तो उन हज़ारों लोगों को उपयोगी सामान बेचना चाहते थे, जो सोने की चमक से चौंधियाकर कैलिफ़ोर्निया चले गए थे। उन्होंने जर्मनी और अमेरिका में घर-घर जाकर सामान बेचने वाले सेल्समैन के रूप में जीविका कमाई थी।

कैलिफ़ोर्निया पहुँचने के बाद एक दिन उन्हें नाख़ुश ग्राहकों के साथ मुश्किल आ रही थी, जो उनके बेचे कैनवस की ख़राब गुणवत्ता के बारे में शिकायत कर रहे थे। वे अपना पैसा वापस माँग रहे थे, क्योंकि वादे के मुताबिक़ कैनवस वॉटरप्रूफ़ नहीं था। स्ट्रॉस के पास उन्हें लौटाने के लिए पैसा नहीं था। उन्होंने यह प्रस्ताव रखा कि वे बचे कैनवस से उनके लिए पैंट बना देते हैं, जो संसार के सबसे मज़बूत पैंट होंगे। वे लोग मान गए – और बाक़ी इतिहास है।

स्ट्रॉस को जल्द ही एहसास हो गया कि खनिकों को ऐसे पैंट की ज़रूरत थी, जो काफ़ी मज़बूत हों। जब उन्होंने पहले पैंट छह डॉलर में बेचने शुरू किए,

तो उनके पैंट धड़ाधड़ बिकने लगे। मूल पैंट भूरे थे, क्योंकि वे सन के रेशों से बने थे। बाद में स्ट्रॉस नीले कॉटन फ़ैब्रिक का इस्तेमाल करने लगे, जिसे डेनिम कहा जाता था।

जल्द ही माँग इतनी बढ़ गई कि उनका परिवार उतना उत्पादन नहीं कर पा रहा था। स्ट्रॉस अपना कपड़ा सैन फ्रैंसिस्को के कई टेलरों के पास ले गए और उनसे अपने निर्देशानुसार पैंट बनवाने लगे। इकलौती समस्या यह थी कि खनिक जिन जेबों में अपने औज़ार रखते थे, वे जल्दी फट जाती थीं।

रीगा के जेकब डेविस नामक टेलर ने इसका समाधान खोज लिया : जब एक ग्राहक ने उससे अपने पति के पैंट की जेबों के फटने की शिकायत की, तो उसने ताँबे की कीलों का इस्तेमाल किया, जिनका इस्तेमाल आम तौर पर घोड़ों की जीन को मज़बूत बनाने के लिए किया जाता था। उसने सामने और पीछे की जेबों पर धातु की छोटी कीलें लगा दीं, साथ ही पैर के ऊपरी हिस्से की सिलाई पर भी। जो एक नवाचार के रूप में शुरू हुआ था, वह जल्द ही पैसे बनाने के कारोबारी विचार में बदल गया। ग्राहकों को उसके डेनिम पैंट बड़े पसंद आए – अठारह महीनों में ही उसने 200 जोड़ियाँ बेच दीं और वह भी बिना कील वाले पैंट की तुलना में तीन गुनी क़ीमत पर।

डेविस के मन में अपने आविष्कार का पेटेंट कराने का विचार आया। लेकिन उसके पास पर्याप्त पैसा नहीं था, न ही वह पढ़-लिख सकता था। एक मित्र की मदद से उसने लेवी स्ट्रॉस को एक पत्र लिखा और उम्मीद की कि वे डेविस के आविष्कार के महत्त्व को समझ जाएँगे और पेटेंट को रजिस्टर करने में उसकी मदद करेंगे। और ठीक यही हुआ : जैसे ही स्ट्रॉस ने पत्र के साथ लगा पार्सल खोला और उसमें एक जोड़ी जीन्स देखी, उन्हें विचार का महत्त्व समझ में आ गया और उन्होंने उन दोनों के नाम पर पेटेंट का आवेदन दे दिया।

पेटेंट ऑफ़िस ने पहले तो उनकी अर्ज़ी ठुकरा दी, क्योंकि कीलों का उपयोग गृह युद्ध के दौरान उत्तरी सेना के जूतों को मज़बूत बनाने के लिए पहले ही हो चुका था। इतनी जल्दी हार न मानने वाले स्ट्रॉस ने आवेदन में संशोधन किया – और जिसे एक बार फिर नामंज़ूर कर दिया गया। "दस महीनों तक वे दावों में संशोधन करते रहे, एक के बाद एक फ़ीस देते रहे, जब तक कि 20 मई 1873 को उनके हाथों में आख़िरकार पेटेंट नं. 139.121 नहीं आ गया।" उन्होंने अपना पहला पेटेंट हुआ जीन्स दो सप्ताह बाद 2 जून 1873 को बेचा। स्ट्रॉस ने डेविस के पेटेंट का हिस्सा भी उससे ख़रीद लिया और उसे एक अच्छा

घर बनवाने का वादा किया। यह निश्चित रूप से एक अच्छा निवेश था!

पैंट इतने ज़्यादा सफल थे कि स्ट्रॉस ने एक फ़ैक्ट्री बनाने का निर्णय लिया, जहाँ इस पैंट के अलावा किसी दूसरी चीज़ का उत्पादन न हो। पहले साल उन्होंने 5,800 जोड़ी पैंट और दूसरी चीज़ें कीलों के साथ कसवाई, एक साल बाद यह संख्या 20,000 तक पहुँच गई, जिसका कुल मूल्य लगभग 1,50,000 डॉलर था।

ज़ाहिर है, प्रतिस्पर्धा जल्द ही उठ खड़ी हुई और इसने उत्पाद की नक़ल की कोशिश की। स्ट्रॉस जूझे और उन्होंने नक़लचियों के ख़िलाफ़ असंख्य मुक़दमे जीते। उनकी कंपनी नए पैंट में मार्केट लीडर बनी रही, जिसे उन्होंने "जीन्स" कहने का निर्णय लिया। 150 साल पहले स्थापित ज़्यादा कंपनियाँ इस वक़्त जीवित नहीं हैं। और 150 साल पहले आविष्कृत ज़्यादा उत्पाद अब भी संसार में उतनी ही तेज़ी से नहीं बिक रहे हैं। जीन्स उन चंद विरले उत्पादों में से एक है। और लेवी स्ट्रॉस ने जिस कंपनी को स्थापित किया था, आज वह एक वैश्विक कॉर्पोरेशन है, जिसमें 10,000 से अधिक कर्मचारी हैं और जो 100 से ज़्यादा देशों में अपने उत्पाद बेचती है।

इंसान द्वारा बनाई गई हर चीज़ एक विचार, किसी के दिमाग़ में एक तस्वीर के रूप में शुरू हुई थी। आज विचार पहले की तुलना में ज़्यादा मूल्यवान हैं। और विचार को भारी दौलत में बदलने के लिए अब दशकों लंबे इंतज़ार की ज़रूरत नहीं है - कई बार तो यह बस कुछ सालों में ही हो सकता है। इंटरनेट के आविष्कार ने इन प्रक्रियाओं की गति को तीव्र बना दिया है, जैसा हम गूगल की सफलता की कहानी में पहले ही देख चुके हैं। या मार्क ज़करबर्ग को ही ले लें, जो *फ़ोर्ब्स* मैग्ज़ीन के अनुसार इतिहास के सबसे युवा स्व-निर्मित अरबपति हैं, जिनकी अनुमानित दौलत 2010 में चार अरब डॉलर थी - यह अनुमान लगाना आसान नहीं था, क्योंकि फ़ेसबुक कंपनी में उनकी 24 प्रतिशत हिस्सेदारी उनकी ज़्यादातर दौलत का स्रोत है। उस शेयर के मूल्य पर कोई संख्यात्मक अनुमान लगाना असंभव है, क्योंकि हो सकता है कि आकलन के बाद यह कई गुना बढ़ गया हो।

अब तक संसार में सबसे सफल सामाजिक नेटवर्क फ़ेसबुक की कहानी हावर्ड यूनिवर्सिटी में शुरू हुई थी। इस साइट का नाम तथाकथित "फ़ेसबुक्स" पर पड़ा। कई अमेरिकी विश्वविद्यालय संस्था में दाख़िल हर विद्यार्थी की तस्वीरें छापकर विद्यार्थियों में बाँटते थे और इन्हें "फ़ेसबुक्स" कहा जाता था। हावर्ड में

पूरे विश्वविद्यालय की कोई फ़ेसबुक नहीं थी, लेकिन कैम्पस के हर छात्रावास के लिए अलग-अलग फ़ेसबुक थी।

मार्क ज़करबर्ग हावर्ड में मनोविज्ञान के विद्यार्थी थे। उन्हें संयोग से ही सामाजिक नेटवर्कों के आकर्षण का पता चला और यह भी कि वे किस गति से फैल सकते हैं। अक्टूबर 2003 के अंत में उन्होंने हावर्ड सर्वर पर ग़ैर-क़ानूनी घुसपैठ करके अपने साथी विद्यार्थियों की तस्वीरें डाउनलोड कर लीं। द *एक्सिडेंटल बिलियनेअर्स* के लेखक बेन मेज़रिच के अनुसार, यह सब मज़े के रूप में शुरू हुआ था – वे दूसरे विद्यार्थियों से लड़कियों के आकर्षण का क्रम-निर्धारण करने को कह रहे थे।

उन्होंने अपनी साइट का नाम फ़ेसमैश डॉट कॉम रखा और कुछ मित्रों को इसकी लिंक ई-मेल कर दी। जब वे एक क्लास के बाद अपने कमरे में लौटकर आए, तो उन्होंने पाया कि उनका लैपटॉप क्रैश हो गया है, क्योंकि साइट पर बहुत भीड़ हो गई थी। एक साथी विद्यार्थी ने उनका ई-मेल राजनीति विभाग को भेज दिया। लैटिना विमेन्स इशूज़ ऑर्गैनाइज़ेशन या असोसिएशन ऑफ़ ब्लैक विमेन एट हावर्ड जैसे महिला समूहों को भी यह लिंक मिल गई और वे इससे खुश नहीं हुए। साइट के ख़िलाफ़ समर्थन जुटाने की कोशिश में उन्होंने अनजाने में ही इसमें ज़्यादा दिलचस्पी जाग्रत कर दी।

अचानक फ़ेसमैश हर जगह थी : "एक वेबसाइट जहाँ आप दो अंडरग्रैजुएट लड़कियों की तस्वीरों की तुलना करते थे और वोट देते थे कि कौन सी ज़्यादा हॉट थी – फिर देखते थे जब कुछ जटिल एल्गोरिदम यह गणना करते थे कि कैम्पस की सबसे आकर्षक लड़कियाँ कौन-सी थीं – और यह पूरे कैम्पस में वायरस की तरह फैल गई। दो ही घंटों में साइट पर बाईस हज़ार वोट पड़ चुके थे। चार सौ विद्यार्थी पिछले तीस मिनटों में साइट पर जा चुके थे," जैसा मेज़रिक द *एक्सीडेंटल बिलियनेअर्स* में कहते हैं।

कई अन्य विद्यार्थी यहीं रुक जाते, लेकिन ज़करबर्ग ने इस बारे में सोचना शुरू किया कि फ़ेसमैश की तुरंत लोकप्रियता का क्या मतलब हो सकता है। बात बस यही नहीं थी कि उन्होंने सुंदर लड़कियों की तस्वीरों को ऑनलाइन पोस्ट किया था – ऐसी ढेरों वेबसाइटें पहले से मौजूद थीं। फ़ेसमैश को अनूठी बनाने वाली चीज़ यह थी कि इसमें हावर्ड की ऐसी विद्यार्थियों के चित्र थे, जिन्हें ज़्यादातर दूसरे विद्यार्थी जानते-पहचानते थे।

अगले महीनों में उन्होंने एक ऐसी वेबसाइट बनाने पर काम किया, जो

मौजूदा सामाजिक नेटवर्कों का प्रतिनिधित्व करती थी और जिसमें सिर्फ़ चित्र ही न हों, बल्कि लिखित प्रोफ़ाइलें और एप्लिकेशन भी हों। हर सदस्य की अपनी खुद की प्रोफ़ाइल होगी, जिसका इस्तेमाल वे अपना परिचय देने या फ़ोटो या वीडियो अपलोड करने के लिए कर सकते थे। एक नोटिस बोर्ड होगा, जहाँ सदस्य संदेश छोड़ सकते हैं, जो सार्वजनिक रूप से उपलब्ध होंगे या संदेश प्रसारित कर सकते हैं या ब्लॉग पोस्ट कर सकते हैं। सदस्यों को अपने मित्रों की प्रोफ़ाइलों पर नए संदेशों की सूचना दी जाएगी।

ज़करबर्ग ने अपने प्रोजेक्ट का नाम फ़ेसबुक रखा। उनके मित्र एडुआर्डो सेवरिन को यह विचार बहुत पसंद आया, जब ज़करबर्ग ने उसे इसके बारे में बताया। ज़करबर्ग को इस प्रोजेक्ट के लिए 1,000 डॉलर की पूँजी की ज़रूरत थी और इसके बदले में उन्होंने एडुआर्डो को 30 प्रतिशत हिस्सेदारी दे दी। इसके बाद जल्द ही डस्टिन मॉस्कोविट्ज़ और क्रिस ह्यूज़ नामक दो और विद्यार्थी जुड़ गए।

मूल फ़ेसबुक साइट अपने सदस्यों से वादा करती थी : "दफ़ेसबुक एक ऑनलाइन डायरेक्ट्री है, जो कॉलेजों के सामाजिक नेटवर्कों के ज़रिये लोगों को जोड़ती है। हमने दफ़ेसबुक को हावर्ड युनिवर्सिटी में लोकप्रिय इस्तेमाल के लिए खोल दिया है। आप अपने कॉलेज के साथियों की तलाश के लिए दफ़ेसबुक का इस्तेमाल कर सकते हैं, यह पता लगा सकते हैं कि आपकी कक्षाओं में कौन है, अपने मित्रों के मित्रों को देख सकते हैं, अपने सामाजिक नेटवर्क का चित्र देख सकते हैं।"

दफ़ेसबुक 12 जनवरी 2004 को वेब अड्रेस के रूप में पंजीकृत हुई। इसके कुछ समय बाद ही कुछ अन्य विद्यार्थियों ने यह दावा करके ज़करबर्ग के लिए मुश्किलें खड़ी कीं कि उन्होंने उनका विचार चुराया था। उनकी फ़ेसमैश शरारत के बाद उन्होंने ज़करबर्ग से कहा था कि वे उनकी वेबसाइट बनाने में मदद करें। इस उद्देश्य से उन्होंने ज़करबर्ग को एक सोर्स कोड दिया था और उनका दावा था कि यही फ़ेसबुक की वास्तविक शुरुआत थी। वे कहते थे कि ज़करबर्ग ने उनके बीच हुआ मौखिक अनुबंध तोड़ा था। विद्यार्थी अपनी शिकायत हावर्ड के प्रेज़िडेंट के पास तक ले गए, जिन्होंने उनसे कहा कि वे अपने मतभेद आपस में सुलझा लें। 2004 में, जिस साल फ़ेसबुक शुरू हुई, विद्यार्थियों ने ज़करबर्ग पर अपनी कंपनी कनेक्टयू की ओर से कथित चोरी का दावा ठोक दिया। फ़ेसबुक ने जनता को बताया कि उन्होंने अदालत के बाहर इस विवाद को सुलझा लिया और हर्जाने में 65 मिलियन डॉलर दे दिए।

इस सारी मुश्किल के बावजूद फ़ेसबुक जंगल की आग की तरह फैली। कुछ समय बाद अमेरिका के दूसरे विश्वविद्यालय के विद्यार्थियों को शामिल होने की अनुमति दी गई और आख़िरकार यह हाई स्कूलों व कंपनियों के लिए भी सुलभ हो गई। सितंबर 2006 में दूसरे देशों के विश्वविद्यालयीन विद्यार्थियों को भी शामिल होने की अनुमति दी गई और इसके कुछ समय बाद बचे हुए प्रतिबंध भी हटा लिए गए। 2008 के वसंत में जर्मन, स्पेनिश और फ्रेंच संस्करण भी शुरू कर दिए गए और इसके बाद जल्द ही कई अन्य भाषाओं में इसकी शुरुआत हुई।

2010 की गर्मियों में फ़ेसबुक ने संसार में 500 मिलियन सदस्यों के जादुई चौखट को पार किया। ज़करबर्ग अक्सर इस तथ्य पर ज़ोर देते थे कि अभी उन्हें पूरी तरह विकसित बिज़नेस मॉडल बनाना था। उनमें और गूगल के संस्थापकों में यह बहुत बड़ी समानता थी। लैरी पेज और सर्गेई ब्रिन की तरह ही ज़करबर्ग को भी विश्वास था कि जैसे ही उनकी साइट में इतने सदस्य होंगे कि वे बाज़ार पर क़ब्ज़ा कर लेंगे, तो पैसे बनाने के बहुतेरे अवसर अपने आप आएँगे। उनकी ही तरह ज़करबर्ग भी सही थे। 2010 की पहली तीन तिमाहियों में फ़ेसबुक ने 355 मिलियन डॉलर का मुनाफ़ा कमाया और 1.2 अरब डॉलर की आमदनी हासिल की।

बहुत शुरुआत में ही ज़करबर्ग ने बहुत से फ़ाइनैंशियल बैंकरों को यक़ीन दिला दिया था कि उनके विचार से बहुत-सा पैसा कमाया जाएगा, हालाँकि मुनाफ़े में आने के लिए 2009 तक का समय लग गया। 2004 में फ़ेसबुक 18,000 डॉलर की छोटी राशि से शुरू हुई थी, जिसे ज़करबर्ग के मित्र एडुआर्डो सैवेरीन ने लगाया था। उसी जून में वेंचर कैपिटलिस्ट पीटर थिएल ने कंपनी में 5,00,000 डॉलर का निवेश किया। अक्टूबर 2007 में माइक्रोसॉफ़्ट ने 1.6 प्रतिशत हिस्सेदारी के लिए 240 मिलियन डॉलर का भुगतान किया। जून 2011 की शुरुआत में गोल्डमैन सेक्स ने 450 मिलियन डॉलर में एक प्रतिशत से भी कम हिस्सेदारी ख़रीदी, जिससे कंपनी का बाज़ार मूल्य 50 अरब डॉलर हो गया।

कई बड़े कॉर्पोरेशनों ने बार-बार फ़ेसबुक को ख़रीदने की कोशिश की। वायाकॉम ने 2007 में 750 मिलियन डॉलर की पेशकश की और याहू ने इसे बढ़ाकर एक अरब डॉलर कर दिया। 2011 की शुरुआत में कंपनी का एक प्रतिशत से भी कम हिस्सा याहू की लगाई बोली से आधे में बिका, यह देखते हुए

ज़करबर्ग ने निश्चित रूप से सही निर्णय लिया था, जब उन्होंने उस प्रस्ताव के साथ-साथ फ़ेसबुक के हर अन्य अधिग्रहण प्रयास को ठुकराया।

लैरी पेज और सर्गेई ब्रिन की तरह ही ज़करबर्ग उद्यमियों की नई पीढ़ी का हिस्सा हैं। वे जिस तरह की पोशाक पहनते हैं, वह भी कारोबार जगत की कसौटियों और परंपराओं से खुद को अलग करने का सोचा-समझा प्रयास है। उनकी प्रिय पोशाक में सैंडल, जीन्स और भूरी टी-शर्ट के ऊपर पहना ऊनी स्वेटर शामिल है। वे एक बार वेंचर कैपिटल कंपनी सिकोया के ऑफ़िस में पैजामे में चले गए थे। ज़करबर्ग कहते हैं : "मैं कोई अपवाद नहीं हूँ। स्टीव जॉब्स तो बिना जूतों के जाते थे।" लेकिन जब उन्हें 2008 में डैवोस में वैश्विक अर्थव्यवस्था के सबसे शक्तिशाली लोगों के शिखर सम्मेलन में आमंत्रित किया गया, तो उन्होंने न तो सैंडल पहने, न ही पैजामा।

फ़ेसबुक का इतिहास विचारों की शक्ति को प्रदर्शित करता है, जो आजकल इंटरनेट की बदौलत पहले से ज़्यादा तेज़ी से फैलते हैं। बहरहाल, सही विचार होना ही काफ़ी नहीं होता, वित्तीय दृष्टि से सफल होने के लिए आपको पर्याप्त बड़ा भी सोचना होता है। जिस वक़्त फ़ेसबुक की स्थापना हुई थी, कई सामाजिक नेटवर्क पहले से मौजूद थे। ज़करबर्ग के पास न सिर्फ़ कई ऐसे विचार थे, जो उनके प्रतिस्पर्धियों के पास नहीं थे, बल्कि उनके प्रोजेक्ट के लिए एक आकर्षक नाम भी था और कुछ ही समय में वे बिना किसी बिज़नेस प्लान के सैकड़ों मिलियन डॉलर का निवेश करने के इच्छुक निवेशकों को खोजने में भी सफल रहे।

इंटरनेट के उदय ने कारोबार के असंख्य अवसर उत्पन्न किए हैं, जैसा कि अमेरिका में ताईवानी अप्रवासियों के बेटे की अद्भुत सफलता गाथा से पता चलता है। जुलाई 2009 के आख़िर में ऐमेज़ॉन डॉट कॉम ने 1.2 अरब डॉलर में ज़ैपोज़ डॉट कॉम के अधिग्रहण की घोषणा की, जो कपड़ों और जूतों की ऑनलाइन शॉप थी। इस सौदे ने ज़ैपोज़ के 35 वर्षीय सीईओ टोनी शे को 214 मिलियन डॉलर दिए और इसमें वह राशि शामिल नहीं है, जो उनकी पूर्व वैंचर कैपिटल कंपनी वैंचर फ़्रॉग्स ने इससे कमाई थी।

दस साल पहले जब शे 25 साल के थे, तो वे पहले ही अपनी कंपनी लिंकएक्सचेंज माइक्रोसॉफ़्ट को 265 मिलियन डॉलर में बेच चुके थे, जिसे उन्होंने एक मित्र के साथ स्थापित किया था। लेकिन आइए शुरू से शुरू करते हैं – उनकी कहानी इस बात का आदर्श उदाहरण है कि विचार और जोख़िम

लेने का साहस आपको कैसे अमीर बना देगा।

टोनी शे का जन्म दिसंबर 1973 में हुआ और वे दो ताईवानी अप्रवासियों की संतान थे। बचपन में भी वे इस बारे में लगातार सोचते थे कि अपना खुद का कारोबार चलाकर पैसा कैसे कमाया जाए। उनके माता-पिता चाहते थे कि वे चिकित्सा शास्त्र का अध्ययन करके डॉक्टर बनें। वे शिक्षा को जीवन में सबसे महत्त्वपूर्ण चीज़ मानते थे। "मैं अपना खुद का कारोबार चलाने में कहीं ज़्यादा रुचि रखता था और पैसे बनाने के कई तरीक़े सोच रहा था। जब मैं बड़ा हो रहा था, तो मेरे माता-पिता हमेशा मुझसे कहते थे कि पैसे की चिंता मत करना, ताकि मैं अपनी शिक्षा पर ध्यान केंद्रित कर सकूँ।"

उन्होंने सभी तरह की चीज़ें आज़माईं। पैसे बनाने की उनकी पहली कोशिश कृमि (कीड़ों की) खेती थी, फिर उन्होंने स्कूल का एक अख़बार निकाला, जिसे उन्होंने अपने सहपाठियों को बेचा और बैज बनाए, जिनके लिए दूसरे बच्चे ऑनलाइन ऑर्डर कर सकते थे। हावर्ड के विद्यार्थी के रूप में वे मैकडॉनल्ड्स से एक डॉलर में बर्गर ख़रीदते थे और तीन डॉलर में दूसरे विद्यार्थियों को बेचते थे। अंततः उन्होंने साथी विद्यार्थियों को पिज़्ज़ा बेचने के लिए एक पिज़्ज़ा-बेकिंग ओवन में 2,000 डॉलर का निवेश किया।

युनिवर्सिटी की पढ़ाई पूरी करने के बाद उन्होंने 1995 में लैरी एलिसन की सॉफ़्टवेयर कंपनी ऑरेकल में काम शुरू कर दिया। उन्होंने अच्छा पैसा बनाया, लेकिन वे लगातार बोर होते थे, क्योंकि वहाँ दरअसल कुछ भी चुनौतीपूर्ण नहीं था। अपने मित्र संजय के साथ उन्होंने वेबसाइटें बनाने वाली एक कंपनी शुरू की। उनका विचार था कि स्थानीय चैंबर्स ऑफ़ कॉमर्स को अपनी सेवाएँ मुफ़्त दें, ताकि वे उनकी अच्छी सिफ़ारिश करें। पहला कमीशन मिलते ही उन्होंने ऑरेकल की नौकरी छोड़ दी।

लेकिन कारोबार में सिर्फ़ कुछ समय गुज़ारने के बाद ही उन्हें एहसास हुआ कि वेबसाइटें डिज़ाइन करने से ही उन्हें पूरी संतुष्टि नहीं मिलती थी। क्या नौकरी छोड़ने का उनका निर्णय समय से पहले लिया गया और अपरिपक्व था? उन्होंने अपने कारोबारी साझेदार के साथ इस बारे में सोचने में बहुत समय बिताया कि कंपनी और कौन सी सेवाएँ दे सकती है।

एक वीकऐंड पर शे के दिमाग़ में एक विचार आया, जो उनकी नई कंपनी लिंकएक्सचेंज का आधार बना। "अगर आप कोई वेबसाइट चलाते थे, तो आप मुफ़्त में हमारी सेवा के सदस्य बन सकते हैं। सदस्य बनने पर आप अपने

वेब पेजों में कुछ ख़ास कोड डाल सकते हैं, जो अपने आप आपके पेजों पर बैनर विज्ञापन दिखाने लगेंगे। हर बार जब कोई व्यक्ति आपकी वेबसाइट पर आता है और एक बैनर एड देखता है, आप आधा क्रेडिट कमा लेंगे।" अगर 1,000 लोगों ने साइट की यात्रा की, तो आपको 500 क्रेडिट मिल जाएँगे, जिससे आपको लिंकएक्सचेंज नेटवर्क के ज़रिये 500 मुफ्त विज्ञापन मिल जाएँगे। "बाक़ी पाँच सौ विज्ञापनों के अधिकार हम रखेंगे। विचार यह था कि हम समय के साथ लिंकएक्सचेंज नेटवर्क का विस्तार करेंगे और अंततः हमारे पास इतना विज्ञापन भंडार होगा कि हम बड़े कॉर्पोरेशनों को बेच सकें।"

उन्होंने अपना यह विचार 50 वेबसाइटों के मालिकों को ई-मेल किया और उन्हें यह पाकर हैरानी हुई कि 24 घंटों के भीतर उन्हें उनमें से आधों की सकारात्मक प्रतिक्रियाएँ मिलीं। उन्हें जल्दी ही एहसास हो गया कि उन्होंने एक सोने की खदान खोज ली थी। लिंकएक्सचेंज शुरू करने के कुछ ही महीने बाद लेनी नामक एक आदमी ने न्यू यॉर्क से फ़ोन करके कहा कि वह कंपनी ख़रीदने में रुचि ले सकता है। वे लेनी से मिले, जिसने उन्हें उस कंपनी के बदले में एक मिलियन डॉलर देने का प्रस्ताव रखा, जो अभी कुछ महीने पहले ही शुरू हुई थी और जिसने अब तक कोई मुनाफ़ा नहीं कमाया था।

23 साल के शे और उनके कारोबारी साझेदार के लिए यह बहुत सारा पैसा था। जो वे सुन रहे थे, उस पर उन्हें यक़ीन नहीं हो रहा था। बेचें या न बेचें, यह बहुत बड़ा सवाल था। उन्हें यह नहीं समझ में आ रहा था कि क्या करें और वे सोच रहे थे कि अगर लेनी उनकी कंपनी के लिए एक मिलियन डॉलर देने को तैयार है, तो शायद वह दो मिलियन डॉलर तक जाने को भी तैयार हो जाए। इसलिए उन्होंने उसे कंपनी दो मिलियन डॉलर में बेचने का प्रस्ताव रखा। लेनी ने उनका प्रस्ताव ठुकरा दिया और सौदा आगे नहीं बढ़ पाया। कई युवक फ़टाफ़ट मिलियन कमाने का चुनाव करते, लेकिन शे लंबे समय के लिए थे। उनके सोचने का तरीक़ा यह था कि इस प्रस्ताव से बस यह पता चलता था कि वे सही मार्ग पर हैं। उनकी कंपनी तेज़ी से फैलती रही और साल के अंत तक उनके पास 25 कर्मचारी हो गए।

दिसंबर में उनके पास एक और फ़ोन आया, इस बार याहू! के सह-संस्थापक जेरी यैंग का। जब याहू! सार्वजनिक हुआ था, तो उन्होंने एक अरब डॉलर कमाए थे और वे 20 मिलियन डॉलर में शे की कंपनी ख़रीदना चाहते थे। "मेरे मन में पहला विचार आया 'वाह'। दूसरा विचार जो मेरे मन में

आया, वह यह था कि मुझे ख़ुशी है कि हमने लेनी को पाँच महीने पहले कंपनी नहीं बेची।" पूरी चीज़ पूर्वाभास के अनुभव जैसी महसूस हुई, सिवाय इसके कि जो राशि उन्हें दी जा रही थी, वह ज़्यादा बड़ी थी – बहुत बड़ी।

शे ने बैठकर चीज़ों की एक सूची बनाई कि वे इतनी धनराशि का क्या कर सकते हैं। वे सैन फ्रैंसिस्को में एक अपार्टमेंट और एक वाइड स्क्रीन टेलीविज़न ख़रीद सकते हैं। लास वेगस, न्यू यॉर्क, मियामी तथा लॉस एंजिल्स में सैर कर सकते हैं। वे एक नया कंप्यूटर ख़रीद सकते हैं और इस सबके बावजूद उनके पास एक नई कंपनी शुरू करने के लिए पर्याप्त पैसा बचा रहेगा। वे यह देखकर हैरान थे कि उनकी इच्छाओं की सूची कितनी छोटी थी। कंप्यूटर, टेलीविज़न और शहरों की सैर का ख़र्च तो वे वैसे भी उठा सकते थे। और जहाँ तक एक नई कंपनी शुरू करने का सवाल था, उन्होंने सोचा कि जिस कंपनी में उन्हें इतना मज़ा आता था और जो उनके लिए सच्ची चुनौती थी, उसे सिर्फ़ इसलिए बेचना थोड़ा मूर्खतापूर्ण था, ताकि उनके पास दूसरी कंपनी शुरू करने लायक़ पैसा रहे। सिवाय अपने ख़ुद के अपार्टमेंट के उनके पास पहले से ही हर वह चीज़ थी, जो वे चाहते थे – या इस मामले में, जिसे वे लिंकएक्सचेंज को बेचे बिना ख़रीद सकते थे।

शे ने याहू! के प्रस्ताव को ठुकरा दिया और अपनी तेज़ी से फैल रही कंपनी को विकसित करने पर ध्यान केंद्रित किया। वे इसे सार्वजनिक करने की तैयारी कर रहे थे, लेकिन तभी रूसी रूबल संकट और लॉन्ग टर्म कैपिटल फ़ंड क्रैश ने उनकी योजनाओं में बाधा डाल दी। लेकिन चूँकि उनकी कंपनी के ख़र्च बहुत ज़्यादा थे और आमदनी बहुत कम थी, इसलिए उन्हें ज़्यादा पूँजी की तुरंत ज़रूरत थी। शे और उनके साझेदारों ने नेट और माइक्रोसॉफ़्ट से बात की। दोनों में से कोई भी निवेश करने का इच्छुक नहीं था लेकिन वे पूरी कंपनी को ख़रीदने को तैयार थे। माइक्रोसॉफ़्ट ने उन्हें 265 मिलियन डॉलर की पेशकश की – और तब शे आख़िरकार बेचने के लिए तैयार हो गए।

शे और उनके दो साझेदारों संजय मदान और अली परतोरी को अभी कंपनी में एक साल तक और रुकना था। "अगर मैं पूरे समय रुकता, तो मैं करीब 40 मिलियन डॉलर लेकर बाहर निकलता। अगर मैं ऐसा नहीं करता, तो मुझे उस राशि का लगभग 20 प्रतिशत छोड़कर जाना पड़ता" – बिक्री अनुबंध में यही लिखा था। शे पूरे समय नहीं रुके, क्योंकि वे कंपनी में बहुत बोर हो रहे थे। वे अतिरिक्त पैसे को छोड़कर जा सकते थे, क्योंकि उन्होंने पहले ही

लिंकएक्सचेंज को बेचकर इतना कमा लिया था कि वे आर्थिक दृष्टि से स्वतंत्र हो गए थे।

शे और उनके मित्रों ने एक निवेश फ़ंड बनाने का निर्णय लिया, जो संभावनाशील शुरुआती कंपनियों को सहारा दे। लिंकएक्सचेंज के पूर्व कर्मचारियों ने फ़ंड शुरू करने के लिए कुल 27 मिलियन डॉलर लगाए। फ़ंड से आर्थिक समर्थन का आग्रह एक युवक ने किया, जिसका नाम निक स्विनमर्न था और जिसने जूते बेचने की एक वेबसाइट शुरू की थी - शूसाइट डॉट कॉम।

पहले तो शे को यह विचार बकवास लगा, जैसा बहुत से दूसरे लोगों को लगा था। जूतों को पहनकर देखे बिना उन्हें कौन ख़रीदेगा? जल्द ही उन्हें पता चला कि अमेरिकी जूता-चप्पल उद्योग की सालाना बिक्री 40 अरब डॉलर है, जिसमें से पाँच प्रतिशत मेल-ऑर्डर सेक्टर में होती है। मेल-ऑर्डर बिक्रियाँ उद्योग में सबसे तेज़ी से विकसित हो रहा सेक्टर भी थीं। निक का कारोबारी विचार उतना ही दमदार लग रहा था, जितना यह आसान था : "जूते-चप्पल अमेरिका में 40 अरब डॉलर का उद्योग हैं, जिसमें से कैटेलॉग बिक्री 2 अरब डॉलर है। संभावना इस बात की है कि ई-कॉमर्स बढ़ता रहेगा। और संभावना यह भी है कि लोग निकट भविष्य में भी जूते पहनते रहेंगे।"

निक यह स्वीकार करने वाला पहला व्यक्ति था कि वह जूतों के कारोबार के बारे में कुछ नहीं जानता था, इसलिए शे ने कहा कि वे उनके विचार में सिर्फ़ तभी निवेश करेंगे, जब निक किसी दूसरे आदमी को खोज ले जिसे इस बारे में जानकारी हो। एक बार जब शर्त पूरी हो गई, तो नया कारोबारी विचार पैदा हो गया। वेबसाइट का नाम अब जैपोज़ डॉट कॉम था और इसे सैकड़ों ब्रांडों के साथ साझेदारी करनी थी। इसे जो ऑर्डर मिलते थे, वे उन कंपनियों को सीधे अग्रेषित कर दिए जाएँगे, जो जूतों को डाक से खुद भेजेंगी। जूता निर्माताओं के साथ शुरुआती वार्ताएँ बहुत उत्साहवर्धक नहीं थीं, क्योंकि उनमें से ज़्यादातर ने बहुत सावधानी से प्रतिक्रिया की। शे के फ़ंड के पास सिर्फ़ सीमित आर्थिक संसाधन थे, क्योंकि यह पहले ही 27 संभावनापूर्ण उदीयमान कंपनियों में निवेश कर चुका था। पहले वाले फ़ंड की तर्ज़ पर दूसरा फ़ंड शुरू करने की कोशिश नाकाम रही। और माइकल मोरिट्ज़ की मशहूर वैंचर कैपिटल कंपनी सैक्वोइया, जिसने लिंकएक्सचेंज को आर्थिक सहारा दिया था और बाद में गूगल जैसी दूसरी सफल शुरुआती कंपनियों में पूँजी लगाई थी, इंटरनेट पर जूते बेचने के विचार में ज़्यादा दिलचस्पी नहीं ले रही थीं।

अगले दो साल तक ज़ैपोज़ बचाव के लिए लगातार जूझती रही और दिवालियेपन की कगार पर थी। कंपनी चलाते रहने के लिए शे को हर कुछ महीनों में अपनी ख़ुद की बचत में हाथ डालना पड़ता था। उन्हें अब भी यक़ीन था कि अवधारणा व्यावहारिक है, उन्हें बस यह पक्का नहीं था कि क्या ज़ैपोज़ मुनाफ़ा कमाने तक तक टिकी रह पाएगी।

छँटनियाँ अनिवार्य हो गईं और बचे हुए कर्मचारियों को तनख़्वाह की कटौती स्वीकार करनी पड़ी। उनमें से कुछ ने नोटिस थमा दिए। बहरहाल, यह स्पष्ट था कि सिर्फ़ कटौतियों या छँटनियों से ही कंपनी की कायापलट नहीं होने वाली। शे और उनकी टीम ने ऐसे विचार सोचने की कड़ी कोशिश की कि पहले से अलग तरीक़े से काम कैसे करें। एक बात तो तय थी : अगर वे उसी तर्ज़ पर चलते रहे, तो वे कोई बुनियादी परिवर्तन नहीं ला पाएँगे। दुर्भाग्य से कई अन्य उद्यमियों ने ठीक यही किया होता : वे पैसे बचाने पर इतने ज़्यादा केंद्रित होते कि अपनी उत्पाद रेंज या कारोबारी रणनीति संबंधी बुनियादी मुद्दों के बारे में सोचते भी नहीं।

ज़ैपोज़ की मुख्य समस्या यह थी कि कई लोकप्रिय ब्रांड सीधे ग्राहकों को जूते नहीं भेजना चाहते थे, इसलिए वे उन्हें अपनी वेबसाइट से नहीं बेच पाते थे। तब शे ने जूतों का ख़ुद का भंडार रखने का निर्णय लिया। समस्या यह थी कि ऐसा करने के लिए उन्हें दो मिलियन डॉलर और लगाने की ज़रूरत थी। वे एक जुए पर हर चीज़ का जोख़िम लेने को तैयार थे। "यह 'कंपनी पर जुआ खेलो' योजना थी... हम पार्सल-नहीं-तो-कंपनी-नहीं की जिस नीति पर चल रहे थे, उस पर चलकर धीमी मौत मरना बहुत मज़ेदार नहीं लग रहा था। इससे तो अपरिहार्य दिवालिएपन में बस थोड़ी देर होती।"

ज़्यादातर जूता कंपनियाँ ऑनलाइन स्टोर को नहीं, बल्कि "असली", पारंपरिक जूतों की दुकान को ही डिलिवरी देती थीं। इसलिए ज़ैपोज़ ने कंपनी के कार्यालय में ही एक कामचलाऊ दुकान खोली और एक दूसरे कस्बे में जूतों की एक छोटी दुकान भी ख़रीद ली। बिक्री 2000 में 1.6 मिलियन डॉलर थी और 2001 में यह तेज़ी से बढ़कर 8.6 मिलियन डॉलर हो गई। लेकिन कंपनी अब भी हर महीने पैसे गँवा रही थी और एक से ज़्यादा बार दिवालियेपन के क़रीब पहुँच गई थी। शिपिंग कंपनी के साथ समस्याएँ आ रही थीं, जिसके मार्फ़त ज़ैपोज़ जूते ग्राहकों तक भिजवा रही थी। यह शिपिंग कंपनी पूरी तरह निकम्मी साबित हुई, जिसने असंतुष्ट ग्राहकों के सिवाय कुछ उत्पन्न नहीं किया।

ज़ैपोज़ को अपना ख़ुद का परिवहन विभाग शुरू करने के लिए विवश होना पड़ा, जिसका मतलब था और ज़्यादा ख़र्च।

शे ने आर-पार की लड़ाई का फ़ैसला कर लिया और अपने पास की हर चीज़ बेच दी – जिसमें एक पार्टी लॉफ़्ट शामिल था, जिसे वे ख़ास तौर पर मूल्यवान मानते थे। जब कोई इस जायदाद को उनकी माँगी क़ीमत पर ख़रीदना नहीं चाहता था, तो वे अपनी माँगी गई मूल क़ीमत से 40 प्रतिशत कम में बेचने को विवश हो गए। ये आर्थिक त्याग उनके लिए मुश्किल थे, लेकिन – भले ही ज़ैपोज़ की असफलता अवश्यंभावी साबित हो – वे कंपनी को बचाने के लिए अपनी शक्ति की हर चीज़ करने को कृतसंकल्प थे।

सालाना बिक्री बढ़ती रही और 2002 में 32 मिलियन तक पहुँच गई। कंपनी सही मार्ग पर चलती नज़र आ रही थी। अब शे ने ख़ुद के लिए एक और ऊँचा लक्ष्य तय किया, जिस तक पहुँचना उनके ज़्यादातर कर्मचारियों को भी असंभव लग रहा था : वे 2010 तक एक अरब डॉलर का कारोबार करना चाहते थे। जहाँ तक ग्राहक सेवा का सवाल था, वे मार्केट लीडर बनना चाहते थे – और उन्होंने पूरी कंपनी को उसी दिशा में मोड़ा। यह लगभग निश्चित रूप से सही निर्णय था, क्योंकि मुश्किल स्थिति में ऊँचा लक्ष्य रखना अधिक महत्त्वपूर्ण होता है, जो आपको प्रेरित करे और इसकी ओर काम करने की शक्ति दे। अगर आपके लक्ष्य बहुत छोटे हैं, तो उनसे आपको शक्ति नहीं मिलेगी।

ज़ैपोज़ के लिए बड़ा अवसर तब आया, जब महीनों की वार्ताओं के बाद वेल्स फ़ार्गो बैंक ने उन्हें छह मिलियन डॉलर की उधारी देने का निर्णय लिया, जो बाद में बढ़ाकर 100 मिलियन डॉलर कर दी गई। सैक्वोइया भी आख़िरकार शामिल हो ही गया।

उन्हें अगला झटका 2008 में लगा। कोई भी अमेरिकी कंपनी वित्तीय संकट के प्रभाव से नहीं बची थी और ऐहतियातन क़दम के तौर पर ज़ैपोज़ को अपने आठ प्रतिशत कर्मचारियों की छँटनी करनी पड़ी। बहरहाल, कंपनी की रणनीति कामयाब साबित हुई और जुलाई 2009 में ऑनलाइन दिग्गज एमेज़ॉन ने इसका अधिग्रहण कर लिया। ज़ैपोज़ के मालिकों को 1.2 अरब डॉलर के एमेज़ॉन शेयर मिल गए और ज़ैपोज़ एमेज़ॉन की पूर्ण अधीनस्थ इकाई बन गई।

शे और उनके साझेदारों के लिए अपरिपक्व तरीक़े से हार मानने के बजाय डटे रहना निश्चित रूप से अच्छा रहा। लेकिन आप कल्पना कर सकते हैं कि उनके लिए यह कितना मुश्किल रहा होगा कि वे कंपनी की सफलता सुनिश्चित

करने के लिए लिंकएक्सचेंज बेचने से मिली सारी राशि के साथ अपनी निजी संपत्तियों को दाँव पर लगा दें। वे निश्चित रूप से सफल नहीं हुए होते, अगर विशाल संकट के बीच में उन्होंने अपने तथा कंपनी के लिए ज़्यादा ऊँचे लक्ष्य तय नहीं किए होते। एक बिलियन डॉलर कमाने का उनका लक्ष्य, जो उस वक़्त पूरी तरह अयथार्थवादी लग रहा था, योजना से दो साल पहले ही हासिल हो गया।

हैंस वॉल बहुत ही युक्तिपूर्ण और उपायकुशल व्यक्ति हैं, जिनसे मैं मिला हूँ। वे हमेशा विचारों से भरे रहते हैं। उनसे मेरी मुलाक़ात संयोग से हुई, जब मैं बर्लिन में उनका मकान ख़रीद रहा था। जर्मन राजधानी में उनका नाम हर बस स्टॉप पर है – उनकी बनाई पब्लिक लिमिटेड कंपनी वॉल एजी 50 से अधिक यूरोपीय शहरों में सक्रिय है। 2009 में उन्होंने इसे अपने प्रतिस्पर्धी फ़्रांसीसी जेसीडैकाउ समूह को बेच दिया, जो "स्ट्रीट फ़र्नीचर" बाज़ार में विश्वव्यापी लीडर हैं और संसार के 55 देशों में काम करते हैं। इस सौदे ने वॉल को बर्लिन के सबसे अमीर व्यक्तियों में से एक बना दिया।

अनिवार्य बुनियादी शिक्षा पूरी करने के बाद वॉल ने स्कूल की पढ़ाई छोड़ दी और मकैनिक के अप्रेंटिस बन गए। 1970 के दशक की शुरुआत में उनके दिमाग़ में एक शानदार विचार आया। उन्होंने जर्मन शहरों के सामने एक ऐसा प्रस्ताव रखा, जिससे वे इंकार नहीं कर सकते थे : वे बस स्टॉप के शेड और सड़क का दूसरा फ़र्नीचर बनाएँगे तथा सफ़ाई व रखरखाव के सारे काम की ज़िम्मेदारी लेंगे – बिलकुल मुफ़्त। उनकी एकमात्र शर्त : विज्ञापन से जो आमदनी होगी, वह उनकी कंपनी रखेगी।

वॉल ने कुछ ऐसा देख लिया था, जो दूसरों ने "देखा" तो था, लेकिन जिसके बारे में उन्होंने सोचा नहीं था : ज़्यादातर बस स्टॉप की हालत ख़स्ता थी। बस का इंतज़ार करने वाले यात्रियों को बस स्टॉप के टपरे में खड़े होकर इंतज़ार करना पड़ता था, जो बदसूरत और हवादार थे। उनमें से ज़्यादातर धातु की पतली चादर, लकड़ी और नालीदार प्लास्टिक से बने थे – जो संभावित विज्ञापनदाता ग्राहकों को आकर्षक नहीं लगते थे।

वॉल ने बदसूरत बस शेड के बजाय चमकदार ग्लास डिस्प्ले केसों में अपने कार्डबोर्ड विज्ञापन लगाए। इस तरह उन्होंने नए ग्राहकों को आकर्षित किया, जो सस्ते, और अक्सर तोड़-फोड़ के शिकार, बस शेड की दीवारों पर फँसे पोस्टरों के बजाय अपने विज्ञापनों के गुणवत्तापूर्ण प्रदर्शन के लिए ज़्यादा पैसे देने को तैयार थे।

वॉल एक के बाद एक शहरों के मेयर से मिले और उन्हें अपना विचार बताया। तीन साल में ही उन्होंने चालीस से अधिक जर्मन शहरों में 1,300 बस शेल्टर बना लिए। बहरहाल, उन्होंने संचालन और कार्यप्रणाली संबंधी समस्याओं को कम आँका था, जो नियमित सफ़ाई और रखरखाव में आती थीं। उन्हें जल्दी ही एहसास हो गया कि उनकी योजना आर्थिक दृष्टि से व्यावहारिक नहीं थी और वे सौभाग्यशाली थे कि उन्हें अपने बस अड्डों के लिए ख़रीदार मिल गए।

उनका विचार अच्छा था – लेकिन यह केवल बड़े शहरों में कारगर होगा, जहाँ बहुत से बस शेड एक दूसरे के क़रीब हों। अपने विचारों से जर्मन राजधानी को जीतना वॉल के लिए एक तरह का जुनून बन गया। उस वक़्त नगरपालिका सार्वजनिक यातायात सेवाओं के एक प्रोजेक्ट के लिए टेंडर आमंत्रित कर रही थी, जिसमें व्हीलचेयर वाले लोगों के उपयोग के लिए सार्वजनिक शौचालय को डिज़ाइन करना था।

वॉल के प्रतिस्पर्धियों ने दावा किया कि यह एक असंभव चुनौती थी। पहली नज़र में उनकी बात में दम नज़र आता था। उस वक़्त विकलांगों के जो टॉयलेट बाज़ार में थे, वे इतने बड़े थे कि उन्हें शहर के बीच में नहीं बनाया जा सकता था। वॉल कहते हैं, "मैं जानता था कि अगर मैं बर्लिन शहर को यही बात बताता कि उनकी माँगों को पूरा करना असंभव था, तो अंतरराष्ट्रीय ख्याति की बड़ी कंपनियों के सामने मुझे कोई मौक़ा नहीं मिलने वाला था – मुझे इसे संभव बनाने का कोई न कोई तरीक़ा खोजना ही था।"

वॉल के लिए पराजय स्वीकार करने का विकल्प ही नहीं था। उन्होंने खुद से कहा, "जिस युग में इंसान को चाँद पर भेजना और परमाणु मिसाइल बनाना संभव है, उसमें विकलांगों के लिए उपयुक्त टॉयलेट बनाना भी संभव होना चाहिए – बस इसकी इच्छाशक्ति होनी चाहिए।" यहाँ मेकैनिक के रूप में प्रशिक्षण उनके काम आया – उन्होंने अलग-अलग विचारों के अनुरूप डिज़ाइन बनाने में कई रातें गुज़ारीं, सक्षम इंजीनियरों की सेवाएँ लीं और आख़िरकार विकलांगों के लिए उपयुक्त टॉयलेट का आविष्कार कर दिया, जिसमें न्यूनतम जगह लगती थी। आज उनके डिज़ाइन का वैश्विक पेटेंट हो चुका है। उनका समाधान : टायलेट का कटोरा 72 डिग्री दाएँ-बाएँ घूमता था, जिसकी कुल चौड़ाई सिर्फ़ छह फुट थी। इस तरह संसार का सबसे छोटा विकलांग टॉयलेट बन गया, जिसके लिए वॉल को 2001 में यूरोपियन कमीशन का ब्रेकिंग बैरियर्स

अवार्ड मिला। वॉल कहते हैं, "अगर वह टॉयलेट नहीं बनता, तो मैं अपनी सबसे खूँख़ार प्रतिस्पर्धी और अपने से ज़्यादा बड़ी कंपनी को कभी परास्त नहीं कर पाता।"

आज वॉल विद्यार्थियों के सामने व्याख्यान देते हैं और उन्हें प्रोत्साहित करने के लिए अपनी सफलता की कहानी बताते हैं : "छोटी कंपनी के रूप में भी आपके पास बहुत ज़्यादा पूँजी वाले प्रतिस्पर्धियों के ख़िलाफ़ मौक़ा होता है। इससे कोई फ़र्क़ नहीं पड़ता कि आपके पास पैसा नहीं है - इसकी भरपाई अच्छे विचारों, गति और समर्पण से हो सकती है।" उनका प्रिय उदाहरण अमेरिकी महानगर बॉस्टन की लड़ाई है, जो उन्होंने 2001 में जीती।

जैसा कई साल पहले बर्लिन में हुआ था, बॉस्टन ने भी "स्ट्रीट फ़र्नीचर" प्रोजेक्ट के लिए टेंडर मँगाए। कुछ आवेदकों के पास वॉल से 100 गुना ज़्यादा पूँजी और प्रभाव था, जिनमें वायकॉम और फ़्रांस की उनकी पुरानी प्रतिद्वंद्वी कंपनी शामिल थी। प्रतिस्पर्धा से ज़्यादा आकर्षक दिखने वाला डिज़ाइन बनाने के लिए वॉल ने विश्वविख्यात डिज़ाइनर जोसफ़ पॉल क्लाइहूज़ की सेवाएँ लीं, जिन्हें एक "बहुत ख़ास" डिज़ाइन बनाने भर का निर्देश दिया गया था, एक ऐसा डिज़ाइन जो शहर के समृद्ध इतिहास और परंपरा के अनुरूप हो।

बहरहाल, वॉल को एहसास हुआ कि उनके शक्तिशाली प्रतिस्पर्धियों को हराने के लिए इतना ही काफ़ी नहीं होगा। "मैंने हर चीज़ दाँव पर लगा दी। अपने प्रतिस्पर्धियों की तरह छोटे मॉडल पेश करने के बजाय मैंने अपनी टीम से 20 वास्तविक आकार के नमूने बनवाए। उन्हें बॉस्टन की सड़कों पर लगाकर हमने अपने प्रतिस्पर्धियों से कहीं ज़्यादा समर्पण प्रदर्शित किया।" बॉस्टन के मेयर ने शहर को वॉल के दिए उपहार की भूरि-भूरि प्रशंसा की। जब मेयर ने घोषणा की कि वॉल का टेंडर शहर की ऐतिहासिक विरासत के प्रति निष्ठा के लिए चुना गया था, तो इस जर्मन उद्यमी के पास गर्व महसूस करने का पूरा कारण था।

"मैंने इसे हमेशा फ़ायदेमंद माना है कि मेरी कंपनी प्रतिस्पर्धियों की तुलना में ज़्यादा छोटी थी। ज़्यादा बड़ी कंपनियाँ अक्सर दफ़्तरशाही से बाधित होती हैं, इसीलिए उनकी गति बहुत ज़्यादा धीमी होती है। यह समस्या अहंकार की वजह से बढ़ जाती है, क्योंकि वे हम जैसे छोटे प्रतिस्पर्धियों को कम आँकती हैं, जिसका मतलब था कि मेरे पास एक सच्चा मौक़ा था। ख़ास तौर पर इसलिए, क्योंकि बड़ी स्थापित कंपनियों के बजाय मैं सफलता का कहीं ज़्यादा भूखा

था।" वॉल खुद कभी घमंडी नहीं बने, तब भी नहीं, जब उन्होंने ज़्यादा बड़े प्रतिस्पर्धियों को हरा दिया। "पहले तो मुझे अक्सर बिना ईर्ष्या के यह स्वीकार करना होता था कि मेरे प्रतिस्पर्धी बेहतर और ज़्यादा पेशेवर थे। प्रतिस्पर्धा पर कीचड़ उछालने के बजाय मैंने मुझे हराने वालों से सीखा और खुद को बेहतर बनाने के लिए इसे चुनौती के रूप में देखा।" वे खूँख़ार प्रतिस्पर्धा को नुक़सान के रूप में नहीं देखते। "इसके विपरीत। हम कभी उतना विकास नहीं कर सकते थे, जितना हमने किया, अगर हमारे सामने डैकाउ जितनी ऊँची गुणवत्ता का और शक्तिशाली प्रतिस्पर्धी नहीं होता, जिसके ख़िलाफ़ हमें लगातार प्रतिस्पर्धा करने और अपनी तुलना करने के लिए विवश होना पड़ा। खूँख़ार प्रतिस्पर्धा ने हमें ज़रा भी नुक़सान नहीं पहुँचाया, उल्टे इसने हमारी मदद की है, क्योंकि इसने हमें अपनी गुणवत्ता और गति को बेहतर बनाने, नए विचार सोचते रहने के लिए मजबूर किया है।"

कई लोगों के मन में शंकाएँ होती हैं कि क्या वे पर्याप्त रचनात्मक हैं। बहरहाल, इस पुस्तक में कई उदाहरण दिए गए हैं, जो दिखाते हैं कि सफल होने के लिए यह आवश्यक नहीं है कि आप किसी नई चीज़ का आविष्कार करें। किसी दूसरे के आविष्कारों से पैसा कैसे कमाया जाए, इसके लिए बस एक अच्छे विचार की ज़रूरत होती है। लेवी स्ट्रॉस से सैम वॉल्टन से बिल गेट्स तक, सफल उद्यमियों ने हमेशा अपने मुख्य विचार दूसरों से लिए हैं। चाहे यह कोका-कोला की रेसिपी हो या एमएस-डॉस नाम से मशहूर डिस्क ऑपरेटिंग सिस्टम हो, ज़्यादातर आविष्कारों ने अपने मूल सृजनकारों को अमीर नहीं बनाया। जो लोग अमीर बने, वे ऐसे लोग थे, जो जानते थे कि एक अच्छे विचार को एक व्यावहारिक बिज़नेस मॉडल में कैसे बदला जाए।

विचार सफलता की बुनियाद हैं और यह सिर्फ़ उद्यमियों के बारे में ही सच नहीं है। कोई कर्मचारी कंपनी में जितने ज़्यादा विचारों का योगदान देता है, उसके पास प्रमोशन का उतना ही बेहतर अवसर होता है। ज़ाहिर है, हर कंपनी को ऐसे कर्मचारियों की ज़रूरत होती है, जो दूसरों के विचारों पर बस अमल करें और उनके अनुरूप "काम करें।" हालाँकि ये कर्मचारी महत्त्वपूर्ण हो सकते हैं, लेकिन उन्हें किसी अच्छी कंपनी के शिखर पर शायद ही कभी तरक्की मिल पाएगी। किसी कंपनी के लिए सबसे महत्त्वपूर्ण होता है बाज़ार के नए अवसर पहचानना, नए उत्पाद बनाना या विद्यमान उत्पादों को बदलती ग्राहक अपेक्षाओं के अनुरूप ढालना और कंपनी द्वारा प्रदत्त सेवाओं व समाधानों को सर्वश्रेष्ठ कैसे किया जाए, इस बारे में नए विचार सोचना। इन प्रक्रियाओं में

महत्त्वपूर्ण योगदान देकर और "विचारशील व्यक्ति" के रूप में अपनी छवि बनाकर कर्मचारी अपने भावी करियर की महत्त्वपूर्ण नींव बना सकते हैं।

जैक वेल्च हालिया इतिहास के सबसे सफल एग्ज़ीक्यूटिवों में से एक थे। वे उस वक़्त जनरल इलेक्ट्रिक (जीई) के सीईओ बने थे, जब इसमें पूरे संसार में 3,00,000 लोग काम करते थे। उन्होंने सीईओ के रूप में अपना मुख्य काम एक ऐसी संस्कृति का निर्माण करना माना, जिसमें नए विचार लगातार विकसित होते रहें। हर साल जनवरी की शुरुआत में जीई के 500 अग्रणी मैनेजर दो दिन की मीटिंग के लिए इकट्ठे होते थे, जहाँ कंपनी के सभी स्तरों के वक्ता दस मिनट के भाषण देते थे कि उन्होंने पिछले बारह महीनों में क्या प्रगति की थी। "कोई लंबा, उबाऊ भाषण नहीं, कोई यात्रा विवरण नहीं, बस महान विचारों का आदान-प्रदान।" यह कार्यक्रम सर्वश्रेष्ठ विचारों के साथ सर्वश्रेष्ठ लोगों के जश्न हेतु आयोजित किया जाता था।

मार्च में इस वैश्विक कॉर्पोरेशन के 35 अग्रणी एग्ज़ीक्यूटिव मिलते थे। उनमें से प्रत्येक से उम्मीद की जाती थी कि वे "लीक से हटकर एक नया विचार सामने रखेंगे, जिसे दूसरी इकाइयों पर लागू किया जा सकता हो।" वेल्च ने 20 एमबीए लोगों का एक कॉर्पोरेट पहल समूह भी शुरू किया, जिसका एकमात्र काम विचारों को विकसित करना और उनके आदान-प्रदान को प्रोत्साहित करना था। "हर बार जब हमें कोई विचार मिलता था, तो हम उसे तार-तार कर देते थे।" पूरी कंपनी में वेल्च ने एक ऐसी संस्कृति बनाने की कोशिश की, जो नए विचारों को प्रोत्साहित करती थी, जो फलें-फूलें और फैलें।

चाहे आप उद्यमी हों या कर्मचारी और चाहे आपने अपने लिए जो भी लक्ष्य तय किए हों : आप कभी सफल नहीं होंगे, जब तक कि आप विचारों के महत्त्व और शक्ति को न समझ लें। दुर्भाग्य से, यह एक आम ग़लतफ़हमी है कि रचनात्मकता एक जन्मजात गुण है। हक़ीक़त यह है कि रचनात्मकता एक ऐसी चीज़ है, जिसे आप प्रशिक्षित कर सकते हैं।

1. अपनी रचनात्मकता को बढ़ाने के लिए आपको जो पहली चीज़ करनी है, वह यह है कि खुद को ऐसा इंसान मानना छोड़ दें, जो "बहुत रचनात्मक नहीं" है। इसके बजाय, आपको यह एहसास करना होता है कि किसी मांसपेशी की तरह ही रचनात्मकता का भी प्रशिक्षण लिया जा सकता है और इसका व्यायाम कराया जा सकता है।

2. खुद को रचनात्मक और सफल लोगों से घेरें - बेहतर यह होगा कि वे आपसे कहीं ज़्यादा सफल हों! इससे आपको अपनी रचनात्मकता बढ़ाने में मदद मिलेगी।

3. ज़्यादा से ज़्यादा पढ़ें - ख़ास तौर पर सफल और रचनात्मक लोगों के जीवन की कहानियाँ। नए विचार अक्सर जीवन के दूसरे क्षेत्रों से आपके खुद के क्षेत्र में हस्तांतरण से विकसित होते हैं। इस पुस्तक को पूरा पढ़ने के बाद इसे शुरुआत से दोबारा पढ़ें और हर अध्याय के अंत में वे विचार लिखें, जो इसे पढ़ने के बाद आपने अपने जीवन के लिए सोचे हैं।

4. "विचारों की लॉग बुक" रखना शुरू करें, जिसमें आप अपने मन में आने वाले विचारों को लिख लें। खुद को प्रशिक्षित करें कि विचार जैसे ही आपके दिमाग़ में दाख़िल हों, उसी समय आप उन्हें लिख लें - भले ही और ख़ास तौर पर अगर आपको पक्का यक़ीन न हो कि क्या वे वास्तविकता में बदल पाएँगे और कैसे बदल पाएँगे।

5. जब भी संभव हो, दिनचर्या के काम अपने स्टाफ़ को सौंपकर "चूहा दौड़" से बाहर निकलना सीखें, ताकि आप विचार विकसित करने में ज़्यादा समय और ऊर्जा लगा सकें। अध्याय 15 ("कार्यकुशलता") में इस बारे में ज़्यादा सलाह और जानकारी दी गई है।

6. नए विचार विकसित करने के लिए वेकेशन के समय का इस्तेमाल करें। यह तभी काम करेगा, अगर आप छुट्टी पर जाते समय दिन प्रति दिन के कारोबार को पीछे छोड़ जाते हैं। मैं जब छुट्टी पर जाता हूँ, तो अपने ऑफ़िस से संपर्क करने से बचता हूँ। लेकिन हर छुट्टियों के बाद मैं जब ऑफ़िस में लौटता हूँ, तो मेरे पास विचारों से भरा नोटपैड होता है।

7. एक कोरा क़ाग़ज़ लेकर किसी कमरे में 45 मिनट तक बैठें, जहाँ आपका ध्यान भटकाने वाली कोई चीज़ न हो। किसी विषय पर आपके मन में जो भी विचार आएँ, उन्हें लिख लें। जब आप दूसरों के साथ विचारमंथन सत्र करते हैं, तो विचारों की आलोचनात्मक जाँच किए बिना उन्हें इकट्ठा करें। कई बार किसी "बुरे" विचार को एक शानदार विचार में बदलने के लिए उसे बस थोड़ा सा मरोड़ने की ज़रूरत होती है! और जब किसी नए विचार की समीक्षा की बात आती है, तो आपको किसी विचार के ख़िलाफ़ तर्कों पर सोचने से पहले उस विचार के पक्ष में कम से कम पाँच तर्क लिखने की आदत डाल लेनी चाहिए।

अध्याय 12

अपना प्रचार करने की कला

आविष्कारकों और खोजियों के पास अक्सर शानदार विचार होते हैं, लेकिन वे उसके भौतिक लाभों की फ़सल कभी नहीं काट पाते। उनके आविष्कारों से लाभ उन्हें होता है, जो उन्हें बेचने की शानदार मार्केटिंग रणनीतियाँ सोच लेते हैं। उद्यमी, फ्रीलांसरों और कर्मचारियों सभी को अपना विज्ञापन करने की कला में माहिर होना चाहिए। यदि आप असाधारण लक्ष्य हासिल करना चाहते हैं, तो यह सबसे ज़रूरी और बुनियादी आवश्यकताओं में से एक है।

कोका-काला के आविष्कारकों को लें या बेकिंग पाउडर या उस ड्रिंक के आविष्कारक को लें, जिसे आज संसार भर में रेड बुल के नाम से जाना जाता है, उनमें से कोई भी अमीर नहीं बन पाया। जो लोग अमीर बने, वे डीट्रिच मैटेशिट्ज़ जैसे मार्केटिंग जीनियस थे, जो रेड बुल की आर्थिक सफलता के पीछे थे, वे निवेशक थे जिन्होंने बहुत जल्दी कोका-कोला की रेसिपी ख़रीद ली थी और ऑगस्ट अर्टकर नामक जर्मन उद्यमी थे, जो सौ साल से भी ज़्यादा समय पहले बेकिंग पाउडर के अग्रणी निर्माता बन गए थे तथा इस तरह उन्होंने पिछली सदी के सबसे सफल पारिवारिक कारोबारों में से एक की बुनियाद डाली थी।

आइए ऑस्ट्रियाई उद्यमी डीट्रिच मैटेशिट्ज़ की कहानी से शुरू करते हैं, जो आज यूरोप के सबसे अमीर व्यक्तियों में से एक हैं, और यह सब रेड बुल ब्रांड की सफलता की बदौलत है। 2010 में पूरे संसार में रेड बुल के चार अरब से ज़्यादा डिब्बे बिके, जिससे 3.8 अरब यूरो की वार्षिक बिक्री हुई और कंपनी यूरोप के सबसे मूल्यवान ब्रांडों में से एक के रूप में अपनी स्थिति पुख़्ता करने में कामयाब हुई।

1980 के दशक की शुरुआत में डीट्रिच मैटेशिट्ज़ डच-ब्रिटिश समूह युनीलीवर में काम कर रहे थे। विशुद्ध संयोग से उन्होंने ग़ौर किया कि ताइशो फ़ार्मास्यूटिकल्स, जो टॉरिन तत्व वाला एक ड्रिंक बनाती थी, जापान के सबसे बड़े करदाताओं की सूची में अव्वल थी। मैटेशिट्ज़ की रुचि जाग गई। उस इलाक़े की अगली कारोबारी यात्रा में वे युनीलीवर के थाई फ़्रैंचाइज़िंग पार्टनरों के पास गए, जो क्रेटिंग डेंग नामक एक ड्रिंक - "रेड बुल" का थाई नाम - के निर्माता थे। उस वक़्त अमेरिका और यूरोप में अनजान इस एनर्जी ड्रिंक से मैटेशिट्ज़ को इतना कौतुहल हुआ कि उन्होंने एशिया के बाहर उस ड्रिंक को बेचने के वितरण अधिकार ख़रीद लिए। एक साल बाद 41 साल की उम्र में उन्होंने युनीलीवर की नौकरी छोड़ दी।

अनुभवी मार्केटिंग पेशेवर होने के नाते मैटेशिट्ज़ विज्ञापन का महत्त्व जानते थे। उनके लिए, यह कंपनी की सफलता के सिर्फ़ एक घटक से अधिक था - यह तो सबसे महत्त्वपूर्ण घटक था। किसी दूसरे उद्यमी ने मार्केटिंग रणनीतियों को उतने जोश से लागू नहीं किया, जितने जोश से मैटेशिट्ज़ ने किया। उन्होंने अपने जीवन भर की बचत पाँच मिलियन ऑस्ट्रियन शिलिंग्स (5,00,000 डॉलर से थोड़ा अधिक) का निवेश अपनी नई कंपनी में कर दिया। इसमें से ज़्यादातर एक मार्केटिंग अवधारणा को विकसित करने में ख़र्च किया गया, जो रेड बुल की विश्वव्यापी सफलता में अनिवार्य घटक बनी।

मैटेशिट्ज़ मूलतः अपनी कंपनी को जर्मनी में शुरू करना चाहते थे, लेकिन वे जर्मन दफ़्तरशाही के धीमेपन और जटिलता से निराश हो गए, जिसने जल्दी अनुमति नहीं दी। एक साल बाद उन्होंने कोशिश छोड़कर ऑस्ट्रिया में कंपनी स्थापित कर दी। वैसे, जर्मनी में इस ड्रिंक को लाइसेंस मिलने में लगभग दस साल का समय लग गया।

ऑस्ट्रिया में नया ड्रिंक 1 अप्रैल 1987 को दुकानों में बिकने पहुँचा। इसकी शुरुआत बहुत अच्छी नहीं रही। कंपनी के वृहद इतिहासकार वॉल्फ़गैंग फ़रवेज़र कहते हैं, "रेड बुल की कहानी दरअसल शुरू होने से पहले ही ख़त्म होते-होते रह गई। शुरुआत में बिक्री ज़्यादा नहीं हुई। कंपनी और इसके संस्थापकों की आर्थिक हालत ख़राब थी।"

बहरहाल, मैटेशिट्ज़ को अपने विचार पर यक़ीन था। पहले साल में कई लाख डिब्बे बिक गए थे, इसे उन्होंने इस बात का प्रमाण माना कि वे सही मार्ग पर थे। 1988 में यह संख्या बढ़कर 1.2 मिलियन हो गई और यूरोपीय बाज़ार में

तीसरे साल में 1.7 मिलियन डिब्बों की बिक्री के साथ कंपनी मुनाफ़ा कमाने लगी।

मैटेशिट्ज़ को दृढ़ यक़ीन था कि उनके उत्पाद की सफलता या असफलता सिर्फ़ इसके स्वाद और गुणवत्ता पर ही नहीं, बल्कि सही बाज़ारी और विज्ञापन रणनीति पर भी निर्भर करेगी। उन्होंने विश्वविद्यालय के अपने पुराने मित्र योहानन कैस्टनर से एक रणनीति बनाने को कहा था, लेकिन कैस्टनर का कोई भी प्रस्ताव मैटेशिट्ज़ को पर्याप्त अच्छा नहीं लगा। 18 महीनों तक उन्होंने एक के बाद एक कई विचारों को अस्वीकार किया। उस दौरान लगभग पचास अलग-अलग प्रस्ताव कचरे की टोकरी में डाले गए। अपने मित्र के कठोर पैमानों पर खरे उतरने में असमर्थ कैस्टनर एक से ज़्यादा बार कोशिश छोड़ने की कगार पर थे।

लेकिन अच्छे विचार आपके पास अमूमन तब आते हैं, जब आपको उनकी सबसे कम उम्मीद होती है, अक्सर आधी रात को। ठीक यही रेड बुल के मामले में हुआ। एक रात को मैटेशिट्ज़ के पास कैस्टनर का फ़ोन कॉल आया, जिससे उन्हें आश्चर्य हुआ। कैस्टनर रोमांचित थे, क्योंकि उन्होंने आख़िरकार आदर्श विज्ञापन दावा सोच लिया था : "रेड बुल गिव्ज़ यू विंग्स"। यह विशुद्ध कारोबारी प्रतिभा का सूत्रवाक्य साबित हुआ और लक्ष्य-ग्राहकों में हिट हो गया।

जैसा बाद में पता चला, अधिकारियों ने अनजाने में ही रेड बुल को सफलता की राह पर जमकर धकाया था। जर्मनी और कुछ अन्य देशों ने शुरुआत में संभावित स्वास्थ्य जोख़िमों की वजह से ड्रिंक पर प्रतिबंध लगा दिया, जो बाद में निराधार साबित हुए। प्रतिबंध लगने की वजह से इसे देश में तस्करी करके लाया जाता था, जिससे ड्रिंक और रेड बुल ब्रांड किशोरों तथा युवाओं में और भी ज़्यादा लोकप्रिय हो गया।

ऑस्ट्रिया में यानि रेड बुल के घर में सोशल-डेमोक्रैटिक पार्टी (एसपीओ) ड्रिंक पर प्रतिबंध लगवाना चाहती थी। फ़्रांस में इसे दवा की श्रेणी में रखा गया था और केवल चिकित्सकीय उपयोग का ही लाइसेंस था। स्कैंडिनेविया और कैनेडा में भी कंपनी को ऐसी ही समस्याएँ झेलनी पड़ी थीं। लेकिन कैनेडा की सरकार ने डिब्बों पर जो बड़ी स्वास्थ्य चेतावनियाँ छपवाई थीं, उनसे ग्राहकों को डर नहीं लगा। इनसे तो ड्रिंक का आकर्षण और बढ़ गया, जिस तरह कि सिगरेट के पैकेट पर लिखे चेतावनी के ख़तरनाक लेबलों के साथ होता है।

रेड बुल को जो चीज़ ख़ास बनाती है, वह यह है कि कंपनी न तो ड्रिंक का उत्पादन करती है, न ही वितरण। पेय उद्योग की दूसरी कंपनियाँ अपने मूल

कार्यसंचालन के समर्थन में मार्केटिंग और विज्ञापन का उपयोग करती हैं। लेकिन दूसरे सफल उद्यमियों की तरह मैटेशिट्ज़ काम करने के सामान्य "तरीक़े" की बहुत कम परवाह करते हैं। उनकी कंपनी का एक भी उत्पादन प्लांट और वेयरहाउस नहीं है, क्योंकि मैटेशिट्ज़ ने काम के इन हिस्सों को दूसरों से कराने का विकल्प चुना है। उनकी कंपनी का मूल व्यवसाय मार्केटिंग यानि विज्ञापन है। उद्योग के स्रोतों के अनुसार रेड बुल अपनी एक तिहाई आमदनी ब्रांड को मज़बूत बनाने और इसका विज्ञापन करने में लगाती है।

शुरुआत से ही मैटेशिट्ज़ ने यह करने के असाधारण तरीक़े खोजे। अगर रेड बुल की कहानी हमें कुछ सिखा सकती है, तो वह यह है कि अच्छे विचार बड़े बजट से ज़्यादा मूल्यवान होते हैं। कंपनी के मार्केटिंग बजट का ज़्यादातर हिस्सा अपारंपरिक ख़तरनाक खेलों को प्रायोजित करने में लगाया जाता है, ताकि रेड बुल उन फ़ैशनेबल युवा साहसियों के पसंदीदा पेय के रूप में लोकप्रिय हो जाए, जो साहसिक जीवन जीना चाहते हैं। "इन कार्यक्रमों में भारी भीड़ तो आकर्षित नहीं होती है, क्योंकि वे आम तौर पर दूरस्थ स्थानों पर आयोजित होते हैं, लेकिन उनके अनूठेपन की वजह से उन पर मीडिया का बहुत ध्यान जाता है, जिससे वे ज़्यादा बड़े समूहों में लोकप्रिय हो जाते हैं। इन कार्यक्रमों में से बेहतर परिचित हैं हवाई दौड़ें – हवाई जहाज़ों के लिए एक तरह की फ़ॉर्मूला वन रेस – या डोलोमाइट्स मैन कॉन्टेस्ट, पहाड़ी धावकों, पैरा ग्लाइडरों, डोंगी यात्री और पहाड़ी साइकिल चालकों के लिए संसार में सबसे मुश्किल रिले रेसों में से एक।"

मैटेशिट्ज़ ने इन खुले हवादार खेलों की चुनौतियों की पृष्ठभूमि में रेड बुल ब्रांड को पोज़ीशन करने का शानदार विचार सोचा। उन्होंने इन मुक़ाबलों की फ़िल्म बनाकर मीडिया को दे दीं। "अगर वे "आम तरीक़े" से काम करते, यानि विज्ञापन की जगह ख़रीदते, तो एक अरब यूरो का मार्केटिंग बजट भी रेड बुल को वैसा प्राइम-टाइम प्रचार, अख़बार और मीडिया कवरेज नहीं दे सकता था, जैसा कि ब्रांड को मुफ्त में मिला।"

रेड बुल का उदाहरण दिखाता है कि भारी प्रभाव हासिल करने के लिए आपको बहुत सारी पूँजी ख़र्च करना ज़रूरी नहीं है। रचनात्मक सोच कहीं अधिक प्रभावी हो सकती है। ज़्यादा महँगे लोकप्रिय खेलों को प्रायोजित करने के बजाय मैटेशिट्ज़ ने खिलाड़ियों, स्टंटमेन और दूसरे रोमांचप्रेमियों के साथ दीर्घकालीन साझेदारी सौदों में निवेश करना पसंद किया, जो थे पैराग्लाइडिंग,

फ़्रीक्लाइम्बिंग, स्नोबोर्डिंग और "टूम्बस्टोनिंग" (ऊँची चट्टानों से कूदना) जैसे साहसिक खेल थे। इस तरह उन्होंने एक युवा और जांबाज़ ब्रांड के रूप में रेड बुल की छवि बनाई।

बाद में जाकर उन्होंने फुटबॉल या फ़ॉर्मूला वन जैसे मुख्य धारा के खेलों में निवेश किया, जिनमें कहीं अधिक पूँजी की ज़रूरत थी। 2010 में रेड बुल द्वारा प्रायोजित जर्मन रेसिंग ड्राइवर सेबैस्टियन वेटेल ने फ़ॉर्मूला वन टाइटल जीत लिया।

रेड बुल और कोका-कोला की कहानियों के बीच कुछ उल्लेखनीय समानताएँ हैं। कोका-कोला का आविष्कार अमेरिकी फ़ार्मासिस्ट जॉन स्मिथ पैंबर्टन ने किया था। उन्होंने अटलांटा की अपनी प्रयोगशाला में दूसरी दवाओं के अलावा एक "टॉनिक" भी बनाया था, जिसमें कोका की पत्तियाँ और कोला के बीज शामिल थे। माना जाता था कि इससे सिर दर्द दूर होगा और दीर्घकालीन थकान, नपुंसकता, कमज़ोरी तथा अन्य बीमारियाँ ठीक हो जाएँगी। उनका "टॉनिक" 1886 में पहली बार बेचा गया और तब इसे सिर्फ़ "कोला" कहा जाता था। यह एक गाढ़ा सिरप था। पानी के साथ मिलाने पर इसका स्वाद भी काफ़ी अच्छा था, जैसा उपभोक्ताओं को जल्दी ही पता चल गया। अपने आविष्कार की भारी संभावना से अनजान पैंबर्टन ने अपनी कंपनी के शेयर और गोपनीय फ़ॉर्मूला कुछ लोगों को बेच दिए, जिनमें आसा ग्रिग्स कैंडलर शामिल थे, जिन्होंने 1892 में अपने भाई और दो अन्य निवेशकों के साथ मिलकर कोका-कोला कंपनी की स्थापना की। कैंडलर ने 500 डॉलर के निवेश में ही यह सब कर दिया।

कंपनी स्थापित करने के कुछ साल बाद ही कैंडलर विज्ञापन पर 1,00,000 डॉलर ख़र्च कर रहे थे, जो उस वक्त एक अभूतपूर्व राशि थी। एक सदी बाद के मैटेशिट्ज़ की तरह ही कैंडलर को अपने ड्रिंक का लाइसेंस पाने के लिए सरकारी स्वास्थ्य अधिकारियों से जूझना पड़ा था - हालाँकि कोकेन को इस रेसिपी से 1903 में ही हटा दिया गया था। उन पर दोनों तरह के आरोप लग रहे थे। एक तरफ़ तो यह कि वे कोका-कोला में कोकेन मिलाते थे और दूसरी तरफ़ यह कि वे एक ऐसा ड्रिंक बेचकर ग्राहकों को मूर्ख बनाते थे, जिसमें इसके नाम के बावजूद कोई कोकेन नहीं थी।

अपनी पत्नी की मृत्यु के कुछ समय पहले कैंडलर ने कोका-कोला कंपनी के सारे शेयर अपने सात बच्चों के नाम कर दिए, जिन्होंने अपने पिता को बताए

बिना 1919 में यह कंपनी निवेशकों के एक समूह को बेच दी। इसके बदले उन्हें 25 मिलियन डॉलर मिले यानि उनके पिता के मूल निवेश से 50,000 गुना राशि।

कैंडलर की तरह ही नए मालिकों ने भी मुख्यतः उत्पाद की मार्केटिंग पर ध्यान केंद्रित किया। आज भी, कोका-कोला सॉफ़्ट ड्रिंक के उत्पादन के लाइसेंस स्वतंत्र उद्यमियों को ही बेचता है। "कोका-कोला कंपनी ने कभी उत्पाद के उत्पादन को अपना काम नहीं माना, जो आख़िरकार पानी, शकर और एक सुगंधित अर्क का आसान मिश्रण है। शुरुआत से ही कंपनी का असल काम ब्रांड को बनाना और नए बाज़ारों को खोलना था।"

जिस समय पैंबर्टन ने कोका-कोला के फ़ॉर्मूले का आविष्कार किया था, उसी समय के आस-पास उनका एक जर्मन सहकर्मी बेकिंग पाउडर पर प्रयोग कर रहा था। बहरहाल, डॉ. ऑगस्ट अर्टकर आविष्कारक या रचनात्मक प्रतिभा के धनी उतने नहीं थे, जितने कि मार्केटिंग पेशेवर थे – और इसी तरह वे बेकिंग पाउडर से दौलत बनाने में कामयाब रहे। 25,000 कर्मचारियों और तक़रीबन आठ मिलियन यूरो की सालाना बिक्री के साथ अर्टकर समूह आज यूरोपीय बाज़ार में परिवार द्वारा संचालित सबसे बड़े समूहों में से एक है। इस समूह में 400 अलग-अलग कंपनियाँ हैं, जो विभिन्न उत्पाद और सेवाएँ प्रदान करती हैं – आरामदेह आहार, अल्कोहल वाले पेय पदार्थ, बीमा, बैंक, लगभग 150 जहाज़ों वाली शिपिंग कंपनी और तीन अरब यूरो से ज़्यादा का वार्षिक टर्नओवर।

यह सब 1891 में शुरू हुआ, जब डॉ. ऑगस्ट अर्टकर ने अपनी लाइसेंसिंग परीक्षा पास की और पश्चिम जर्मनी के बीलफ़ेल्ड में अपनी फ़ार्मेसी शुरू की। जब वे अप्रेंटिस थे, तब उन्होंने डींग हाँकी थी : "अभी मेरा मुख्य लक्ष्य एक फ़ार्मेसी ख़रीदना है; एक बार मैं इसमें सफल हो जाऊँ, तो फिर मैं कोई ख़ास चीज़ हासिल करने की कोशिश करूँगा।" बाद में वे अक्सर एक ही वाक्य को उद्धृत करते थे : "ज़्यादातर मामलों में किसी इंसान को बनाने के लिए सिर्फ़ एक अच्छे विचार की ही ज़रूरत होती है।" उनका "अच्छा विचार" बेकिंग पाउडर होने वाला था, जो जर्मनी में एक घरेलू सामान बन चुका है और दूसरे देशों में भी उसका व्यापक इस्तेमाल होता है।

अपनी फ़ार्मेसी के पीछे के कमरे में अर्टकर ने एक ख़ास तौर पर ऊँचे ग्रेड के बेकिंग पाउडर के उत्पादन के प्रयोग शुरू किए। सोडियम बाइकार्बोनेट आधारित खमीर उठाने वाले पदार्थों का आविष्कार मशहूर रसायनशास्त्री जस्टस वॉन लीबिग कुछ दशक पहले कर चुके थे। लीबिग के एक पूर्व विद्यार्थी ने उत्पाद का

आगे विकास किया था और अमेरिका में बेकिंग सोडा को लोकप्रिय बनाने लगे थे।

डॉ. अर्टकर की प्रतिभा एक ऐसे उत्पाद की नवाचारी मार्केटिंग अवधारणा तैयार करने में निहित थी, जो दूसरों ने उनसे पहले खोजा था। उन्होंने एक संक्षिप्त फ़ॉर्मूला खोजा, जो उनके उत्पाद के अनूठे बिक्री बिंदु का सार सटीकता से देता था : "मेरे बेकिंग पाउडर की संरचना उतनी अच्छी है, जितनी हो सकती है, यह किसी हानिरहित वस्तु से मुक्त है, एक जैसी गुणवत्ता का है, सुघड़ गृहिणी की पहली पसंद है। इसकी कम क़ीमत का मतलब है कि इसे हर कोई ख़रीद सकता है।"

रडिगर जंगब्लथ अर्टकर परिवार और कंपनी के अपने इतिहास में कहते हैं, "शुरुआत से ही अर्टकर ने खमीर उठाने वाला साधारण पदार्थ नहीं बेचा, बल्कि स्वास्थ्य और गुणवत्ता बेची। कंपनी की सफलता विज्ञापन के एक बहुत अधुनातन मनोविज्ञान पर आधारित थी, जिस पर हम आज इस वजह से ग़ौर नहीं करते हैं, क्योंकि इसकी बहुत बार नक़ल की जा चुकी है। इस रणनीति ने युवा उद्यमी ऑगस्ट अर्टकर की सच्ची महानता को प्रकट किया, जो न तो एक कुशल वैज्ञानिक थे, न ही महान आहार रसायनशास्त्री थे; वे तो सिर्फ़ ऐसे इंसान थे, जिनमें मार्केटिंग की ख़ास प्रतिभा थी।"

बेकिंग पाउडर मूलतः जार में बेचा जाता था, जिसका मतलब था कि उपभोक्ताओं को इसे खुद नापना पड़ता था। अर्टकर के मन में इसे 20-20 ग्राम के छोटे पेपर बैग में पैक करने और उन्हें ऊँची क़ीमत पर बेचने का विचार आया। क़ीमत उपभोक्ताओं को अब भी काफ़ी कम लग रही थी, क्योंकि हर पेपर बैग में बेकिंग पाउडर की मात्रा बहुत कम होती थी।

अर्टकर ने मार्केटिंग और विज्ञापन में भारी निवेश किया। शुरुआती कुछ सालों में उन्होंने बेकिंग पाउडर की बिक्री से होने वाले सारे मुनाफ़े को विज्ञापन में ख़र्च किया और 3,000 की आबादी से ज़्यादा वाले शहरों के हर अख़बार में विज्ञापन दिया।

"जब तक आप संसार को नहीं बताएँगे, तब तक उसे कैसे पता चलेगा कि आपके पास देने के लिए कोई अच्छी चीज़ है?" यह अर्टकर का सूत्रवाक्य था। बुलबुल के गाने का उदाहरण देते हुए उन्होंने अपने स्टाफ़ को बताया कि विज्ञापन हर जगह है, प्रकृति में भी। "जिस तरह फूल अपने चमकदार रंगों से कीड़ों को आकर्षित करते हैं, उसी तरह वे रंगीन पोस्टरों और विज्ञापन पट का इस्तेमाल करके ग्राहकों को अपने उत्पाद ख़रीदने के लिए ललचाएँगे।" उस

वक्त डॉ. अर्टकर जैसी किसी मध्यम आकार की जर्मन कंपनी के लिए यह बहुत असामान्य था कि अर्टकर विज्ञापन और मार्केटिंग पर मैग्ज़ीन के लेख इतनी तत्परता से चाटें।

अपने उत्पाद के लाभों का प्रचार करने के लिए अर्टकर ने आम वाक्यों का इस्तेमाल नहीं किया। इसके बजाय उन्होंने अपने दावों का समर्थन तथ्यों और प्रमाण से दिया। उनकी रणनीति काफ़ी कुछ वही थी, जो 50 साल बाद डेविड ओगिल्वी के विज्ञापन दर्शन के लिए केंद्रीय बनी। ओगिल्वी अर्टकर के अख़बारी विज्ञापनों को पसंद करते। उनमें से एक में उन्होंने उस कंपनी का पत्र प्रकाशित किया, जो उन्हें बेकिंग पाउडर के लिए छोटे पेपर सैशे सप्लाई करती थी, जिसमें सप्लायर ने उनके दस मिलियन बैगों के ऑर्डर की पुष्टि की थी। अर्टकर ने कहा : "अप्रतिष्ठित और अप्रमाणित प्रचार के बजाय मैं ऊपर दिए तथ्यों जैसे तथ्य प्रस्तुत करता हूँ, जो गृहिणियों के बीच मेरे बेकिंग पाउडर की असाधारण लोकप्रियता को साबित करते हैं।" उन्होंने विज्ञापन के लिए गुणवत्ता परीक्षणों के परिणामों का इस्तेमाल किया, काफ़ी कुछ वैसा ही जैसा कंपनियाँ आजकल करती हैं। जब उनका बेकिंग पाउडर गुणवत्ता के तुलनात्मक परीक्षण में अव्वल आया, तो उन्होंने यह सुनिश्चित किया कि यह बात उपभोक्ताओं को पता चल जाए। उनके स्टाफ़ के एक कर्मचारी ने कहा था, "वे तो सपने में भी विज्ञापन देखते थे।"

उन्होंने एक बेस्टसेलिंग रेसिपी बुक भी प्रकाशित की। ज़ाहिर है, उनकी पुस्तक की हर रेसिपी में डॉ. अर्टकर के बेकिंग पाउडर के इस्तेमाल की सलाह रहती थी। पुस्तक की लाखों प्रतियाँ बिकीं और अर्टकर ने तो यहाँ तक कोशिश की – जो निष्फल रही – कि इसे जर्मन स्कूलों में अनिवार्य प्रशिक्षण सामग्री बना दिया जाए। वे मार्केटिंग के नए-नए विचारों के सच्चे स्रोत थे। एक उदाहरण देखें। उन्होंने पहला ऐनिमेटेड विज्ञापन तैयार कराया, जिसमें डॉ. अर्टकर के ख़ास बेकिंग पाउडर की मदद से पाउंडकेक को उठता दिखाया गया था।

उनके बेकिंग पाउडर की माँग भी उठती रही, जिससे अर्टकर ने अपनी फ़ार्मेसी के दिन प्रति दिन के संचालन का काम दूसरों पर छोड़ दिया और ऐसी फ़ैक्ट्री बनाई, जहाँ एक दिन में बेकिंग पाउडर के 1,00,000 सैशे का उत्पादन हो सकता था। द्वितीय विश्व युद्ध समाप्त होने के बाद ऑगस्ट अर्टकर के पोते रुडोल्फ़-ऑगस्ट ने कंपनी की बागडोर सँभाली, जिनका जन्म 1916 में हुआ था। उन्होंने टैक्स में बचत करने के लिए फ़ूड बिज़नेस से होने वाले मुनाफ़े का

निवेश जहाज़ों में करना शुरू किया। कुछ ही सालों में उनके पास 40 समुद्री जहाज़ों का बेड़ा हो गया, जिनकी कुल क्षमता 3,70,000 टन थी। उन्होंने प्रतिष्ठित लैम्प बैंक में भी निवेश किया, जिसकी 100 वर्ष पुरानी परंपरा थी। साथ ही उन्होंने कई बीमा कंपनियों, एक बादाम-शकर-शहद पेस्ट की फ़ैक्ट्री और एक एयरलाइन को ख़रीदा या स्थापित किया। आज अर्टकर परिवार जर्मनी का सबसे मशहूर कारोबारी वंश है और 98 प्रतिशत जर्मनीवासी डॉ. अर्टकर ब्रांड से परिचित हैं।

4 अरब डॉलर की व्यक्तिगत संपत्ति और लगभग चालीस कंपनियों के स्वामी होने के नाते रिचर्ड ब्रैन्सन भी मार्केटिंग की शक्ति का बख़ूबी इस्तेमाल करते हैं। बहुत कम लोगों ने ब्रैन्सन जितने ठाट-बाट के साथ अपना विज्ञापन करने और ख़ुद को पेश करने की कला में महारत हासिल की है। उनका कारोबारी करियर स्कूल में ही विद्यार्थियों की एक राष्ट्रीय पत्रिका से और फिर एक मेल-ऑर्डर रिकॉर्ड कंपनी से शुरू हुआ। आज उनके वर्जिन साम्राज्य में कई एयरलाइंस, इंग्लैंड, ऑस्ट्रेलिया, कैनेडा, दक्षिण अफ्रीका, अमेरिका तथा फ़्रांस में सेल फ़ोन प्रोवाइडर, ब्रॉडबैंड सेवाएँ, सीडी व डीवीडी स्टोर की एक चेन, एक प्रकाशन समूह, एक ट्रैवल एजेंसी, एक फ़ाइनैंशियल सर्विसेस प्रोवाइडर, एक रेलवे लाइन, एक वाइन लेबल, एक फ़िटनेस चेन, एक रेडियो स्टेशन, एक कॉस्मेटिक्स व ज्यूलरी रीटेलर, एक समारोह प्रचार एजेंसी, एक सॉफ्ट ड्रिंक्स निर्माता और वर्जिन गैलेक्टिक नामक एक कंपनी शामिल है, जो वाणिज्यिक अंतरिक्ष यात्रा के विज्ञापन की योजना बना रही है। कुल मिलाकर वर्जिन समूह 35,000 लोगों को रोज़गार देता है और लगभग 20 अरब डॉलर की सालाना बिक्री करता है।

लेकिन आइए शुरू से शुरू करते हैं। जब ब्रैन्सन ने अपनी स्टुडेंट मैग्ज़ीन शुरू की, तो उन्होंने अख़बार प्रकाशित करने वाले अधिकतर किशोरों से कहीं ज़्यादा महत्त्वाकांक्षा प्रदर्शित की। वे दार्शनिक ज्याँ-पॉल सार्त्र और संगीतकार जॉन लेनन व मिक जैगर जैसी मशहूर हस्तियों से इंटरव्यू लेने में कामयाब हुए। "मुझमें इतना आत्मविश्वास भरा हुआ था कि मैं ख़ुद से यह पूछने को भी नहीं रुका कि क्या वे मुझे अपने दरवाज़े से अंदर आने देंगे और क्या वे मुझसे आमने-सामने बात करना चाहते हैं। मेरा आत्मविश्वास संक्रामक रहा होगा, क्योंकि बहुत कम लोगों ने मुझे ठुकराया।"

उन्होंने अपनी पत्रिका में विज्ञापन की जगह बेचने के लिए भी अपनी

रचनात्मक योग्यताओं का इस्तेमाल किया। हालाँकि स्कूल में उनके ऑफ़िस में फ़ोन नहीं था और इसके बजाय उन्हें एक सार्वजनिक फ़ोन बॉक्स का इस्तेमाल करना पड़ता था, लेकिन वे स्टुडेंट में विज्ञापन देने के लिए बड़ी कंपनियों को राज़ी करने में उल्लेखनीय रूप से सफल रहे। "मैं लॉयड्स बैंक के विज्ञापन मैनेजर को बताता था कि बार्क्लेज़ बैंक अंदर का बैक पेज ले रहा था - क्या वे प्रतिष्ठित बैक पेज लेना चाहते थे, इससे पहले कि मैं यह प्रस्ताव नैट-वेस्ट बैंक के सामने रखूँ? मैंने कोका-कोला को पेप्सी के ख़िलाफ़ खड़ा किया। मैंने अपनी प्रस्तुति योग्यताओं, अपने बिक्री प्रस्ताव को तराशा और इस बात का ज़रा सा भी पता नहीं चलने दिया कि मैं पंद्रह साल का स्कूली लड़का था, जो जेब भर सिक्कों के साथ एक ठंडे कॉलबॉक्स में खड़ा था।"

उस समय रीटेल प्राइस क़ायम रखने वाला अनुबंध ख़त्म होने के बावजूद रिकॉर्ड बेचने वाली दुकानें ज़रा भी डिस्काउंट नहीं देती थीं। जब ब्रैन्सन को इस बात का एहसास हुआ, तो उन्होंने एक कारोबारी अवसर ताड़ लिया और रिकॉर्डों के लिए एक मेल-ऑर्डर कारोबार शुरू करने का निर्णय लिया, जिसका विज्ञापन उन्होंने स्टुडेंट में किया। वर्जिन मेल-ऑर्डर युवाओं में बहुत लोकप्रिय हुआ, लेकिन जनवरी 1971 में डाक विभाग की हड़ताल से कारोबार ठप्प हो गया और कंपनी बर्बादी की कगार पर पहुँच गई। वर्जिन मेल-ऑर्डर को न तो ग्राहकों से चेक मिल सकता था, न ही यह अपने रिकॉर्ड भेज सकती थी। यह कई छोटे-बड़े संकटों में से पहला था, जिससे ब्रैन्सन को उबरना था और उस समय भी उन्होंने चुनौती का सीधे सामना किया - नवाचार करके और विस्तार करके।

यदि वे ग्राहकों को डाक से रिकॉर्ड नहीं भेज सकते, तो उन्हें एक रिकॉर्ड शॉप खोलनी होगी। "हमें पैसा ख़त्म होने से पहले ही एक सप्ताह के भीतर दुकान खोजनी थी। उस वक़्त हमें ज़रा भी अंदाज़ा नहीं था कि दुकान कैसे चलाई जाती है। हम तो बस इतना जानते थे कि हमें जैसे भी हो, रिकॉर्ड बेचने थे, वरना कंपनी बिखर जाएगी।"

ब्रैन्सन अपनी रिकॉर्ड शॉप ऐसी जगह बनाना चाहते थे, जहाँ युवा लोग रुकने, रिकॉर्ड सुनने और मिलकर संगीत के बारे में बातचीत करने के लिए प्रोत्साहित महसूस करें - उस वक़्त एक नई अवधारणा। उनका कारोबारी नक्शा सरल था : "हम चाहते थे कि वर्जिन रिकॉर्ड्स शॉप एक आनंददायक जगह हो, ऐसे समय जबकि रिकॉर्ड ख़रीदने वालों पर ज़्यादा ध्यान नहीं दिया जा रहा था।

हम ग्राहकों को नीचा नहीं दिखाना चाहते थे, बल्कि उनसे जुड़ना चाहते थे; और हम दूसरी दुकानों से ज़्यादा सस्ते में बेचना चाहते थे।" ग्राहकों को "हेडफ़ोन, बैठने के लिए सोफ़े और कुशन दिए जाते थे, *न्यू म्यूज़िकल एक्सप्रेस और मेलोडी मेकर* की मुफ्त प्रतियाँ पढ़ने को दी जाती थीं और पीने के लिए मुफ्त कॉफ़ी दी जाती थी। हमने उन्हें जितने समय वे चाहें रुकने की अनुमति दी और आरामदेह महसूस कराया।"

1972 के अंत तक वर्जिन की दुकानें लंदन और इंग्लैंड के हर दूसरे बड़े शहर में थीं, कुल मिलाकर चौदह। ब्रैन्सन पहले ही 16 साल की उम्र में स्कूल छोड़ चुके थे और अब 22 साल की उम्र में वे देश की सबसे बड़ी रिकॉर्ड-शॉप चेनों में से एक के मालिक थे।

लेकिन उन्हें जल्द ही एहसास हो गया कि अगर वे रिकॉर्डिंग उद्योग में सच्चा पैसा कमाना चाहते हैं, तो उन्हें अपना खुद का लेबल शुरू करना होगा। उन्होंने मित्रों और रिश्तेदारों से पैसे उधार लेकर 17वीं सदी का एक महल ख़रीदा, जिसका इस्तेमाल वे अपने रिकॉर्डिंग स्टूडियो के रूप में करना चाहते थे। उनका तर्क था, "अगर वर्जिन एक रिकॉर्ड लेबल बना ले, तो हम संगीतकारों को रिकॉर्ड करने की जगह दे सकते हैं (जिसके लिए हम उनसे पैसे ले सकते हैं); हम उनके रिकॉर्ड प्रकाशित और रिलीज़ कर सकते हैं (जिससे हम मुनाफ़ा कमा सकते हैं), और हमारे पास पहले से ही दुकानों की एक बड़ी तथा बढ़ती जा रही चेन है, जिसके ज़रिये हम उनके रिकॉर्ड का प्रचार कर सकते हैं और उसे बेच सकते हैं (तथा रीटेल प्रॉफ़िट मार्जिन कमा सकते हैं)।"

न सिर्फ़ इसमें सुदृढ़ कारोबारी समझदारी थी, बल्कि ब्रैन्सन ने यह साबित किया कि उनके पास रिकॉर्ड ख़रीदने वाली जनता की अभिरुचि के लिए अच्छे कान भी हैं। उन्होंने केविन आयर्स ग्रुप के अनजान बेस प्लेयर माइक ओल्डफ़ील्ड के साथ अनुबंध किया। ओल्डफ़ील्ड का एलबम *ट्यूबुलर बेल्स* 1973 में रिलीज़ हुआ और आगे चलकर इसके पचास लाख से ज़्यादा रिकॉर्ड बिके। ब्रैन्सन ने उस एलबम से होने वाले पूरे लाभ को नए कलाकारों को लाने और कारोबार को फैलाने में लगा दिया।

लेकिन कंपनी की आर्थिक हालत अब भी ख़स्ता थी और ख़र्च आमदनी से बहुत ज़्यादा हो रहे थे। ब्रैन्सन कई संगीतकारों के साथ अनुबंध रद्द करने के लिए विवश हुए, उन्होंने और उनके साझेदारों ने अपनी-अपनी कार बेच दी, उन्होंने अपना लगवाया स्विमिंग पूल बंद कर दिया और उन्होंने तनख़्वाह

लेना छोड़ दिया। कंपनी दिवालियेपन की तरफ़ बढ़ती नज़र आ रही थी। ब्रैन्सन जानते थे कि लागत में कटौती करने से लंबे समय में वर्जिन नहीं बच सकती। "मेरा हमेशा यह मानना रहा है कि किसी संकट से जूझने का एकमात्र तरीक़ा सिकुड़ना नहीं, बल्कि फैलकर इससे बाहर निकलने की कोशिश करना है।" संकट के बीच भी उन्होंने जोख़िम लेने का चुनाव किया। "अगर हमें दस और माइक ओल्डफ़ील्ड मिल जाएँ, तो क्या हो?... यह कैसा रहेगा?"

इसके कुछ समय बाद उन्हें एक नया उत्तेजक बैंड मिला, जिसने मीडिया का काफ़ी ध्यान आकर्षित किया और सामान्य जनता को दो धड़ों में बाँट दिया। "द सेक्स पिस्टल्स ने 1977 में सिल्वर जुबली को छोड़कर अख़बार की सबसे ज़्यादा सुख़ियाँ उत्पन्न की थीं। उनकी कुख्याति व्यावहारिक दृष्टि से एक मूर्त संपत्ति थी।" ब्रैन्सन इस तथ्य से ज़रा भी परेशान नहीं हुए कि ज़्यादातर प्रचार नकारात्मक था – उन्होंने इसे मुफ्त और बेहद कारगर विज्ञापन के रूप में देखा।

ब्रैन्सन लगातार नई चुनौतियों की ताक में रहते थे। जब एक बार छुट्टियों के दौरान उनकी फ़्लाइट रद्द हो गई, तो दूसरे यात्रियों की तरह परेशान होने के बजाय उनके मन में एक विचार आया। उन्होंने 2,000 डॉलर में एक हवाई जहाज़ चार्टर किया, जिसे उन्होंने यात्रियों की संख्या से विभाजित कर दिया। एक ब्लैकबोर्ड पर उन्होंने लिखा : "वर्जिन एयरवेज़। 39 डॉलर किराया प्यूर्टो रिको तक।" इस घटना ने बाद में उन्हें विश्वास दिया कि वे उस बिज़नेस प्लान को मान लें, जो उनके सामने एक युवा अमेरिकी वकील ने 1984 में रखा। यह वकील उन्हें एक ट्रान्सअटलांटिक एयरलाइन शुरू करने का सुझाव दे रहा था।

अमेरिकी वकील से चर्चा के बाद ब्रैन्सन उतावले हो रहे थे कि सोमवार की सुबह होते ही वे बोइंग को फ़ोन करके पता लगाएँ कि एक जम्बो जेट पर कितना ख़र्च आएगा। जब अगले दिन उन्होंने वर्जिन म्यूज़िक के अपने कारोबारी साझेदारों को इस नए प्रोजेक्ट के बारे में बताया, तो वे चाँद पर नहीं पहुँच गए। आख़िरकार, ब्रैन्सन उन्हें राज़ी करने में कामयाब हो गए – "लेकिन वे खुश नहीं थे।"

ब्रैन्सन को सलाह दी गई थी कि वे प्रतिस्पर्धियों की किसी भी तरह की अनुचित कार्यप्रणालियों पर नज़र रखें, ख़ास तौर पर सरकारी एयरलाइन ब्रिटिश एयरवेज़ पर। और जिसका अंदाज़ा था, वही हुआ। जून 1986 में ब्रिटिश एयरवेज़ ने न्यू यॉर्क से लंदन की उड़ानों के लिए 5,200 मुफ्त टिकट की पेशकश की। हमेशा की तरह उपायकुशल और रचनात्मक ब्रैन्सन ने इसके जवाब में एक विज्ञापन दिया, "वर्जिन की हमेशा यह नीति रही है कि आपको कम से कम

संभव दाम में लंदन तक हवाई यात्रा कराएँ। इसलिए हम आपको प्रोत्साहित करते हैं कि आप 10 जून को ब्रिटिश एयरवेज़ से यात्रा करें।" ब्रिटिश एयरवेज़ ने अपने प्रचार पर भारी ख़र्च किया था, "लेकिन ज़्यादातर अख़बारों में हमारे साहसिक विज्ञापन का ज़िक्र शामिल था... हमने बहुत कम लागत में बहुत सारा प्रचार हासिल कर लिया।"

1990 के दशक की शुरुआत में वर्जिन अटलांटिक एयरवेज़ आर्थिक मुश्किलों में थी, जिससे पूरे वर्जिन समूह पर गंभीर परिणाम हुए। बैंकों के बढ़ते दबाव और ब्रिटिश एयरवेज़ की गंदी चालों की वजह से ब्रैन्सन को अंततः अपनी रिकॉर्ड कंपनी बेचने के लिए विवश होना पड़ा, जिसने उसी समय रोलिंग स्टोन्स से अनुबंध किया था। ईएमआई कंपनी एक अरब डॉलर में वर्जिन म्यूज़िक ख़रीदने के लिए तैयार थी और ब्रैन्सन को इसके अलावा दूसरा कोई विकल्प नज़र नहीं आ रहा था। यह काफ़ी मुश्किल निर्णय था, क्योंकि उन्होंने और उनके साझेदारों ने इस कंपनी को बनाने में अपने जीवन के बीस साल की आहुति दी थी। उन्होंने बॉय जॉर्ज, ब्रायन फ़ेरी, जैनेट जैक्सन और अब रोलिंग स्टोन्स जैसे सफल कलाकारों के साथ अनुबंध किया था – और अचानक यह सब ख़त्म होने वाला था। "यह किसी अभिभावक की मृत्यु जैसा है," उनके एक साझेदार ने टिप्पणी की। "आप सोचते हैं कि आपने इसकी तैयारी कर ली है, लेकिन जब यह होता है, तो आपको एहसास होता है कि आप पूरी तरह नहीं जूझ सकते।" दूसरी तरफ़, ब्रैन्सन को "महसूस हुआ, जैसे किसी संतान की मृत्यु हो गई है।"

उजले पहलू को देखने और यह एहसास करने में उन्हें थोड़ा समय लगा कि इस बिक्री के उनके लिए क्या मायने हैं। "जीवन में पहली बार मेरे पास अपने सबसे अनोखे सपने पूरे करने के लिए पर्याप्त पैसा था।" हर पराजय में – और ज़ाहिर है, जिस रिकॉर्ड कंपनी को बनाने में उन्होंने बरसों लगाए थे, उसे बेचना ब्रैन्सन के लिए एक भारी पराजय थी – एक ज़्यादा बड़े अवसर का बीज होता है। और ब्रैन्सन ऐसे इंसान नहीं थे, जो अवसर को अपने पास से यूँ ही गुज़र जाने दें।

हर एक की तरह ही ऊँची सफलता पाने वालों को भी पराजय से जूझना होता है; वे तो बस इस पर अलग तरह से प्रतिक्रिया करते हैं। सबसे बढ़कर, वे अतीत में ही नहीं अटके रहते, जिसे वे किसी तरह नहीं बदल सकते। फटे दूध पर आँसू बहाने में महीने या साल बर्बाद करने के बजाय वे भविष्य की ओर देखते हैं और अपनी पराजयों से सीखते हैं। "आप कुछ बाज़ियाँ जीतते हैं, तो

कुछ हारते हैं," ब्रैन्सन कहते हैं। "जब आप जीतें, तो खुश हों। जब हारें, तो अफ़सोस न करें। कभी पलटकर पीछे न देखें।"

आने वाले वर्षों में ब्रैन्सन ने कई और विचार आज़माए तथा एक के बाद एक कई कंपनियाँ गठित कीं। कुछ सफल हुईं, बाक़ी उतनी नहीं हुईं। लेकिन जब भी कोई उनके सामने किसी नए प्रोजेक्ट का प्रस्ताव रखता था, तो उनकी शुरुआती प्रतिक्रिया सकारात्मक होती थी। जब उनके स्टाफ़ ने उनका उपनाम "डॉ. यस" रखा, तो यह उन्हें काफ़ी मज़ेदार लगा। "स्पष्ट रूप से ऐसा इसलिए हुआ, क्योंकि किसी सवाल, आग्रह या समस्या पर मेरी स्वचलित प्रतिक्रिया प्रायः नकारात्मक के बजाय सकारात्मक होती है। अगर कोई विचार अच्छा लगता है, तो मैंने हमेशा उसे न करने के बजाय करने के कारण खोजने की कोशिश की है।"

ब्रैन्सन हमेशा साहसी रहे हैं – सिर्फ़ व्यवसायी के रूप में ही नहीं। 1986 में उन्होंने अपनी नाव वर्जिन अटलांटिक चैलेंजर सेकेंड में सबसे तेज़ अटलांटिक पार करने का रिकॉर्ड तोड़ा। एक साल बाद वे गर्म हवा के गुब्बारे में अटलांटिक पार करने वाले पहले इंसान बने। 1995 से 1998 के बीच उन्होंने गुब्बारे में बार-बार संसार के चारों ओर उड़ने की कोशिश की। 1998 में उन्होंने मोरक्को से हवाई की दूरी रिकॉर्ड तोड़ते हुए पूरी की, जिसके बाद मौसम की बुरी परिस्थितियों ने उन्हें हार मानने के लिए मजबूर कर दिया। "यदि मैं ज़्यादा सावधानीपूर्वक सोचूँ," ब्रैन्सन कहते हैं, "तो मैं कहूँगा कि मुझे जीवन में ज़्यादा से ज़्यादा अनुभव करने से प्रेम है। मैं जिन शारीरिक जोख़िम वाले रोमांचों में शामिल रहा हूँ, उन्होंने मेरे जीवन में एक ख़ास आयाम जोड़ा है, जिसने मेरे कारोबार के आनंद को बढ़ाया है।"

इस अध्याय में शामिल तीनों ही उद्यमियों – डीट्रिच मैटेशिट्ज़, ऑगस्ट अर्टकर और रिचर्ड ब्रैन्सन – में एक बात समान है : वे अच्छे विचारों से भरपूर हैं। हालाँकि उनमें से किसी ने भी नए उत्पाद का आविष्कार नहीं किया, लेकिन उन सभी ने दूसरों के विचार और आविष्कार लेकर विजयरेखा तक दौड़ लगा दी। शानदार मार्केटिंग रणनीतियाँ विकसित करके उन्होंने इन विचारों तथा उत्पादों की सफलता में महत्त्वपूर्ण योगदान दिया।

आज भी कुछ उद्यमी यह मानते हैं कि एक शक्तिशाली उत्पाद होना ही काफ़ी है और "गुणवत्ता मैदान जीत लेगी।" ज़ाहिर है, शक्तिशाली उत्पाद के बिना संसार की सर्वश्रेष्ठ मार्केटिंग रणनीति भी लंबे समय में कामयाब नहीं

होगी। लेकिन इसका विपरीत भी सच है : शक्तिशाली मार्केटिंग रणनीति के बिना संसार का सबसे अच्छा उत्पाद भी नहीं बिकेगा। उपभोक्ताओं पर उत्पादों तथा सेवाओं की बमबारी हो रही है, इस वजह से मार्केटिंग पहले से कहीं अधिक महत्त्वपूर्ण हो जाती है।

दूसरी ओर, उपभोक्ता आज पहले से कहीं अधिक आलोचनात्मक हो गए हैं। पारंपरिक विज्ञापन पर ख़र्च हुआ बहुत सारा पैसा दरअसल बर्बाद जाता है। लोग अब सतही दावों के जाल में नहीं फँसते हैं। भले ही कोई मनोरंजक विज्ञापन दर्शकों को हँसाने में सफल हो जाए, लेकिन इसका यह मतलब नहीं है कि वे उस उत्पाद को ख़रीदेंगे।

अल राइस जैसे मशहूर मार्केटिंग विशेषज्ञ मानते हैं कि आजकल पारंपरिक विज्ञापन का बहुत कम असर होता है। वे कंपनियों को सलाह देते हैं कि इसके बजाय वे अपने संसाधन का निवेश जनसंपर्क में करें। "आप विज्ञापन के साथ एक नया ब्रांड शुरू नहीं कर सकते, क्योंकि विज्ञापन की कोई विश्वसनीयता नहीं होती," राइस कहते हैं। "यह तो कंपनी की स्वार्थपूर्ण आवाज़ है, जो बिक्री करने के लिए चिंतित है। आप सिर्फ़ प्रचार या जनसंपर्क से ही नए ब्रांड शुरू कर सकते हैं।"

राइस स्टारबक्स, गूगल, रेड बुल, माइक्रोसॉफ़्ट, ऑरिकल और एसएपी जैसी कंपनियों – जिन सभी की कहानी इस पुस्तक में शामिल है – की मिसाल देकर अपने दावे की पुष्टि करते हैं कि समस्त "हालिया मार्केटिंग सफलताएँ विज्ञापन की नहीं, जनसंपर्क की सफलताएँ रही हैं।" अपने शुरुआती दस सालों में स्टारबक्स ने अमेरिका में विज्ञापन पर दस मिलियन डॉलर से भी कम ख़र्च किए – जो कंपनी की बिक्री के आँकड़ों की तुलना में "छोटी राशि" थी।

उनका तर्क है कि विज्ञापन एक प्रभावी विपणन तकनीक के बजाय कला का रूप ज़्यादा बन गया है। विज्ञापन तैयार करने वालों की रुचि उत्पाद का सचमुच प्रचार करने के बजाय अपनी नई और सृजनकारी नीतियों के लिए पुरस्कार जीतने में ज़्यादा रहती है। जनसंपर्क विज्ञापन से ज़्यादा लाभकारी इसलिए है, क्योंकि इसमें विश्वसनीयता है।

भले ही यह किसी उत्पाद का निसंकोच समर्थन न करता हो, लेकिन एक सम्मानित पत्रिका या समाचारपत्र का संपादकीय लेख किसी महँगे और चतुर विज्ञापन अभियान से सौ गुना ज़्यादा प्रभावी होता है। एक बार फिर, यह रणनीति तभी काम करेगी, अगर आपका उत्पाद रोचक है और उच्च गुणवत्ता

का है। सौभाग्य से, आप अच्छे अख़बारों में सकारात्मक प्रेस कवरेज नहीं "ख़रीद" सकते। और सौभाग्य से, कमज़ोर उत्पाद लंबे समय में बुरी ख़बरें उत्पन्न करेंगे। जिसमें उपभोक्ता विश्वास करें, ऐसा ब्रांड विज्ञापन के भड़कीले दावों से नहीं, बल्कि विश्वसनीयता, पारदर्शिता और संप्रेषण से बनता है।

यह सिर्फ़ कंपनियों के ही नहीं, व्यक्तियों के बारे में भी सच है - चाहे आप उद्यमी हों, फ्रीलांसर पेशेवर हों या कर्मचारी हों। आपको खुद को एक "ब्रांड" में बदलना होता है और खुद को "बेचना" सीखना होता है। मूलतः तीन तरह के व्यक्ति होते हैं : पहले समूह में वे लोग होते हैं, जो बहुत कम काम करते हैं, लेकिन वे खुद को पेश करने और "बेचने" में काफ़ी अच्छे होते हैं। ज़ाहिर है, उनका लंबे समय में असफल होना तय है। दूसरे समूह के लोग अपने काम में बहुत अच्छे होते हैं, लेकिन दूसरों के सामने अपनी उपलब्धियाँ दिखाने में कम सफल होते हैं। सिर्फ़ तीसरे समूह वाले लोग ही दोनों में सफल होते हैं : वे अपने काम में बहुत अच्छे होते हैं और वे दूसरों को अपनी उपलब्धियाँ "बेचने" में समर्थ होते हैं।

यह करने के लिए आपको खुद को एक ब्रांड में बदलना होता है। जब उनकी ख़ास शक्तियों के बारे में पूछा जाता है, तो कई लोग बहुत सारे अलग-अलग क्षेत्रों का ज़िक्र करने की ग़लती करते हैं, जिससे वे सामने वाले को अस्पष्ट और ढुलमुल नज़र आते हैं। याद रखें, बहुत सारे काम करने वाले इंसान के किसी एक चीज़ में बहुत माहिर होने की संभावना नहीं रहती! इसके बजाय, आपको खुद को पोज़ीशन करना सीखना चाहिए, यह पता लगाना चाहिए कि आपकी शक्तियाँ सचमुच कहाँ पर हैं और अपने अनूठे बिक्री बिंदुओं को दूसरों तक कैसे पहुँचाएँ।

यदि आप उद्यमी या फ्रीलांस पेशेवर हैं, तो आपको अपने ग्राहकों तक पहुँचने का लक्ष्य बनाना चाहिए। यदि आप कर्मचारी हैं, तो आपका लाइन मैनेजर या बॉस आपके आत्म-प्रचार के अभियान का सबसे महत्त्वपूर्ण लक्ष्य हो सकता है। हर कंपनी में प्रतिभाशाली और समर्पित व्यक्ति होते हैं, जो उस कंपनी की सफलता में महत्त्वपूर्ण तरीकों से योगदान देते हैं, लेकिन जिनके प्रयासों और उपलब्धियों को सिर्फ़ इसलिए नज़रअंदाज़ कर दिया जाता है, क्योंकि वे अपना प्रचार करने में माहिर नहीं होते। इस संदर्भ में वे उस कंपनी की तरह काम करते हैं, जो इस ग़लतफ़हमी में अपने उत्पादों का प्रचार नहीं करती है कि "गुणवत्ता किला फ़तह कर लेगी" और ग्राहकों का ध्यान देर-सबेर

अपने आप जाएगा। कंपनियों के भी और इंसानों के भी – दोनों ही मामलों में यह एक घातक ग़लती है, जिससे बचा जाना चाहिए।

सफल होने के लिए आपको "किसी चीज़ के लिए अलग खड़े" दिखने की ज़रूरत है। आपको अपनी एक अनूठी छवि बनानी होती है और अपने अनूठे बिक्री बिंदुओं को संप्रेषित करना होता है। मार्केटिंग की भाषा में इसे "पोज़ीशनिंग" कहा जाता है और यह किसी भी अच्छी मार्केटिंग रणनीति की बुनियाद होती है। यह कंपनियों पर भी उतना ही लागू होता है, जितना कि वकीलों, टैक्स अकाउंटेंटों, डॉक्टरों और कर्मचारियों पर। अधिकतर कंपनियाँ और ख़ास तौर पर ज़्यादातर फ्रीलांसर तथा कर्मचारी ऐसी पोज़ीशनिंग और सक्रिय व पेशेवर जनसंपर्क रणनीति के महत्त्व को कम आँकते हैं।

इस पुस्तक में शामिल स्त्री-पुरुषों ने संप्रेषण और आत्म-प्रचार की कला में पूर्ण महारत हासिल की थी। मैडोना और आरनॉल्ड श्वॉज़नेगर, एस्टी लॉडर और रिचर्ड ब्रैन्सन, जैक वेल्च और वॉरेन बफ़े – उन सभी ने असाधारण सफलता हासिल की है, लेकिन इतनी ही महत्त्वपूर्ण बात यह है कि उन सभी ने अपनी अनूठी छवि बनाने के तरीक़े खोजे हैं और पेशेवर अंदाज़ में अपनी सफलताओं को दूसरों तक पहुँचाया है।

उनमें से किसी ने भी अपनी शोहरत विज्ञापन अभियानों की बदौलत हासिल नहीं की। इसके बजाय उन्होंने मीडिया में संपादकीय कवरेज की बदौलत शोहरत हासिल की है। रिचर्ड ब्रैन्सन और जैक वेल्च ने अपना प्रचार करने के लिए पुस्तकें प्रकाशित कीं, टेलीविज़न कार्यक्रम बनाए या सम्मानित अख़बारों में नियमित कॉलम लिखे।

श्वॉज़नेगर ने बहुत शुरू से ही खुद को एक ब्रांड के रूप में प्रचारित किया था और अपने बॉडी बिल्डिंग करियर की शुरुआत में ही यह एहसास कर लिया था कि उनका अंदरूनी नज़रिया निर्णायकों पर गहन प्रभाव डालता है। उन्हें विश्वास था कि अगर आप खुद को विजेता के रूप में जताते थे, तो लोग आपको विजेता के रूप में देखेंगे।

2003 में गवर्नर पद के लिए अपने चुनाव अभियान के शुरुआती दिनों में ही श्वॉज़नेगर ने पत्रकारों को बता दिया था कि जीत उन्हीं की होगी – सिर्फ़ इसलिए क्योंकि वे जानते थे कि चीज़ों को कैसे बेचना है। आख़िर, वे पहले ही बॉडी बिल्डर के रूप में यह बात साबित कर चुके थे और बाद में अमेरिका तथा सारे संसार के लोगों के सामने खुद को अभिनेता के रूप में सफलतापूर्वक

बेच चुके थे। जिन लोगों में आत्म-प्रचार की उनके जैसी प्रतिभा नहीं है, वे यह नाटक कर सकते हैं कि "खुद को बेचना" उनके लिए घटिया काम है, लेकिन श्वॉज़नेगर जैसे लोगों को आत्म-प्रचार के बारे में कुछ भी अनुचित नहीं लगता।

जैसा हम अध्याय 5 में देख चुके हैं, ऊँची सफलता पाने वालों में आम तौर पर अलग बनने का साहस होता है। वही साहस सफल आत्म-प्रचार के लिए पूर्व शर्त है, जैसा श्वॉज़नेगर अच्छी तरह जानते है : परंपरा में ढलने के दबाव का प्रतिरोध करने, चीज़ें पुराने अंदाज़ में न करने का साहस। वे हमेशा महसूस करते थे कि कोई स्थायी प्रभाव छोड़ने का एकमात्र तरीक़ा किसी काम को इस तरह करना है, जैसा इसे पहले कभी नहीं किया गया।

उन्हें लगातार सलाह दी जाती थी कि वे अपना नाम बदलकर कोई ऐसा नाम रख लें, जिसका उच्चारण करना अमेरिकियों के लिए आसान हो। श्वॉज़नेगर अपने नाम को एक लाभ मानते थे, सिर्फ़ इसलिए क्योंकि यह अनूठा था। बहुत शुरुआत में ही उन्होंने जनसंपर्क विशेषज्ञों की मदद ली थी, ताकि वे मीडिया में श्वॉज़नेगर ब्रांड को प्रचारित करें। उनकी जीवनी लेखक कुकी लॉमेल इस बात पर ज़ोर देती हैं कि जनता का सम्मान उनके लिए बहुत महत्त्वपूर्ण था। इसे जीतने के लिए उन्होंने अमेरिका की एक शीर्ष जनसंपर्क प्रबंधन टीम को नियुक्त किया। श्वॉज़नेगर कहते हैं कि बॉडीबिल्डर के रूप में भी वे प्रेस की शक्ति के बारे में जागरूक थे। उन्हें जल्दी ही एहसास हो गया कि मीडिया उनकी छवि और बाज़ार भाव बढ़ाने का सबसे अच्छा तरीक़ा था।

ज़्यादातर लोग मीडिया के उतने जानकार नहीं होते और पेशेवर आत्म-प्रचार के महत्त्व के बारे में उतने सजग नहीं होते, जितने कि श्वॉज़नेगर हैं। "मेरे करियर और मेरे लिए छवि ही सब कुछ है," श्वॉज़नेगर कहते हैं। "वास्तविकता से ज़्यादा महत्त्वपूर्ण। सबसे शक्तिशाली चीज़ वह है, जो लोग मेरे बारे में मानते और सोचते हैं।" श्वॉज़नेगर की मिसाल हमें दिखाती है कि जनसंपर्क पारंपरिक विज्ञापन से कहीं ज़्यादा असरदार होता है। इंसान के रूप में वे आज संसार के सबसे मशहूर ब्रांडों में से एक है – विज्ञापन पर एक भी पैसा ख़र्च किए बिना। इसके बजाय उन्होंने पीआर में अपना 100 प्रतिशत मार्केटिंग बजट लगाया।

वॉरेन बफ़े भी धैर्यवान निवेशक से अधिक हैं, जो छवि वे बाहरी जगत के सामने पेश करते हैं। हर साल मई के पहले वीकऐंड पर वे अपनी कंपनी

बर्कशयर हैथवे की सालाना शेयरहोल्डरों की मीटिंग का जश्न संसार की अधिकतर कंपनियों से ज़्यादा धूम-धाम से मनाते हैं। लाखों लोग ओमहा, नेब्रास्का की यात्रा करते हैं, ताकि वे बफ़े और उनके क़रीबी मित्र, साझेदार व दूसरे नंबर के सेनापति चार्ली मंगर को आमने-सामने देखें। उन्होंने शेयरहोल्डरों की मीटिंग को बर्कशयर के आंशिक स्वामित्व या पूर्ण स्वामित्व वाली कई कंपनियों के एक बड़े ट्रेड शो में बदल दिया है – आभूषण से फ़र्नीचर, गलीचों और टेलीविज़न या कैंडी भी, आगंतुक लगभग कोई भी चीज़ ख़रीद सकते हैं, जो उनका दिल चाहे। जेफ़ मैथ्यूज़ सालाना मीटिंग पर पूरी तरह समर्पित 300 पेज की पुस्तक के लेखक हैं और वे कहते हैं : “दूसरी सालाना शेयरहोल्डर मीटिंगों से अंतर इससे ज़्यादा नहीं हो सकता। सबसे बड़ी कंपनियों की सालाना मीटिंगों में – और बर्कशयर हैथवे संसार में सबसे बड़े 50 निजी नियोक्ताओं में से एक है – शेयरहोल्डर कम ही आते हैं और राष्ट्रीय प्रेस भी उन्हें अधिकतर नज़रअंदाज़ कर देता है, जब तक कि कंपनी किसी संकट से न गुज़र रही हो। लेकिन बर्कशयर की सालाना मीटिंग सचमुच पूरे संसार के शेयरहोल्डरों, रिपोर्टरों और न्यूज़ कैमरों को आकर्षित करती है।”

बफ़े की कंपनी रिपोर्ट भी अनूठी शैली में लिखी जाती है। इसमें सच्चाई के साथ हास्यबोध रहता है। बफ़े इसका इस्तेमाल अपनी कंपनी तथा व्यक्ति के रूप में अपनी छवि के मार्केटिंग औज़ार के रूप में करते हैं, एक ऐसा साधन जो उनकी ब्रांड इमेज की बुनियाद मज़बूत करता है : सक्षमता और विश्वास, जो खुलेपन, ईमानदारी और आलोचनात्मक आत्म-चिंतन पर आधारित है।

बफ़े ने सफलतापूर्वक खुद को एक जीते-जागते दिग्गज में बदल लिया है। उनके करियर के शुरुआती दिनों में उन्हें दूसरों को अपने कारोबार में निवेश करने के लिए राज़ी करना पड़ता था, लेकिन कुछ समय बाद “यह सिलसिला बदल गया,” जैसा उनके जीवनीलेखक कहते हैं। “अहसान लेने के बजाय वे अहसान कर रहे थे; लोग उनके ऋणी महसूस करते थे कि उन्होंने उनका पैसा ले लिया। लोगों के आग्रह करने से मनोवैज्ञानिक नियंत्रण बफ़े के हाथ में आ जाता था। वे इस तकनीक का इस्तेमाल बार-बार अपने बाक़ी जीवन में भी करने लगे।”

जो लोग जानते हैं कि अपनी कैसी छवि बनाई जाए, जो लोग जनसंपर्क व पेशेवर मीडिया संप्रेषण के महत्त्व को समझते हैं और जो विवाद से नहीं घबराते हैं, सिर्फ़ वही आज के बाज़ार में नज़रों में आ सकते हैं, जहाँ जनता की निगाह

में सबसे आगे आने के लिए धकापेल चल रही है।

आपने अपनी छवि बनाने के लिए अब तक क्या किया है? अपने सबसे स्पष्ट गुणों, योग्यताओं और अनूठे बिक्री बिंदुओं पर ज़ोर देकर और उन्हें प्रचारित करके अपनी मार्केटिंग रणनीति बनाने की कोशिश करें। यह छवि जितनी प्रबल हो, उतना ही बेहतर है। खुद के लिए एक ख़ास क्षेत्र खोजें, जहाँ पहले से कोई मौजूद न हो। अपना ध्यान एक ही मुद्दे पर पूरी तरह केंद्रित करें, जैसा इस पुस्तक के अध्याय 4 में वर्णन किया गया है।

ज़्यादातर लोग – और ज़्यादातर कंपनियाँ भी – यह ग़लती करते हैं कि वे एक साथ बहुत से अलग-अलग क्षेत्रों में उत्कृष्ट बनना चाहते हैं। लेकिन खुद को प्रभावी तरीक़े से प्रचारित करने के लिए, आपको उस एक चीज़ में सचमुच – और इससे भी महत्त्वपूर्ण बात, अनूठे रूप से – उत्कृष्ट होना होता है, ताकि आप भीड़ से अलग हटकर दिखें।

अध्याय 13

उत्साह और आत्म-अनुशासन

हाइदी क्लूम संसार में सबसे ज़्यादा भुगतान पाने वाली सुपरमॉडलों में से एक हैं। सबसे ज़्यादा आमदनी वाली महिलाओं की *फ़ोर्ब्स* सूची के अनुसार यह 37 वर्षीय महिला हर साल आठ मिलियन डॉलर कमाती है, जो अधिकतर बड़ी सार्वजनिक कंपनियों के संचालकों के वेतन से ज़्यादा है। क्या वे अपनी बाक़ी सहकर्मियों से ज़्यादा अच्छी दिखती हैं? जब क्लूम खुद कहती हैं कि वे "दूसरी बहुत-सी - और बहुत सारी - मॉडलों से ज़्यादा अच्छी नहीं दिखती हैं," और यह कि वे "उनमें से ज़्यादातर से कम लंबी और ज़्यादा भारी हैं," तो वे प्रशंसा की तलाश नहीं कर रही हैं, बल्कि सच्चाई बयान कर रही हैं। मॉडलिंग उद्योग में अच्छा चेहरा आपके पैर को दरवाज़े के भीतर तो ले जा सकता है - लेकिन उसके बाद आप सफल होते हैं या असफल, यह कई दूसरे घटकों पर निर्भर करता है।

मीडिया सुपरमॉडलों को एक ख़ास रोशनी में चित्रित करता है। अगर एक–दो सफल सुपरमॉडलों को मुश्किल, ईर्ष्यालु और अविश्वसनीय कहा जाता है, तो लाखों भावी मॉडलें मान लेती हैं कि उन्हें अनुशासित, विश्वसनीय, समय की पाबंद, मधुरभाषी और सहयोगी होने की ज़रूरत नहीं है। यह एक ऐसी ग़लतफ़हमी है, जिसकी वजह से सफलता के लिए बनी बहुत सारी सुंदर युवतियाँ कभी बड़े पैमाने पर सफल नहीं हो पातीं।

संसार में शायद कोई दूसरा काम नहीं है, जिसमें इतने आत्म-अनुशासन की ज़रूरत होती हो, जितनी कि मॉडलिंग करियर में होती है। अच्छे भुगतान वाली सुपरमॉडल की समय-सारणी में भी उतने ही अपॉइंटमेंट भरे होते हैं, जितने कि किसी अंतरराष्ट्रीय रूप से सफल शीर्ष एग्ज़ीक्यूटिव की समय-सारणी में। फ़र्क़ यह है कि कोई इस बात की उम्मीद नहीं करता कि शीर्ष

एग्ज़ीक्यूटिव ख़ुद को सुडौल रखेगा और सारे समय बेहतरीन दिखेगा, चाहे उसका जीवन कितना भी तनावपूर्ण हो।

यह कोई संयोग नहीं है कि क्लुम अपनी सफलता के लिए जिन तकनीकों को अनिवार्य मानती हैं और जिन्हें वे भावी मॉडलों को अपनाने की सलाह देती हैं, उनमें सबसे ऊपर है, "समय पर पहुँचें।" क्लुम इसके अलावा कहती हैं : "व्यवस्थित रहें," "अपने मिज़ाज पर नज़र रखें," और "अपना होमवर्क करें।" क्या ये उन युवा लड़कियों के नैसर्गिक गुण हैं, जो इस उद्योग में 14-15 साल की उम्र में दाख़िल होती हैं? ज़ाहिर है, नहीं। लेकिन वे उन्हें अपनाने के लिए पर्याप्त अनुशासित हैं या नहीं, यह निर्णायक घटक ही अंततः उनकी सफलता या असफलता को तय करता है।

उत्साह आत्म-अनुशासन की पूर्व शर्त है। कोई भी सफल नहीं होने वाला, जिसे ख़ुद को ऐसी चीज़ें करने के लिए विवश करना पड़ता हो, जिन्हें वह सचमुच नहीं करना चाहता (हालाँकि ज़ाहिर है, कई बार उन्हें करना ज़रूरी होता है)। जब आप किसी चीज़ के बारे में ज़्यादा उत्साही महसूस करते हैं, तो आत्म-अनुशासन ज़्यादा आसानी से आएगा। "सौभाग्य से," क्लुम कहती हैं, "औसत से बेहतर चेहरे और शरीर के अलावा मेरे पास एक और सफल बनाने वाली चीज़ थी : मैं इसे बुरी तरह चाहती थी।" वे दावा करती हैं, इच्छा "चरम प्रेरणादायी शक्ति है। यह आपसे दीवानों की तरह मेहनत कराती है और इसकी वजह से आप ज़्यादा जल्दी या आसानी से हार नहीं मानते हैं।"

यह सब 1992 में शुरू हुआ, जब इस युवा जर्मन ने एक मॉडलिंग प्रतिस्पर्धा में 30,000 प्रतिस्पर्धियों को हराकर 3,00,000 डॉलर से अधिक का तीन-साल का अनुबंध जीता। तब वे उन्नीस साल की थीं, वही उम्र जिसमें आरनॉल्ड श्वॉज़नेगर ने फ़ैसला किया था कि वे अपनी महत्त्वाकांक्षाओं को पूरा करने के लिए अमेरिका जाएँगे। हाइदी क्लुम भी न्यू यॉर्क जाकर बस गईं। वे दो अन्य जर्मन लड़कियों के साथ कॉकरोच भरी इमारत में रहती थीं, जिसमें गर्म पानी नहीं था और छत भी टपकती थी। "तीन महीने तक हर दिन मैं कलाकारों के चुनाव के लिए जाती थी, कई बार तो एक दिन में दस जगह। मैं उन हज़ारों नई लड़कियों में से एक थी, जो न्यू यॉर्क में मॉडल के रूप में सफल होने की कोशिश कर रही थी और उनमें से हर एक कमाल की दिखती थी। आम तौर पर मैं लाइन में इंतज़ार करती थी और ग्राहक मेरी फ़ोटोबुक को देखता था, मुझे धन्यवाद देता था और वापस भेज देता था। बड़े तालाब की इतनी छोटी मछली

होने पर बहुत बुरा लगता था।"

उनका पहला बड़ा काम लोकप्रिय फ़ैशन पत्रिका *मिराबेला* का कवर था। उसके बाद उन्हें कॉस्मेटिक्स की बोन बेल रेंज के लिए मॉडलिंग का काम मिला और अगस्त 1995 में वे *सेल्फ़* मैग्ज़ीन के कवर पर आईं। क्लुम को बड़ा अवसर तीन साल बाद मिला, जब वे *स्पोर्ट्स इलस्ट्रेटेड* के स्विमवियर इशू के कवर पर आईं, जो 55 मिलियन लोगों तक पहुँचता है - हर मॉडल का सपना। वे जानती थीं कि इसके बाद उनकी ज़िंदगी हमेशा के लिए बदल जाएगी। उसके बाद जल्द ही वे अंतरंग वस्त्र ब्रांड विक्टोरियाज़ सीक्रेट के लिए मॉडलिंग करने लगीं और *वोग* तथा एल जैसी पत्रिकाओं के कवर पर आईं।

लेकिन क्लुम को एहसास था कि लंबे समय में सफल होने के लिए उन्हें खुद को पोज़ीशन करना था और अपने लिए एक अनूठी छवि बनानी थी, वरना वे जल्द ही गुमनामी में खोकर रह जाएँगी - मॉडलिंग उद्योग के आसमान में एक और टूटता सितारा। "मुझे जल्दी ही एहसास हो गया कि अगर आप खुद को सुंदर चेहरे से आगे ले जाकर किसी व्यक्तित्व के रूप में नहीं बनाते हैं, यदि आप ऐसे व्यक्ति नहीं बनते हैं, जिसे जनता जानती है (या जानना चाहती है), तो इस कारोबार में आपका खेल जल्दी ही ख़त्म हो जाता है। यह मूर्खतापूर्ण लग सकता है, लेकिन ज़्यादा लंबे कार्य-जीवन को पाने के लिए आपको खुद को किसी ख़ास व्यक्तित्व में ढालना पड़ता है। वरना आप महीने के ही सितारे रहते हैं।"

आरनॉल्ड श्वॉज़नेगर की ही तरह, जिन्होंने उनसे कई दशक पहले अमेरिका आकर बड़ी कामयाबी हासिल की थी, क्लुम भी बहुत महत्त्वाकांक्षी और आत्म-अनुशासित थीं - और सबसे बढ़कर, वे सीखने की इच्छुक थीं। "कभी हार मत मानो!" और "हर चीज़ को एक बार आज़माओ!" जैसे सूत्रवाक्य निश्चित रूप से महत्त्वपूर्ण हैं, लेकिन वे शिखर तक पहुँचने के लिए काफ़ी नहीं हैं। क्लुम कहती हैं कि सफलता की कुंजी "अपने अज्ञान को स्वीकार करना है और ऐसे विश्वसनीय लोगों को खोजना है, जिनके पास ज्ञान हो।"

इससे एक बात दिमाग़ में आती है, जो जहाज़रानी के यूनानी उद्योगपति एरिस्टोटल ओनासिस ने अपनी मृत्यु के कुछ समय पहले कही थी, जब उनसे पूछा गया था कि अगर उन्हें यह सब दोबारा शुरू करना पड़े, तो वे क्या अलग करेंगे। उन्होंने कहा था कि वे एक चीज़ को छोड़कर और कुछ नहीं बदलेंगे। वे शुरुआत से ही बेहतर सलाहकार खोजेंगे - सबसे अच्छे वाले।

क्लुम ने लगभग हर अन्य सुपरमॉडल से ज़्यादा हासिल किया है – इसीलिए वे आज संसार में सबसे ज़्यादा भुगतान पाने वाली महिलाओं में से एक हैं। उनकी पहली टेलीविज़न सीरीज़ अमेरिका में 2004 में शुरू हुई। वे *प्रोजेक्ट रनअवे* की ग्यारह प्रोड्यूसरों में से एक हैं, साथ ही शो प्रस्तुत कर रही हैं और जूरी में बैठ रही हैं। 2006 से उन्होंने जर्मन टेलीविज़न पर *जर्मनीज़ नेक्सट टॉपमॉडल* भी पेश किया है। वे अपनी सफलता का श्रेय "उत्साह, इच्छा और आत्म-अनुशासन" के तालमेल को देती हैं।

स्थायी उत्साह महत्त्वाकांक्षी लक्ष्य हासिल करने की सबसे अनिवार्य शर्तों में से एक है। कई लोग किसी चीज़ के बारे में उत्साही तो महसूस करते हैं, लेकिन उनका उत्साह क़ायम नहीं रहता। किसी लक्ष्य के लिए आपका उत्साह आपको प्रेरित कर सकता है, लेकिन उसे हासिल करने के लिए आपको बहुत से आत्म-अनुशासन की ज़रूरत होगी।

समयसीमा में काम पूरा करने के अनुशासन, यहाँ तक कि कठोर अनुशासन, के महत्त्व को कम आँकने की ग़लती न करें। जो लोग समयसीमा में काम पूरा करते हैं, उन्हें विश्वसनीय माना जाता है। आप किसे काम देना चाहेंगे? जिसके बारे में आप अनुभव से जानते हैं कि वह शायद आपको समय पर काम पूरा करके नहीं देगा या उसे जिसने आपको कभी निराश नहीं किया है?

समयसीमा पर काम पूरा करना न्यूनतम शर्त है। अपने काम के बारे में अपने ग्राहकों या बॉस को उत्साहित करने के लिए आपको तय समयसीमा से पहले आला दर्जे की गुणवत्ता देनी होती है। अपने लिए एक नियम बनाएँ : हमेशा तय समयसीमा से पहले – लेकिन कभी भी बाद में नहीं – अपने उत्पाद या सेवाएँ देने की कोशिश करें।

अगर यह सिर्फ़ आप पर निर्भर करता हो, तो शायद आपको कोई समस्या नहीं आएगी। समस्याएँ तो तब शुरू होती हैं, जब आप एक कंपनी चलाते हैं, जिसमें आपके कुछ कर्मचारी हमेशा समयसीमा पर काम पूरा करने के बारे में कम आतुर होंगे। ज़ाहिर है, आपको यह सुनिश्चित करना चाहिए कि आप उन्हीं लोगों को नौकरी पर रखें, जो विश्वसनीय हों। विश्वसनीयता आपकी कंपनी की संस्कृति के सबसे महत्त्वपूर्ण मूल्यों में से एक होनी चाहिए। लेकिन आपकी कंपनी जितना विस्तार करती है, आपको अविश्वसनीय कर्मचारियों से उतना ही जूझना होगा।

मेरे एक मित्र ने मुझे अपने एक कर्मचारी के बारे में बताया, जो

बौद्धिक दृष्टि से ज़्यादातर बाक़ी कर्मचारियों से श्रेष्ठ है। वह कड़ी मेहनत भी करता है और उसका काम बहुत ऊँचे स्तर का है। उसकी इकलौती कमी यह है कि वह समयसीमा में काम पूरा नहीं कर पाता। मेरे मित्र के अनुसार यह उसकी एकमात्र कमज़ोरी है – लेकिन इसने उसके करियर में बहुत ज़्यादा बाधा डाली है।

पूरी कंपनी को तो रहने ही दें, आप उस व्यक्ति को किसी बड़े विभाग का प्रभारी भी नहीं बनाना चाहेंगे, जो अपने ख़ुद के काम के बोझ को नहीं सँभाल पाता हो। जो लोग अव्यवस्थित होने के लिए मशहूर होते हैं और समयसीमा में काम पूरा न करने की छवि बना लेते हैं, उन्हें कभी नेतृत्व के पद पर तरक्की नहीं दी जाएगी।

जो "रचनात्मक लोग" विज्ञापन में काम करते हैं, वे समय की पाबंदी के रोल मॉडल नहीं माने जाते। "रचनात्मक लोगों" में बहुत संवेदनशील होने की प्रवृत्ति होती है और वे कठोर समयसीमा के बजाय अपनी प्रबल भावनाओं से संचालित होते हैं। इसलिए विज्ञापन उद्योग में रचनात्मकता के साथ-साथ उच्च श्रेणी का आत्म-अनुशासन आपको शिखर तक ले जाएगा। डेविड ओगिल्वी की ज़बरदस्त सफलता का एक कारण यह भी था कि वे समयसीमा के बारे में बहुत जुनूनी थे। अपनी बेस्टसेलिंग पुस्तक *कन्फ़ेशन्स ऑफ़ एन एडवर्टाइज़िंग मैन* में ओगिल्वी लिखते हैं : "आज मैं भड़क जाता हूँ, जब ओगिल्वी, बेन्सन ऐंड मेदर में कोई किसी ग्राहक से कहता है कि हम किसी विज्ञापन या टेलीविज़न विज्ञापन को उस दिन बनाकर नहीं दे सकते, जिस दिन हमने उसका वादा किया है। सर्वश्रेष्ठ संस्थाओं में वादे हमेशा निभाए जाते हैं, चाहे कष्ट या ओवरटाइम में इसकी जो भी लागत आए।" वे अपने स्टाफ़ को जो आचार संहिता सिखाते हैं, उसमें यह नसीहत शामिल रहती है : "मैं सुव्यवस्थित लोगों की क़द्र करता हूँ, जो समय पर अपना काम पूरा करते हैं। ड्यूक ऑफ़ वेलिंगटन तब तक कभी घर नहीं गए, जब तक कि उन्होंने अपनी डेस्क का सारा काम पूरा नहीं कर लिया।"

कलाकार भी आत्म-अनुशासन की आदर्श मिसाल नहीं माने जाते हैं। लेकिन उनमें सबसे सफल, जैसे मैडोना जैसे संगीतकार व अभिनेता, इस संदर्भ में हमेशा असाधारण होते हैं। सूज़न सीडेलमैन, जिन्होंने *डेस्परेटली सीकिंग सूज़न* में मैडोना को निर्देशित किया था, उनके असाधारण आत्म-नियंत्रण के बारे में बताती हैं।

"अभिनेताओं की पहली हाज़िरी सुबह 6.30 बजे होती थी। मैडोना को और जल्दी उठाया जाता था। सेट पर आने से पहले वे सुबह 4 बजे उठकर वायएमसीए हैल्थ क्लब में तैरती थीं। उनमें कमाल का आत्म-अनुशासन था।"

बियात उहूज़े, जिन्होंने वयस्क मनोरंजन उद्योग में उद्यमी के रूप में दौलत बनाई, अपनी सफलता का श्रेय इस तरह बताती हैं : "सफलता का निश्चित रूप से आत्म-नियंत्रण से गहरा संबंध है। मुझसे व्यवहार करने वाले लोग कहते हैं कि मुझमें बहुत आत्म-अनुशासन है - और इसने निश्चित रूप से कंपनी की सफलता में योगदान दिया है। सफलता की कोई लिफ़्ट नहीं होती, आपको सीढ़ियों से जाना होता है।"

सफल निवेशक प्रिंस अलवलीद समय की पाबंदी को लेकर जुनूनी होने की प्रतिष्ठा रखते हैं। एक बार जब वे एक ही दिन में चार देशों के छह शहरों की यात्रा की योजना बना रहे थे, तो उन्होंने अपने प्राइवेट जेट के अलावा एक वैकल्पिक छोटा हवाई जहाज़ भी तैयार रखा, ताकि यह सुनिश्चित हो सके कि अप्रत्याशित परिस्थितियों के कारण वे कोई महत्त्वपूर्ण अपॉइंटमेंट न चूकें। उन्होंने जो किया, उसे वे "बीमा" कहते हैं, ताकि अगर उनके बोइंग में कोई समस्या आए, तो उन महत्त्वपूर्ण मीटिंगों की उनकी अति व्यस्त समय-सारणी न गड़बड़ाए। ऐसे मामले में वे अपने प्रमुख लोगों की टीम के साथ छोटे जेट पर चढ़ जाते। 30,000 डॉलर प्रति दिन के किराए में यह काफ़ी महँगा बीमा था।

अटलांटा में उनके मित्र पूर्व-राष्ट्रपति जिमी कार्टर के साथ मीटिंग में तय समय पर पहुँचना अलवलीद के लिए तुलनात्मक दृष्टि से सस्ता सौदा था। धीमे चलने वाले ट्रैफ़िक के बीच अलवलीद ने अपने ड्राइवर से कहा कि अगर वह उन्हें समय पर कार्टर सेंटर पहुँचा देगा, तो वे उसे 300 डॉलर - एक सप्ताह का वेतन - देंगे। ड्राइवर ने स्ट्रेच लिमोज़ीन को राजमार्ग से बाहर निकलने वाली सड़क पर मोड़ा और शहर की छोटी सड़कों से होते हुए उन्हें मीटिंग के कुछ मिनट पहले ही पहुँचा दिया।

अलवलीद की एक विशेष यात्रा टीम है, जो उनकी अति व्यस्त समय-सारणी को व्यवस्थित करने और समन्वित करने की प्रभारी है, जो "यह सुनिश्चित करती है कि हर दिन में हर मिनट का उपयोग हो, ख़ास तौर पर जब प्रिंस समयबद्धता के बारे में नकचढ़े हैं और समय बरबाद करना पसंद नहीं करते।" अगर वे किसी यात्रा की प्रचालन-तंत्र योजना के बारे में खुश होते हैं,

तो वे उदार बोनस देते हैं - कई बार तो तीन से छह महीनों की तनख़्वाह या एक साल की भी।

वॉरेन बफ़े भी ख़ुद को अनुशासित करने के लिए पैसे का इस्तेमाल करते थे। जब वे महसूस करते थे कि उन्हें कुछ वज़न कम करना चाहिए, तो वे अपने बच्चों को बिना साइन किए हुए 10,000 डॉलर के चैक दे देते थे और उन पर साइन करने का वादा करते थे, अगर वे एक ख़ास तारीख़ तक निश्चित वज़न तक न पहुँच पाए। उनके बेटे-बेटी उन्हें मिठाइयों से ललचाते थे, लेकिन वॉरेन बफ़े हमेशा प्रतिरोध करते थे। उनके जीवनी लेखक लिखते हैं, "उन्होंने ये चैक बार-बार काटे, लेकिन उन्हें कभी एक पर भी साइन नहीं करना पड़ा।"

शतरंज की मशहूर हस्ती गैरी कास्परोव कठोर अनुशासन के महत्त्व पर ज़ोर देते हैं। दस साल की उम्र में उन्हें एक शतरंज अकादमी में दाख़िला मिला, जो तीन बार के विश्व चैंपियन मिखाइल बॉटविनिक चलाते थे। वे कास्परोव के रोल मॉडल, कोच और सबसे कठोर आलोचक बन गए। "बॉटविनिक ने आदर्श टूर्नामेंट दिनचर्या बनाई। भोजन, आराम और तेज़ टहलने का कठोर टाइमटेबल बनाया। इस योजना पर मैंने अपने पूरे करियर में अनुसरण किया। बॉटविनिक उन लोगों को बर्दाश्त नहीं करते थे, जो यह शिकायत करते थे कि उनके पास पर्याप्त समय नहीं है। और इस महान शिक्षक को यह बताने के बारे में तो भूल ही जाएँ कि आप उस दिन थके हुए थे!" नींद और आराम का समय भी दिनचर्या के हर अन्य पहलू की तरह ही सटीकता से तय था। कास्परोव को घर से ही इसकी आदत पड़ी हुई थी, जहाँ उनकी माँ कठोर अनुशासन लागू करती थीं।

"यदि आज के तेज़ गति वाले संसार में अनुशासन नीरस या असंभव लगता है," वे टिप्पणी करते हैं, "तो हमें एक पल विचार करना चाहिए कि हम कार्यकुशलता के लिए अपने जीवन के किन हिस्सों की सफलतापूर्वक प्रोग्रामिंग कर सकते हैं और लक्ष्य तय कर सकते हैं। अच्छी कार्य नीति का मतलब जुनूनी होना नहीं है, इसका मतलब तो जागरूक होकर काम करना है।" सबसे बढ़कर, कास्परोव कहते हैं, अपने लक्ष्य के ज़्यादा क़रीब पहुँचने के लिए यह समीक्षा अत्यंत महत्त्वपूर्ण है कि आप पहले ही क्या हासिल कर चुके हैं। वे अपने नायक बॉटविनिक को उद्धृत करते हैं, जिन्होंने एक बार कहा था : "इंसान और जानवर में फ़र्क़ यह है कि इंसान प्राथमिकताएँ तय कर सकता है!"

ख़ास तौर पर, नई सृजनात्मक आदतों को डालने या पुरानी विनाशकारी

आदतें छोड़ने के मामले में आत्म-अनुशासन सर्वोपरि है। आदत आपकी सबसे बुरी शत्रु और आपकी सबसे अच्छी मित्र है। आप समय पर काम पूरा न करने, अपॉइंटमैंट चूकने और अपने लक्ष्य से कमतर रहने की आदत डाल सकते हैं। लेकिन आप चीज़ों को सही करने की आदत भी डाल सकते हैं। जो आपके लक्ष्य हासिल करने में आपकी मदद करे, ऐसी नई आदत को डालने में कुछ सप्ताह या महीनों से ज़्यादा समय नहीं लगता। लेकिन उस समय के दौरान आपको आत्म-अनुशासन के अभ्यास की ज़रूरत होगी।

कई लोग यह सोचते नज़र आते हैं कि समय की पाबंदी और अनुशासन पुरातनपंथी गुण हैं, जिनका आधुनिक जगत में कोई महत्त्व नहीं है। लेकिन समय की पाबंदी विश्वसनीयता का ही एक रूप है और विश्वसनीयता दूसरों के साथ हमारे संबंधों के लिए, यानि हमारी सफलता के लिए, अत्यंत महत्त्वपूर्ण है। कोई भी उन लोगों के साथ काम करना पसंद नहीं करता, जो वादे ज़्यादा और काम कम करते हैं, जो बातें ही बातें करते हैं और कुछ नहीं करते हैं। अविश्वसनीय व्यक्ति भरोसे के क़ाबिल नहीं होते।

वास्तव में, उन्हें भी खुद पर भरोसा नहीं होता है। मुझे बड़े लक्ष्य हासिल करने का विश्वास कैसे होगा, अगर मैं छुटपुट लक्ष्य हासिल करने में भी असफल होता आया हूँ? आत्मविश्वास हासिल करने के लिए आपको अंत तक योजना का अनुसरण करने की ज़रूरत होती है। आपने जो तय किया है, उसे पूरा करने से आप हमेशा अच्छा महसूस करेंगे – उसे पूरा न करने से आप बुरा महसूस करेंगे।

समय की पाबंदी सम्मान का लक्षण भी है। मुझे एक बहस याद है, जो मेरी एक सार्वजनिक कंपनी के बोर्ड के चेयरमैन के साथ हुई थी। ये चेयरमैन समय की पाबंदी को बहुत गंभीरता से नहीं लेते थे और उनका दावा था कि समय के पाबंद लोग अपना और बाक़ी हर एक का जीवन मुश्किल बना देते हैं। चूँकि हम मित्र थे, इसलिए मैंने इस बात को व्यक्तिगत तौर पर नहीं लिया, लेकिन मैंने उनसे पूछा, "यदि आप चुन सकें, तो आप संसार के सारे लोगों में से आज रात किसके साथ डिनर लेना चाहेंगे?" उन्होंने जवाब दिया कि वे जर्मन प्रैज़िडेंट रोमन हरज़ोग के साथ डिनर लेना चाहेंगे। व्यक्तिगत तौर पर मैं कई रोचक लोगों को जानता हूँ, जिनके साथ मैंने डिनर लेने का फ़ैसला किया होता, लेकिन यह उनका फ़ैसला था। "तो अगर आप रोमन हरज़ोग से मिलने वाले हों, तो आप कितनी देर से पहुँचेंगे? दस मिनट, बीस मिनट या तीस मिनट?" वे

बोले : "ओह नहीं, मैं यह सुनिश्चित करूँगा कि मैं वहाँ जल्दी पहुँच जाऊँ।" यह एक सच्चा जवाब था और मैंने पलटकर कहा, "देखिए, मैं भी खुद को रोमन हरज़ोग जितना ही महत्त्वपूर्ण मानता हूँ और अगर मैं किसी से मिल रहा हूँ, तो मैं उसे भी वही शिष्टाचार प्रदान करता हूँ, जो मैं रोमन हरज़ोग को करता।"

अनुशासन के बिना आप अपने लक्ष्य हासिल नहीं कर पाएँगे, क्योंकि अनुशासन के बिना दूसरे आप पर विश्वास नहीं करेंगे और आपको विश्वसनीय नहीं मानेंगे। विद्रोही प्रकृति वाले लोगों के लिए तो अनुशासन ख़ास तौर पर महत्त्वपूर्ण है, जो – जैसा हम अध्याय 6 में देख चुके हैं – कई सफल उद्यमियों के बारे में सही है। "अगर आप अपने खुद के आदेश का पालन नहीं कर सकते, तो आपको दूसरों से आदेश लेने पड़ते हैं" – और चूँकि मुझे दूसरों से आदेश लेना कभी पसंद नहीं रहा, इसलिए मैं आत्म-अनुशासन को सफलता की बुनियादी शर्त मानता हूँ।

लेकिन याद रखें, अनुशासन केवल किसी साध्य का साधन भर है – यह उत्साह की जगह नहीं ले सकता, जो सफलता की वास्तविक प्रेरक शक्ति है। अगर आपको कोई ऐसी चीज़ करने के लिए खुद को अनुशासित करते रहना पड़े, जिसमें आपको मज़ा नहीं आता, तो देर-सबेर आपका असफल होना तय है। इसीलिए आपको कोई ऐसी चीज़ खोजनी चाहिए, जो आपको लंबे समय तक रुचिवान और उत्साही बनाए रखे।

अपने जीवन पर एक लंबी कठोर दृष्टि डालें और खुद से पूछें कि आप जो भी कर रहे हैं, क्या आप उसके बारे में सचमुच उत्साहित महसूस करते हैं। कोई भी व्यक्ति अपने लिए जो सबसे महत्त्वपूर्ण लक्ष्य तय कर सकता है, वह है एक ऐसी चीज़ खोजना, जिसके बारे में वह सबसे उत्साही महसूस करता है और फिर उसे अपनी नौकरी में बदलना। ज़्यादातर लोगों ने इस बचपन के सपने को लंबे समय से दफ़न कर दिया है, क्योंकि उन्हें "यथार्थवादी" बनने की सलाह बहुत बार दी गई है।

वह एक चीज़ कैसे खोजें, जिसके बारे में आप सबसे ज़्यादा उत्साही महसूस करते हैं? मैं आपको नीचे दिए विचार-प्रयोग करने की सलाह देता हूँ :

1. आप क्या करेंगे, अगर आपके पास जीने के लिए सिर्फ़ छह महीने हों और अगर आपके पास पर्याप्त पैसे हों, जिससे आपको "आजीविका कमाने" की चिंता न करनी पड़े?

2. अगर आपको कल ही दस मिलियन डॉलर विरासत में मिल जाएँ, तो आप कौन सी नौकरी स्वेच्छा से करेंगे, हालाँकि आपको अब आजीविका के लिए काम करने की ज़रूरत नहीं है?

क्या कोई ऐसी चीज़ है जिसे करने में आपको इतना ज़्यादा आनंद आता है कि उसे करते वक़्त समय पंख लगाकर उड़ जाता है? क्या आपने कभी अपने शौक को आजीविका में बदलने के बारे में गंभीरता से सोचा है? यही आरनॉल्ड श्वॉज़नेगर, हाइदी क्लुम, मैडोना, कोको शनेल, स्टीव जॉब्स, बिल गेट्स, माइकल डेल और इस पुस्तक में बताए कई अन्य लोगों ने किया है : उन्होंने अपने शौक को काम में बदलकर दौलत कमाई है।

यदि आपके पास एक ऐसी नौकरी है, जिसके बारे में आप सिर्फ़ आरामदेह या संतुष्ट नहीं, बल्कि उत्साही महसूस करते हैं, तो आवश्यक आत्म-अनुशासन आसानी से आएगा। अगली चीज़ जो आपको सीखनी होगी, वह है अपने जीवन और अपने काम को कार्यकुशलता से व्यवस्थित करना। अगर आप अगले अध्याय में बताए गए नियमों का अनुसरण करते हैं, जो "कार्यकुशलता" के बारे में है, तो आपकी ज़िंदगी अपने आप ज़्यादा कार्यकुशलता से चलने लगेगी।

अध्याय 14

कार्यकुशलता

आप अपनी आमदनी को बहुत ज़्यादा कैसे बढ़ा सकते हैं, चाहे आप खुद के लिए काम करते हों या किसी दूसरे के लिए? हम काफ़ी हद तक आपकी आमदनी तय करने वाले दो घटकों को छोड़ सकते हैं - सौभाग्य से वे प्रमुख घटक नहीं हैं : आप इस वक़्त जितना कमा रहे हैं, अगर आपका लक्ष्य उससे दोगुना कमाना है, तो आपको दोगुना बुद्धिमान बनने की ज़रूरत नहीं है, न ही दोगुना काम करने की ज़रूरत है। हालाँकि बुद्धिमत्ता निश्चित रूप से उपयोगी होती है, लेकिन यह आपके करियर के लिए अनिवार्य नहीं है। चाहे जो हो, आपको तो बस उतनी ही बुद्धिमत्ता से काम लेना होगा, जिसके साथ आप पैदा हुए थे। जहाँ तक आपके काम के बोझ को दोगुना करने का सवाल है, इस बात की स्वाभाविक सीमाएँ हैं कि आप एक दिन में कितना ज़्यादा काम कर सकते हैं। अगर आप इस वक़्त दस घंटे काम कर रहे हैं, तो हो सकता है कि आप तीन-चार घंटे और बढ़ा सकें - कई बार आपको ऐसा करना भी पड़ सकता है। लेकिन काम के बोझ को बढ़ाना आपकी आमदनी बढ़ाने का सबसे चतुराई भरा तरीक़ा नहीं है।

सिद्धांततः अब आपके पास सिर्फ़ दो ही विकल्प बचते हैं :

1. अपना ज्ञान बढ़ाएँ।

2. आप जितनी कार्यकुशलता से काम करते हैं, उसे बढ़ाएँ।

दोनों ही रणनीतियों से सफलता मिलने की संभावना है - लेकिन आपकी आमदनी को बढ़ाने वाला सबसे अनिवार्य और प्रायः सबसे ज़्यादा कम आँका जाने वाला घटक कार्यकुशलता ही है। ज़्यादातर लोग मानते हैं कि वे काफ़ी

कार्यकुशलता से काम करते हैं – वास्तव में, बहुत कम लोग ही ऐसा करते हैं। यदि आपको यह एहसास हो जाता है कि आप ज़्यादा कार्यकुशलता से काम नहीं कर रहे हैं, तो यह बुरी नहीं, अच्छी ख़बर है। इससे आपको यह पता चल जाता है कि आपके पास भारी संसाधन हैं, जिनका आपने दोहन नहीं किया है।

कार्यकुशलता का अर्थ है समय व ऊर्जा का सबसे कम संभव व्यय करके सबसे अच्छे परिणाम हासिल करना। हम सभी अपना ज़्यादातर समय ऐसी चीज़ें करने में बिताते हैं, जो सकल "परिणाम" में बहुत अलग-अलग तरीक़ों से योगदान दें। हो सकता है आपने 80/20 सिद्धांत के बारे में सुना हो, जिसे इतालवी अर्थशास्त्री विल्फ्रेदो परेतो ने सौ साल पहले बताया था। परेतो की अवधारणा की पुष्टि विभिन्न क्षेत्रों में हुए अध्ययनों ने की है, जिनसे पता चलता है कि "संसार सामान्य रूप से केवल कुछ बहुत शक्तिशाली प्रभावों और बिलकुल महत्त्वहीन के ढेर में बँटा हुआ है। ...हम पाते हैं कि 20 प्रतिशत लोग, प्राकृतिक शक्तियाँ, आर्थिक निवेश या कोई भी अन्य कारण जिसकी हम गणना कर सकते हैं, आम तौर पर लगभग 80 फ़ीसदी परिणामों, उत्पादन या प्रभावों की ओर ले जाते हैं।"

एक बार जब आप तय कर लेते हैं कि आपकी कौन-सी 20 प्रतिशत गतिविधियाँ 80 प्रतिशत परिणामों की ओर ले जाती हैं, तो आपको उस 20 प्रतिशत पर ध्यान केंद्रित करने की ज़रूरत है। सफल होना मेहनत करने के बारे में नहीं है। यह व्यस्तता का दिखावा करने और फ़िज़ूल कामों में समय बर्बाद करने के बारे में नहीं है। सफल होना तो सही चीज़ों पर काम करने के बारे में है, यानि, उन चीज़ों पर जो आपको परिणाम दिलाएँगी। कोई ग्राहक आपको ऑफ़िस में लंबे समय रहने और टालमटोल करने के लिए पैसे नहीं देगा। ग्राहक आपको आपके दिए परिणामों के लिए पैसे देंगे। कार्यकुशलता से काम करने के लिए सबसे पहले तो आपको यह स्पष्ट पता होना चाहिए कि वे सबसे महत्त्वपूर्ण परिणाम कौन-से हैं, जिन्हें आप हासिल करने की कोशिश कर रहे हैं। कभी-कभार बैठकर सोचना अच्छा रहता है कि आपकी कौन-सी 20 प्रतिशत गतिविधियाँ 80 प्रतिशत परिणामों की ओर ले जाती हैं। कई लोगों को यह फ़र्क़ करने में मुश्किल आती है कि कौन-सी चीज़ महत्त्वपूर्ण है और कौन सी नहीं है। वे अपना समय और ऊर्जा द्वितीयक या गौण गतिविधियों में जाया कर देते हैं – उन मुद्दों पर जिन पर ध्यान तो देना है, लेकिन जिनका आपके परिणामों पर सिर्फ़ गौण प्रभाव होगा। कुछ लोग बहुत व्यस्त होने का नाटक करते हैं, क्योंकि

वे सोचते हैं कि उनके बॉस या सहकर्मी उनके समर्पण से प्रभावित होंगे। दूसरे छुटपुट चीज़ों पर बहुत ज़्यादा समय बर्बाद करते हैं, ताकि वे ज़्यादा बड़े, ज़्यादा महत्त्वपूर्ण – और ज़्यादा जटिल – कामों से बच जाएँ।

अपने काम के प्रति अपने नज़रिये की तुलना संसार के सबसे सफल निवेशकों में से एक जॉर्ज सोरोस के नज़रिये के साथ करें, जिन्होंने एक बार अपने मित्र बायरन वीन से कहा था : "बायरन, तुम्हारे साथ समस्या यह है कि तुम हर दिन काम पर जाते हो और तुम सोचते हो कि चूँकि तुम हर दिन काम पर जाते हो, इसलिए तुम्हें कुछ करना चाहिए। मैं हर दिन काम पर नहीं जाता। मैं तो बस उन्हीं दिनों काम पर जाता हूँ, जब काम पर जाने में समझदारी होती है।" उन्होंने आगे कहा : "और मैं उस दिन सचमुच कुछ करता हूँ।"

एक कामकाजी दिन में आप जो भी करें, उस हर चीज़ का एक लेखा रखें और फिर सचमुच महत्त्वपूर्ण चीज़ों पर ध्यान केंद्रित करें – उन 20 प्रतिशत पर, जो 80 प्रतिशत परिणामों की ओर ले जाती हैं। बची हुई 80 प्रतिशत चीज़ों का क्या होगा? कुछ मामलों में आपको एहसास होगा कि इससे ज़्यादा फ़र्क़ नहीं पड़ता कि वे चीज़ें कभी होती हैं या नहीं। बाक़ी चीज़ें करनी पड़ती हैं – लेकिन ज़रूरी नहीं है कि आप ही उन्हें करें।

अपनी शक्तियों पर ध्यान केंद्रित करें और बाक़ी हर चीज़ अपने स्टाफ़ को सौंपना शुरू कर दें। हमेशा खुद से पूछें कि क्या कोई काम सिर्फ़ आप ही कर सकते हैं या कोई दूसरा भी उसे करने में उतना ही (या लगभग उतना ही) सक्षम है। अगर कोई बॉस 60,000 डॉलर कमाता है और उसके किए काम उससे आधी तनख़्वाह वाली सेक्रेटरी सँभाल सकती है, तो वह मूल्यवान संसाधनों को बर्बाद कर रहा है। क्या आपने कभी खुद से पूछा है कि आप कितनी बार वे काम खुद करते हैं, जिन्हें आपका स्टाफ़ अच्छी तरह सँभाल सकता है? अगर आप हर साल 60,000 या 1,00,000 डॉलर कमाते हैं, लेकिन इसके बावजूद अपनी फ़्लाइटों की बुकिंग खुद करते हैं, अपने अपॉइंटमेंट खुद लिखते हैं, अपनी फ़ोटोकॉपी खुद करते हैं या अपनी किराने की ख़रीददारी खुद करते हैं, तो आप कुछ ग़लत कर रहे हैं। आप यह समय दूसरी चीज़ें करने में लगा सकते हैं, जिनसे न सिर्फ़ आपको ज़्यादा बड़ी संतुष्टि मिलेगी, बल्कि जिससे आपको ज़्यादा अच्छे परिणाम भी मिलेंगे।

काम सौंपना कार्यकुशलता की कुंजी है। लोग इसे मुश्किल क्यों पाते हैं? कई लोग कहते हैं : "क्या करना है, किसी दूसरे को यह समझाने में बहुत ज़्यादा

समय लग जाता है, उससे जल्दी तो मैं वह काम ख़ुद कर सकता हूँ।" यह कई मामलों में सच हो सकता है, लेकिन यह अल्पकालीन सोच है। ज़ाहिर है, शुरुआत में आपको किसी दूसरे को दिखाने में समय लगेगा कि क्या करना है और कैसे करना है। लेकिन आगे चलकर इससे आपका समय बचेगा, क्योंकि आप अपने ख़ुद के पेशेवर विकास में निवेश कर सकते हैं। और हालाँकि उन लोगों को चीज़ें समझाना कुंठाजनक हो सकता है, जो उन्हें तुरंत नहीं समझ पाते हैं – कल्पना करें कि बाक़ी ज़िंदगी उन्हें ख़ुद करना कितना ज़्यादा कुंठाजनक होगा!

ख़ास तौर पर पूर्णतावादी लोग काम सौंपने के अनिच्छुक होते हैं। कई फ्रीलांसर पेशेवर, मिसाल के तौर पर वकील या अकाउंटेंट, छोटे से छोटा काम भी ख़ुद करना चाहते हैं। हालाँकि पूर्णतावाद का एक सकारात्मक पहलू भी होता है, जैसा हम "असंतोष की प्रेरक शक्ति" अध्याय में देख चुके हैं, लेकिन इससे काफ़ी नुक़सान भी हो सकता है। यदि आप बचे हुए 5 प्रतिशत काम को आदर्श बनाने की कोशिश में अपना 50 प्रतिशत समय ख़र्च करते हैं, तो आप समय और ऊर्जा दोनों ही बर्बाद कर रहे हैं। आपको यह स्वीकार करना सीखना होता है कि कुछ चीज़ें 100 प्रतिशत आदर्श ढंग से नहीं होंगी, बल्कि केवल 95 प्रतिशत आदर्श ही रहेंगी। ज़्यादातर मामलों में, 100 प्रतिशत पर ज़ोर देने के बजाय 95 प्रतिशत से संतुष्ट रहना ज़्यादा कार्यकुशल हो सकता है।

यह भी याद रखें कि ज़्यादा जटिल काम छोटे-छोटे आसान कामों में बाँटे जा सकते हैं। कई मामलों में आपके ज्ञान या आपकी रचनात्मकता की आवश्यकता किसी काम के सिर्फ़ दस प्रतिशत हिस्से में ही होती है, लेकिन आप उसे पूरा ही ख़ुद करने लगते हैं। बचे हुए 90 प्रतिशत हिस्से में तुलनात्मक रूप से आसान काम होता है, जिसे आप दूसरों को सौंप सकते हैं, बशर्ते आप जटिल काम को कई चरणों में बाँट लें। हमेशा यह बात याद रखें : आप एक ही समय में दो जगह नहीं रह सकते। एक चीज़ को करने में आप जो समय लगाते हैं, उसे आप किसी दूसरी चीज़ को करने में नहीं लगा सकते। इसीलिए काम सौंपना इतनी अनिवार्य योग्यता है।

बहरहाल, यह एक ऐसी योग्यता है, जिसे आपको हासिल करने की ज़रूरत है। काम सौंपने का मतलब सिर्फ़ किसी कर्मचारी को कोई कर्तव्य सौंपना नहीं है। उसे यह भी समझाना होता है कि क्या करना है और कब तक करना है। इसका निश्चित रूप से यह मतलब नहीं है कि कोई काम किसी दूसरे

को सौंप दो और यह सुनिश्चित मत करो कि परिणाम सही हो। जैसा जर्मन मेल-ऑर्डर किंग वर्नर ऑटो कहते हैं, "निगरानी के बिना काम सौंपना निर्बाध स्वतंत्रता है।" निगरानी के बिना आपको अपेक्षित परिणाम नहीं मिलेगा, जिससे आपके इस विश्वास की पुष्टि होगी कि अगर आप कोई चीज़ अच्छी तरह कराना चाहते हैं, तो आपको उसे खुद करना चाहिए। आपको दोनों अतियों से बचना होता है : हर चीज़ खुद करने की कोशिश मत करो। और पर्याप्त प्रशिक्षण तथा निगरानी के बिना दूसरों को काम मत सौंपो।

वर्नर ऑटो जब किसी ऊँचे पद के व्यक्ति को ग़ैर-अनिवार्य चीज़ों पर समय बर्बाद करते देखते थे, तो वे नाराज़ हो जाते थे। इसके बजाय वे उनसे "ज़्यादा बड़ी तस्वीर" देखने की उम्मीद करते थे। "बाक़ी सभी काम अधीनस्थ कर्मचारियों को सौंप देने चाहिए थे, क्योंकि ऑटो के लिए काम सौंपने की योग्यता एक प्रमुख नेतृत्व योग्यता थी... वे जानते थे कि छोटे-छोटे कामों में उलझने से रचनात्मकता बाधित होती है, जो किसी भी कंपनी के लिए अनिवार्य प्रेरक शक्ति है।"

जॉन डी. रॉकेफ़ेलर भी इसी सिद्धांत में यक़ीन करते थे और अपनी टीम में किसी नए कर्मचारी के लिए इस तरह के नियम बनाते थे : "कोई भी कुछ न करे, बशर्ते वह किसी दूसरे से इसे करवा सके... जैसे ही आप कर सकें, किसी ऐसे व्यक्ति को खोजें, जिस पर आप भरोसा कर सकते हों, उसे काम में प्रशिक्षित करें, बैठ जाएँ, अपनी एड़ी टिका लें और स्टैंडर्ड ऑयल के लिए पैसे बनाने का कोई तरीक़ा सोचें।"

जिन लोगों में आत्मविश्वास का अभाव होता है, उनमें दूसरों को प्रतिस्पर्धी मानने की प्रवृत्ति होती है और पराकाष्ठा के मामलों में वे यह सुनिश्चित करेंगे कि उनका स्टाफ़ कोई योग्यता हासिल न कर ले। दूसरों को अपने अनुभव का लाभ न देकर वे खुद को अपरिहार्य बना लेते हैं। डेविड ओगिल्वी इस बात पर ज़ोर देते हैं कि अच्छे नेतृत्व का मतलब ठीक इसका उल्टा होता है : "अगर आप ऐसे लोगों को नौकरी पर रखते हैं, जो आपसे ज़्यादा बड़े हैं, तो ओगिल्वी ऐंड मेदर महामानवों की कंपनी बन जाएगी; अगर आप ऐसे लोगों को नौकरी पर रखते हैं, जो आपसे कमतर हैं, तो हम बौनों की कंपनी बन जाएँगे।" उन्होंने सिर्फ़ सर्वश्रेष्ठ को ही नौकरी पर रखने पर ज़ोर दिया - भले ही वे उनसे बेहतर हों। "यदि ज़रूरी हो, तो आप जितना भुगतान खुद को करते हैं, उन्हें उससे ज़्यादा भुगतान करें।"

जो लोग हमेशा ध्यान का केंद्र बने रहना चाहते हैं, वे भी अक्सर जान लेते हैं कि उन्हें हर चीज़ खुद नहीं करनी चाहिए। सीएनएन के संस्थापक टेड टर्नर इसका प्रमुख उदाहरण हैं। उनके जीवनी लेखक कहते हैं : "काम के लिए सही व्यक्ति चुनने की टेड की योग्यता को हमेशा काफ़ी कम आँका गया है... शुरुआत से ही वे सहज बोध से जानते थे कि वे यह सब अकेले नहीं कर सकते, हालाँकि उन्होंने प्रायः यह दिखावा किया है कि वे ऐसा करना चाहेंगे।"

वॉरेन बफ़े ने काम सौंपने की कला में आदर्श महारत हासिल कर ली है। सालमन ब्रदर्स के विध्वंस के बाद उन्होंने डेरिक मॉघन को बुरी तरह हिली कंपनी का नया सीईओ बनाया। मॉघन ने उनसे पूछा : "क्या आपके पास कोई विचार हैं कि प्रबंधन में किसे रहना चाहिए? क्या आप मुझे रणनीति के रूप में कोई दिशानिर्देश देना चाहते हैं?" बफ़े ने तुरंत मुँहतोड़ उत्तर दिया। "यदि आप मुझसे ऐसे सवाल पूछते हैं, तो मैंने ग़लत आदमी को चुन लिया है" उन्होंने तपाक से जवाब दिया और वहाँ से चल दिए।

मैरी बफ़े अपने पूर्व ससुर के बारे में कहती हैं : "अगर प्रबंधन की कोई एक योग्यता है, जो वॉरेन में अनूठी है, तो वह है अधिकार सौंपने की योग्यता, उन सीमाओं से परे, जिनमें अधिकतर सीईओ आरामदेह होते हैं... वॉरेन 88 से अधिक व्यवसायों के मालिक हैं और उन्होंने इन कंपनियों का प्रबंधन आठ बेहद योग्य सीईओ मैनेजर्स के हवाले कर दिया है।" जब बफ़े ने फ़ॉरेस्ट रिवर को ख़रीदा, तो उन्होंने कंपनी के सीईओ पीटर लीगल को बताया कि वे साल में एक बार से ज़्यादा उनसे बात नहीं करना चाहते। वे अपनी बर्कशयर कंपनियों के सभी सीईओ से साफ़-साफ़ कहते हैं कि कभी कोई चीज़ न लिखें, जो सिर्फ़ उनके लिए लिखने का इरादा हो। जब उनके एक सीईओ ने उनसे पूछा कि क्या कंपनी को नए हवाई जहाज़ ख़रीदने चाहिए, तो बफ़े ने कहा : "यह आपका निर्णय है। यह आपकी कंपनी है और इसे आप चला रहे हैं।"

बफ़े काम सौंपने के लिए ज़्यादातर कंपनी मालिकों से कहीं ज़्यादा इच्छुक क्यों रहते हैं? पहली बात, उन्हें एहसास है कि उनमें निर्णय लेने के लिए आवश्यक विशेषज्ञीय ज्ञान नहीं है - हालाँकि वे एक बहुत अलग दृष्टिकोण ले सकते हैं, क्योंकि बफ़े विशिष्ट उद्योग संबंधी बहुतेरे मसलों के बारे में बहुत ज्ञानी हैं। अपने ज्ञान की सीमाओं को पहचानना उनकी बड़ी शक्ति है। उनका खुद का काम, जैसा वे इसे मानते हैं, अपने एग्ज़ीक्यूटिवों के लिए निर्णय लेने के बजाय उन्हें प्रेरित करना है।

बफ़े यह भी मानते हैं कि उनके एग्ज़ीक्यूटिवों को यह अच्छा नहीं लगेगा कि वे उनके पीछे खड़े होकर उनके विवेक पर सवाल करें। वास्तव में, अध्ययनों ने दर्शाया है कि कर्मचारियों को निर्णय लेने की स्वतंत्रता देना और अपने काम का स्वयं प्रबंधन करने की स्वतंत्रता देना सबसे अनिवार्य घटकों में से एक है, जो नौकरी की संतुष्टि में योगदान देता है। जो कर्मचारी महसूस करते हैं कि उनके काम की निरंतर निगरानी हो रही है, उन्हें लगता है कि उनके बॉस दरअसल उन पर भरोसा नहीं करते हैं। ज़ाहिर है, यह सीखने का वक्त है : अगर आपकी स्वाभाविक प्रवृत्ति अपने स्टाफ़ का "सूक्ष्म प्रबंधन" करने की है, तो अचानक पूरी ज़िम्मेदारी छोड़ना आपको मुश्किल लगेगा। आप तुरंत ही अपने कर्मचारियों को वे निर्णय लेने की अनुमति कैसे दे सकते हैं, जो आप खुद लिया करते थे? लेकिन आपका लक्ष्य यही होना चाहिए।

यदि आप अपनी मुख्य ज़िम्मेदारियों पर ध्यान केंद्रित करना चाहते हैं, तो इसके लिए छोटे काम सौंपना सीखना अत्यंत महत्त्वपूर्ण है। एक बार जब आप उन घटकों को पहचान लेते हैं, जो सकल परिणाम में सबसे महत्त्वपूर्ण योगदान देते हैं, तो उन्हीं घटकों पर अपना ध्यान केंद्रित करें और किसी दूसरी चीज़ से खुद को न भटकने दें। जब आप किसी महत्त्वपूर्ण काम को कर रहे हों, तो दूसरे लोगों से बात करना – वे सहकर्मी जो आपके ऑफ़िस में आ धमकते हैं, या वे परिचित जो आपको फ़ोन करते हैं – एक बड़ा व्यवधान बन जाते हैं, जिसमें समय और ऊर्जा ख़र्च होती है। यह सुनिश्चित करना आपकी ज़िम्मेदारी है कि आप ध्यान को भटकाए बिना हाथ के काम पर ध्यान केंद्रित करें। जो लोग आपका ध्यान भटकाते हैं, उन्हें दोष न दें – आपको तो अपने व्यवधानों के लिए खुद को ही दोष देना चाहिए।

हमारी कंपनी में आने वाले ग्राहक अक्सर हर दरवाज़े पर निशानों के बारे में पूछते हैं, जो ट्रैफ़िक लाइटों के अंदाज़ में या तो हरा या फिर लाल चिन्ह दिखाते हैं। मैंने कई साल पहले ये चिन्ह लगाए थे, ताकि वे अपने सहकर्मियों को यह संकेत दे सकें कि व्यवधान पड़ने से वे खुश हैं या नहीं। इसके बाद मुझे पता चला कि डेविड ओगिल्वी ने "अपने ऑफ़िस के दरवाज़े के बाहर लाल और हरी बत्ती" लगा रखी थी, ताकि यह सूचित किया जा सके कि वे आगंतुकों से मिलना चाहते हैं या नहीं।

आपको अपने काम की योजना बनानी है और अपने कामकाजी परिवेश को इस तरह ढालना है, जिससे आप हर वह काम पूरा कर सकें, जो आपने

शुरू किया है। प्रोजेक्ट शुरू करना और उन्हें जल्दी से पूरा न कर पाने से आपकी कार्यकुशलता गंभीरता से कम हो जाती है। ज़ाहिर है, इसके अपवाद होते हैं - मिसाल के तौर पर, कई बार आपको यह एहसास हो सकता है कि आपको उस प्रोजेक्ट को शुरू ही नहीं करना चाहिए था। ऐसे मामलों में सबसे अच्छा यह होता है कि अपनी ग़लती को स्वीकार करें और उस झमेले को जल्दी से जल्दी ख़त्म कर लें, बजाय इसके कि अपनी ज़्यादा ऊर्जा बर्बाद की जाए, जो दूसरी चीज़ों पर अधिक कार्यकुशलता से ख़र्च की जा सकती है।

प्रोजेक्ट शुरू करने और उसे जल्दी पूरा न करने से वह संतुष्टि भी नहीं मिलती है, जो हमें अच्छी तरह पूरे हुए काम से मिलती है। महीने के अंत में बहुत से टेबल और वार्डरोब बनाने वाला कारपेंटर अपने उस सहकर्मी से ज़्यादा खुश होगा, जिसकी वर्कशॉप अधूरे सामानों से भरी होगी। आपने जिस प्रोजेक्ट को शुरू किया है, उसे सफलतापूर्वक पूरा करने पर आप हमेशा अपने बारे में अच्छा महसूस करेंगे। एक साथ कई प्रोजेक्ट शुरू करने और उनमें से किसी को भी पूरा न करने से आप हमेशा अपने बारे में बुरा महसूस करेंगे - यह ज़िक्र करने की ज़रूरत नहीं है कि समय और संसाधन भी बर्बाद होंगे।

टाल-मटोल एक आम शिकायत है और यह आपकी कल्पना से ज़्यादा हानिकारक है। यदि आप किसी ज़रूरी चीज़ को टालते रहते हैं, तो आप अपने लिए कुछ गंभीर समस्याएँ उत्पन्न कर लेंगे। सबसे पहले, आपका अवचेतन उस अधूरे काम के बारे में आपके पीछे पड़ा रहेगा और आपको उन रिमाइंडरों को दबाने में बहुत-सी ऊर्जा बर्बाद करनी पड़ेगी। दूसरे, देर-सबेर आपको अपने बॉस, अपने सहकर्मियों या अपने ग्राहकों के सामने यह स्पष्ट करना होगा कि वह काम अब तक क्यों नहीं हुआ है। तीसरे, काम को आप जितनी ज़्यादा देर तक अधूरा छोड़ते हैं, वह उतना ही ज़्यादा मुश्किल हो जाता है। मिसाल के तौर पर, मीटिंग के ठीक बाद उसके मिनट लिखना कहीं ज़्यादा आसान होता है, बजाय एक सप्ताह बाद के। और अंत में, आप किसी चीज़ को जितने लंबे समय तक टालते हैं, आप उतनी ही ज़्यादा उलझन महसूस करेंगे।

आप तुरंत चीज़ों की परवाह करने का समय नहीं निकाल सकते? ऐसे में दो घंटे पहले ऑफ़िस पहुँचने की कोशिश करें। आप हैरान रह जाएँगे कि जब आपके सहकर्मी बाधा डालने के लिए नहीं होते हैं और फ़ोन या ई-मेल का व्यवधान नहीं होता है, तो आप कितना ज़्यादा काम निबटा सकते हैं। और यदि संभव हो, तो आप किसी प्रोजेक्ट को तय समयसीमा से पहले करके अपने बॉस

या अपने ग्राहकों को भी हैरान कर सकेंगे। मैंने तो हर चीज़ को वादे से पहले पूरा करने की आदत डाल ली है।

ज़ाहिर है, यह तभी होगा, जब आपकी बनाई योजना यथार्थवादी होगी। हर चीज़ योजना के मुताबिक़ काम करेगी, इस मान्यता पर आधारित बनी कोई भी योजना अयथार्थवादी है। "अनपेक्षित की अपेक्षा करें" - यदि आप ऐसा नहीं करते हैं, तो आप जानते ही हैं कि लोग सबसे अच्छी तरह से बनी योजनाओं के बारे में क्या कहते हैं...

कुछ लोग डे प्लानर या अपॉइंटमैंट बुक रखते हैं, जिनमें वे अपनी मीटिंग और अपॉइंटमेंट को हमेशा लिख लेते हैं - हालाँकि वे ख़ुद के लिए अपॉइंटमेंट तय करना भूल जाते हैं। यदि मैं जानता हूँ कि मुझे कोई ड्राफ़्ट किसी निश्चत तिथि से पहले पूरा करना है, तो मैं इसे हमेशा अपने डे प्लानर में लिख लूँगा - उसी तरह, जिस तरह मैं ग्राहकों या कर्मचारियों के साथ अपॉइंटमैंट को लिखता हूँ।

समय हमारा सबसे मूल्यवान संसाधन है और इसका समझदारी से उपयोग करना होता है, जैसा वॉरेन बफ़े जानते हैं। "उन्होंने सिर्फ़ वही किया, जिसमें समझदारी थी और जो वे करना चाहते थे। उन्होंने कभी लोगों को अपना समय बर्बाद नहीं करने दिया। अगर उन्होंने अपनी दिनचर्या में कोई चीज़ बढ़ाई, तो उन्होंने कोई दूसरी चीज़ हटा दी," उनकी जीवनी लेखक एलिस श्रॉडर कहती हैं। वे कहती हैं कि बफ़े अपनी फ़ोन-वार्ता को भी "गर्मजोशी भरा और संक्षिप्त रखते हैं। जब वे बोलना बंद करने के लिए तैयार होते थे, तो बातचीत अपने आप ख़त्म हो जाती थी।"

कार्यकुशलता चीज़ों को सही क्रम में करने का मसला भी है। अक्सर, किसी प्रक्रिया का पहला क़दम पूरा करने के बाद ही आप दूसरा क़दम उठा सकते हैं। जब तक कि आप आगे की योजना नहीं बनाते हैं, पूरी प्रक्रिया कई दिनों या सप्ताहों तक अटकी रह सकती है, क्योंकि आप उन क़दमों का पूर्वानुमान लगाने में असफल रहे, जिनके बिना आगे का काम नहीं हो सकता था।

समय की बहुत सारी बर्बादी और अकार्यकुशलता उन लोगों के कारण होती है, जो कोई चीज़ करना "भूल जाते हैं।" यदि मेरे स्टाफ़ का कोई सदस्य मुझसे कहता है कि वह कोई चीज़ करना "भूल" गया है, तो मुझे यह पसंद नहीं आता है। ज़ाहिर है, मैं हर व्यक्ति से यह उम्मीद नहीं करता कि वह हर

चीज़ याद रखे - कोई भी ऐसा नहीं कर सकता, चाहे उसकी याददाश्त कितनी भी ग़ज़ब की हो। मैं तो बस उनसे यह उम्मीद करता हूँ कि वे चीज़ें लिख लें। यह सरल लग सकता है - लेकिन यह स्पष्ट रूप से उन लोगों के लिए नहीं है, जो "कार्यसूची" बनाने के बजाय अपनी याददाश्त पर भरोसा करना ज़्यादा पसंद करते हैं। कई दूसरे लोग चीज़ें लिख तो लेते हैं, लेकिन तुरंत नहीं। किसी ग्राहक को फ़ोन के बाद यह लिख लें कि क्या करना है - यह काम तुरंत कर दें, वरना शायद आप इसे कभी कर ही नहीं पाएँगे। हम सब इसी स्थिति में रह चुके हैं : किसी फ़ोन कॉल के बाद आप खुद को मन ही मन याद दिलाते हैं कि किसी चीज़ को "जल्दी से जल्दी" लिखना है। इससे पहले कि आप लिख पाएँ, फ़ोन दोबारा बजने लगता है या कोई व्यक्ति दूसरी समस्या लेकर आपके ऑफ़िस में आ जाता है। पहले ग्राहक ने आपसे जो भी करने को कहा था, चूँकि आपने उसे लिखा नहीं है, तो आपको बाद में यह याद नहीं रहेगा। मैं उन छोटे पीले पोस्ट-इट नोट्स का प्रशंसक नहीं हूँ, जो लोगों की स्क्रीन पर चिपके रहते हैं या डेस्क पर रखे बाक़ी क़ागज़ों के नीचे रहते हैं। सही "कार्यसूची" बनाना कहीं बेहतर होता है और जैसे ही आप किसी काम को पूरा करें, उसे काट दें। एक के बाद एक काम काटने से आपको उपलब्धि का सच्चा एहसास मिल सकता है!

ज़रूरी नहीं है कि अनुभव उतना मूल्यवान हो, जितना कि कुछ लोग दावा करते हैं। हो सकता है कि बरसों में उन्होंने काफ़ी अनुभव इकट्ठा कर लिया हो - लेकिन वे अपने अनुभव से कुछ सीख पाए हैं या नहीं, यह बिलकुल ही अलग मामला है। कुछ लोग अपने अनुभवों से सही निष्कर्ष नहीं निकाल पाते हैं, जिसका मतलब है कि वे बार-बार वही ग़लती - या वैसी ही ग़लतियाँ - करते हैं, जिससे काफ़ी मुश्किल खड़ी हो सकती है। याद रखने वाला महत्त्वपूर्ण बिंदु यह है कि वही ग़लतियाँ दोहराने से बचने के लिए आपको अमूर्तीकरण और साधारणीकरण में सक्षम होने की ज़रूरत है।

जो बच्चा किसी गर्म स्टोव को छूता है, वह इस निष्कर्ष पर पहुँच सकता है कि किसी गर्म स्टोव बर्नर को छूना एक ग़लती है - और इसे दोबारा नहीं करना है। अगले दिन बच्चा एक गर्म प्रेस को छू लेता है - और सीखता है कि गर्म प्रेस को दोबारा नहीं छूता है। दो सप्ताह बाद बच्चा एक गर्म टोस्टर को छूता है और वह एक और सबक़ सीख लेता है। ज़्यादा बुद्धिमान बच्चा पहली घटना के बाद साधारणीकरण कर लेगा और उसके बाद किसी भी गर्म चीज़ को छूने से बचेगा।

दूसरे शब्दों में : जब आपने कोई ग़लती कर दी हो, तो उसके बाद बस यही न सोचें कि उसी ग़लती को दोबारा करने से कैसे बचा जा सकता है। यह सोचें कि आप उस ग़लती से कौन से सामान्य सबक़ सीख सकते हैं, ताकि भविष्य में वैसी ही ग़लतियाँ करने से बच सकें। कार्यकुशलता का मतलब है किसी एक ग़लती से ज़्यादा बड़ी तस्वीर देखने या अमूर्त करने की योग्यता। इसका मतलब है वैसी ही ग़लतियाँ करके ज़्यादा समय और ऊर्जा बर्बाद न करना। ख़ुद से बस यह न पूछें, "मैं यह सुनिश्चित करने के लिए क्या कर सकता हूँ कि यही ग़लती दोबारा न हो?" इसके बजाय आपको ख़ुद से यह पूछना चाहिए, "मैं यह सुनिश्चित करने के लिए क्या कर सकता हूँ कि ऐसी ग़लतियाँ दोबारा न हों?"

जॉर्ज सोरोस सोचते हैं कि उनकी सफलता काफ़ी हद तक इस कारण है कि वे ग़लतियों से सीखने के मामले में दूसरों से बेहतर हैं। सोरोस खुलकर स्वीकार करते हैं कि हर किसी की तरह उनसे भी ग़लतियाँ होती हैं। "लेकिन मेरे हिसाब से मैं उत्कृष्ट इस बात में हूँ कि मैं अपनी ग़लतियों को पहचान लेता हूँ... और यही मेरी सफलता का राज़ है।"

और यह न भूलें कि आपकी सफलताएँ भी आपको ग़लतियों जितना ही सिखा सकती हैं। किसी फुटबॉल टीम का कोई भी योग्य मैनेजर पराजय की तरह ही विजय से भी सीखता है। कई लोग सफल होने के बाद खुश होते हैं और अपनी सफलता के कारणों का पता लगाने की कोशिश नहीं करते हैं। लेकिन जब तक आप ऐसा नहीं करते हैं, तब तक आप उस सफलता को दोहराने में कामयाब नहीं हो पाएँगे।

आपकी सफलताओं, आपकी ग़लतियों, आपकी अकार्यकुशलताओं और ज़्यादा तेज़ी से लक्ष्य हासिल करने से रोकने वाले अन्य घटकों के विश्लेषण में समय लगाना श्रेष्ठ नीति है।

कार्यकुशलता बढ़ाने की कुंजी यह जानना है कि आपकी कौन-सी गतिविधियाँ आपके परिणामों के लिए अति महत्त्वपूर्ण हैं। उन गतिविधियों पर ध्यान केंद्रित करें और अन्य सामान्य काम दूसरों को सौंप दें, जिनमें कम ज्ञान और रचनात्मकता की आवश्यकता हो। सबसे बढ़कर, आपको अपने प्रोजेक्टों और प्रक्रियाओं को दो हिस्सों में बाँटना सीखना चाहिए : एक हिस्सा वह, जिसमें ज्ञान, अनुभव या रचनात्मकता की आवश्यकता है और दूसरा हिस्सा वह, जिसमें इनकी आवश्यकता नहीं है। बाद वाले काम आपकी टीम के कम अनुभवी

और कम सक्षम सदस्यों को सौंपे जा सकते हैं। हमेशा खुद से पूछें : "क्या मैं सचमुच एकमात्र व्यक्ति हूँ, जो यह काम कर सकता है या कोई दूसरा इसे इतनी ही अच्छी तरह या लगभग इतनी ही अच्छी तरह कर सकता है?"

आप कभी ज़्यादा ऊँचे लक्ष्य हासिल नहीं कर पाएँगे, जब तक कि आप दूसरों को काम सौंपना नहीं सीख लेते और यह सोचना नहीं छोड़ देते, "मैं इसे खुद ही कर सकता हूँ।" हर दिन खुद से यह पूछने की आदत डालें कि आपकी कौन-सी गतिविधियाँ आपके चुने हुए लक्ष्य की दिशा में आपकी प्रगति में सचमुच योगदान देती हैं – और फिर उन पर काम शुरू कर दें। ज़ाहिर है, आप ऐसा तभी कर पाएँगे, जब आपका दिन एक के बाद एक "अत्यावश्यक" कामों से नहीं भरा होगा, जिनमें से अधिकतर तो कभी अत्यावश्यक नहीं बनते, अगर आपने उन्हें तुरंत कर दिया होता और टालमटोल में समय बर्बाद नहीं किया होता।

अध्याय 15

गति बेहद महत्त्वपूर्ण है

जब आप अपनी कार्यकुशलता को बेहतर बना लेते हैं, तो आपकी गति भी काफ़ी बेहतर हो जाएगी – जो ज़्यादा महत्त्वाकांक्षी लक्ष्य हासिल करने की अनिवार्य शर्त है। कंप्यूटरों, इंटरनेट और आधुनिक टेलीकम्युनिकेशन्स ने कामकाजी प्रक्रियाओं की गति को काफ़ी बढ़ा दिया है। आज गति पहले से कहीं अधिक महत्त्वपूर्ण हो चुकी है। ज़रूरी नहीं है कि बड़ी कंपनियाँ छोटी कंपनियों को हराएँ – वास्तव में, छोटी कंपनियों के पास अक्सर एक प्रतिस्पर्धी लाभ होता है, क्योंकि समकालीन कारोबारी जगत में बाक़ी सबसे ज़्यादा तेज़ होना ही सबसे अहम बात है।

कोई कंपनी जितना ज़्यादा विस्तार करती है, इसमें उतनी ही ज़्यादा धीमी होने की प्रवृत्ति आ जाती है। बड़ी कंपनियाँ कम लचीली हो जाती हैं, दफ़्तरशाही और प्रशासकीय कार्यप्रणालियाँ बाधाएँ उत्पन्न करती हैं। इसलिए ये कंपनियाँ सरकारी संस्थाओं या उद्यमों जैसी भी बन सकती हैं। अपने ग्राहकों की आवश्यकताओं पर पूरा ध्यान केंद्रित करने के बजाय वे दफ़्तरशाही की भारी-भरकम प्रणालियाँ विकसित कर लेती हैं, जो प्रशासकीय कामों के प्रति समर्पित होती हैं। मैनेजर और एग्ज़ीक्यूटिव स्तर के कई कर्मचारी "कंपनी की राजनीति" में उतना ही समय लगाते हैं – दूसरे शब्दों में अपने खुद के पद को सुरक्षित रखने और प्रतिद्वंद्वियों को पछाड़ने की कोशिश में – जितना कि नए उत्पाद विकसित करने या अपने ग्राहकों की देखभाल करने में लगाते हैं।

एयरक्राफ्ट कैरियर की तरह ही बड़ी कंपनियों को भी दिशा बदलना मुश्किल लगता है। जैक वेल्च की आकर्षक जीवन कथा पढ़ने पर आप पाएँगे कि उन्होंने 3,00,000 कर्मचारियों वाले वैश्विक कॉर्पोरेशन जनरल इलेक्ट्रिक के शिखर पर 20 साल गुज़ारे और वे कंपनी के भीतर की फूली हुई दफ़्तरशाही से कैसे जूझे।

वेल्च बताते हैं कि जब उन्होंने 1980 में सीईओ पद सँभाला, तब जीई "एक औपचारिक और वृहद दफ्तरशाही थी, जिसमें प्रबंधन की बहुत सारी परतें थीं।" कंपनी चलाने के लिए 25,000 से ज़्यादा मैनेजर रखे हुए थे, "एक अनुक्रम में, जिसमें फ़ैक्ट्री के फ़र्श और मेरे ऑफ़िस के बीच एक दर्जन स्तर थे। 130 से ज़्यादा एग्ज़ीक्यूटिव वाइस प्रैज़िडेंट या इससे ऊपर के पद पर थे, जिनके पीछे सभी तरह के पदनाम और सहयोगी स्टाफ़ था।" उनके एक प्लांट में तो बॉयलर की निगरानी चार अलग-अलग संगठनात्मक परतों द्वारा की जाती थी और "किसी महत्त्वपूर्ण ख़र्च का लगभग हर आग्रह" वेल्च की डेस्क पर आ धमकता था। "कुछ मामलों में तो 16 अन्य लोग उस पर पहले ही हस्ताक्षर कर चुके होते थे और मेरे हस्ताक्षर आख़िरी थे, जिसकी ज़रूरत थी। मैं महत्त्व या मूल्य में क्या वृद्धि कर रहा था?" कंपनी के मुख्यालय पर अफ़सरों का राज था – "सतह पर ख़ुशनुमा, लेकिन इसके नीचे अविश्वास और निर्ममता का उबाल। यह वाक्यांश सारांश में बता देता है कि दफ़्तरशाह आम तौर पर आपसे किस तरह पेश आते हैं, आपके सामने मुस्कुराना, लेकिन आपकी पीठ पीछे आपको 'पटकने' की हमेशा ताक में रहना।"

वेल्च को कुछ लोग "संसार में सबसे अच्छा मैनेजर" मानते हैं और वे इसलिए सफल हुए, क्योंकि उन्होंने एक "क्रांति" शुरू की थी। वे कहते हैं, शुरुआती दिनों में "मैं हथगोले फेंक रहा था, परंपराओं और रिवाज़ों को उड़ाने की कोशिश कर रहा था, जो मेरे हिसाब से हमें पीछे रोक रही थीं।" वेल्च ने मैनेजरों को तीन श्रेणियों में विभाजित करने का एक तंत्र ईजाद किया : ए, बी और सी। हर साल वे सी श्रेणी में सबसे बुरा प्रदर्शन करने वाले मैनेजरों से छुटकारा पा लेते थे। एक-दो साल बाद अग्रणी एग्ज़ीक्यूटिव महीनों पहले कंपनी छोड़कर चले गए कर्मचारियों को सी श्रेणी में रखकर इस नवाचार को नाकाम करने की कोशिश की। लेकिन वेल्च अपनी बात पर डटे रहे, क्योंकि उन्हें विश्वास था कि यही जीई को लचीला बनाने का एकमात्र तरीक़ा था।

उनके ध्यान का मुख्य केंद्र दफ़्तरशाही तंत्रों को ढीला करने और गति हासिल करने पर था। हालाँकि वे अपनी तीव्र निर्णय शक्ति के लिए विख्यात हैं, लेकिन अपनी आत्मकथा में वे लिखते हैं : "40 साल बाद जब मैं रिटायर हुआ, तो मुझे सबसे बड़ा अफ़सोस यह था कि मैंने कई बार पर्याप्त तेज़ी से काम नहीं किया।" उन्हें ऐसे कई अवसर याद नहीं आ पाए, जब उन्होंने सोचा हो : "काश मैंने निर्णय लेने से पहले इस चीज़ पर छह और महीने तक अध्ययन किया होता।" शायद ही कभी उन्हें कर्म करने का अफ़सोस हुआ था – उन्हें तो

अफ़सोस कुछ स्थितियों में ज़्यादा तेज़ी से कर्म न करने का हुआ था।

कई मायनों में ज़्यादा छोटी कंपनियों के लिए यह ज़्यादा आसान होता है। अगर वे अच्छी हैं, तो स्पीडबोट की तरह ही वे भी एक ही पल में दिशा बदल सकती हैं, जिससे वे बाज़ार में हो रहे परिवर्तनों के अनुरूप ढलने में कामयाब हो जाती हैं। वे जो ग़लती करती हैं, वह सीधे-सीधे नज़र आ जाती है और या तो वे यह पहचान लेती हैं कि वे दिशा से भटक गई हैं और अपनी ग़लती सुधार लेती हैं या फिर वे बिना कोई अवशेष छोड़े डूब जाती हैं। ज़्यादा बड़ी कंपनियों के पास ज़्यादा गुंजाइश होती है और वे ग़लतियों, ज़्यादा बड़ी ग़लतियों, के बावजूद बच सकती हैं, क्योंकि ग्राहक स्थापित ब्रांडों पर भरोसा करते हैं और बड़े नाम के साथ चिपके रहना सुरक्षित समझते हैं। इसीलिए ज़्यादा बड़ी कंपनियाँ अक्सर डूबने से पहले लंबे समय तक तैरते रहने में कामयाब रहती हैं।

इसी उपमा को आगे बढ़ाते हैं। अगर किसी एयरक्राफ्ट कैरियर के पेंदे में भारी नुक़सान होता है, तो यह तुरंत नहीं डूबता है, जबकि एक स्पीडबोट डूब जाएगी। इसीलिए छोटी कंपनियाँ छोटी ग़लतियाँ भी गवारा नहीं कर सकतीं, जबकि एक विशालकाय कॉर्पोरेशन को ढहाने के लिए बहुत भारी चीज़ों की ज़रूरत होती है।

आज के कारोबारी जगत में गति का महत्त्व देखने के लिए लैरी एलिसन की जीवन गाथा एक उत्कृष्ट केस स्टडी है। अपने जीवन के शुरुआती 31 वर्षों तक एलिसन बहुत सामान्य व्यक्ति थे, जिन्होंने कभी कोई महत्त्वपूर्ण चीज़ हासिल नहीं की। लेकिन बाद में ऐसा कुछ हुआ कि वे संसार के शीर्षस्थ दर्जन भर सबसे अमीर लोगों में आने लगे। 2010 में वे *फ़ोर्ब्स* की अरबपतियों की सूची में छठे स्थान पर थे और उनके पास 20 अरब डॉलर की व्यक्तिगत संपत्ति थी। लेकिन आइए शुरू से शुरू करते हैं और पता लगाते हैं कि किस तरह एक छोटी कंपनी आईबीएम जैसी दिग्गज कंपनी को हराने में समर्थ हुई, जिसका समृद्ध इतिहास 1924 तक जाता था।

एलिसन का जन्म 1944 में मैनहटन में हुआ। उनकी माँ केवल 19 साल की थीं और उनके पिताजी जा चुके थे। माँ ने लैरी को गोद दे दिया। लैरी ने स्कूल में बहुत अच्छा प्रदर्शन नहीं किया और कोई भी ऐसी चीज़ सीखने से इंकार कर दिया, जिसमें उन्हें तुक नज़र नहीं आती थी। उन्होंने प्रोग्रामर के रूप में काम करके कॉलेज की फ़ीस चुकाई। वे दिन में पढ़ाई करते थे और रात को कई कंपनियों में आईबीएम कंप्यूटरों पर काम करते थे।

एलिसन अपनी पत्नी के साथ एक बेडरुम के अपार्टमेंट में रहते थे। वे जिस पलंग पर सोते थे, उनके पास उससे ज़्यादा कुछ नहीं था। अपने असफल होते विवाह को बचाने की कोशिश में वे एक परामर्शदाता सत्र में गए, जहाँ एलिसन की पत्नी ने उन पर आरोप लगाया कि वे एक पराजित इंसान हैं, जो कभी कहीं नहीं पहुँच पाएँगे। एलिसन ने उससे कहा : "अगर तुम मेरे साथ रहती हो, तो मैं मिलियनेअर बनूँगा और तुम्हें हर वह चीज़ मिल जाएगी, जो तुम चाहती हो।" उनकी पत्नी ने कहा, उस पल एलिसन ने "खुद से वादा किया कि वे कभी असफल नहीं होंगे। यह उनके जीवन का निर्णायक बिंदु था।" फिर भी सात साल के वैवाहिक जीवन के बाद पत्नी उन्हें छोड़कर चली गई। ऐसा कोई संकेत नज़र नहीं आ रहा था कि एलिसन अपने जीवन का कायाकल्प कर पाएँगे।

1974 में उन्होंने एम्पेक्स नामक कंप्यूटर कंपनी में काम शुरू किया, जहाँ वे बॉब माइनर और एड ओट्स से मिले, जो बाद में ऑरिकल के सह-संस्थापक बने। वे कुछ समय बाद नौकरी बदलकर प्रिसिज़न इंस्ट्रूमेंट कंपनी में पहुँच गए, जो हार्डवेअर में विशेषज्ञ थी। उस कंपनी के लोग सॉफ़्टवेयर बनाने के बारे में ज़्यादा नहीं जानते थे, इसलिए उन्हें मजबूरन प्रोग्रामिंग का अपना सारा काम बाहर से कराना पड़ता था। यह देखकर लैरी एलिसन के दिमाग़ में एक ऐसा विचार आया, जिसने उनकी ज़िंदगी बदल दी।

उन्होंने अपने पूर्व सहकर्मियों माइनर और ओट्स को फ़ोन करके सुझाव दिया कि वे प्रोग्रामिंग अनुबंधों के लिए आवेदन करने हेतु एक नई कंपनी स्थापित कर लें। वे खुद संपर्क के तौर पर प्रिसिज़न इंस्ट्रूमेंट कंपनी में बने रहेंगे, जबकि माइनर और ओट्स एक अन्य कर्मचारी के साथ सॉफ़्टवेयर विकसित करेंगे।

यह क़दम उठाने के लिए जिस चीज़ ने एलिसन को प्रेरित किया, वह यह थी कि उन्हें एहसास हो गया था कि वे कंपनी की सीढ़ी पर चढ़ने के लिए नहीं बने थे। किसी स्थापित कंपनी में करियर बनाने का मतलब वरिष्ठ पद पर आसीन लोगों के तलवे चाटना भी था, जिससे वे स्कूल में भी चिढ़ते थे। "अगर लोग मुझसे ऐसी चीज़ें करने को कहते थे, जिनमें समझदारी नज़र नहीं आती थी, तो मैं उस वक़्त अपना खुद का स्कूल शुरू नहीं कर सकता था, लेकिन मैं अब अपनी खुद की कंपनी शुरू कर सकता था।"

1 अगस्त 1977 को एलिसन और उनके दो पूर्व सहकर्मियों ने उस कंपनी की स्थापना की, जो बाद में ऑरिकल बनने वाली थी। 2010 में 145 देशों में इसके 70,000 कर्मचारी थे। उन्होंने कंपनी का 60 प्रतिशत स्वामित्व अपने

पास रखा - आख़िर यह उनका विचार था - और 20-20 प्रतिशत हिस्सेदारी अपने दोनों साझेदारों को दे दी। कई मायनों में कंपनी का तंत्र माइक्रोसॉफ़्ट और ऐपल के शुरुआती ढाँचे जैसा ही था। तीनों ही कंपनियों की स्थापना तकनीकी पृष्ठभूमि के एक भविष्यदृष्टा ने एक प्रतिभाशाली प्रोग्रामर के साथ की थी। भविष्यदृष्टा थे बिल गेट्स, स्टीव जॉब्स और लैरी एलिसन, जबकि उनके प्रतिभाशाली प्रोग्रामर थे क्रमशः पॉल ऐलन, स्टीव वॉज़्नियाक और बॉब माइनर।

ऑरेकल की ज़बरदस्त सफलता को तब तक समझना संभव नहीं है, जब तक कि उन समस्याओं पर नज़र न डाली जाए, जिनका सामना कंपनियाँ उस वक़्त कर रही थीं। कई कंपनियों ने अपने कामकाज में कंप्यूटर प्रौद्योगिकी का उपयोग शुरू कर दिया था, लेकिन उस वक़्त बाज़ार में अनुक्रम पर आधारित डाटाबेस सिस्टम थे, जो उनकी आवश्यकताओं के लिए अनुपयुक्त साबित हुए। शोधकर्ता कुछ समय से एक नए तरह के डाटाबेस सिस्टम पर काम कर रहे थे, जिसे उन्होंने "रिलेशनल" (संबंधपरक) कहा। 1970 में आईबीएम के शोध और विकास प्रभाग के एक सदस्य ने एक क्रांतिकारी लेख प्रकाशित किया, जिसका शीर्षक था, "अ रिलेशनल मॉडल ऑफ़ डाटा फ़ॉर लार्ज शेयर डाटा बैंक्स।" 1970 के दशक के मध्य में सैन जोसे में आईबीएम रिसर्च लैब के प्रोग्रामर ने इन विचारों के व्यावहारिक उपयोग पर काम शुरू किया।

लेख पढ़ने के बाद एड ओट्स इसके निष्कर्षों से मंत्रमुग्ध थे। "हम सभी जानते थे कि संबंधपरक में ही चतुराई है। हम सभी ख़ास तौर पर जानते थे कि नेटवर्क और अनुक्रम आधारित डाटाबेसों में चतुराई नहीं है। वे पुरानी प्रौद्योगिकी थे।" एलिसन, ओट्स और माइनर ने एक अवसर देखा और उसे लपक लिया : उन्होंने उन विचारों का उपयोग करने की ठान ली थी, जिन पर आईबीएम के शोधकर्ता काम कर रहे थे। वे आईबीएम के समाधान खोजने से पहले समाधान खोजना चाहते थे।

हालाँकि ऑरेकल के संस्थापकों ने आईबीएम के काफ़ी बाद प्रोजेक्ट पर काम शुरू किया था, लेकिन वे अपना सॉफ़्टवेयर पाँच साल पहले रिलीज़ करने में सफल रहे। भीमकाय कंपनी बहुत धीमी गति से चली। जीई की तरह ही इसने भी दशकों के अस्तित्व के दौरान बहुत सारी संगठनात्मक परतें इकट्ठी कर ली थीं। एक पूर्व आईबीएम प्रोग्रामर के अनुसार कंपनी ने अपने धीमेपन के कारण जानने के लिए ख़ुद एक अध्ययन कराया था। "उन्होंने जो पाया, वह यह था कि

एक ख़ाली बॉक्स को भेजने में कम से कम नौ महीने लगेंगे।"

दूसरी समस्या यह थी कि आईबीएम का आईएमएस नामक अनुक्रम आधारित डाटाबेस सिस्टम वाणिज्यिक रूप से सफल था। वे अपने ही उत्पाद के साथ प्रतिस्पर्धा का जोख़िम नहीं लेना चाहते थे। वे एक नया सिस्टम बाज़ार में नहीं उतारना चाहते थे, जो पुराने उत्पाद को कंप्यूटिंग इतिहास के कूड़ेदान में डाल दे? कंपनी के भीतर आईएमएस के कई रक्षक थे, जिन्होंने नया डाटाबेस सिस्टम विकसित करने के ख़िलाफ़ जमकर संघर्ष किया।

हालाँकि विचार मूलतः आईबीएम का था, लेकिन इसका फ़ायदा लैरी एलिसन ने उठाया। कुछ साल बाद आईबीएम एक और कंपनी के लिए दाई का काम करने वाली थी, जो बाद में संसार की सबसे बड़ी कंप्यूटर बनी। ज़ाहिर है, वह कंपनी माइक्रोसॉफ़्ट थी। आईबीएम उस समय तक बड़े मेनफ़्रेम कंप्यूटर बनाती थी, लेकिन 1980 में इसने पर्सनल कंप्यूटर के बाज़ार में उतरने का निर्णय लिया। इसने 1970 के दशक के उत्तरार्द्ध में बाज़ार में "माइक्रोकंप्यूटर" (5100 सीरीज़) उतारने की कोशिश की थी, जो नाकाम रही थी।

आईबीएम को जिस सॉफ़्टवेयर की ज़रूरत थी, उसे विकसित करने में समय बर्बाद करने के बजाय उन्होंने इसे ख़रीदने का निर्णय लिया (स्पष्ट रूप से उन्हें यह पता चल गया था कि वे कितने धीमे हैं)। ख़ास तौर पर, उन्हें अपने कंप्यूटरों को चलाने के लिए एक ऑपरेटिंग सिस्टम की ज़रूरत थी। डिजिटल रिसर्च नामक कंपनी के साथ बातचीत से कोई निष्कर्ष नहीं निकला।

आईबीएम ने बिल गेट्स से भी संपर्क किया, लेकिन उनकी कंपनी माइक्रोसॉफ़्ट भी बारह महीनों के भीतर शून्य से नया ऑपरेटिंग सिस्टम तैयार नहीं कर सकती थी। समाधान खोजने की कोशिश में गेट्स ने सिऐटल कंप्यूटर नामक एक दूसरी कंपनी से ऑपरेटिंग सिस्टम ख़रीदने की सौदेबाज़ी की और नवंबर 1980 में आईबीएम के साथ एक अनुबंध पर हस्ताक्षर किए कि वे उस पर्सनल कंप्यूटर के लिए सॉफ़्टवेयर और डिस्क ऑपरेटिंग सिस्टम (डॉस) विकसित करेंगे, जिसे आईबीएम बाज़ार में उतारने वाली थी। गेट्स ने ऑपरेटिंग सिस्टम 86-डॉस को सिऐटल कंप्यूटर से 50,000 डॉलर में ख़रीद लिया - यह बीसवीं सदी का शायद सबसे अच्छा सौदा था।"

आईबीएम ने माइक्रोसॉफ़्ट से एक निश्चित राशि पर सारे लाइसेंस ख़ादीने का सुझाव दिया, जैसा माइक्रोसॉफ़्ट ने सिऐटल कंप्यूटर के साथ किया था। लेकिन बिल गेट्स बहुत चतुर थे और उन्होंने आईबीएम द्वारा बेचे गए हर

ऑपरेटिंग सिस्टम के प्रतिशत यानि रॉयल्टी पर ज़ोर दिया। 1981 में आईबीएम ने अपना पहला पर्सनल कंप्यूटर बाज़ार में उतारा, जो बेहद सफल रहा और इसने माइक्रोसॉफ़्ट के साम्राज्य की नींव डाली। 1982 के अंत में कंपनी के पास 200 कर्मचारी थे और इसने 32 मिलियन डॉलर मूल्य के सॉफ़्टवेयर बेचे।

लैरी एलिसन के अनुसार, अपने पर्सनल कंप्यूटरों के लिए एमएस-डॉस ऑपरेटिंग सिस्टम के इस्तेमाल का आईबीएम का निर्णय "संसार में उद्यमिता के इतिहास में सबसे बुरी ग़लती थी," "सौ अरब डॉलर की ग़लती।" रिलेशनल डाटाबेस सिस्टम्स पर लेख प्रकाशित करना और अपना ख़ुद का उत्पाद जल्दी विकसित न करना एक और ग़लती थी, जिसकी कंपनी को भारी क़ीमत चुकानी पड़ी और इस ग़लती की वजह से लैरी एलिसन संसार के सबसे अमीर व्यक्तियों में से एक बन गए।

बड़ी कंपनियाँ आम तौर पर एक और ग़लती यह करती हैं कि वे अपने कर्मचारियों की क्षमता और विचारों को नहीं पहचानती हैं, जो इस वजह से अपनी ख़ुद की कंपनी बनाने का निर्णय लेते हैं। एक बार फिर, आईबीएम इसका मुख्य उदाहरण है। 1972 में कंपनी की जर्मन इकाई के पाँच पूर्व कर्मचारियों ने अपनी ख़ुद की कंपनी स्थापित कर ली, जिसे उन्होंने एसएपी नाम दिया। आज एसएपी एक पब्लिक लिमिटेड कंपनी है। यह संसार की सबसे बड़ी सॉफ़्टवेयर कंपनियों में से एक है, जिसमें 2010 में 47,000 कर्मचारी काम करते थे और इसकी बिक्री लगभग 17 अरब डॉलर थी।

यह सब इस तरह शुरू हुआ कि आईबीएम के कुछ सबसे योग्य कर्मचारी लगातार कुंठा महसूस कर रहे थे, क्योंकि वे बाज़ार को कॉर्पोरेशन से ज़्यादा अच्छी तरह समझ सकते थे। उनमें से एक डॉ. क्लॉज़ वेलेनर्यूदर थे, जिन्होंने 1966 में युनिवर्सिटी से निकलते ही आईबीएम में सिस्टम्स कनसल्टेंट पद पर काम शुरू कर दिया था। बिज़नेस में उनकी डिग्री ने उन्हें बाक़ी भौतिकी, गणित और इंजीनियरिंग के स्नातकों के बीच अलग-थलग कर दिया था। वे अकाउंटिंग डिपार्टमेंट के लिए सॉफ़्टवेयर विकसित करने में विशेषज्ञ थे। एसएपी के सह-संस्थापक डीटमर हॉप कहते हैं, "बुककीपिंग और वेलेनर्यूदर के नाम पर्यायवाची की तरह इस्तेमाल किए जाते थे।"

इस बिंदु तक आईबीएम ने लगभग पूरी तरह हार्डवेअर बेचने पर ध्यान केंद्रित किया था। लंबे समय तक कंपनी सॉफ़्टवेयर के महत्त्व को पहचानने में असफल रही। आख़िरकार 1971 में आईबीएम ने वेलेनर्यूदर के प्रिय विषय

यानि अकाउंटिंग सॉफ़्टवेयर के विकास को केंद्रीकृत करने का फ़ैसला किया। वेलेनर्यूदर कहते हैं, "मुझे उम्मीद थी कि मुझे प्रोजेक्ट मैनेजर बनाया जाएगा, क्योंकि मैंने सारे समय फ़ाइनैंशियल अकाउंटिंग सिस्टम विकसित और लागू किए थे।" लेकिन इसके बजाय उन्हें जानकारी दी गई कि वे मैनेजर के स्तर की नौकरी के लिए योग्य नहीं हैं। वेलेनर्यूदर ने देखा कि वे एक लीक में फँसे हुए थे और आईबीएम में उनका कोई भविष्य नहीं है। उन्होंने अपनी बची हुई छुट्टियाँ लीं, जो दो महीने का सवैतनिक अवकाश थीं और इस दौरान गंभीर सोच-विचार किया। परिणाम यह हुआ कि उन्होंने अपना ख़ुद का कारोबार शुरू करने के लिए अपनी नौकरी छोड़ दी और अपने लेटरहेड पर इसका वर्णन बहुत ही नीरस तरीक़े से "सिस्टम्स एनालिसिस ऐंड प्रोग्राम डेवलपमेंट" किया।

डीटमर हॉप नामक आईबीएम के एक और कर्मचारी ने भी कुछ सोच-विचार किया। उनकी विशेषज्ञता का क्षेत्र था डायलॉग प्रोग्रामिंग - जिससे कंप्यूटर प्रोग्रामिंग निर्देशों पर तुरंत अमल करते हैं, बजाय देरी के, जैसा मूलतः होता था।

इससे पहले, ग्राहक या परामर्शदाता आईबीएम की मदद से अपने ख़ुद के सॉफ़्टवेयर ऐप्लिकेशन तैयार करते थे, जिसका मतलब था बार-बार पहिए का आविष्कार करना और इसके लिए ग्राहकों से भुगतान पाना। हॉप को एहसास हुआ, "हम हर आईबीएम ग्राहक के लिए जो करते हैं, वह हमेशा एक जैसा ही रहता है। इसलिए इसे मानकीकृत किया जा सकता है।" हॉप ने एक मानक सॉफ़्टवेयर तैयार करने का फ़ैसला किया, जिसका इस्तेमाल कई अलग-अलग कंपनियों में किया जा सकता था। उनका विचार उस नई कंपनी की बुनियाद था, जिसे उन्होंने वेलेनर्यूदर, हैसो प्लैटनर और दो अन्य पूर्व आईबीएम कर्मचारियों के साथ शुरू किया।

वे जानते थे कि गति का महत्त्व सर्वोपरि है। यदि उनका उद्यम सफल हुआ, तो दूसरी कंपनियाँ - शायद आईबीएम भी - उनके विचार की नक़ल कर लेंगी। मानक सॉफ़्टवेयर का शानदार विचार और इसे विकसित करने के लिए आवश्यक ज्ञान ही काफ़ी नहीं था; उन्हें एक अच्छी मार्केटिंग रणनीति की भी ज़रूरत थी।

बड़ी कंपनियों के आईटी विशेषज्ञों में अपने विचार का प्रचार करना स्पष्ट नीति हो सकती थी, लेकिन जल्द ही उन्हें एहसास हो गया कि इसमें कोई तुक नहीं थी। एक तरफ़ तो आईटी विशेषज्ञ ख़ुद को और अपने स्टाफ़ को

ग़ैर-ज़रूरी बनने का जोख़िम नहीं लेना चाहते थे, दूसरे उन्हें यह डर भी था कि नया सॉफ़्टवेयर उनके खुद के सिस्टम्स की ग़लतियों और कमियों को उजागर कर देगा, जिन्हें कंपनी में अब तक कोई नहीं पकड़ पाया था, क्योंकि कोई दूसरा कंप्यूटरों के बारे में नहीं जानता था।

इसलिए एसएपी ने सीधे शिखर पर जाकर सीईओ तथा सीएफ़ओ से संपर्क किया। यह मार्केटिंग का उनका पहला बुद्धिमत्तापूर्ण विचार था। इससे भी महत्त्वपूर्ण बात, बहुत शुरुआत से ही उन्होंने बड़ी ऑडिटिंग कंपनियों और हार्डवेअर निर्माताओं का सहयोग चाहा। आख़िर, सीईओ और सीएफ़ओ के उन स्वतंत्र ऑडिटरों और परामर्शदाताओं की अनुशंसा से प्रभावित होने की ज़्यादा संभावना थी, जिन पर वे भरोसा करते थे, बजाय कुछ अनुभवहीन नए आने वालों के, जो अपने खुद के उत्पाद का प्रचार करने की कोशिश कर रहे थे।

इससे एसएपी को अपने सॉफ़्टवेयर का प्रचार करने की झंझट बच गई और वे इसे विकसित करने तथा सर्वश्रेष्ठ बनाने पर पूरा ध्यान केंद्रित कर पाए। "हम नवाचार की योग्यता को कार्यकुशलता का पर्यायवाची मानते हैं," हॉप कहते हैं कि इस बात का तनाव एक बड़ी प्रेरक शक्ति थी कि "कहीं प्रतिस्पर्धी बेहतर तो नहीं हैं और हमसे आगे तो नहीं निकल जाएँगे।" निश्चित रूप से, एसएपी अपनी प्रतिद्वंद्वी निक्सडॉर्फ़ के रास्ते पर नहीं जाना चाहती थी, जो अंततः इसलिए असफल हुई, क्योंकि उसने उत्पाद विकास के बजाय मार्केटिंग पर पूरा ध्यान केंद्रित कर लिया था।

एसएपी प्रतिस्पर्धा से ज़्यादा गुणवत्तापूर्ण और तेज़ थी, क्योंकि कंपनी ने अपने सारे संसाधनों का निवेश मानक सॉफ़्टवेयर विकसित करने में किया। "दूसरी ओर, इसकी प्रतिस्पर्धी कंपनियाँ मानक सॉफ़्टवेयर विकसित करने तथा ट्रेडमार्क वाले सॉफ़्टवेयर को ग्राहक के अनुसार ढालने या विशेष क्षेत्रों में ज़्यादा ख़र्च करने के मझधार में कई सालों तक झूलती रहीं।" एसएपी जल्दी ही लगभग सभी अग्रणी जर्मन कंपनियों को ग्राहक बनाने में कामयाब रही और कुछ सालों में कंपनी ने एक तरह से जर्मन बाज़ार पर एकाधिकार कर लिया। स्थापना के 44 साल बाद 2006 में भी कंपनी का 50 प्रतिशत से अधिक जर्मन बाज़ार और लगभग 30 प्रतिशत वैश्विक बाज़ार पर क़ब्ज़ा था। यह सब संभव नहीं होता, अगर आईबीएम भावी विकास का अनुमान लगाने में असफल नहीं रही होती और जिन योग्य कर्मचारियों ने सही अनुमान लगाया था, उन्हें कंपनी के भीतर ही विकास करने का अवसर और स्वतंत्रता दी होती।

आईबीएम ही एकमात्र कॉर्पोरेशन नहीं है, जिसने इस तरह के अदूरदर्शी चिंतन की ग़लती की हो। इससे मिलती-जुलती चीज़ ज़िरॉक्स में भी हुई, जिसका नाम फ़ोटोकॉपी मशीनों के साथ पर्यायवाची बन गया है, क्योंकि इन्हीं की बदौलत यह कंपनी सफल हुई थी। ज़िरॉक्स पालो आल्टो में एक बहुत ही गोपनीय शोध केंद्र चलाता था, जिसे आईटी समुदाय में आदर से "ज़िरॉक्स पार्क" कहा जाता था। ऐपल के संस्थापक स्टीव जॉब्स अपनी आँखों से यह देखने के लिए उतावले थे कि इस बेहद ख़ुफ़िया जगह पर क्या विकसित किया जा रहा है। वाक्कला की प्रखर योग्यता का अच्छा इस्तेमाल करने पर उन्हें आख़िरकार इसके गर्भगृह में प्रवेश मिल गया।

जॉब्स ने वहाँ जो देखा, उसे लेकर वे बेहद रोमांचित हो गए। पार्क के वैज्ञानिक लैरी टेस्लर याद करते हैं, वे "कमरे में टहल रहे थे, उछल-कूद रहे थे और सारे समय रोमांचित हो रहे थे।" उनके पास रोमांचित होने का अच्छा कारण था, क्योंकि टेस्लर ने उन्हें जो दिखाया था, वह पर्सनल कंप्यूटिंग के भविष्य से कमतर नहीं था। जॉब्स के जीवनी लेखक बताते हैं, "उस दिन ऐपल ने जो देखा, वह एक डिस्प्ले था, जिसमें उपयोग करने वाला गूढ़ कमांड टाइप करके नहीं, बल्कि मनचाही वस्तु पर पॉइंटर ले जाकर उसे चुनता था। और अलग-अलग दस्तावेज़ों के लिए व्यक्तिगत विंडोज़। और ऑनस्क्रीन मेन्यू।" कुछ और भी था, जो नया और ख़ास था – "माउस" नामक एक उपकरण। आज हम माउस के बिना कंप्यूटर का इस्तेमाल करने की कल्पना भी नहीं कर सकते, लेकिन उस वक़्त यह एक बिलकुल नई चीज़ थी।

जब टेस्लर स्टीव जॉब्स और ऐपल की टीम के सामने अपने आविष्कारों का प्रदर्शन कर रहे थे, तो वे उनके रोमांच और उनके समझदार सवालों की झड़ी पर बहुत खुश थे। आप अच्छी तरह कल्पना कर सकते हैं कि उन्हें कैसा महसूस हुआ होगा? वे एक बड़े कॉर्पोरेशन के कर्मचारी थे और अच्छी तरह जानते थे कि उनकी टीम ने एक ख़ास और महत्त्वपूर्ण चीज़ तैयार की है, लेकिन वे यह भी उतनी ही अच्छी तरह जानते थे कि उनकी कंपनी में उन्हें वह मान्यता कभी नहीं मिलेगी, जिसके वे हक़दार थे। उन्होंने बाद में कहा कि डेमो के अंत में उन्होंने यह निर्णय ले लिया था कि वे ज़िरॉक्स छोड़कर ऐपल के लिए काम करेंगे, जहाँ उन्हें वाइस-प्रैज़िडेंट और चीफ़ साइंटिस्ट बनाया गया।

आईबीएम और ऑरेकल, आईबीएम और एसएपी, ज़िरॉक्स और ऐपल – इन सभी कहानियों के परिणाम समान हैं। एक बड़ी कंपनी बेहतरीन

विचारों वाले प्रतिभाशाली लोगों को नियुक्त करती है, लेकिन उनकी संभावना नहीं पहचान पाती है। यह उनके विचारों को वाणिज्यिक रूप से व्यावहारिक उत्पादों में नहीं बदल पाती है। इन दोनों बड़ी कंपनियों की रक्षा में यह कहा जा सकता है कि उनके निर्णय अंशतः इस बात से प्रेरित थे कि पूरी तरह जाँचे-परखे और विकसित किए बिना उत्पादों को उतारने से उनकी छवि को नुक़सान पहुँचने का ख़तरा था।

लैरी एलिसन, बिल गेट्स और स्टीव जॉब्स इस ख़तरे से अनजान थे। उनका सूत्रवाक्य था : तेज़ होना आदर्श होने से बेहतर है। या अधिक सटीकता से कहें : वे भी आदर्श बनना चाहते थे - लेकिन वे उत्पाद को बाज़ार में उतारने का तब तक इंतज़ार नहीं करना चाहते थे, जब तक कि उनका उत्पाद आदर्श न बन जाए। यदि यह पहले से आदर्श नहीं था, तो उपयोग करने वालों के फ़ीडबैक से इसे हमेशा आदर्श बनाया जा सकता है - जिससे उन्हें बार-बार नए संस्करण और अपडेट रिलीज़ करने तथा लाइसेंसिंग फ़ीस कमाने का मौक़ा मिलेगा। चूँकि बाक़ी सभी सॉफ़्टवेयर निर्माता भी ठीक ऐसा ही करते थे, इसलिए इससे असंतुष्ट उपयोग करने वालों के पास कोई विकल्प नहीं रहता था।

एलिसन, जॉब्स और गेट्स को एहसास था कि तेज़ होना प्रायः आदर्श होने से ज़्यादा महत्त्वपूर्ण हो सकता है। यह ख़ास तौर पर शुरुआती अवस्था में सच होता है, जब अहम बात जल्दी से जल्दी बाज़ार में ज़्यादा से ज़्यादा हिस्सेदारी जीतना होती है। बाज़ार में उत्पाद उतारने में जल्दबाज़ी का आरोप लगने पर एलिसन ने जवाब दिया : "अब जब बाज़ार स्थापित हो चुका है, तो पेप्सी को कोक से आधा प्रतिशत बाज़ार जीतने की क्या लागत आती है? यह बहुत महँगा है... हम जितनी तेज़ी से दौड़ सकते हैं, अगर हम उतनी तेज़ी से न दौड़ें और फिर उसके बाद उससे दोगुनी तेज़ी न दिखाएँ, तो फिर बाद में बाज़ार में हिस्सेदारी बढ़ाना हमारे लिए बहुत ख़र्चीला होगा।"

बिल गेट्स ने भी "बाज़ार का अनुमान लगाने और नए उत्पाद को सबसे पहले उतारने" की यही रणनीति अपनाई। बहरहाल, इससे माइक्रोसॉफ़्ट बहुत बार मुश्किल में भी पड़ी। "अक्सर गेट्स उत्पाद विकास के अयथार्थवादी लक्ष्य तय कर देते थे। समयसीमा निकल जाती थी, उत्पाद हमेशा अच्छी तरह डिज़ाइन नहीं होते थे और अनपेक्षित बाधाओं या विलंबों के कारण अनुबंधों को बदलना पड़ता था।"

गेट्स यह क़ीमत चुकाने के लिए तैयार थे। उनके क़रीबी सहयोगी स्टीव

वुड कहते हैं : "बिल की नीति, और आप इसे अब भी विंडोज़ जैसी चीज़ों में देख सकते हैं, हमेशा मानक बनाने और बाज़ार की हिस्सेदारी हासिल करने की थी। वे कारोबार को अस्वीकार करने से नफ़रत करते थे। यदि इसका मतलब यह था कि कारोबार हासिल करने के लिए हमें अपने भाव कम करने होंगे, तो वे आम तौर पर ऐसा करने के ज़्यादा इच्छुक रहते थे..."

बिल गेट्स को समस्या सुलझाने की अपनी योग्यताओं पर इतना ज़्यादा विश्वास था कि वे कोई भी चुनौती लेने को तैयार रहते थे, चाहे वह कितनी ही असंभव दिख रही हो। वुड माइक्रोसॉफ़्ट में विद्यमान कर-सकते-हैं नज़रिये की पुष्टि करते हैं : "ठीक है, आज तक किसी ने भी पर्सनल कंप्यूटर के लिए यह नहीं किया है, लेकिन उससे क्या? हम इसे कर सकते हैं। कोई बड़ी बात नहीं है।" किसी ने भी यह पूछने की नहीं सोची कि कहीं ऐसा तो नहीं कि इसे नहीं किया जा सकता। "हमने खुद को ज़रूरत से ज़्यादा समर्पित कर लिया था।"

इसका अक्सर मतलब होता था कि उत्पाद पहले-पहल बहुत अच्छी तरह काम नहीं करते थे, लेकिन गेट्स को उसकी ज़्यादा चिंता नहीं थी। माइक्रोसॉफ़्ट के उपभोक्ता उत्पाद डिवीज़न के पूर्व प्रमुख ने एक इंटरव्यू में कहा था : "कुछ अपवादों को छोड़कर उन्होंने कभी पहले संस्करण में अच्छा उत्पाद नहीं भेजा। लेकिन उन्होंने कभी हार नहीं मानी और अंततः इसे सही कर दिया। बिल किसी व्यवसाय में तेज़ी से प्रवेश करने की ख़ातिर समझौता करने के बहुत ज़्यादा इच्छुक रहते हैं।"

गेट्स एशिया के प्रतिस्पर्धियों से पराजित नहीं होना चाहते थे। "मैं माइक्रोसॉफ़्ट शुरू करने के दो साल बाद ही जापान गया और मैं जानता था कि हार्डवेअर कंपनियों के साथ काम करने के संदर्भ में यह एक बेहतरीन जगह होगी। वहाँ काफ़ी अच्छा शोध होता है। और यह अमेरिका के अलावा प्रतिस्पर्ध का सबसे संभावित स्रोत था।"

हर भावी सफल उद्यमी दो अलग-अलग लक्ष्यों के बीच संघर्ष का सामना करता है : तेज़ होना और आदर्श होना। "आदर्श झिझक" हारने की ओर ले जा सकती है, जैसा कि आईबीएम या ज़िरॉक्स के साथ हुआ। दूसरी ओर, गुणवत्ता को भूलकर सिर्फ़ गति की परवाह करने से आपकी प्रतिष्ठा ख़राब हो सकती है।

वॉल्मार्ट कॉर्पोरेशन की सफलता की कहानी प्रतिस्पर्धियों की तुलना में ज़्यादा तेज़ होने के महत्त्व को आदर्श तरीक़े से बताती है। आज वॉल्मार्ट संसार का सबसे बड़ा निजी नियोक्ता है और इसमें दो मिलियन कर्मचारी

काम करते हैं। 2010 में कंपनी ने 405 अरब डॉलर की बिक्री की थी और *फ़ोर्ब्स* के अनुसार इसकी बिक्री के आँकड़े संसार की किसी दूसरी कंपनी से अधिक थे। वॉल्मार्ट परिवार के तीन सदस्य - जिम वॉल्टन, एलिस वॉल्टन और एस. रॉब्सन वॉल्टन - संसार के बीस सबसे दौलतमंद लोगों में आते हैं। कुल मिलाकर उनके पास 61 अरब डॉलर की संपत्ति है। उनके पिता सैम वॉल्टन ने 2 जुलाई 1962 को रॉजर्स, अरकांसस में मूल वॉल्मार्ट खोला था। उनकी कहानी गति के महत्त्व पर एक सबक़ है।

वॉल्टन ने अपनी पहली दुकान 1945 में खोली थी। उन्होंने एक छोटे कस्बे में 25,000 डॉलर में एक फ्रैंचाइज़ी ख़रीदा था। 5,000 डॉलर का इंतज़ाम उन्होंने ख़ुद किया, बाक़ी ससुर से कर्ज़ लिया। पहले साल में बिक्री 1,06,000 डॉलर तक पहुँच गई - जबकि उसी जगह पिछले मालिक ने 72,000 डॉलर बिक्री की थी यानि लगभग 50 प्रतिशत ज़्यादा बिक्री। अगले दो सालों में बिक्री क्रमशः बढ़कर 1,40,000 और 1,72,000 डॉलर तक पहुँच गई। दुकान का मालिक वॉल्टन की सफलता से इतना प्रभावित हुआ कि उसने अनुबंध ख़त्म होने पर उसका नवीनीकरण करने से इंकार कर दिया - वह चाहता था कि उसका बेटा इस लाभकारी फ्रैंचाइज़ी की कमान सँभाले।

वॉल्टन कहते हैं : "यह मेरे कारोबारी जीवन का न्यून बिंदु था। मैं अंदर से टूट गया था। मुझे यक़ीन नहीं हुआ कि यह मेरे साथ हो रहा था।" उन्होंने जो सफल कारोबार बनाया था, उसे छोड़ना एक सदमे भरा अनुभव था, लेकिन यही उनकी सफलता का सबब साबित हुआ। वॉल्टन बेंटनविल चले गए, जो 3,000 बाशिंदों का एक और छोटा कस्बा था। वहाँ उन्होंने एक नई दुकान खोली, जो बाद में स्व-सेवा मॉडल पर आधारित अमेरिका की पहली दुकानों में से एक थी।

वॉल्टन हमेशा नए विचार आज़माने के लिए उत्सुक रहते थे और उन्होंने एक पत्रिका में दो दुकानों के बारे में एक लेख पढ़ा था, जिन्होंने अमेरिका में स्व-सेवा का मार्ग प्रशस्त किया था। वे इस अवधारणा पर इतने मुग्ध हुए कि उन्होंने इसे ख़ुद आज़माने का फ़ैसला किया। वॉल्टन को पहले होने की परवाह नहीं थी, वे तो बस सबसे तेज़ होना चाहते थे। वे अपनी आत्मकथा में खुलकर स्वीकार करते हैं, "मैंने जो भी किया है, अधिकतर दूसरों की नक़ल करके किया है।" कई लोग घमंड के कारण उन विचारों की नक़ल नहीं करते हैं, जो उनसे पहले किसी दूसरे के दिमाग़ में आए हों। वे सोचते हैं कि उपलब्धि का तब तक

मूल्य नहीं है, जब तक कि वह आपके खुद के विचार पर आधारित न हो। वॉल्टन के मन में ऐसा घमंड कभी नहीं रहा।

वे अपने प्रतिस्पर्धियों की दुकानों या कंपनी मुख्यालयों में जाकर खुश होते थे और जो भी जानना चाहते थे, बेझिझक पूछ लेते थे। उन्होंने अपने स्टाफ़ से भी अपना अनुसरण करने को कहा। वे चाहते थे कि स्टाफ़ सिर्फ़ प्रतिस्पर्धियों की खूबियों पर ध्यान केंद्रित करे और उनकी ग़लतियों को नज़रअंदाज़ कर दे। "जो भी हमारा प्रतिस्पर्धी है, उसकी जाँच करो," वे कहते थे। "और बुरी चीज़ों को मत देखो। अच्छी चीज़ों की तलाश करो।"

उसके बाद जल्द ही अमेरिका में पहले डिस्काउंट स्टोर खुल गए। वे प्रतिस्पर्धियों से काफ़ी कम भाव पर सामान बेच रहे थे। वॉल्टन ने इस विचार की भी नक़ल की और ज़्यादातर लोगों से काफ़ी जल्दी उन्हें एहसास हो गया कि डिस्काउंट स्टोर ही भविष्य की राह हैं। "हमारे पास सिर्फ़ दो ही विकल्प बचे थे : वेरायटी स्टोर कारोबार में बने रहें, हालाँकि मैं जानता था कि भविष्य की डिस्काउंटिंग लहर की चपेट में यह बुरी तरह धराशायी होने वाला था; या फिर एक डिस्काउंट स्टोर खोलें। ज़ाहिर है, मैं वहाँ बैठकर निशाना नहीं बनने वाला था।"

उनका स्टाफ़ पहले-पहल तो संशयी था, उनके भाई बड भी। "वे सोचते थे कि वॉल्मार्ट भी सैम वॉल्टन का एक और ख़ब्ती विचार है। यह उस वक़्त ज़्यादा नहीं आज़माया गया था, लेकिन दरअसल हम शुरू से यही कर रहे थे : प्रयोग करना, कुछ अलग करने की कोशिश करना, खुद को शिक्षित करना कि रीटेल उद्योग में क्या हो रहा था और उन प्रवृत्तियों से आगे रहने की कोशिश करना।" वॉल्मार्ट का पहला स्टोर सफल साबित हुआ, लेकिन उनके प्रतिस्पर्धी तेज़ी से विचार पकड़ रहे थे। "हमने सोचा कि हम जितनी जल्दी ज़्यादा से ज़्यादा स्टोर शुरू कर सकें, उतना ही अच्छा है।"

और उन्होंने ऐसा ही किया। वॉल्टन ने एक छोटा हवाई जहाज़ ख़रीदा। वे पूरे सप्ताह देश भर में उड़ान भरते थे और नए स्टोर की संभावित जगहों की तलाश करते थे। जब वे आसमान से उन्हें कोई जगह सही लगती थी, तो वे उतरते थे, मालिक के पास जाते थे और एक नए वॉल्मार्ट स्टोर के लिए ज़मीन ख़रीदने का प्रस्ताव रखते थे। शुरुआत में उन्होंने छोटे कस्बों पर ध्यान केंद्रित किया, जहाँ उनके अधिकतर प्रतिस्पर्धी नहीं जाना चाहते थे।

वॉल्मार्ट स्टोर की संख्या 1970 में 32 से बढ़कर 1972 में 51 हुई, 1974 में 78, 1976 में 125, 1978 में 195 और 1980 में 276 आज वॉल्मार्ट के

सिर्फ़ अमेरिका में 3,700 स्टोर हैं और इसके अलावा मेक्सिको, इंग्लैंड, जापान, कैनेडा तथा चीन में भी कई स्टोर हैं।

सैम वॉल्टन को ज़बरदस्त सफलता इस वजह से मिली, क्योंकि वे अपने प्रतिस्पर्धियों से तेज़ गति से आगे निकले। 1970 के दशक की शुरुआत में उन्होंने कुछ अन्य डिस्काउंट चेनों के साथ एक रिसर्च ग्रुप बनाया था। दूसरे सदस्य यक़ीन नहीं कर पा रहे थे कि वे कितनी तेज़ी से एक के बाद एक स्टोर खोल रहे हैं। "हम एक साल में पचास स्टोर खोल रहे थे, जबकि हमारे समूह के ज़्यादातर सदस्य हर साल तीन, चार, पाँच या छह स्टोर खोलने की कोशिश कर रहे थे। इससे वे हमेशा चकरा जाते थे। वे हमेशा पूछते थे, "आप यह कैसे करते हैं? आप ऐसा किसी तरीक़े से नहीं कर सकते।"

ज़ाहिर है, वॉल्मार्ट को तीव्र विस्तार की क़ीमत चुकानी पड़ी। दुकानों को सँभालने के लिए पर्याप्त योग्य कर्मचारी मिलना बेहद मुश्किल साबित हुआ और वॉल्टन को बगैर किसी रीटेल अनुभव वाले लोगों को नियुक्त करने के लिए विवश होना पड़ा। वॉल्मार्ट के एक अग्रणी मैनेजर फ़ेरॉल्ड अरेंड याद करते हैं : "मेरी राय में उनमें से ज़्यादातर लोग स्टोर चलाने के लिए कहीं से कहीं तक तैयार नहीं थे, लेकिन सैम ने मुझे यहाँ ग़लत साबित किया। उन्होंने आख़िरकार मुझे राज़ी कर लिया। अगर आप किसी ऐसे व्यक्ति को लेते हैं, जिसमें अनुभव और ज्ञान नहीं होता, लेकिन जिसमें सच्ची इच्छा हो और जो काम पूरा करने के लिए एड़ी-चोटी का ज़ोर लगाने को तैयार हो, तो वह अपनी सारी कमियों की भरपाई कर देगा।"

वॉल्टन यह नहीं समझ पाए कि उनके प्रतिस्पर्धियों ने वॉल्मार्ट के विस्तार को रोकने के लिए कुछ क्यों नहीं किया। "यह आश्चर्यजनक है कि हमारे प्रतिस्पर्धियों ने ज़्यादा जल्दी हमें क्यों नहीं पकड़ा और हमें रोकने की ज़्यादा कड़ी कोशिश क्यों नहीं की। जब भी हमने किसी कस्बे में वॉल्मार्ट स्टोर खोला, तो ग्राहक वेरायटी स्टोर छोड़कर हमारी तरफ़ खिंचे चले आते थे।" वॉल्टन को एहसास हुआ कि ज़्यादातर दुकानदार मुनाफ़े के ऊँचे मार्जिन को कम करने को तैयार नहीं थे, जिसकी उन्हें आदत पड़ चुकी थी - और जो डिस्काउंट बाज़ार में उतरे, वे भी आधे-अधूरे मन से उतरे। "हुआ यह कि उन्होंने डिस्काउंटिंग के प्रति सचमुच समर्पण नहीं किया। वे वेरायटी स्टोर की अपनी पुरानी अवधारणाओं से ज़्यादा देर तक चिपके रहे। वे अपने 45 प्रतिशत मुनाफ़े पाने के इतने आदी थे कि उनसे यह कभी छोड़ते नहीं बना।"

असंतोष की शक्ति, जिस पर हमने अध्याय 10 में बात की थी, वॉल्टन की सफलता के लिए एक महत्त्वपूर्ण प्रेरक शक्ति थी। "कारोबार चाहे जितना भी अच्छा हो, मैं कभी उसे जस का तस नहीं छोड़ सकता था और दरअसल मैं सोचता हूँ कि यथास्थिति के साथ मेरी लगातार छेड़छाड़ वॉलमार्ट को बाद में मिली सफलता में मेरे सबसे ऊँचे योगदानों में से एक है।" वे अपने प्रतिस्पर्धियों से ज़्यादा ऊँचे लक्ष्य बनाने के महत्त्व पर भी ज़ोर देते हैं। "मैंने हमेशा अपने लिए काफ़ी ऊँची छड़ रखी है। मैंने बहुत ऊँचे व्यक्तिगत लक्ष्य बनाए हैं।"

सैम वॉल्टन ने अमेरिका में रीटेल मार्केट के लिए जो किया, वही कार्ल और थियोडोर अल्ब्रेख़्त भाइयों ने जर्मनी में किया। जब मार्च 2010 में थियो अल्ब्रेख़्त की मृत्यु हुई, तो वे जर्मनी के तीसरे सबसे अमीर व्यक्ति थे और *फ़ोर्ब्स* की अरबपतियों की सूची में 31वें स्थान पर आते थे, जिनके पास 16.7 अरब डॉलर की संपत्ति थी। अक्टूबर 2009 में *जर्मन मैनेजर* मैग्ज़ीन ने कार्ल अल्ब्रेख़्त को जर्मनी का सबसे अमीर व्यक्ति घोषित किया। थियोडोर दूसरे स्थान पर थे।

दोनों भाइयों के माता-पिता 1913 से किराने की एक छोटी दुकान चलाते थे, जो 12 वर्ग फुट की थी। जब द्वितीय विश्व युद्ध के बाद दोनों भाई क़ैद से लौटे, तो वे पूरे जर्मनी में एक के बाद एक दुकान खोलने लगे, काफ़ी कुछ वैसा ही जैसा सैम वॉल्टन दो दशक बाद अमेरिका में करने वाले थे।

उनकी सफल अवधारणा विशुद्ध हताशा से उत्पन्न हुई थी। युद्ध के बाद उनके पास इतनी पूँजी नहीं थी कि वे दुकान में बहुत सारे सामान्य उत्पाद रख सकें। इसलिए उन्होंने सीमित सामानों से शुरू किया। उनकी योजना थी कि पूँजी आने के बाद वे विस्तार करके ज़्यादा सामान रखने लगेंगे। कार्ल अल्ब्रेख़्त ने बाद में कहा : "हम यह योजना बना रहे थे कि दूसरे किराना स्टोर की तरह हम भी अपनी शाखाओं में आहार सामग्री के कई ब्रांड रखेंगे। हमने ऐसा कभी नहीं किया, क्योंकि हमें एहसास हो गया कि हम अपने सीमित उत्पादों से ही पर्याप्त पैसा कमा सकते हैं और इस वजह से हमारे बँधे ख़र्च भी दूसरी कंपनियों की तुलना में काफ़ी कम थे।" उन्होंने जान-बूझकर हर सामान के एक ही ब्रांड का स्टॉक रखा। "हमारे पास सिर्फ़ अर्डल की शू पॉलिश, ब्लेंडैक्स टूथपेस्ट और सिगेला फ़्लोर पॉलिश थी, हमेशा सिर्फ़ सबसे ज़्यादा बिकने वाला ब्रांड," कार्ल अल्ब्रेख़्त ने 1950 के दशक की शुरुआत में अपनी कारोबारी नीति की रूपरेखा बताते हुए कहा।

वे यह भी जानते थे कि अपने सीमित उत्पादों की भरपाई करने के लिए

उन्हें उपभोक्ताओं को कुछ और भी देना चाहिए। 1950 के बाद से उन्होंने उत्पादों का व्यापक चयन देने के बजाय पैसे के बदले में ज़्यादा मूल्य देने पर ध्यान केंद्रित किया। "ग्राहक हमारे पास हमारी कम क़ीमतों के कारण आते थे और उनका आकर्षण इतना प्रबल था कि वे लाइन लगाने को भी काफ़ी तैयार रहते थे," अल्ब्रेख़्त ने कहा। उस वक़्त उनकी दुकानों में सिर्फ़ 250 से 280 उत्पाद ही रहते थे। हर चीज़ काउंटरों और शेल्फ़ों पर सामने रखी रहती थी; किसी तरह की सजावट या तामझाम नहीं रहता था।

दूसरे रीटेलरों के विपरीत अल्ब्रेख़्त बंधु होने वाली किसी भी तरह की बचत का लाभ अपने ग्राहकों को देते थे। "अगर हमें कोई सामान सस्ते में मिलने लगता था, तो ग्राहकों से पुराने दाम वसूलने का प्रबल प्रलोभन हमेशा रहता था। लेकिन देर-सबेर इसके निराशाजनक परिणाम मिलना तय था, क्योंकि लक्ष्य ग्राहकों को यह यक़ीन कराना है कि वे किसी दूसरी जगह इससे कम में सामान नहीं ख़रीद सकते। एक बार जब आप इतना हासिल कर लेते हैं – और मुझे यक़ीन है कि हमने ऐसा कर लिया है – तो ग्राहक कोई भी चीज़ स्वीकार करने के लिए तैयार रहता है।"

1960 तक दोनों भाइयों की 300 दुकानें थीं और 90 मिलियन ड्यूचमार्क्स की सालाना बिक्री थी। उन्होंने अपनी कंपनी का नाम बदलकर अल्डी रख लिया, जो अल्ब्रेख़्त्स डिस्काउंट का संक्षिप्त रूप था और इसे आपस में बाँट लिया। थियो अल्ब्रेख़्त को अल्डी नॉर्थ मिली, जिसमें जर्मनी का उत्तरी हिस्सा था, जबकि कार्ल ने अल्डी साउथ को सँभाला।

ज़ाहिर है, उनके प्रतिस्पर्धियों ने जल्द ही डिस्काउंट मार्केट की भारी संभावना को पहचान लिया। दूसरी रीटेल चेनों ने भी अल्डी की अवधारणा की नक़ल शुरू कर दी, जिनमें से कुछ ने तो यह काम बहुत सफलता से किया। बहरहाल, अल्डी डिस्काउंट के क्षेत्र में मार्केट लीडर बनी रही, क्योंकि दोनों भाई इतने फुर्तीले और तेज़ थे कि प्रतिस्पर्धियों से आगे बने रहे। एक बार फिर, गति ही सबसे महत्त्वपूर्ण साबित हुई, ख़ास तौर पर शुरुआत में। जैसे ही किसी बाज़ार में दूसरे खिलाड़ियों को यह एहसास होने लगता है कि कोई नई अवधारणा कितनी अच्छी तरह काम कर रही है और इसे शुरू करने वाले लोगों को कितना मुनाफ़ा दे रही है, तो आप यक़ीन कर सकते हैं कि वे इसकी नक़ल करेंगे। किसी नए बाज़ार में सबसे पहले दाख़िल होने से आपको प्रतिस्पर्धी बढ़त मिलती है – लेकिन बाज़ार पर स्थायी वर्चस्व बनाने के लिए उस लाभ का

इस्तेमाल करना आप पर निर्भर करता है, जैसा सैम वॉल्टन और अल्डी बंधुओं ने किया था, ताकि प्रतिस्पर्धियों के लिए आपकी स्थिति को चुनौती देना मुश्किल हो जाए।

भारी आर्थिक व्यय के बावजूद वॉल्मार्ट जर्मनी के डिस्काउंट मार्केट को जीतने में नाकाम रहा, जिस पर अल्डी और लिड्ल जैसी कंपनियों का वर्चस्व था। 1997 में वॉल्मार्ट ने जर्मनी के 21 वर्टकॉफ-एसबी स्टोर 1.5 अरब डॉएचमार्क में ख़रीदे। एक साल बाद वॉल्मार्ट ने 74 इंटरस्पार स्टोर ख़रीदने के लिए 71.3 अरब ड्यूचमार्क्स ख़र्च किए। बहरहाल, प्रतिस्पर्धा की वजह से तीन अरब यूरो के भारी नुक़सान झेलने के बाद वैश्विक कॉर्पोरेशन वॉल्मार्ट आख़िरकार 2006 में जर्मन बाज़ार को छोड़कर चला गया।

अगर आप अपना ख़ुद का कारोबार शुरू करने की योजना बना रहे हैं, तो ज़्यादा बड़ी और शक्तिशाली कंपनियों से ज़्यादा डरने की ज़रूरत नहीं है। जब तक आपका विचार अच्छा है और आप अपने को सही "स्थिति" में ले आते हैं, तो एक छोटी, नई, "भूखी" कंपनी प्रायः अपने प्रतिस्पर्धियों से ज़्यादा तेज़ होगी, क्योंकि पुरानी कंपनियाँ दफ्तरशाही नीतियों के दबाव से धीमी हो सकती हैं। इसका यह मतलब नहीं है कि आप प्रतिस्पर्धा को कम आँकना गवारा कर सकते हैं। साथ ही आपको अनुभव के मूल्य, लंबे समय से चली आ रही परंपरा और ब्रांड की पहचान को भी नहीं भूलना है। इसका मतलब तो यह है कि आपको अपनी प्रतिस्पर्धी बढ़त के बारे में जागरूक होने – और अपने लाभ के लिए इसका इस्तेमाल करने – की ज़रूरत है।

भले ही आप किसी कंपनी में कर्मचारी हों, गति आपके करियर के लिए अनिवार्य है। अपने प्रोजेक्टों को समय से काफ़ी पहले पूरा करके अपने ग्राहकों और अधिकारियों को हैरान कर दें। जब आप अध्याय 14 में दी सलाह पर चलकर अपनी कार्यकुशलता बढ़ा लेते हैं, तो आप जिस गति से अपना काम पूरा करते हैं, उसे बढ़ाने में कोई मुश्किल नहीं आनी चाहिए। और अगली बार जब आपके मैनेजर को किसी महत्त्वपूर्ण प्रोजेक्ट के लिए किसी को चुनने की ज़रूरत हो, तो आप क्या सोचते हैं वह किसका विकल्प चुनेगा : उस सहकर्मी का, जो व्यस्तता के नए-नए बहाने बनाता रहता है और उस काम को निर्धारित तिथि तक पूरा भी नहीं कर पाता है? या उस व्यक्ति को, जो हो सकता है कंपनी में उतने लंबे समय तक नहीं रहा हो, लेकिन जिसने अपने काम को इतनी कार्यकुशलता से व्यवस्थित कर लिया हो कि आपके मैनेजर को भरोसा रहे कि उसे दिया कोई भी प्रोजेक्ट समय से काफ़ी पहले पूरा हो जाएगा? सुनिश्चित करें कि वह व्यक्ति आप ही हों!

अध्याय 16

पैसा मायने रखता है

यह पुस्तक उन लोगों की सफलता की कहानियाँ बताती है, जिनकी सफलता सिर्फ़ उनके द्वारा एकत्रित भारी दौलत से ही प्रकट नहीं होती है - दसियों या सैकड़ों मिलियन डॉलर, कई मामलों में तो अरबों डॉलर भी। पैसा प्रेरक शक्ति के रूप में कितना मायने रखता है? इस बारे में दो विचारधाराएँ हैं। पहली विचारधारा दावा करती है कि सिर्फ़ पैसा ही पर्याप्त प्रेरक शक्ति नहीं है। इसके अनुसार सबसे सफल लोग वे होते हैं, जो अपने काम से प्यार करते हैं। पैसा उनका लक्ष्य नहीं होता, बल्कि संयोगवश उत्पन्न परिणाम होता है - दौलत उनके पास कमोबेश स्वचलित ढंग से आती है, क्योंकि वे अपने काम से प्रेम करते हैं और इसमें उत्कृष्ट होते हैं। दूसरी अवधारणा यह मानती है कि इसका उल्टा सच है : कि मिलियनेअर या अरबपति बनने की महत्त्वाकांक्षा उच्च सफलता पाने वालों के लिए एक अनिवार्य प्रेरक शक्ति होती है और जो भी सचमुच सफल होना चाहता है, उसे नापने योग्य लक्ष्य बनाने की ज़रूरत होती है।

तो पैसा कितना मायने रखता है? यूरोप में और उससे कम हद तक अमेरिका में यह कहना सामाजिक रूप से स्वीकार्य नहीं है कि आप पैसे से बहुत ज़्यादा प्रेरित हैं। पैसे को महत्त्वहीन मानकर ख़ारिज करना या गौण मानना फ़ैशन में है। जो लोग खुलकर स्वीकार करते हैं कि वे दौलत कमाने की महत्त्वाकांक्षा से संचालित हैं, उन्हें अनाड़ी, लोभी और थोड़े संदिग्ध चरित्र का माना जाता है, क्योंकि उनका जीवन उच्च आदर्शों के बजाय गंदे पैसे का पीछा करने के लिए समर्पित होता है।

उस अरबपति की बात पर यक़ीन न करें, जो दावा करता है कि उसे पैसे की परवाह नहीं है। इतिहास के सबसे अमीर आदमी जॉन डी. रॉकेफ़ेलर अपनी

दौलत और अपनी सफलता की वजह से निरंतर दबाव में थे, लेकिन वे पैसे के मामले में रुचिहीनता का नाटक करने के आदी थे। उनके जीवनी लेखक कहते हैं, "जीवन भर उन्होंने इन आरोपों पर एक कटु अंदाज़ में प्रतिक्रिया की कि वे बचपन से ही पैसे के भारी लोभी थे और बेहद अमीर बनने की आकांक्षा रखते थे... उन्होंने इस तरह की बातों का विरोध किया कि वे ईश्वर या मानवता की सेवा करने की विनम्र इच्छा के बजाय लोभ द्वारा प्रेरित थे। वे अपनी दौलत को एक सुखद संयोग के रूप में चित्रित करना पसंद करते थे, जो मेहनत का अनचाहा सह-उत्पाद था।"

बहरहाल, रॉकेफ़ेलर के जीवनी लेखक रॉन चेरनाउ इन दावों में ज़्यादा तरज़ीह नहीं देते हैं। चेरनाउ दौलत के प्रति रॉकेफ़ेलर के जुनून का दोष उनके पिता को देते हैं। "उनके पिता का पैसे के प्रति इतना अनुराग था कि यह लगभग एक उन्माद बन गया था," वे एक पारिवारिक मित्र के हवाले से कहते हैं। "मैं कभी किसी ऐसे इंसान से नहीं मिला, जो पैसे से इतना ज़्यादा प्रेम करता हो।" रॉकेफ़ेलर खुद अपने पिता की आदत की प्रशंसा करते थे, "जो कभी भी अपने पास 1,000 डॉलर से कम नहीं रखते थे और वे उसे अपनी जेब में रखते थे। वे उसकी सुरक्षा कर सकते थे और अपना पैसा साथ रखने से नहीं घबराते थे।" छोटे बच्चे के रूप में भी उनके दिल में भारी दौलत के सपने थे। वे यह नहीं जान सकते थे कि उनकी दौलत एक दिन उनके सबसे ऊँचे सपनों से भी ज़्यादा होगी, लेकिन तब उन्होंने जिन 1,00,000 डॉलर का लक्ष्य बनाया था, वह आज की मुद्रा में कई मिलियन थी, जो काफ़ी बड़ी रक़म थी। "बड़े होने पर कभी किसी दिन मैं एक लाख डॉलर का मालिक बनना चाहता हूँ। और मैं यह बनने जा रहा हूँ - किसी दिन," उन्होंने बचपन के एक दोस्त को बताया था। विभिन्न स्रोतों से ऐसी कई कहानियाँ पता चली हैं।

हो सकता है कि पैसे के पीछे पागल होना हर अरबपति की शीर्ष प्राथमिकता न हो। बहरहाल, यह ज़्यादा संभव है कि शायद जनता के सामने वे "ज़्यादा ऊँची" प्रेरणाओं को बताना पसंद करते हों, जिन्हें सामाजिक दृष्टि से ज़्यादा स्वीकार्य माना जाता है। आज तक कोई मिलियनेअर या अरबपति नहीं हुआ, जिसने कभी पैसे बनाने का अवसर ठुकराया हो - अगर उसने ऐसा किया होता, तो वह मिलियनेअर या अरबपति नहीं होता।

दूसरी ओर, जिन लोगों को जीवन में कभी सफलता नहीं मिली, वे अक्सर

पैसे के प्रति नापसंदगी ज़ाहिर करते हैं, जो हिक़ारत के क़रीब होती है। हाल में एक कक्षा पुनर्मिलन में मैं एक पूर्व सहपाठी से बातचीत कर रहा था, जो स्कूल के समय में एक स्व-घोषित अराजकतावादी था। मैंने उससे पूछा कि वह क्या कर रहा है और क्या उसका नज़रिया बदल गया है। इस पर उसने जवाब दिया : "मैं अब भी उद्देश्य के लिए लड़ रहा हूँ।" मैंने उससे पूछा कि वह किस उद्देश्य की बात कर रहा था और उसने जवाब दिया : "पैसे का उन्मूलन।" मैंने अंदाज़ा लगाया कि शायद उसके पास पैसे कम होंगे, जिसकी उसने पुष्टि की। इस मुठभेड़ के कुछ ही समय बाद मैं एक परिचित से टकराया – एक बहुत बुद्धिमान और साहसी पत्रकार, जिसकी राय को मैं बहुत महत्त्व देता हूँ। उसने मुझे बताया कि उसे पैसे से "हिक़ारत" थी। मैंने उससे पूछा कि उसके पास कितना पैसा था। हालाँकि उसे काफ़ी अच्छी तनख़्वाह मिलती है, लेकिन उसके पास फिर भी कोई पैसा नहीं है। कोई हैरानी नहीं, मैंने उससे कहा – अगर उसे पैसे से "हिक़ारत" है, तो ज़्यादा अच्छा यही है कि उसके पास पैसा न रहे।

जो लोग पैसे कमाने में सफल नहीं रहे हैं, उनमें इसके बहाने खोजने की प्रवृत्ति होती है। सबसे सरल बहाना होता है : "अमीर लोग नैतिक दृष्टि से भ्रष्ट होते हैं; वे बेरहमी और संदिग्ध साधनों से अपना पैसा कमाते हैं।" एक सर्वेक्षण में प्रतिभागियों से पूछा गया कि उनके हिसाब से कुछ लोग बाक़ी से ज़्यादा अमीर क्यों हैं। 52 प्रतिशत ने जवाब दिया कि अमीर लोगों ने "बेईमानी" से अपनी दौलत कमाई थी। अप्रत्यक्ष रूप से वे यह कहना चाहते हैं : "मेरे पास पैसा नहीं है, इसका कारण यह है कि मैं एक अच्छा और नैतिक इंसान हूँ।" पैसा बनाने में सफल नहीं होने वाले बहुत से लोग यह झूठ बोलते हैं, जो सरासर बकवास है। हर सामाजिक वर्ग में ऐसे लोग हैं, जिनके नैतिक मानदंड ऊँचे होते हैं या नहीं होते। मुझे सचमुच यक़ीन नहीं है कि नैतिक अखंडता वाले लोगों का प्रतिशत अमीरों के बजाय समाज के निचले वर्ग में ज़्यादा ऊँचा होता है।

आर्थिक कमी को तर्कसंगत साबित करने की तमाम कोशिशों के बावजूद ज़्यादातर लोग ग़रीब के बजाय अमीर बनना चाहेंगे। बहरहाल, उनका नज़रिया उनकी आर्थिक स्थिति को बेहतर बनाने के लिए अनुकूल नहीं होता। और जो लोग बहुत सा पैसा कमाते हैं, वे भी इस बात पर ज़ोर देने के लिए विवश महसूस करते हैं कि पैसा दरअसल उनके लिए ज़्यादा महत्त्वपूर्ण नहीं है।

हम सभी ने इस तरह की बातें सुनी हैं, "मैं तो दौलतमंद और बीमार बनने के बजाय ग़रीब और सेहतमंद बनना चाहूँगा।" जिसमें रत्ती भर भी समझदारी

होगी, वह इस बात का विरोध नहीं करेगा। लेकिन व्यक्तिगत रूप से मैं ग़रीब और बीमार बनने के बजाय सेहतमंद और दौलतमंद बनना चाहूँगा। एक और लोकप्रिय कहावत है, "पैसा आपके लिए प्रेम नहीं ख़रीद सकता।" इसके ख़िलाफ़ तर्क देना भी उतना ही मुश्किल है। लेकिन क्या इससे पैसा कम महत्त्वपूर्ण बन जाता है?

लोगों को बहुत-सा पैसा बनाने के लिए कौन-सी चीज़ प्रेरित करती है? लोग मिलियनेअर क्यों बनना चाहते हैं? पैसा उनके लिए क्या मायने रखता है? व्यक्ति पर निर्भर करते हुए इन सवालों के जवाब तीन श्रेणियों में आते हैं :

1. पैसा मान्यता और अनुमोदन जीतने का साधन होता है।

2. पैसा आपकी सफलता या बुद्धिमानी साबित करने का साधन होता है।

3. पैसा स्वतंत्रता का प्रतीक है और आपको अपने सपने साकार करने का अवसर देता है।

बेहद सफल लोगों के जीवन की कहानी देखने पर आप पाएँगे कि उनमें से अधिकतर के लिए इनमें से एक न एक प्रेरणा सबसे ऊपर रही, हालाँकि कुछ प्रसंगों में वे एक दूसरे के साथ मिलकर काम करती रहीं।

आइए पहली वाली प्रेरणा से शुरू करते हैं : ऑरेकल के संस्थापक लैरी एलिसन जैसे लोगों के लिए दूसरों की मान्यता और अनुमोदन निश्चित रूप से एक शक्तिशाली प्रेरणा है। एलिसन संसार में छठी सबसे बड़ी याट *राइज़िंग स्टार* के मालिक हैं, जिसका मूल्य 200 मिलियन डॉलर है। प्लेबॉय के रूप में उनकी छवि प्रख्यात है और उनके लिए उनकी दौलत द्वारा प्रदत्त हैसियत और मान्यता निश्चित रूप से बेहद महत्त्वपूर्ण घटक है।

यही वॉरेन बफ़े और जॉर्ज सोरोस के मामले में भी सच है, हालाँकि एक बिलकुल ही अलग संदर्भ में। हालाँकि सार्वजनिक मान्यता उन दोनों के लिए मायने रखती है, लेकिन उनमें से कोई भी विलासिता की वस्तुओं में ज़रा भी रुचि नहीं रखता है। बफ़े अब भी उसी मकान में रहते हैं, जिसे उन्होंने कई साल पहले ख़रीदा था और उन्होंने अपने लिए याट तो क्या, कभी महँगी कार भी नहीं ख़रीदी। वे निश्चित रूप से प्लेबॉय के साँचे में नहीं समाते हैं। उनकी पत्नी ने एक बार कहा था कि खुश होने के लिए उन्हें बस एक जलते हुए बल्ब और एक पुस्तक की ज़रूरत होती है। बचपन में भी बफ़े पैसा, बहुत सारा पैसा

बनाना चाहते थे। उनके लिए यह परिणामों और लाभों के बारे में है – वे अपने निवेशों से होने वाले मुनाफ़े को एक वस्तुनिष्ठ पैमाना मानते हैं, जो उनकी श्रेष्ठ बुद्धि को साबित करता है। वे कभी धोखा नहीं देते, शॉर्टकट का इस्तेमाल नहीं करते या ग़लत साधनों से मुनाफ़ा नहीं कमाते, क्योंकि उन्हें अपनी श्रेष्ठ निवेश रणनीतियों पर गर्व है।

सही होना उनके लिए शायद उतना ही महत्त्वपूर्ण है, जितना कि अमीर होना। इसीलिए उन्होंने यूजीन फ़ामा की कार्यकुशल-बाज़ार परिकल्पना को ग़लत साबित करने में बहुत सारा समय और ऊर्जा लगाई, जिसके अनुसार बफ़े जैसे लोग और कुछ नहीं, बल्कि कुदरत की कभी-कभार की असामान्यता हैं, जो खुशक़िस्मत जुआरियों या बहुत बार लॉटरी जीतने वालों के समान हैं। इस अवधारणा के समर्थक दावा करते हैं कि बाज़ार को नहीं हराया जा सकता। बफ़े के लिए यह अपमान लगभग असहनीय रहा होगा।

पैसे बनाना बफ़े के लिए स्वयं लक्ष्य है। बाक़ी हर चीज़ दूसरे स्थान पर है, सिवाय उनके नैतिक सिद्धांतों के। इन्हें वे अत्यंत महत्त्वपूर्ण संपत्ति के रूप में देखते हैं, अपनी सफलता की अनिवार्य शर्त मानते हैं, क्योंकि इन्हीं की बदौलत दूसरे उन पर विश्वास करते हैं। बफ़े निश्चित रूप से भव्य उपभोग और विलासिता की इच्छा से प्रेरित नहीं होते हैं। वे अपना पैसा ख़र्च करने के भारी अनिच्छुक रहते हैं और असंख्य कहानियाँ उनकी किफ़ायत तथा सन्यासी जैसी रुचियों का प्रमाण देती हैं। 1950 के दशक के अंत में जब वे नए मकान में रहने गए, तो उनकी पत्नी ने क्रोमियम और चमड़े का फ़र्नीचर तथा कई बड़ी पेंटिंग ख़रीदीं। "15,000 डॉलर का सजावट का बिल मकान की क़ीमत का लगभग आधा था, जिसने 'लगभग वॉरेन को मार ही डाला,'" एक साथी गोल्फ़ खिलाड़ी बॉब बिलिग ने कहा। बफ़े ने रंगों पर ग़ौर नहीं किया, दिखने वाली सुंदरता पर प्रतिक्रिया नहीं की, इसलिए वे परिणाम के प्रति उदासीन थे; उन्हें तो सिर्फ़ वह भयंकर बिल दिख रहा था।" उन्होंने अपनी पत्नी से कहा कि उन्हें नए जूतों या बाल सँवारने में लाखों डॉलर ख़र्च करने में कोई तुक नज़र नहीं आती। ज़ाहिर है, न तो जूते वाले, न ही हेयर ड्रेसर को इतना पैसा मिला – लेकिन बफ़े हमेशा उन मुनाफ़ों का हिसाब लगा लेते थे, जो उन्हें मिलते, अगर वे उस पैसे को मूर्खतापूर्ण तरीक़े से "बर्बाद" करने के बजाय इसका निवेश दशकों तक करते। जब उनकी बेटी ने उनसे एक नया किचन ख़रीदने के लिए उधार माँगा (वह पहले से जानती थी कि उसके पिता उसे कभी पैसा नहीं देंगे), तो उन्होंने उसे

सलाह दी कि वह हर एक की तरह बैंक से लोन ले।

एक बार जब वे संसार के सबसे अमीर व्यक्तियों में से एक बन गए, तो बफ़े ने अपनी ज़्यादातर दौलत दान करने का फ़ैसला किया। लेकिन दूसरे अरबपतियों के विपरीत, उनका ऐसा कोई इरादा नहीं है कि वे बफ़े फाउंडेशन, बफ़े युनिवर्सिटी या बफ़े लाइब्रेरी को अपने स्मारक के रूप में स्थापित करें। वे इस नतीजे पर पहुँचे कि उनके मित्र बिल गेट्स, जिनके साथ वे संसार के सबसे अमीर लोगों की सूची के शिखर पर आगे-पीछे होते रहते थे, परोपकार के बारे में उनसे ज़्यादा जानते हैं। बफ़े ने पैसे दान देने में भी उसी नीति का इस्तेमाल किया, जो इसे कमाने में उनके इतना ज़्यादा काम आई थी : काम के लिए सबसे योग्य व्यक्ति को खोजो, फिर यह उसे सौंप दो।

बफ़े के साथी निवेशक जॉर्ज सोरोस भी "कोई सुखवादी नहीं" हैं, उनके जीवनी लेखक कहते हैं, और "पैसा उनके लिए बस कुछ चीज़ें ही ख़रीद सकता है।" उन्होंने कभी निवेशक बनने की योजना नहीं बनाई थी; युवावस्था में वे बुद्धिजीवी के रूप में अपनी जीविका कमाने के सपने देखते थे और "फ़्रायड या आइंस्टाइन की तरह संसार को कोई बड़ा ज्ञान देना चाहते थे।"

लेकिन सोरोस को जल्दी ही एहसास हो गया कि उनकी सच्ची प्रतिभा किसी दूसरी जगह है। पहले तो उन्होंने दार्शनिक लेखों और आर्थिक सिद्धांतों पर पुस्तकें लिखकर लेखक के रूप में हाथ आज़माया, जिनका अच्छी तरह स्वागत नहीं हुआ, न ही उतनी अच्छी लिखी गईं, जैसा उन्होंने सोचा था। आज सोरोस खुद को "असफल दार्शनिक" कहना पसंद करते हैं। बहरहाल, उनमें जो उल्लेखनीय प्रतिभा थी, वह थी बाज़ार की भविष्यवाणी करने की योग्यता और उन भविष्यवाणियों से भारी पैसा कमाना। बफ़े की तरह ही वे भी अपनी हासिल दौलत को अपनी बुद्धि का प्रमाण मानते हैं। यह राजनीतिक तथा आर्थिक पृष्ठभूमियों को ज़्यादातर लोगों से बेहतर समझने की उनकी योग्यता का प्रमाण थी।

उनके जीवनी लेखक के अनुसार सोरोस विचारों के जगत को जीतने में असफल होने पर वित्त की दुनिया में दाख़िल हुए। "एक मायने में यह निर्णय आसान था। उन्हें वैसे भी जीविका कमानी थी। तो फिर क्यों न ज़्यादा से ज़्यादा पैसे कमाकर उन सभी अर्थशास्त्रियों को यह दिखाने की कोशिश की जाए कि वे संसार के काम करने के तरीक़े को उनसे बेहतर समझते हैं? सोरोस का मानना था कि पैसा उन्हें एक मंच प्रदान करेगा, जिससे वे अपने विचार बता सकते हैं।"

सोरोस पहले अर्थशास्त्री नहीं थे, जिन्होंने अपनी वैज्ञानिक

अवधारणाओं को अपने लाभ और आर्थिक सफलता के लिए आज़माने की कोशिश की थी। कार्ल मार्क्स, जो शेयर बाज़ार में पैसा गँवाते रहे और उन्हें एक फ़ैक्ट्री मालिक के बेटे अपने मित्र फ़्रेडरिक एंजेल्स की मदद पर भरोसा करना पड़ा था, असफल हो गए, जबकि जॉन मेनार्ड कीन्स जैसे दूसरे लोग इस संदर्भ में ज़्यादा सफल थे।

सोरोस मज़ाक़ करते हैं कि वे "संसार में सबसे ऊँचा भुगतान पाने वाले आलोचक हैं।" वे दावा करते हैं : "वित्तीय बाज़ारों में मेरा काम एक आलोचक का है और मेरे आलोचनात्मक निर्णय ख़रीदने और बेचने के मेरे निर्णयों द्वारा व्यक्त होते हैं।"

सोरोस और बफ़े दोनों का झुकाव राजनीतिक वाम पक्ष की ओर है (सोरोस का बफ़े से ज़्यादा है), जिसका बौद्धिक मान्यता की उनकी हसरत से बहुत लेना-देना है। शिक्षाविद् और बुद्धिजीवी दोनों में ही पैसे को शंका से देखने की प्रवृत्ति होती है। केवल वामपंथी विचार व्यक्त करके और पूँजीवाद के बारे में संदेह व्यक्त करके सोरोस जैसा इंसान इन हलकों में सम्मान जीत सकता है। बहरहाल, यह कहना ग़लत होगा कि पैसे का उनके लिए कोई मतलब नहीं था या वे इसके आकर्षण के प्रति उदासीन थे। उनके जीवनी लेखक के अनुसार, सोरोस के ऑफ़िस की दीवार पर एक साइन बोर्ड लगा है, जो उनके सिद्धांत को सार रूप में बताता है : "मैं ग़रीब पैदा हुआ था, लेकिन मैं ग़रीब नहीं मरूँगा।"

लोग पैसा कमाने में रुचि लेते हैं, इसका तीसरा कारण इससे मिलने वाली स्वतंत्रता है। कई अमीर लोग जानते हैं कि पैसा ही सच्ची स्वतंत्रता की मुद्रा है। अपनी आत्मकथा में फ़ैशन डिज़ाइनर कोको शनेल उस वादे पर विचार करती हैं, जो पैसे के प्रति उनका हमेशा रहा था। उनकी माँ की मौत के बाद उनकी दो मौसियों ने उन्हें पाला था और वे लगातार उनके दिमाग़ में यह विचार घुसाती रही थीं : "तुम्हारे पास कोई पैसा नहीं रहेगा... अगर कोई किसान तुम्हें पसंद करता है, तो तुम ख़ुद को बहुत ख़ुशक़िस्मत समझना।" यह बात उन्हें चुभ गई और इसने उन्हें अमीर तथा सफल बनने के लिए और संकल्पवान बना दिया। "बहुत छुटपन में ही मुझे एहसास हो गया था कि पैसे के बिना आप कुछ नहीं हैं, कि पैसे के साथ आप कुछ भी कर सकते हैं। वरना आपको अपने पति पर निर्भर होना पड़ता था। पैसा नहीं होता, तो मुझे बैठकर किसी सभ्य पुरुष का इंतज़ार करना होता कि वह आए और मुझे पसंद करे।"

बारह वर्ष की उम्र में भी शनेल बहुत अच्छी तरह जानती थीं कि "पैसा

स्वतंत्रता की कुंजी है।" वे दावा करती हैं कि पैसे का अर्थ "स्वतंत्रता के प्रतीक से ज़्यादा कुछ नहीं था... मैंने स्नेह के सिवाय कभी कुछ नहीं चाहा, और मुझे अपनी स्वतंत्रता ख़रीदनी पड़ी थी और इसके लिए भुगतान करना पड़ा था, चाहे क़ीमत जो हो।"

बहुत से पैसे बनाना उनके लिए भी सफलता का एक वस्तुपरक पैमाना था – इससे साबित हुआ कि उनका अपारंपरिक सृजन और डिज़ाइन जनता की नब्ज़ छूते थे। "जो पैसा कमाया जाता है, वह सिर्फ़ इस बात का भौतिक प्रमाण है कि हम सही थे : यदि कोई व्यवसाय या ड्रेस लाभदायक नहीं है, तो ऐसा इसलिए है कि इसमें दम नहीं है। दौलत संग्रह नहीं है; यह तो इसकी ठीक उल्टी है; यह हमें स्वतंत्र करती है।" कम सफल डिज़ाइनर और कलाकार यह नाटक करना पसंद करते हैं कि मामला उल्टा है : कि वाणिज्यिक सफलता कलात्मक समझौते की, "बेचने" की निशानी है। ज़ाहिर है, यह असफलता को तर्कसंगत साबित करने का बस एक और तरीक़ा है।

चाहे कारण जो भी हों, कई ऊँची सफलता पाने वालों के लिए पैसा एक महत्त्वपूर्ण प्रेरणा रहा है। दूसरों को इसकी परवाह कम थी। मैकडॉनल्ड के संस्थापक रे क्रॉक दूसरे समूह में आते थे। "हालाँकि वे देश के सबसे अमीर आदमियों में से एक बन गए और जब 1984 में उनकी मृत्यु हुई, तो उनके पास 600 मिलियन डॉलर की संपत्ति थी, लेकिन उन्होंने कभी दौलत इकट्ठी करने के बारे में बात नहीं की। वे पैसा हासिल करने को लेकर प्रेरित नहीं थे। उन्होंने कभी आय-व्यय लेखा द्वारा किसी कंपनी का विश्लेषण नहीं किया और उन्होंने कभी अपनी ख़ुद की कंपनी की बैलेंस शीट को समझने में समय नहीं लगाया।" यह नज़रिया मैकडॉनल्ड्स को दिवालियेपन की कगार पर ले आया। "मैकडॉनल्ड्स को जिसने मनी मशीन में बदला, उसका रे क्रॉक या मैकडॉनल्ड बंधुओं या यहाँ तक कि मैकडॉनल्ड्स के हैमबर्गरों, फ्रेंच फ्राइज़ और मिल्कशेकों से भी कोई संबंध नहीं था। मैकडॉनल्ड्स ने तो रियल एस्टेट और एक कम परिचित फ़ॉर्मूले से अपना पैसा कमाया," जिसे हैरी सॉनेबोर्न नामक वित्तीय जीनियस ने दिया था। क्रॉक ने ख़ुद स्वीकार किया था : "उनका विचार ही था, जिसने दरअसल मैकडॉनल्ड्स को अमीर बनाया।"

हो सकता है कि मैकडॉनल्ड्स जैसी बेहद सफल कंपनी में भी संस्थापक या कंपनी के संचालक पैसे बनाने की इच्छा से प्रेरित न हों। बहरहाल, कंपनी में शिखर के आस-पास कोई दूसरा व्यक्ति होता है – जो हालाँकि जनता की

निगाह में आम तौर पर कम आता है - जिसके लिए पैसा महत्त्वपूर्ण होता है।

जहाँ निवेशकों में पैसे का पीछा अमूर्त में, इसकी खुद की ख़ातिर करने की प्रवृत्ति होती है, वहीं अधिकतर उद्यमियों के मामले में इस बात की ज़्यादा संभावना होती है कि किसी निश्चित व्यावसायिक विचार के प्रति उत्साह, अपने काम के प्रति जोश और विकास करने, सीखने तथा विस्तार करने, नई चीज़ों को आज़माने, खुद को उत्कृष्ट बनाने और दूसरों पर विजय पाने की सतत इच्छा से संचालित होंगे।

विज्ञापन ने डेविड ओगिल्वी को मशहूर बनाया - और बेहद दौलतमंद भी, जिससे वे फ्रांस में एक महल ख़रीद पाए। विज्ञापन जगत में चीज़ें जिस तरह की जाती थीं, वे उसे बदलने की इच्छा के बारे में जोशीले थे। वे विज्ञापन में शुद्ध मनोरंजन की जगह पर तथ्य-आधारित जानकारी रखने की मुहिम पर थे, इसका यह मतलब नहीं है कि पैसा उनके लिए महत्त्वपूर्ण नहीं था। इसके विपरीत, वे तो "पैसे को लेकर दीवाने" थे, उनके जीवनी लेखक कहते हैं। हालाँकि वे पैसे बनाने के लिए विज्ञापन में आए थे, लेकिन ओगिल्वी खुद इस व्यवसाय में रम गए थे।"

ओगिल्वी सफल व्यवसायियों पर लिखी गई पुस्तकों के अति लोलुप पाठक थे। उनकी ख़ास दिलचस्पी यह पता लगाने में थी कि अमीर लोगों ने अपना पैसा कैसे बनाया और इसके साथ क्या किया। उनके जीवनी लेखक कहते हैं : "चाहे बचपन की ग़रीबी की वजह से हो या दूसरे कारणों से, पैसा कभी भी ओगिल्वी के दिमाग़ से दूर नहीं रहता था। और वे इसके बारे में आश्चर्यजनक रूप से सीधे-सीधे बात कर सकते थे।" वे पहली मुलाक़ात में ही सफल पेशेवरों से जाँच-पड़ताल करने लगते थे : "आप कितना कमा लेते हैं? आपकी नेट वर्थ कितनी है? - क्या आप अच्छे पैसे कमाते हैं?"

पैसे बनाने की इच्छा और किसी निश्चित काम या मुद्दे के बारे में जोश के बीच हितों का कोई संघर्ष नहीं है। "इंसान के सबसे महान कई सृजन-कार्य पैसा बनाने की इच्छा से प्रेरित हुए हैं," ओगिल्वी ने दावा किया। "यदि ऑक्सफ़र्ड के विद्यार्थियों को पढ़ाई के काम के लिए पैसे दिए जाते, तो मैं विद्वत्ता के क्षेत्र में चमत्कार कर देता। मैंने जब तक मैडिसन ऐवेन्यू पर पैसे का स्वाद नहीं चखा, तब तक मैंने कभी गंभीरता से काम शुरू नहीं किया।"

यदि आप अपनी खुद की आर्थिक स्थिति से नाखुश हैं, तो मैं दृढ़ता से सलाह देता हूँ कि आप पैसे के प्रति अपने नज़रिये की समीक्षा करें। हो सकता

है कि पैसे के बारे में अवचेतन नकारात्मक भावनाओं की वजह से ही आपके पास ज़रा भी या पर्याप्त पैसा नहीं है। जिन लोगों के पास आपसे ज़्यादा पैसा है, यदि आप उनसे ईर्ष्या करते हैं, तो आपको निश्चित रूप से अपने नज़रिया बदलने की ज़रूरत है। जब भी मैं अपने से काफ़ी बेहतर व्यक्ति से मिलता हूँ, तो मैं उसके प्रति प्रशंसा का भाव महसूस करता हूँ - बशर्ते उसने अपना पैसा ईमानदारी और कड़ी मेहनत से कमाया हो। मैं उस व्यक्ति को रोल मॉडल के रूप में देखता हूँ, जिससे मैं सीख सकता हूँ - ईर्ष्या कहीं नहीं आती है।

यदि आप दौलत बनाना चाहते हैं, तो आपको इस पुस्तक में शामिल लोगों की सफलता की कहानियों से मार्गदर्शन और प्रेरणा लेनी चाहिए। एक चीज़ कभी न करें। किसी क्षेत्र या नौकरी को सिर्फ़ इसलिए न चुनें, क्योंकि वहाँ तनख़्वाह अच्छी है या आपके हिसाब से यह आपके बायोडेटा में अच्छी दिखेगी।

वॉरेन बफ़े इस मुद्दे पर बहुत अटल हैं। "मैं सोचता हूँ कि अगर आप नापसंद नौकरियाँ सिर्फ़ इसलिए करते रहते हैं, क्योंकि आप सोचते हैं कि वे आपके बायोडेटा में अच्छी दिखेंगी, तो मेरे हिसाब से आपका दिमाग़ सनक गया है। क्या यह कुछ हद तक सेक्स को बुढ़ापे के लिए बचाकर रखने जैसा नहीं है?" व्यक्तिगत रूप से कहूँ, तो मैंने जीवन भर हमेशा ऐसी नौकरियाँ की हैं, जिन्हें करने में मुझे मज़ा आता था - चाहे यह इतिहासकार का काम हो, एक प्रकाशन समूह के लिए वरिष्ठ संपादक का, पत्रकार का, रियल एस्टेट विशेषज्ञ का या पीआर परामर्शदाता का। आप जीवन में तब तक सफलता हासिल नहीं करेंगे, जब तक कि आप कोई ऐसी चीज़ न करें, जिससे आप प्रेम करते हैं और जो आपकी योग्यताओं के अनुरूप हो।

अध्याय 17

तनाव और आराम

सफल लोग अपने काम में जो गति, गहनता और समय की मात्रा लगाते हैं, वह आश्चर्यजनक होती है। बिल गेट्स की जीवनी-लेखिका जीन एम. लेसिन्स्की लिखती हैं : "माइक्रोसॉफ़्ट में कोई भी बिल गेट्स से ज़्यादा कड़ी मेहनत नहीं करता। वे अपने काम में इतने तल्लीन रहते हैं कि अक्सर अपने हुलिए या भोजन को भी भूल जाते हैं। कई बार तो जब उनकी सेक्रेटरी सुबह काम पर आती है, तो अपने बॉस को ऑफ़िस के फ़र्श पर सोया पाती है।"

प्रिंस अलवलीद भी हर दिन अविश्वसनीय काम का बोझ उठाते हैं। उनके व्यक्तिगत चिकित्सक कहते हैं : "उनके साथ सक्रियता है, खड़े नहीं रहना है, बस चलते रहना है। वे मेरी छुट्टियों की तरह बैठ नहीं सकते और आराम नहीं कर सकते, जहाँ मैं दो-तीन घंटे बिना कुछ किए बैठे रह सकता हूँ, लेकिन उनके साथ हम यह करते हैं, हम वह करते हैं, हम यहाँ जाते हैं, हम वहाँ जाते हैं... उनके साथ सक्रियता ही सक्रियता रहती है।"

उनके चिकित्सक का कहना है कि अलवलीद चार-पाँच घंटे से ज़्यादा नहीं सोते हैं। वे हमेशा गतिमान रहते हैं - एक बार तो दस अलग-अलग अफ्रीकी देशों में उनकी कारोबारी मीटिंगें थीं, वह भी सिर्फ़ पाँच दिनों में, जिनमें गतिविधियों का कार्यक्रम सुबह से रात तक खचाखच भरा था। "कई बार वे इसकी अति कर देते हैं, जैसे अपनी यात्राओं में, जब वे सुबह छह बजे से ग्यारह बजे रात तक काम करते हैं, फिर वे होटल आकर लॉबी में सुबह चार बजे तक रुकते हैं। वे अख़बार पढ़ना चाहते हैं, वे पत्रिकाएँ देखना चाहते हैं, कुछ खाना चाहते हैं, वे लोगों को अपने आस-पास चाहते हैं।" आधी रात के बाद हर रात को अलवलीद *न्यू यॉर्क टाइम्स*, *द वॉल स्ट्रीट जर्नल*, *द वॉशिंगटन पोस्ट* और *द इंटरनेशनल हेराल्ड ट्रिब्यून* के नवीनतम संस्करण पढ़ते हैं। इसके

अलावा वे *न्यूज़वीक, टाइम, बिज़नेस वीक* और *इकोनॉमिस्ट* जैसी पत्रिकाएँ तथा अन्य प्रकाशन व वित्तीय पुस्तकें पढ़ते हैं।

जॉन डी. रॉकेफ़ेलर को भी काम की बड़ी लत थी। "वे अपनी कंपनी के बारे में अंतहीन चिंता करते थे और मन ही मन हमेशा भयभीत रहते थे," उनके जीवनी लेखक कहते हैं। रॉकेफ़ेलर अपनी कमज़ोरियों पर बातें करने के आदी नहीं थे, लेकिन उन्होंने एक बार स्वीकार किया था कि "बरसों तक मुझे कभी एक रात की भी गहरी नींद नहीं आई, मैं यही चिंता करता रहा कि इसका अंत कैसा होगा... मैं हर रात को पलंग पर करवटें बदलता रहा और परिणाम की चिंता करता रहा... मैंने जितनी भी दौलत कमाई है, उससे उस दौर की चिंता की भरपाई नहीं हो पाई है।"

उनकी जीवनशैली की क़ीमत चुकाना तय था। पचास की उम्र तक रॉकेफ़ेलर लगातार थकान और अवसाद के शिकार रहने लगे। उनके जीवनी लेखक लिखते हैं, "कई दशकों तक उन्होंने स्टैंडर्ड ऑयल के सृजन में अति मानवीय ऊर्जा ख़र्च की थी और असंख्य विवरणों में महारत हासिल की थी; इस दौरान दबाव शांत नज़र आने वाली सतह के नीचे लगातार बढ़ता जा रहा था। अब उनके चेहरे में उस आदमी की बुझी हुई उदासी देखी जा सकती थी, जिसने काम के लिए बहुत ज़्यादा कुर्बानी दी थी।"

अंततः उनका अनिश्चित रोग – जिसे आजकल संभवतः "बर्न-आउट सिन्ड्रोम" का नाम दिया जाएगा – इतना बुरा हो गया कि वे महीनों तक अपने ऑफ़िस तक नहीं जा पाए। फिर उन्होंने आगे से शनिवार की छुट्टी लेने और ज़्यादा लंबी छुट्टियाँ मनाने का फ़ैसला किया – लेकिन कोई फ़ायदा नहीं हुआ। आख़िरकार अपने डॉक्टर की सलाह मानकर वे आठ महीने की छुट्टियाँ मनाने गए। उनके कर्मचारियों को सख़्त आदेश थे कि वे सिर्फ़ आपातकालीन स्थितियों में ही उनसे संपर्क करें। रॉकेफ़ेलर काफ़ी साइकिल चलाने लगे और खेती के काम में लगे अपने लोगों के साथ काम करने लगे। जुलाई 1891 में उन्होंने एक पत्र में लिखा : "मुझे यह बताते हुए खुशी हो रही है कि मेरी सेहत लगातार सुधर रही है। मैं आपको बता नहीं सकता कि संसार अब मुझे कितना अलग दिखने लगा है। कल मेरा सबसे अच्छा दिन था, जो मुझे कई सालों बाद नसीब हुआ।"

अगले कुछ सालों तक वे शायद ही कभी अपने ऑफ़िस गए और 56 साल की उम्र में अपने परोपकारी काम पर ध्यान केंद्रित करने के लिए कारोबार से

पूरी तरह रिटायर हो गए। उन्होंने अपनी जीवनशैली पर ध्यान देना शुरू किया और एक दिनचर्या विकसित की, जो सौ साल तक जीने में उनकी मदद करने वाली थी। "भोजन, आराम और व्यायाम के बारे में बेहद ज़िद्दी रॉकेफ़ेलर ने हर चीज़ को नित्य का नियम बना दिया, वही दिनचर्या हर दिन दोहराई और दूसरे लोगों को अपनी समय-सारणी के हिसाब से चलने पर मजबूर किया। अपने बेटे को लिखे एक पत्र में रॉकेफ़ेलर ने अपनी दीर्घायु का श्रेय सामाजिक माँगों को अस्वीकार करने की इच्छा को दिया।" वे लगभग इसमें कामयाब हो गए और बस दो साल के अंतर से अपना लक्ष्य चूक गए – रॉकेफ़ेलर की मृत्यु उनके 98वें जन्मदिन से सात सप्ताह पहले हुई।

शीर्ष खिलाड़ी इसी गहनता से अपने खेल के प्रति समर्पण करते हैं। विश्वविख्यात गोलकीपर ओलिवर काह्न पेशेवर फ़ुटबॉल खिलाड़ी के अपने जीवन के बारे में कहते हैं : "मैं एक मशीन बन गया था, एक इंजन जो लाल सुई के आस-पास लगातार घूमता रहता था।" सफलता उनके लिए नशे की तरह थी। "'सच्चे' लती की तरह आप खुद को अपने परिवेश से अलग करते हैं। फिर हर चीज़ ज़्यादा तेज़ी से घूमने लगती है, आप चूहा दौड़ में अटक जाते हैं।"

इस तरह के समर्पण की एक क़ीमत होती है। काह्न को वह समय याद है, जब उन्हें 1999 में विश्व का नंबर वन गोलकीपर चुना गया था। इसके साथ ही उन्होंने अपना वह बड़ा लक्ष्य हासिल कर लिया था, जो उन्होंने शुरुआत में अपने लिए तय किया था। लेकिन यह एक भयंकर दौर की शुरुआत थी। "मैं खोखला, थका-माँदा, थकान से चूर, भीषण रूप से अंदर से पस्त महसूस करता था। अचानक ऐसा हुआ कि मैं कुछ भी महसूस नहीं कर सकता था। यहाँ तक कि बेडरुम की सीढ़ियाँ चढ़ते समय भी मैं पूरी तरह ध्वस्त हो जाता था।" सुबह उनमें इतनी ऊर्जा भी नहीं रहती थी कि कपड़े पहनकर तैयार हों। उन्हें किसी चीज़ में खुशी नहीं मिलती थी।

काह्न लाख कोशिशों के बाद भी खुद को तनावमुक्त नहीं कर पाते थे। किसी मैच से पहले वे बिस्तर में घंटों लेटे रहने, पसीना-पसीना होने और अपने अनियंत्रित विचारों के बारे में बात करते हैं। "विचार मेरे दिमाग़ में दौड़ते रहते थे। किसी तूफ़ान की तरह। ऐसा लगता था, जैसे मेरे दिमाग़ में बिजली चमक रही हो, बादल गरज रहे हों।" उन्हें अब कुछ भी महसूस नहीं होता था – सिवाय उस तनाव और डर के, जो उन्हें सताते रहते थे। लेकिन फिर भी उन्होंने जूझने की कोशिश की : "अगर यह सफलता का पीछा करने की क़ीमत है, तो

मुझे यह चुकानी होगी। उम्मीद है कि जब मैं टीम में शामिल होता हूँ, तो कोई भी ग़ौर नहीं करेगा कि मेरे भीतर क्या चल रहा है।"

काहन अत्यधिक श्रम के कारण उत्पन्न थकान के आदर्श लक्षणों का अनुभव कर रहे थे : "थकान मेरे जीवन की सामान्य अवस्था बन चुकी है। सिर दर्द, डर, तनाव, चिड़चिड़ापन और अपराधबोध की भावनाएँ मेरी सदा साथी हैं। जब सफलता नहीं मिलती है, तो कुंठा की भावनाएँ आ जाती हैं। 'अंतिम चरण' में आप निराशा द्वारा सताए जाते हैं और यह भावना आ जाती है कि हर चीज़ निरर्थक है और छोटे से छोटा प्रयास भी मुझे थका देता है।"

काहन अपने थकान के अनुभव से उबर गए और ज़बरदस्त सफलता हासिल करते रहे। उन्हें तीन बार जर्मनी का सर्वश्रेष्ठ गोलकीपर चुना गया, तीन बार यूरोप का सर्वश्रेष्ठ गोलकीपर चुना गया और दो बार विश्व का सर्वश्रेष्ठ गोलकीपर चुना गया। ये सफलताएँ कभी हासिल नहीं हो पातीं, अगर उन्होंने तनाव और आराम के बीच संतुलन बनाना नहीं सीखा होता। उन्हें अनुशासन की अवधारणा को भी दोबारा परिभाषित करना सीखना था। "अनुभव से यह सीखना अनिवार्य है कि किस बिंदु पर अनुशासन एक मजबूरी बन जाता है और फिर यह हानिकारक, यहाँ तक कि विनाशक भी बन सकता है।" अनुशासन एक ज़रूरी आवश्यकता है। लेकिन काहन अब अच्छी तरह समझ गए थे कि अनुशासन का दरअसल क्या मतलब है। "यह 'बहुत ज़्यादा नहीं' का अनुशासन है।"

काहन के "'बहुत ज़्यादा नहीं' के अनुशासन" को आत्मसात करना कितना महत्त्वपूर्ण है, यह एहसास प्रायः शीर्ष खिलाड़ियों, एग्ज़ीक्यूटिवों, उद्यमियों और दूसरे सफल लोगों के लिए दर्दनाक प्रक्रिया हो सकती है। अपनी आत्मकथा में पूर्व टेनिस स्टार बोरिस बेकर ने एक विश्वस्तरीय खिलाड़ी की दिनचर्या का वर्णन किया है : "अंतहीन प्रशिक्षण, ग्रैंड स्लैम की हफ़्तों तक तैयारी – यह तो जेल में रहने जैसा था। समय काटना, बोझिलता को झेलना, एक हज़ार फ़ोरहैंड, एक हज़ार बैकहैंड, जब तक कि आप सोचना बंद नहीं कर देते और एक मशीन में नहीं बदल जाते।" जब बेकर सिर्फ़ 19 साल के थे, तो 19 अक्टूबर और 2 नवंबर के बीच के दो सप्ताहों में उन्होंने तीन अलग-अलग महाद्वीपों में तीन टूर्नामेंट जीते।

डॉक्टरों ने कहा, उनका शरीर पूर्ण और चरम थकावट की अवस्था में था। "मेरे प्रतिरक्षा तंत्र की रक्षात्मक कार्यप्रणालियाँ बहुत कम हो गईं, जिसके

फलस्वरूप मैं ब्रॉन्काइटिस का शिकार हूँ, ऊर्जा का पूर्ण अभाव है और थोड़ा बुखार भी है… हल्की-सी हवा का झोंका भी मुझे सर्दी कर सकता है।"

कठोर प्रशिक्षण, टूर्नामेंट, अपने प्रायोजकों से किए अनुबंध पूरे करने में उन्होंने जो घंटे और दिन बिताए - यह सब सहन हो सकता था, बशर्ते वे उस तरह के चरम दबाव में नहीं होते, जिसमें वे थे। शीर्ष खिलाड़ी को "अपनी शारीरिक और मानसिक सीमाओं के बारे में बेहद जागरूक होना होता है, ताकि वे उनसे परे न जाएँ। इसीलिए किसी भी तरह की वैध मदद काफ़ी स्वागत योग्य होती है - मेरे लिए तो यह ऐसा ही था।"

बेकर नींद की गोलियों की अपनी लत के बारे में बताते हैं, जो इसलिए पड़ी क्योंकि वे आराम पाने का कोई और तरीक़ा नहीं खोज पाए। "मैं यह दवा कई सालों तक लेता रहा। अंततः मैं आधी रात को जागने लगा, क्योंकि इसका असर तीन-चार घंटे बाद उतर जाता था, इसलिए मैंने अपनी दवा की ख़ुराक दोगुनी कर दी।" नींद की गोलियों के बिना वे अब अपनी आँखें बंद नहीं कर सकते थे। "स्पष्ट रूप से मैच से पहले मुझे ख़ुराक कम करनी पड़ती थी - कम से कम कोशिश तो करनी ही पड़ती थी। परिणाम यह होता था कि मैं ज़रा भी नहीं सो पाता था।" कई बार तो सुबह जागने पर उन्हें पता भी नहीं होता था कि वे कहाँ हैं।

विश्व-स्तरीय खिलाड़ियों की तरह ही शीर्ष एग्ज़ीक्यूटिवों को भी पर्चे की दवाओं, शराब, अवसाद की गोलियों या ग़ैर-क़ानूनी मादक द्रव्यों की लत का भारी जोख़िम रहता है। खिलाड़ियों की तरह ही वे भी भारी दबाव में रहते हैं, जिससे देर-सबेर वे जूझने में अक्षम महसूस करने लगते हैं। बर्नआउट सिंड्रोम एक ऐसी अवस्था है, जो मुख्यतः बहुत महत्त्वाकांक्षी और लक्ष्यकेंद्रित लोगों को प्रभावित करती है। अनिद्रा, ठंड और अन्य छुटपुट बीमारियों के प्रति अति संवेदनशीलता, बेहद चिड़चिड़ापन और यहाँ तक कि डिप्रेशन के दौरे व मनोदैहिक बीमारियाँ लक्षण हैं, जो यह बताते हैं कि तनाव और आराम के बीच का संतुलन गड़बड़ा गया है।

यदि यह वाक़ई सफलता की क़ीमत होती, तो कोई भी सफल होने की इच्छा ही नहीं करता। जो जीवन अवसाद की दवाओं या दूसरी नशीली चीजों के बिना असहनीय हो, वह वास्तविक सफलता से कोसों दूर होता है।

बहरहाल, आपको यह क़ीमत नहीं चुकानी है। वास्तव में, आप दीर्घकालीन दृष्टि से तब तक सफल नहीं होंगे, जब तक कि आप यह न सीख लें कि तनाव

से कैसे जूझना है। एक फ़िट और स्वस्थ शरीर कुछ समय तक यह अत्याचार झेल सकता है, लेकिन हमेशा नहीं। अगर आप आने वाले दशकों में सफल बने रहना चाहते हैं, तो आपको आराम के तरीक़े खोजने होते हैं।

ऊँची सफलता पाने वाले कई लोगों को यह एहसास ही नहीं होता कि उनमें लत संबंधी मुद्दे हैं, जब तक कि काफ़ी देर नहीं हो जाती। लत ख़तरनाक इस वजह से बनती है कि इससे पीड़ित लोग इसे स्वीकार नहीं कर सकते या करना नहीं चाहते – या बहुत से दर्द और दुख का अनुभव करने और उत्पन्न करने के बाद ऐसा करते हैं। कई सफल लोग लत के शिकार इसलिए हैं, क्योंकि वे उस भारी दबाव से नहीं जूझ सकते, जिसके तले वे दबे हुए हैं – जैसे एल्विस प्रेसली, ब्रिटनी स्पियर्स और व्हिटनी ह्यूस्टन।

तनाव और आराम के बीच सही संतुलन खोजना सफलता की कुंजी है। मैं यहाँ "जीवन और काम के संतुलन" की लोकप्रिय धारणाओं के बारे में बात नहीं कर रहा हूँ। यह कहना अपने आप में समस्या है, क्योंकि इसका यह मतलब निकलता है कि "जीवन" और काम दो अलग-अलग चीज़ें हैं। सफल लोग अपने काम से प्रेम करते हैं। काम उनका मनोरंजन है और उनका मनोरंजन काम है। उन जैसे लोगों के लिए घंटों तक कड़ी मेहनत करना समस्या की बात नहीं है। तनाव बहुत ज़्यादा काम के कारण नहीं होता, बल्कि उस काम के कारण होता है, जो संतुष्टिदायक नहीं होता।

आप शायद उस भावना को जानते होंगे : हर चीज़ अच्छी तरह हो रही है, आप अपने काम का आनंद ले रहे हैं और बेहतरीन परिणाम हासिल कर रहे हैं, एक के बाद एक सफलता पा रहे हैं। आप ख़ुद के तथा अपने आस-पास के लोगों के साथ एक लय में हैं। ऐसे दिन आप थकान महसूस किए बिना 14 घंटे, यहाँ तक कि 16 घंटे भी आसानी से काम कर सकते हैं। दूसरे दिन, कोई भी चीज़ उस तरह नहीं होती, जिस तरह आप चाहते हैं। आप अपने स्टाफ़ और ख़ुद पर गुस्सा होते हैं। जो भी चीज़ ग़लत हो सकती है, हो जाती है। इस तरह के तीन-चार घंटे बाद ही आप थक जाते हैं। स्पष्ट रूप से, तनाव और थकान काम की मात्रा से नहीं, बल्कि काम की गुणवत्ता से उत्पन्न होती है।

विज्ञापन की मशहूर हस्ती डेविड ओगिल्वी की प्रतिष्ठा वर्केहोलिक की थी और वे अपने कर्मचारियों से भी यही उम्मीद करते थे। वे लिखते हैं : "मैं स्कॉटलैंड की सूक्ति का समर्थक हूँ : कड़ी मेहनत से आज तक कभी कोई इंसान नहीं मरा। इंसान बोरियत, मनोवैज्ञानिक द्वंद्व और बीमारी की वजह से मरते हैं।

वे कड़ी मेहनत से नहीं मरते। लोग जितनी कड़ी मेहनत करते हैं, वे उतने ही ज़्यादा ख़ुश होते हैं।"

लेकिन चीज़ें हमेशा अपेक्षित सुगमता और सामंजस्यपूर्ण तरीक़े से नहीं होती हैं। शीर्ष एग्ज़ीक्यूटिव बाक़ी हर चीज़ से बढ़कर समस्या सुलझाने वाले होते हैं। जिन बड़ी समस्याओं को दूसरे नहीं सुलझा पाते हैं, वे अंततः उनकी टेबल पर आ जाती हैं। इसी काम की उन्हें इतनी भारी तनख़्वाह मिल रही है। हालाँकि यह सच है कि तनाव काम की मात्रा से नहीं होता, लेकिन कोई इंसान जितने काम को झेल सकता है, उसकी भी सीमाएँ होती हैं। गहनता और काल-अवधि एक दूसरे के विषम अनुपात में होते हैं। यह दौड़ने जैसा है : कुछ लोग लंबी दूरी के धावक होते हैं, बाक़ी कम दूरी के तेज़ दौड़ने वाले होते हैं। कम दूरी तक दौड़ने वाले ज़्यादा गहनता से दौड़ते हैं, लेकिन वे अपना प्रदर्शन कुछ पलों के लिए ही ऊपर रख सकते हैं, घंटों तक नहीं, जिनकी ज़रूरत मैराथन पूरी करने के लिए होती है। आप जितने ज़्यादा सेकेंड काम करते हैं, आपको उतनी ही ज़्यादा बार आराम के चरणों की ज़रूरत होगी, जिनमें आपको अपना पूरा ध्यान काफ़ी कुछ उसी तरह आराम पर केंद्रित करना होता है, जिस तरह आप काम पर केंद्रित करते हैं। जब तक कि आप अपनी दैनिक, साप्ताहिक और वार्षिक समय-सारणी में नियमित "आराम के नख़लिस्तान" बनाने में कामयाब नहीं होते हैं, आप दीर्घकाल में सफल नहीं होंगे, क्योंकि आप उस गहनता से नहीं जूझ पाएँगे, जो आपके काम के लिए आवश्यक होता है।

हर एक को अपना ख़ुद का समाधान खोजना होता है। आप मेरी तरह ऑटोजेनिक प्रशिक्षण का विकल्प चुन सकते हैं। या योग या इसी तरह की विश्राम अभ्यासों का अभ्यास करने के लिए आधा घंटे तक किसी शांत कक्ष में ख़ुद को कहीं बंद कर सकते हैं। क्या कहा, आप ऐसा करने के लिए "समय नहीं निकाल सकते?" अगर यह मामला है, तो यह सुनिश्चित कर लें कि आप बाद में डॉक्टरों और अस्पतालों के चक्कर लगाने के लिए समय निकाल सकते हों।

वर्जिन के संस्थापक रिचर्ड ब्रैन्सन कहते हैं : "जब मैं जागा होता हूँ, तो मेरा दिमाग़ सारे समय काम करता रहता है और विचारमंथन करता रहता है। चूँकि वर्जिन एक विश्वव्यापी कंपनी है, इसलिए मुझे ज़्यादातर समय जागते रहने की ज़रूरत होती है। यह मेरी ख़ुशनसीबी है कि मैं जिन चीज़ों में बहुत अच्छा हूँ, उनमें से एक है झपकी, एक समय में एक-दो घंटे की नींद लेना।" ब्रैन्सन इस बात पर भी ज़ोर देते हैं कि उन्होंने इतने वर्षों में जितनी भी योग्यताएँ

हासिल की हैं, उनमें से यही "अत्यंत महत्त्वपूर्ण" है। "चर्चिल और मैगी थैचर झपकी में माहिर थे और मैं भी अपने जीवन में उनकी मिसाल पर अमल करता हूँ।"

जैसा विन्स्टन चर्चिल ने कहा था : "आपको लंच और डिनर के बीच कुछ देर सोना चाहिए और कोई आधी-अधूरी कोशिश नहीं चलेगी। अपने कपड़े बदलें और बिस्तर पर लेट जाएँ। मैं हमेशा यही करता हूँ। यह न सोचें कि दिन में सोने की वजह से आप कम काम कर पाएँगे। यह मूर्खतापूर्ण धारणा उन्हीं लोगों की होती है, जिनमें कोई कल्पनाशीलता नहीं होती।" उन्होंने कहा था कि नियमित झपकियाँ उनकी उत्पादकता को इतना बढ़ा देती थीं कि वे दो दिन का काम एक दिन में कर सकते थे। "जब युद्ध शुरू हुआ, तो मुझे दिन में सोना पड़ता था, क्योंकि इसी तरह मैं अपनी ज़िम्मेदारियों से जूझ सकता था।" शतरंज के विश्व चैंपियन गैरी कास्परोव ने भी नियमित झपकियों के फ़ायदे बताए हैं।

बिल गेट्स कहीं भी और किसी भी समय सोने की क़ाबिलियत के लिए मशहूर हैं। कॉलेज में, "गेट्स कभी चादर बिछे बिस्तर पर नहीं सोए। वे अपने बिना चादर वाले बिस्तर पर लुढ़क जाते थे, अपने सिर पर एक इलेक्ट्रिक कंबल खींच लेते थे और तुरंत गहरी नींद में सो जाते थे, चाहे समय जो भी हो और उनके कमरे में कुछ भी हो रहा हो।" बाद के जीवन में भी उनकी "तुरंत सोने" की क़ाबिलियत क़ायम रही। उनके जीवनी लेखकों ने लिखा है, "जब वे विमान यात्रा करते हैं, तो अक्सर अपने सिर पर कंबल ढँक लेते हैं और पूरी यात्रा में सोते हैं।" गेट्स कई दिनों तक लगातार काम करते थे और एक–दो घंटे से ज़्यादा नहीं सोते थे। "जब वे इतने थक जाते थे कि वे प्रोग्रामिंग नहीं कर पाते थे, तो गेट्स डेस्क के पीछे छोटी झपकियाँ लेने के लिए लेट जाते थे।"

अमेरिकी अंतरिक्ष एजेंसी नासा द्वारा किए व्यापक शोध में इस बात की पुष्टि हुई है कि 40 मिनट की झपकी से भी प्रदर्शन 34 प्रतिशत और एकाग्रता 100 प्रतिशत तक बढ़ जाती है। हार्वर्ड युनिवर्सिटी के वैज्ञानिकों ने खोजा है कि परीक्षण के लोग, जिनका प्रदर्शन दिन के दौरान 50 प्रतिशत घट गया था, एक घंटे की झपकी के बाद इसे दोबारा 100 प्रतिशत तक लाने में कामयाब हो जाते थे।

सप्ताह के दौरान भी आपको आराम का समय लेने और काम के बारे में भूलने की ज़रूरत होती है। इसमें कई लोगों को मुश्किल आती है। इसके बजाय,

वे अपनी समस्याओं को अपने साथ ले जाते हैं। ज़ाहिर है, कई बार यह करना आवश्यक हो सकता है – मुद्दे की बात इसकी अति न करना है। यदि आप रात को देर तक काम करते हैं, तो काफ़ी संभावना है कि आप उन समस्याओं के बारे में सोचते हुए जागते रहेंगे, जिनका सामना आपने दिन में किया है। इसीलिए काम और बिस्तर पर जाने के बीच एक "मध्यवर्ती क्षेत्र" का निर्माण करना महत्त्वपूर्ण है – व्यायाम मेरे लिए कारगर है।

ऊँची सफलता पाने वालों को अक्सर अपराधबोध के बिना "स्विच बंद करना" और "कुछ न करना" मुश्किल लगता है। वे कामकाज संबंधी समस्याओं को अपने साथ ले जाते हैं, यहाँ तक कि वेकेशन पर भी। मेरा एक मित्र एक कंपनी में बोर्ड का चेयरमैन है। एक बार उसने मुझे बताया कि उसकी पत्नी ने तीन दिन की छुट्टियों के बाद अपना सामान बाँध लिया था। पत्नी ने कहा कि उनके सैर-सपाटे में कोई तुक नहीं थी, क्योंकि दिन में कई घंटे तक वह उसे अपने ऑफ़िस में फ़ोन पर बात करते हुए ही देखती रहती थी। उनके बीच यह सहमति हुई कि वह हर दिन ई-मेल का जवाब देने और फ़ोन करने में एक घंटे से ज़्यादा समय नहीं लगाएगा।

मैं सोचता हूँ कि एक घंटा भी काफ़ी ज़्यादा है। छुट्टियों में आपको अपने रोज़मर्रा के काम को छोड़ना होता है। अगर आपके दो सप्ताह छुट्टी मनाने जाने से आपकी कंपनी ठप्प हो जाती है और आपको हर कुछ मिनट बाद फ़ोन करना पड़ता है, तो आपने अपने लिए ग़लत कर्मचारियों को चुना है। न ही यह आपके स्टाफ़ के लिए बहुत प्रशंसनीय बात है कि आप दो सप्ताह के लिए अपने दम पर समस्याएँ सुलझाने की उनकी क़ाबिलियत पर विश्वास नहीं करते हैं। उन्हें आत्मनिर्भरता से सोचने और काम करने का आत्मविश्वास कैसे मिलेगा? पूरे साल तक गहनता और कठोरता से मेहनत करने के बाद आपको दूसरी चीज़ों के बारे में सोचने, पुस्तकें पढ़ने, व्यायाम करने और उन गतिविधियों के लिए समय की ज़रूरत है, जिनका कामकाज से कोई संबंध नहीं है।

कोई भी मोबाइल फ़ोन काम करना बंद कर देगा, अगर इसकी बैटरी को नियमित रूप से चार्ज न किया जाए। यही इंसान के दिमाग़ और शरीर के साथ भी होता है – आपको हर दिन, हर सप्ताह, हर साल ख़ुद को रिचार्ज करना होता है। एक अग्रणी खेल मनोवैज्ञानिक ने एक बार मुझे बताया था कि किस तरह बहुत से शीर्ष खिलाड़ी स्विच बंद करना सीख लेते हैं और कोई दूसरी मज़ेदार शारीरिक गतिविधि खोज लेते हैं – मछली पकड़ना, तीरंदाज़ी, गोल्फ़

आदि। वे समानांतर संसारों के बारे में बात करते थे, जिनमें खुद को डुबाकर आप दोबारा ईंधन पाते थे।

शीर्ष एग्ज़ीक्यूटिवों और उद्यमी विश्वस्तरीय खिलाड़ियों की आहारयोजना और जीवनशैली को अपना लें, तो अच्छा है, क्योंकि दोनों ही समूहों पर एक जैसा शारीरिक और मानसिक दबाव रहता है। अगर आप अस्वस्थ भोजन करके, धूम्रपान करके और आराम न करके तथा रिचार्ज न करके अपने शरीर पर अत्याचार करते हैं, तो आप यह उम्मीद नहीं कर सकते कि यह कई दशकों तक बेहतरीन प्रदर्शन कर सकता है।

इसका यह भी मतलब है कि आपको कभी-कभार खुद को बीमार पड़ने की अनुमति देनी होती है। कई शीर्ष एग्ज़ीक्यूटिव खुद को इतना अनिवार्य मानते हैं कि बीमार होने पर भी वे एक सप्ताह के लिए बिस्तर पर पड़े रहना गँवारा नहीं कर सकते। मैंने एक बार एक अग्रणी एग्ज़ीक्यूटिव के बारे में सुना था, जिसने एक छोटे संक्रमण को नज़रअंदाज़ कर दिया था और इसका नतीजा यह हुआ कि वह मायोकॉर्डियल इन्फ़्लेमेशन से मर गया।

बीमारी से उबरने के लिए आपके शरीर को जिस समय की ज़रूरत है, वह उसे न देना मेरे हिसाब से कमज़ोरी और अनुशासन के अभाव का लक्षण है। क्या आप सचमुच सोचते हैं कि आप जीवन में कम हासिल करेंगे, अगर आप किसी संक्रमण से उबरने के लिए कुछ दिन – या कभी-कभार एक पखवाड़ा भी – घर पर गुज़ारते हैं? किसी छुटपुट बीमारी से उबरने के लिए शरीर को पर्याप्त समय देकर आप ज़्यादा गंभीर दीर्घकालीन बीमारियों से बच जाएँगे।

एक ऐसा मानसिक नज़रिया रखना महत्त्वपूर्ण है, जो आपको कामकाज संबंधी समस्याओं से दूरी हासिल करने की अनुमति दे। तनाव न झेल पाने के कारण मैंने लोगों को किसी कंपनी की नौकरी छोड़ते देखा है। मैंने उन्हें बताया है : "अगर आप किसी दूसरी कंपनी में कोई नई नौकरी खोजते हैं, जहाँ आपको कोई ज़िम्मेदारी लेनी होती है, तो अधिक संभावना इस बात की है कि आपके लिए कुछ नहीं बदलेगा। आप अब भी वही इंसान रहेंगे और आपका मानसिक नज़रिया भी वही रहेगा। अपने नज़रिये को बदलने के बजाय परिस्थितियों को बदलने से आपको आम तौर पर कम लाभ होता है।"

सवाल यह है कि आप अपनी समस्याओं को अपने कितने क़रीब आने की अनुमति देते हैं। समस्याओं के बारे में सोचना अच्छी बात है, उनके बारे में चिंता करना अच्छी बात नहीं है। मैं जानता हूँ कि कहना आसान है, करना

कठिन। आप जितने ज़्यादा महत्त्वाकांक्षी होते हैं, पूरी तरह स्विच बंद करना और सारे समय "ढील देना" उतना ही ज़्यादा मुश्किल होता है। लेकिन आपको जागरूक रहना होता है कि जब तक आप यह करना नहीं सीख लेते, आप शीर्ष प्रदर्शन हासिल नहीं कर पाएँगे। यह पुस्तक ऊँचे लक्ष्य तय करने के बारे में है। लेकिन ऐसा करने के लिए आपको तनाव और आराम के बीच सही संतुलन खोजना होता है। वरना ऊँचे लक्ष्य साधने से आप बिखर जाएँगे।

जो लोग जीवन में सबसे ज़्यादा सफल होते हैं, वे वही हैं, जो जानते हैं कि ढील कैसे देना है और खुद को ग़ैर-ज़रूरी कैसे बनाना है। चाहे आप किसी अग्रणी मैनेजर के पद पर तरक्की पाने का लक्ष्य बना रहे हों या अपनी खुद की कंपनी चला रहे हों : आप चूहा दौड़ में खुद को फँसाकर सफल नहीं होंगे या यह विश्वास करके कि आपको हर चीज़ खुद करनी है।

वर्नर ऑटो हमेशा कहा करते थे कि अपने विभाग में एक अच्छी टीम बनाना वह सबसे महत्त्वपूर्ण काम है, जो किसी मैनेजर को करना होता है। उनका दृढ़ विश्वास था कि कोई भी कंपनी "प्रथम श्रेणी की नींव" के बिना विकास नहीं कर सकती। संसार की सबसे बड़ी मेल-ऑर्डर कंपनी के संस्थापक का दावा था, "एक अच्छी टीम बनाएँ। हमारी कंपनी में आप सक्षम सहकर्मियों के कंधों पर खड़े होकर ही शिखर तक पहुँचेंगे।"

ऑटो ने कहा कि कंपनी के संचालक को लगातार "काम करना चाहिए, ताकि वह खुद को काम से ख़ाली कर ले।" "जब आप खुद को ख़ाली कर लेते हैं, तभी आपके पास नए कामों को सृजनात्मक तरीक़े से करने का समय रहता है, ऐसे काम जो कंपनी के विस्तार के लिए अनिवार्य हैं।" जैसे ही ऑटो एक प्रबंधन टीम बना लेते थे, जो "काफ़ी अच्छी तरह काम करती थी," वे अपना ऑफ़िस कंपनी के अहाते से दूर ले जाते थे, ताकि विभिन्न विभागों के प्रभारी मैनेजरों से उनका संवाद कट जाए, जिनके साथ वे अब तक क़रीबी संपर्क में थे। वे नए कंपनी प्रबंधन को चकमा देकर उन्हें निर्णय लेने की आदत डालने के लिए प्रेरित करते थे। "मेरे और ऑटो मेल-ऑर्डर के बीच दूरी बनाकर मैंने खुद को दिन-प्रति-दिन के काम से स्वतंत्र कर लिया, ताकि मैं खुद को बड़ी समस्याओं के प्रति समर्पित कर सकूँ और समाधान खोज सकूँ, जिनसे कंपनी आगे बढ़ेगी।"

एक बार जब आप स्व-रोज़गार कर लेते हैं और अपनी कंपनी बना लेते हैं, तो आप खुद को उद्यमी कह सकते हैं। लेकिन क्या आप सचमुच किसी

उद्यमी का काम कर रहे हैं? उद्यमी का काम कंपनी के लिए एक रणनीति बनाना है, कंपनी को मूल्यवान बनाना है। किसी भी अच्छे उद्यमी को लंबे समय में खुद को ग़ैर-ज़रूरी बनाने का लक्ष्य तय करना चाहिए।

लेकिन कई छोटी और मध्यम कंपनियों में स्थिति काफ़ी अलग होती है : कंपनी का संस्थापक वह काम करता है, जो उसके मैनेजरों और कर्मचारियों को करना चाहिए। कंपनी के लिए काम करने या कंपनी के विकास पर काम करने के बजाय, जैसा उसे करना चाहिए, वह मुख्यतः कंपनी के भीतर काम करता है। वास्तव में खुद को उद्यमी कहने वाले कई लोग उसी तरह काम करते हैं, मानो वे डॉक्टर या वकील जैसे फ़्रीलांसर पेशेवर हों, जो ज़्यादातर कामों का बोझ खुद उठाते हैं।

यदि आप कोई कंपनी शुरू करने का निर्णय लेते हैं, तो शुरुआत में तो आपको ज़्यादा या अधिकतर काम खुद करना पड़ेंगे। बहरहाल, सुनिश्चित करें कि आप इस स्थिति के आदी होने के ख़तरे के बारे में जागरूक हों और अपने असल लक्ष्य को ओझल न होने दें, जो खुद को धीरे-धीरे ग़ैर-ज़रूरी बनाना है।

अगर आप हर चीज़ खुद इसलिए करते हैं, क्योंकि आप काम दूसरों को सौंपने में अक्षम हैं, सक्षम प्रबंधन टीम नहीं बना सकते और अच्छी तरह काम करने वाले तंत्र व प्रक्रियाएँ तैयार नहीं कर सकते, तो आप कंपनी को मूल्यवान नहीं बना पाएँगे। उस कंपनी का मूल्य क्या है, जो आपके बिना मूल्यहीन हो? ज़्यादा नहीं। जैसे ही आप अपनी कंपनी बेचने की कोशिश करते हैं, कोई भी संभावित ख़रीदार जानना चाहेगा कि क्या आपने अच्छी तरह काम करने वाली प्रक्रियाएँ और सक्षम प्रबंधन टीम बनाई है या फिर कंपनी की सफलता पूरी तरह आप पर निर्भर करती है।

आपको यह पुस्तक पूरी करने के बाद क्या करना चाहिए? मेरी सलाह है कि आप दो सप्ताह की छुट्टी लें और इस दौरान एक बार भी अपने ऑफ़िस फ़ोन न करें और किसी भी ई-मेल का जवाब न दें। इसके बजाय इस पुस्तक को दोबारा पढ़ें, अपने लक्ष्यों के बारे में सोचना शुरू करें और उन्हें क़ागज़ पर लिख लें।

इस पुस्तक ने आपको वह औज़ार दे दिया है, जिसकी ज़रूरत आपको विचारों को अभ्यास में उतारने के लिए होगी, जो आपको पहले "बहुत बड़े" और बहुत अयथार्थवादी लग रहे थे, इसलिए आप उन्हें साकार करने के सपने भी नहीं देख सकते थे। अब समय आ गया है कि आप अपनी राह पर चलने

का साहस जुटाएँ, दूसरों से अलग होने का साहस जुटाएँ! स्वतंत्रता से सोचने और प्रवाह के विरुद्ध तैरने से न घबराएँ! स्टैमिना और प्रयोगशीलता का तालमेल बनाना सीखें। और हमेशा ईमानदार तथा विश्वसनीय बने रहने की याद रखें – दूसरों के विश्वास के बिना आप कभी अपने लक्ष्य हासिल नहीं कर पाएँगे। सबसे बढ़कर : "सही पल" का इंतज़ार करना छोड़ दें। आपके सपनों को साकार करना शुरू करने का सही पल यही है – आज।